1 MONTH OF
FREE
READING

at

www.ForgottenBooks.com

By purchasing this book you are eligible for one month membership to ForgottenBooks.com, giving you unlimited access to our entire collection of over 1,000,000 titles via our web site and mobile apps.

To claim your free month visit: www.forgottenbooks.com/free525438

ISBN 978-0-266-63149-1
PIBN 10525438

HISTORIA

DE LA

CONFEDERACIÓN ARGENTINA

ROZAS Y SU ÉPOCA

Est. tipográfico EL CENSOR, Corrientes 829

HISTORIA

DE LA

CONFEDERACIÓN ARGENTINA

ROZAS Y SU ÉPOCA

POR

ADOLFO SALDÍAS

SEGUNDA EDICIÓN CORREGIDA, CONSIDERABLEMENTE AUMENTADA E ILUSTRADA
CON LOS RETRATOS DE LOS PRINCIPALES PERSONAJES DE ESE TIEMPO

TOMO IV

BUENOS AIRES

FÉLIX LAJOUANE, EDITOR

1892

CAPÍTULO XLV

ASEDIO DE MONTEVIDEO

(1842 — 1843)

Rivera siguió huyendo del campo de batalla del Arroyo Grande, pasó el Uruguay y entró en el pueblo del Salto con un puñado de hombres que se aumentó á poco con algunos jefes y oficiales. Al día siguiente destacó á los coroneles Baez, Luna, Blanco y otros para que reuniesen hombres y caballos y se dirigiesen al río Negro; y él mismo precipitó su marcha, pues vió que nada podía hacer en medio de poblaciones que le eran desafectas y que estaban envalentonadas con la victoria de Oribe. Despechado de esto, aunque á pretexto de quitarle recursos á su rival, ordenó bajo las más severas penas que todas las familias que poblaban el territorio emigrasen inmediatamente hacia la capital, llevándose consigo las haciendas que pudiesen mover. (¹) De cómo Rivera haría cumplir esta orden, da cuenta él mismo cuando, al ordenarle á Chilavert que se situase en la barra de Santa Lucía chico para reparar los restos de su artillería, le escribe: « He puesto un desierto desde el Uruguay al río Negro: yo voy á situarme en Quinteros... si algunas de las familias que han pasado del norte del río Negro se encontrasen por esos destinos, ya sabe usted que deben marchar al punto que indico. (²)

De su parte el gobierno de Montevideo se habia limitado entretanto á evolucionar con los ministros mediadores, á fin de que interviniesen con las fuerzas navales británicas y francesas. Cuando tuvo noticia del desastre del Arroyo Grande, se asió con más fuerza á Mr. Mandeville y al conde de Lurde, y les encareció que pusiesen en práctica inmediatamente las medidas que el primero había prometido tomar, y que el segundo aceptaba de buen grado. (³) Comprometidos éstos por declara-

---

(¹) Véase *Memorias* del general César Diaz, pág. 78.
(²) Manuscrito original en mi archivo (*Papeles de Chilavert*) ya cit.
(³) Véase *Memorias* del general César Diaz, pág. 55.

ciones imprudentes y á todas luces parciales en la lucha que Rivera había provocado, convinieron dirigirle al gobierno argentino una nota en la que manifestaban que era la intención de sus gobiernos adoptar las medidas necesarias para que cesasen las hostilidades entre Buenos Aires y Montevideo; y que en interés de los súbditos británicos, franceses y demás extranjeros residentes en Montevideo, reclamaban del gobierno argentino que retirase su ejército del Estado Oriental, entendiéndose que el ejército oriental observaría igual conducta. (¹)

Empero, los influyentes y la Comisión Argentina representaron enérgicamente al gobierno acerca de la necesidad de poner á la ciudad en estado de defensa, que era lo que urgía por el momento. Haciéndose cargo de las circunstancias el gobierno expidió una proclama en la que manifestaba su resolución de defender el territorio; declaró el país en asamblea, haciendo cesar los trabajos públicos y llamando al servicio militar á todos los ciudadanos; proyectó é hizo sancionar una ley por la cual se abolía la esclavatura, destinándose al servicio de las armas á los que hasta ese día habían sido esclavos; y ordenó la creación de un *ejército de reserva* poniéndolo á las órdenes del general José Maria Paz.

Sobreponiéndose á la ingrata impresión de la perfidia con que Rivera lo había alejado de Corrientes y

---

(¹) El señor Mandeville pasó su nota del 16 de diciembre intimando el cese de la guerra, dice Rivera Indarte en su *Rozas y sus opositores*, remitió copia á nuestro gobierno y le anunció que esperaba una escuadra poderosa anglofrancesa, que debía llegar por momentos, y que *con que resistiese la República quince días más estaría salvada*. Pasaron días y el ministro Vidal urgía al señor Mandeville y éste contestaba: «Me tiene sorprendido la demora de la escuadra y aun mas que el comodoro (Purvis) no haya venido ya de Rio Janeiro, como se lo tenga indicado.» (véase *Los cinco errores capitales de la intervención anglofrancesa en el Plata*, por José Luis Bustamante, pág. 36.)

de Entre Ríos. Paz aceptó ese cargo quizá porque tuvo para sí que él era el único capaz de poner en estado de defensa una ciudad como Montevideo, en la cual militaban influencias absorbentes que sólo se acomodaban en el momento del supremo peligro; pero que miraban con recelo la elevada posición de ese militar extranjero, á quien tomaban como mero instrumento de fuerza que alejarían cuando el peligro hubiese pasado, como lo habían alejado durante todo el curso de la revolución que ellas dirigían por sí solas. Así lo deja ver Paz en sus *Memorias*. Paz se consagró desde luego á su árdua labor, desplegando esa actividad y esa prudencia para abarcar los medios y las cosas que formaban su empeño; esa ilustrada conciencia y esa honorabilidad intachable que han caracterizado su tipo en el ejército argentino. Tan difícil era esta empresa, que uno de los jefes orientales más conspicuos de la defensa de Montevido se expresa así: «Paz debía organizar su ejército con todos sus accesorios, destinado á combatir dentro de muy breves días, sin tener cuadros para los batallónes, sin tener más que un corto número de oficiales inteligentes para su instrucción, sin parque, sin fusiles, sin vestuarios y sobre todo, sin el numerario que da impulso á todas las cosas.» (¹)

Con los escasos medios que pudo reunir, y aplicando á su objeto todas las cosas y útiles que otros reputaban inservibles, desde los trozos de maderas y metales hasta los cañones enclavados en las bocacalles en tiempo de los españoles, Paz empezó á organizar una maestranza y á plantear un parque y talleres para la fabricación de armas, bagajes y confecciones del soldado. Destinó á la infantería 800 libertos que se pudo reunir, pues

---

(¹) véase *Memorias* del general César Diaz, pag. 60.

que la mayor parte de los que habían sido esclavos
estaban en manos de partidarios de Oribe, los cuales
los ocultaron haciéndolos pasar después al campo del
Cerrito. Con ellos formó los batallones 3º, 4º y 5º de cazadores, que pasaron á instruirse en un campo contiguo
al *Saladero de Beltrand*. Al mismo tiempo empezó á disciplinar y organizar las fuerzas disponibles de la capital, que eran la milicia de infanteria, los batallones
Unión, Matrícula y Extramuros y la *Legión argentina*
compuesta de emigrados unitarios. Y sobre esta base
empezó á trazar la linea de fortificaciones y de defensa
de la ciudad, artillando los puntos comprometidos y
estratégicos en la medida de sus recursos.

La noticia de estos preparativos alcanzó á Rivera en
marcha para el río Negro; y ni la inminencia del
peligro, ni la suprema necesidad que habia inducido al
gobierno, lo defendieron del despecho que lo dominó al
considerar que recobraba posición y fama, el patriota
argentino á quien él había alejado de Entre Rios y
de Corrientes, porque rehusó adherir á su plan de segregar dos provincias de la Confederación Argentina
para labrar su preponderancia en el litoral. Su irritación
cundió, al momento entre los jefes que lo acompañaban,
á quienes declaró que lo primero que haría al llegar á
Montevideo era destituir al general Paz, indebidamente
nombrado por el gobierno. «El gobierno, le escribía á
Chilavert desde *Las Averías*, ha hecho algunas cosas
incompatibles á su actual posición; las he desaprobado
y cuento que convencido volverá sobre sus pasos y vol-
veremos á marchar como estábamos. Si así no fuese, no
tendré yo la culpa de los inconvenientes que han de to-
carse para marchar acordes: el enemigo nos da tiempo
para organizarnos: si el gobierno hace lo que le he dicho

nada nos ha de embarazar.» (¹) Con estas ideas se movió
lentamente del río Negro; siguió al Durazno, de aqui á
Santa Lucía, y á fines de enero de 1843 fué con 4.000 hombres de caballería y 15.000 caballos de reserva á establecer
su cuartel general en el pastoreo de Pereyra, á tres leguas de Montevideo.

Esas ideas mezquinas trascendieron al momento en
Montevideo. Todo lo que Paz había creado, organizado,
y convertido en elemento de defensa, en cincuenta
días, sin recursos, sin caja militar, sin la cooperación
eficaz del gobierno y hostilizado por un enjambre de
habituados á medrar con las penurias del erario, á
quienes él alejó; toda esa obra como para sentar la
reputación de un general científico, experimentado y virtuoso, se conmovió en sus cimientos cuando para evi-
tarse la vergüenza de una destitución, Paz renunció su
cargo el día 1º. de febrero. Á esto se sucedió el des-
aliento y la consternación; que hasta los íntimos de
Rivera tuvieron por seguro que Oribe entraría en la
plaza á banderas desplegadas. En la mañana siguiente
pasaban de sesenta las solicitudes de baja que elevaron
á su vez los principales jefes y oficiales comprometidos en la defensa. Nadie quería servir, y los que no
eran militares resolvieron ponerse en seguridad, ausentándose de la plaza. (₂)

De su parte Rivera recibió á los hombres del
gobierno y á los notables que fueron á saludarlo á su
cuartel general, diciéndoles delante de sus bandas de

(¹) Manuscrito original en mi archivo, ya cit.

(²) véase lo que dice al respecto el general César Díaz (*Memorias*, pág. 82.)—Tanta era la afluencia de personas que querían
embarcarse, que los capitanes de buques se pusieron de acuerdo
para ofrecer pasajes por precios moderados; como se ve por los
avisos que hicieron publicar en los diarios de Montevideo correspondientes á ese mes de febrero.

caballería desplegadas: «señores, 4.000 hombres piden que se quite á ese general extranjero, el general Paz.» El 2 de febrero, mientras éste fletaba un buque y se preparaba á partir para Santa Catalina, aquél se dirigía con una escolta á Montevideo. Al pasar por el cantón situado en el Arroyo Seco donde, como se ha dicho, se instruían los batallones recientemente formados, les dijo que les daría otros jefes; y como hubiese encallado en el cerro un bergantín federal y saliese un oficial con dos piezas de artillería á batirlo desde la costa, mandó regresar al oficial y que fuese un escuadrón de caballería! (¹) Con tales garbos volvía de su derrota el caudillo que en su petulancia quería segregar tres provincias argentinas para erigir bajo su imperio una república limitada por los ríos de la Plata, del Paraná y del Paraguay.

Lo primero que hizo Rivera al entrar en Montevideo y reasumir el poder que don Joaquín Suárez ejercía nominalmente, fué ordenar que se atuviesen exclusivamente á lo que él dispusiese en lo tocante á la defensa de la plaza. Esto respondía únicamente á una vana ostentación de su autoridad ilimitada; pues los altos funcionarios y muchos influyentes que eran los que hubieran podido disponer algo en ese sentido, se habían retirado á sus casas. Montevideo antes tenía el aspecto de una ciudad conquistada, que no el de una plaza resuelta á defenderse, como rezaba el decreto gubernativo de 12 de diciembre. Esta circunstancia lo puso en el caso de convocar una reunión de notables, con el objeto de uniformar opiniones respecto de las medidas urgentes que reclamaba la situación. En la noche del 3 de febrero se reunieron, entre otros personajes, los señores

---

(¹) Véase lo que dice un testigo ocular en las *Memorias* de Paz, tomo IV. pág. 121. Véase *Memorias* de César Díaz, pág. 80.

Joaquín Suárez, Francisco A. Vidal, Santiago Vásquez, Francisco Muñoz, Julián Álvarez, generales Enrique Martínez, Aguiar y Bauzá; los coroneles Chilavert y Pacheco y Obes. Rivera les manifestó que él debía salir á campaña, y que como el ejército de Oribe se dirigía sobre la capital, era necesario ponerse de acuerdo respecto del jefe que se encargaría de la defensa de ésta: que el general Paz era incapaz de desempeñar este cargo, y que él se opondría siempre á que se le diese mando alguno en la República.

Vásquez, Muñoz y Álvarez manifestaron, á su vez, que no conocían en el ejército un oficial tan competente como el general Paz para tal encargo: que sus ideas eran la expresión de la opinión sensiblemente manifestada; y que si el general Paz quedaba separado del mando con que se le había investido, una gran parte de la población emigraría, haciendo ellos otro tanto. Vencido por la evidencia, retado á muerte por las circunstancias que podía crearse, Rivera se encerró, sin embargo, en una de esas resistencias negativas que emanan de la pobreza de ideas y de la estrechez de sentimientos, y que constituyen el rasgo distintivo de ciertas individualidades tan abstrusas como para atribuirse por ello mismo un *carácter* que nunca presidió sus resoluciones instintivas, ni atemperó sus tendencias, ni pudo siquiera imprimir lógica á sus juicios. Fué necesario que sus amigos insistiesen acerca de la situación violenta que crearía su negativa, para que consintiese en que Paz permaneciese, no como general en jefe del ejército de reserva, sino como comandante general de armas en la capital. [1]

---

[1] El general César Díaz relata fielmente esta conferencia (*Memorias*, pág. 84) y está acorde con apuntes que acerca de la misma hizo el coronel Chilavert. (Manuscrito en mi poder.)

En seguida se planteó la cuestión de la mediación
de la Gran Bretaña y de la Francia; y que comprendía propiamente el estado de relaciones entre los
mediadores y el gobierno de Montevideo; las causas
que obraban para que aquéllos apoyasen eficazmente
la política de este gobierno en la guerra con la Confederación Argentina, y los medios que podían ponerse
en práctica para robustecer y hacer triunfar esta política. El ministro Vidal manifestó francamente que el
gobierno no se había hecho ilusiones respecto de la
eficacia de la mediación: que si la había estimado y
aceptado era en vista de la casi seguridad de una
subsiguiente intervención de parte de las dos potencias
mediadoras, á la que daría lugar no sólo el rechazo
que de la misma hiciese el gobierno argentino, sino
también la cantidad de extranjeros residentes en Montevideo, cuyas personas y propiedades quedarían
expuestas á las emergencias de la guerra. Que los
hechos abonaban, y abonarían en lo sucesivo, los
cálculos del gobierno; puesto que después de la intimación sobre el cese de la guerra, que los mediadores
hicieron al gobierno argentino en 16 de diciembre,
éstos se encontraban en la imprescindible necesidad
de cumplir las instrucciones de sus soberanos: que
tal era el propósito firme del ministro francés, quien
le había declarado al gobierno que al efecto haría uso
de la fuerza naval de que disponía, sin perjuicio de
solicitar los refuerzos necesarios, y que otro tanto
haría el ministro de S. M. B. tan comprometido como
él: que, en consecuencia de todo esto, había quedado
acordado que los buques británicos y franceses de
estación en el Janeiro bajarían á Montevideo, con
arreglo á las órdenes que inmediatamente se impar-
tieron.

Dijo además el ministro Vidal, que conducidas que
fueran las cosas con cierta prudencia, la situación se
afianzaría con ventajas sensibles en breve; pues no
eran únicamente los representantes de esas dos naciones poderosas los que con su actitud actual y la que
les marcase los sucesos quebrarían la influencia del
gobierno argentino: que el Brasil concurriría á ello
también: que el gobierno tenía algo adelantado con el
ministro Sinimbú sobre la base de la posible erección
de un Estado entre los ríos Paraná y Uruguay; pues
en las conferencias que había celebrado con éste y
con algunos argentinos notables se habia pensado en
redactar una memoria que englobase las conveniencias de esta medida llamada á asegurar las fronteras
de los dos paises limítrofes interesados...

Á nadie sorprendió la primera parte de esta relación,
pues se trataba de hechos más ó menos conocidos en
las esferas gubernativas. Lo que sorprendió de veras á
algunos fué lo de la negociación para erigir en Estado
independiente á Entre Rios, Corrientes y quizá á Río
Grande del sur. Rivera quedó completamente satisfecho, pues veía lucir de nuevo su dorada esperanza.
Don Santiago Vásquez hizo un panegírico de la idea,
entreviendo el porvenir grandioso que ella cimentaria;
y el asentimiento habría sido unánime en aquel cená-
culo que soñaba con la grandeza de la patria precisamente cuando solicitaba la protección del extranjero
para proseguir una guerra fratricida, en cambio de las
concesiones que aquél le exigiese, si el coronel Martiniano Chilavert no se hubiese levantado á protestar
en nombre de su patriotismo herido. Se sabe ya que
Chilavert era un carácter; y que en el consejo de sus
amigos su palabra elocuente claramente reflejaba la
enérgica independencia de su alma, y sus bríos geniales

contenían á los más osados. En esta ocasión sus palabras fueron como un estallido de indignación. Su ruda
franqueza para apuntar y deslindar las responsabilidades y sus atrevidas conclusiones dominaron por completo
aquella asamblea de notables, en la cual quizá no había otro carácter que el que se oponía sólo á ella.

Chilavert se encaró con Rivera y dijo que hacía tiempo
que veía que la guerra que su partido y el Estado Oriental decían hacerle á Rozas, no era en realidad á éste,
sino á la República Argentina, por cuanto esa lucha era
más bien una cadena de coaliciones con los extranjeros.
Que el resultado de esto había sido no sólo el que la
República fuese agredida y ultrajada en su soberanía, sino
también el afianzar el poder de Rozas sobre la base de
una opinión pública que veía la patria amenazada. Que así
lo mostraba evidentemente el estado actual de las cosas,
después de ocho años consecutivos de revolución y de
guerra, bajo la dirección de los mismos notables á quienes se refería el ministro Vidal y el doctor Vásquez. Que
él era un soldado de la revolución contra Rozas, pero
que en presencia de lo que acababa de oir, se preguntaba
si no era una vergüenza para él el formar en las filas de
los que hacían la guerra á la integridad de su patria.
Que si era cierto que algunos argentinos *notables* trabajaban el proyecto de segregar dos provincias argentinas
para debilitar el poder de Rozas, ó para lo que fuese, la
lengua humana, el sentimiento y la posteridad, los llamaba, y cien veces los llamaría, notables traidores á la
patria. Que en cuanto á él, protestaba desde el fondo
de su alma contra semejante proyecto, viniese de donde
viniese; y que las armas que la patria le dió en los al-
bores de la Independencia no se empañarían al lado de
tan notables traiciones, porque él iría á ofrecerlas á Rozas ó á cualquiera que representase en la República Ar-

gentina la causa de la integridad nacional. Chilavert dijo todo esto en menos tiempo del que necesitaron los presentes para salir de su estupefacción, y poder concebir, sobre todo, algo para responderle. El silencio y una sonrisa irónica se sucedió á las palabras de Chilavert. Rivera fué el único que acertó á decirle que todo aquello no era más que diplomacia y que se había dejado arrebatar sin motivo, pues los argentinos que estaban de por medio garantizaban con sus antecedentes que no se realizaria lo que él acababa de condenar. (¹) Ya se verá cómo Chilavert había puesto el dedo en la llaga; y hasta qué punto podían esos notables dar garantías respecto de lo mismo que venían trabajando.

Por de pronto, Rivera manifestó su deseo de reorganizar el ministerio con hombres que entrasen de lleno en el orden de esas ideas; y quedó acordado esa misma noche que don Santiago Vásquez ocuparía el de relaciones exteriores, que renunció indeclinablemente Vidal embarcándose á los pocos días para Europa, don Francisco Joaquín Muñoz el de hacienda, y el coronel Melchor Pacheco y Obes el de guerra. Al día siguiente, el 5, recorrió con el general Paz la línea de defensa, y pocas horas después se dirigió á su cuartel general del pastoreo de Pereyra. Allí pudo ver que su situación era grave; pues los diez días que entretuvo en deshacer lo hecho y en desahogar su ira en Montevideo, aprovecharon á su adversario quien sentó sus influencias en todos los departamentos desde la costa del Uruguay hasta el de Santa Lucía. donde llegó su vanguardia el mismo día 5 de febrero. El 9 acampó

(¹) Manuscritos originales de Chilavert en mi archivo.—César Diaz, refiriéndose á esta reunión, dice solamente que «*después de hablar lijeramente sobre otros puntos igualmente graves*», (*Memorias*, pág. 85).—El general Paz se detiene sobre los hechos que condenó Chilavert. (V. *Memorias*, tomo IV, pág. 226.)

Oribe con todo su ejército en el Canelón Chico, á ocho leguas de Rivera. Éste quedó estrechado entre Montevideo y ese punto de salida, necesario para él, y con bagajes pesados, numerosas familias de la campaña y gran número de caballadas.

Tentar un combate era ir seguro á su ruina total. Su salvación dependía de su habilidad ó de algún golpe de audacia. Rivera dió pruebas de una y otra cosa en esta ocasión. Mientras Oribe permanecía en su campo él levantó el suyo. El día 11 le tendió su vanguardia como para provocarlo á una batalla y maniobró de flanco, consiguiendo colocarse á retaguardia de aquél. Las caballerias de Oribe deshicieron la vanguardia que mandaba Medina; pero Rivera quedó en actitud de proseguir la campaña en un teatro extenso, adonde Oribe no iría á buscarlo con todo su ejército sino después de haber tomado Montevideo. En la mañana siguiente Oribe se puso en marcha para esa ciudad, y el 16 de febrero de 1843 llegó al Cerrito de la Victoria. Alli estableció su cuartel general enarbolando el pabellón argentino; y desde ese día quedó establecido el *sitio de Montevideo*.

Los dos largos meses que dejó trascurrir Oribe desde su victoria del Arroyo Grande hasta su llegado al Cerrito, los aprovechó Paz para asegurar la defensa. Bajo su vigilancia y la dirección del general argentino don Tomás de Iriarte se terminaron las fortificaciones que se extendian (¹) en una línea de mil metros aproximadamente de un lado al otro del mar. Esta línea se prolonga en su extremidad izquierda sobre las aguas de la bahía, donde se colocaron algunas lanchas cañoneras, y terminaba en el Cerro que era el único punto de comunicación que se dejaba

---

(1) Por la que hoy es calle Yaguarón, dos cuadras afuera de la plaza Cagancha.

con la campaña. Con los siete mil soldados que levantó
á fuerza de tesón, y poco más de cincuenta piezas de artillería de varios calibres, organizó el servicio de la línea
y el de descubiertas, dándole á cada cuerpo su colocación,
de manera que pudiese hacer uso en cualquier caso de
una fuerza respetable sin disminuir ninguno de esos servicios. (¹) De su parte el gobierno obtuvo de los ministros británico y francés, como ya estaba convenido, que
desembarcasen en Montevideo la infantería de marina de
los buques de sus respectivas naciones, surtos en ese
puerto; organizó un tribunal militar para que entendie-
se en juicio verbal y sumario de los delitos de traición,
sujetando á su jurisdicción á todos los habitantes del
Estado; declaró traidores á la patria, y como tales sujetos á la pena de ser fusilados por la espalda, á todos los
orientales ó vecinos de la República que perteneciesen al
ejército sitiador ó fuesen tomados con las armas en la mano; declaró igualmente *buenos amigos del pueblo oriental* á
todos los oficiales y soldados argentinos que desertasen
del ejército sitiador y se presentasen á las autoridades del
Estado; esperó el desenvolvimiento de los sucesos confiado en los medios eficaces que pondrían los ministros arriba
nombrados para inclinar en su favor, y en el breve regreso
de Rivera contra el cual Oribe destacaba recién dos buenas divisiones al mando de los generales Urquiza y Gómez.

La defensa de Montevideo estaba, pues, organizada.

(¹) El general César Diaz, jefe del 4º de línea en el sitio de
Montevideo, presenta en sus *Memorias* (pág. 111) un estado de las
fuerzas de la plaza, el cual asciende á 6.087 hombres, distribuidos
en 5 batallones de infantería de línea compuestos en su casi totalidad de negros libertos; 4 batallones de guardia nacional, la legión
argentina, los batallones Matrícula, Unión y Libertad, 4 escuadrones de caballería, y el regimiento de artillería. Pero este número
aumentó cuando se armaron los extranjeros en número de 4.000
hombres.

Lo que al principio parecía obra irrealizable, calculando sobre la sensible minoría en que se encontraban los partidarios de Rivera respecto de los de Oribe, llegó á ser, bajo la poderosa iniciativa de Paz, una partida más ó menos igual cuando los extranjeros corrieron á alistarse en las fila de la defensa. Y como los extranjeros componían las tres cuartas partes de la población de Montevideo, y el resto de ésta, con excepción de un núcleo de partidarios comprometidos de Rivera y de los libertos africanos, pertenecia al partido blanco, ó sea de Oribe, (como se comprobó por el hecho de haberse pasado al campo de este último tres batallones de guardia nacional y uno de Extramuros), Oribe pudo decir no sin razón, que eran los extranjeros emigrados, descontentos, aventureros, desocupados y más ó menos malavenidos en las revueltas de Europa y América, los que defendían á Montevideo; ejercitando por sí y ante sí la personería de un partido político que lo había derrocado á él del poder que legalmente investió. Un artillero de Rivera é historiador notable ha corroborado últimamente, bien que sin quererlo, esa opinión de Oribe en estos términos: «Al tiempo de ser sitiado Montevideo por el ejército del tirano Rozas, al mando del degollador Manuel Oribe, de siniestra celebridad, su población se componía de poco más de 31.000 habitantes. De éstos *sólo once mil eran nacionales de todos sexos y edades, incluyendo en el número casi una mitad de negros emancipados, criollos los unos y africanos los más. Los veinte mil restantes, casi en su totalidad hombres de armas llevar,* eran *emigrados* argentinos, franceses españoles, italianos, etcétera, etcétera. De estos veinte mil hombres, *las tres cuartas partes* (15.488 según el censo) correspondían á las nacionalidades argentina, francesa, italiana y española. Los *proscriptos* argentinos... formaron una legión en número de más de 500 hombres...

Los *franceses se organizaron en batallones* en número de
más de 2.000 hombres... Los *españoles* en número como
de 700 hombres acudieron á las trincheras... Los italianos mandados por Giuseppe Garibaldi, formaron una
legión de más de 600 hombres... *El núcleo del ejército
de la defensa lo componían cinco batallones de infantería
y un regimiento de artillería formados de negros libertos,
mandados en su mayor parte por oficiales argentinos.* El
resto hasta el completo de *7.000 hombres,* lo formaban
tres batallones y algunos escuadrones de guardia nacional que en gran parte *se pasaron á Oribe por pertenecer
al partido blanco.*» (¹)

En los primeros días de marzo se iniciaron los combates entre las fuerzas de la plaza y las sitiadoras. Empero, el asedio se limitaba á la parte de la campaña, pues
los buques mayores y menores surtían á la ciudad de

(¹) Véase *Un episodio troyano* por el general Bartolomé Mitre,
publicado en el folletín de *La Nación* del 4 de junio de 1882.
Según el estado que presenta el general César Díaz (*Memorias,*
pág. 111) los cinco batallones y el regimiento de negros formaban un
total de 2.242 hombres: si como es cierto y lo asegura el general Mitre,
el resto hasta 7.000 hombres (ó sea 4.758) á que ascendía el ejército
de la plaza, se pasó en gran parte; y la población nacional de todos
sexos y edades sólo alcanzaba á 11.000 almas, es evidente que esa
cifra de 4.758 constituía la casi totalidad de los orientales en estado
de llevar armas, y que sólo por excepción quedaron en Montevideo
partidarios de Rivera. No era, pues, una caricatura, ni menos un
elogio inconsciente, sino una autopsia quizá demasiado severa, la que
hacía el célebre abogado francés Chaix-D'est-Ange, (á quien cita el
general Mitre), diciéndole al general Pacheco y Obes en la Cour
d'Asises de París: «Os concedo todo, no regatearé nada de vuestros
combates, de vuestras victorias, de vuestra generosidad, ilustre
defensor de la República del Uruguay; desde que traéis la prueba
de todo esto en certificados suscritos por una docena de generales,
jefes de ese ejército compuesto de negros, de franceses, de italianos, de naturales de todos los países... bandas de proscriptos,
escoria de todas las naciones... aventureros de todas partes, mé-
dicos sin enfermos, artesanos disipados, enemigos de todas las
sociedades modernas, que en París, como en Montevideo, como en
Roma, tienen siempre un brazo, una pluma al servicio del desorden... mandados por generales como ese Garibaldi á quien por
lo demás conocéis muy bien...»

carnes frescas. víveres, etcétera. por el lado de la bahia.
En consecuencia de esto el gobierno argentino declaró
bloqueado el puerto de Montevideo, y con fecha 19 de
marzo ordenó al almirante Brown. jefe de su escuadra
estacionada en ese puerto, que desde el 1.° de abril no
permitiese la entrada en dicho puerto á «buques en que
se conduzcan artículos de guerra. carnes frescas ó sala-
das. ganados en pie y aves de cualquiera especie para el
consumo de esa ciudad, dejando en todo lo demás al
comercio y buques extranjeros en la libertad de que han
gozado hasta aquí». Al día siguiente le notificó esta medida á los miembros del cuerpo diplomático; y todos ellos,
inclusive el ministro de S. M. B. acreditado en Buenos
Aires y en Montevideo. aceptaron sin reserva ese bloqueo
establecido con el perfecto derecho de una nación que
tenía, por sobre todo, fuerza suficiente para hacerlo efectivo en las aguas del puerto sobre que recaía. Lo único
que solicitaron Mr. Mandeville y el conde de Lurde fué
que no se comprendiesen en la prohibición los buques
que llegasen de ultramar, con tal que los cónsules y jefes
de estaciones navales impidiesen la introducción en
Montevideo de los artículos arriba enunciados; y ello les
fué acordado.

Sin embargo de esto. el comodoro J. B. Purvis. comandante de las fuerzas navales de S. M. B. en la costa
occidental de Sur América. que se había trasladado de
Río Janeiro al río de la Plata. y que había sido hábilmente ganado por el gobierno de Montevideo, se permitió
asumir la representación de su soberano para resistir
el bloqueo, declarando por su cuenta «que existen antecedentes de actos sancionados por el gobierno de S. M. B.
que establecen el principio de no reconocer á los nuevos puertos de Sur América como potencias marítimas
autorizadas para el ejercicio de tan alto é importante

derecho como el del bloqueo... y que tal principio se
hace más especialmente aplicable á la República de
Buenos Aires á consecuencia de la falta de los característicos más esenciales de nacionalidad en la constitución de las fuerzas navales». Y afirmando con una in-
solencia este despropósito, se dirigió oficialmente al almirante que desde hacía un cuarto de siglo comandaba la
escuadra argentina, llamándole «Mr. Brown, súbdito británico al mando de los buques de guerra de Buenos Aires».
para decirle, «que no toleraría que la escuadra argentina
cometiese acto alguno de hostilidad sobre la ciudad de
Montevideo, y que además cualesquiera buque ó em-
barcación de guerra existente al mando ó de algún
modo bajo la dirección de un súbdito de S. M. B. que
cometiese algún acto de hostilidad contra otros súbditos de S. M., sería considerado como culpable de
piratería y tratado como tal.» ([1])

La ligereza con que el comodoro Purvis violaba los
deberes de la neutralidad, y los términos en que des-
conocía los derechos de los beligerantes. como si éstos
no pudiesen impedir que se suministre á su enemigo
socorros por mar y cuanto pueda servirle para hacer
guerra, empleando además cuantos medios estén á su
alcance para defender sus derechos ([2]). no podia mirarse sino como una medida calculada para provocar
una ruptura con la República Argentina. Á esto concurría
naturalmente el gobierno de Montevideo. Ya el lector ha
visto con cuánta impaciencia se esperaba allí la llegada

([1]) Véase correspondencia diplomática entre el gobierno de Buenos Aires y los ministros británico y francés, inserta en el *Diario
de sesiones* de 1843, pág. 220 y siguientes.

([2]) Apenas es necesario decir que los tratadistas más en boga de
la época consagraban estos principios reconocidos en la actualidad.
—Vattel, libro III, cap. 8º, pág. 138.—Klüber. Sec. 2ª, Cap. 2º, pág. 284.
Reynebal, lib. III, cap. 14, etcétera.

del comodoro británico, á quien llamó con urgencia Mr.
Mandeville. Los emigrados de la *Comisión Argentina* se
habían apoderado del comodoro Purvis, explotando hábilmente su exagerado amor propio y su ignorancia ostensible, hasta persuadirlo de que después de la nota
del 16 de diciembre, ya mencionada; del desprecio que
de ella hizo Rozas, y del subsiguiente asentimiento de
Mr. Mandeville á las medidas hostiles que Rozas ejer-
citaba sobre Montevideo, tocábale á él hacer cumplir
las instrucciones de S. M. B. á que aquella nota se
refería; impidiendo conforme á las mismas que prosiguiese una guerra ruinosa para el comercio, la cual
comprometería las propiedades y vidas de los extranjeros que en gran mayoría residían en Montevideo, y
era sostenida por la barbarie contra la civilización que
ellos representaban. El gobierno lo asociaba á sus consejos, y robusteciendo la acción de los emigrados argentinos, y como para empujarlo á medidas arbitrarias,
notificábale al cónsul general de la Gran Bretaña que
á consecuencia del bloqueo se vería obligado á hacer
salir de la plaza de Montevideo á los consumidores
inútiles de esa nación (¹). La prensa unitaria lo glo-
rificó, presentándolo como un salvador de la civilización
en el río de la Plata. El comodoro Purvis cedió ante
las perspectivas grandiosas que le ponían por delante
los emigrados, y quizá creyó en efecto que él estaba
llamado á iniciar y proteger en el río de la Plata alguna evolución trascendental que beneficiaría los intereses de su país. Y como á partir de este momento
sus actos de hostilidad y de guerra se dirigieron exclusivamente contra uno de los beligerantes, esto es, con-

---

(¹) Véase esta nota del ministro Santiago Vásquez, publicada
en *La Gaceta Mercantil* del 6 de abril de 1843.

tra el gobierno argentino, era evidente que sus influencias y sus armas las ponia al servicio del otro, del gobierno de Montevideo, haciendo causa común con él. (¹) Esto era lo que habían calculado hábilmente los emigrados unitarios, lo mismo que le había manifestado el ex-ministro Vidal á Rivera en la conferencia de notables á que me he referido.

Así, cuando el almirante Brown se posesionó de la isla de Ratas que había fortificado el gobierno de Montevideo, y de la pólvora allí depositada, el comodoro Purvis le reclamó inmediatamente ese artículo de guerra como una propiedad de súbditos británicos, y le intimó que desalojase la isla ó que de lo contrario lo haría salir por la fuerza. Brown, que tenía instrucciones de no romper hostilidades directas con los comandantes de estación naval, sin órdenes expresas, se resignó

(¹) Rivera Indarte en *El Nacional*, varela, y demás diaristas emigrados en Montevideo, se explicaban de la misma manera que el comodoro Purvis la intromisión de éste y los actos de guerra en la que sostenian el gobierno argentino y el oriental. El primero partia de la base de que «todos los que estaban con Rozas eran hermanos en delito, y que todos (extranjeros, etcétera), los que estaban contra Rozas eran hermanos de una misma fe.» El segundo fundaba esa intromisión en el rechazo de Rozas á la intimación contenida en la nota que los ministros Mandeville y de Lurde le dirigieron en 16 de diciembre. «El respetable y noble comodoro Purvis, tan luego como tuvo conocimiento de esa nota,— dice otro de esos publicistas ex-enviado de Rivera,—se traslado de Rio Janeiro á prestar su cooperación á los objetos importantes que su soberana queria consultar, el autorizar á su representante para ofrecer su alta mediacion entre el gobierno de Buenos Aires y el de Montevideo. *Comprendió bien los designios de su soberana y se consagró sin reserva á ellos, sin cuidarse mucho de los compromisos y de la política de Mr. Mandeville para con Rozas. Se declaró desde luego en abierta oposición con aquel diplomático (!) prestando al gobierno de Montevideo todo el apoyo de su poder marítimo en estas aguas.* Su poderoso apoyo contribuyó grandemente á disciplinar la resistencia. Algún dia, cuando se escriba la historia de esta heroica resistencia, el nombre del comodoro Purvis se registrará en sus mejores páginas...» (Véase *Los cinco errores capitales de la intervención anglofrancesa*), por José Luis Bustamante, pág. 28.

á entregar la pólvora y á abandonar la isla cuya posesión era muy ventajosa para las operaciones del ejército sitiador. En seguida entró en el puerto de Montevideo, y al fondeadero de la misma isla con el designio de incomunicar el Cerro, cuya guarnición tenía víveres para muy pocos días. El comodoro Purvis se aproximó con dos de los buques que comandaba, asestó sus cañones sobre los buques argentinos, hizo despejar los buques mercantes que estaban interpuestos y fué en persona á bordo del buque que montaba Brown; y allí en presencia de la tripulación lo amenazó que lo echaría á pique si no se retiraba inmediatamente. Noticioso Brown esa misma noche de que una goleta armada en guerra por el gobierno de Montevideo salía con tres lanchones en dirección al puerto de Maldonado, en donde se hallaba la goleta argentina *Chacabuco*, ordenó á la *Nueve de Julio* y al *Echagüe* que saliesen á perseguir los barcos enemigos.

Cuando se hacían á la vela, llegó un bote inglés de guerra y les intimó largasen el ancla. Brown, olvidando sus instrucciones y recordando tan sólo que nunca habían sido humillados los buques argentinos que mandara, reiteró la órden, y al ser ejecutada, una corbeta inglesa y la mismo fragata que montaba el comodoro Purvis dispararon sendos cañonazos á bala y metralla contra los dos buques argentinos. La corbeta y un bergantín ingleses anclaron al costado del bergantín *Belgrano* que montaba Brown, y éste recibió un oficio de Purvis en el cual le intimaba todavía que hasta tanto Oribe no contestase la carta que en copia le adjuntaba «no permitiría á buque alguno de la escuadra argentina salir de donde estaban anclados ni cometer acto de hostilidad cualquiera». Durante esta detención de la escuadra argentina, el comodoro Purvis favorecía con sus propios botes el embarque de hombres y armamento que hacía transportar el gobierno de Montevideo; y llegó hasta prohibir que se trasbordasen á esa escuadra las provisiones y municiones que conducía un buque procedente de Buenos Aires. (¹)

El comodoro Purvis pretendió excusar la detención de la escuadra argentina alegando que ello era una restricción debida á la circular que con fecha 1º. de abril había pasado Oribe al cuerpo diplomático. Pero esta circular era posterior á los atropellos del comodoro Purvis, si se exceptúa el del apresamiento de la escuadra argentina, y no tenía mayor importancia que la que quiso darla la prensa riverista para que tomasen las armas los extranjeros que no lo habían hecho todavía. Oribe hacía constar el hecho notorio de que todos los departamentos que formaban el Estado Oriental obedecían su autoridad legal, con excepción de la ciudad de Montevideo cuya guarnición se componía en su casi totalidad de extranjeros; y les declaraba á los agentes diplomáticos que pusiesen de su parte los medios á su alcance para impedir que sus connacionales tomasen parte en la guerra que hacía el gobierno de Buenos Aires al de Montevideo, en la inteligencia de que no respetaría la calidad de extranjeros ni en las personas ni en los bienes de los súbditos de otras naciones que formasen parte en dicha guerra, pues los trataría sin ninguna consideración.

Esta declaración se ajustaba á los principios reconocidos en el derecho internacional, é invariablemente aplicados por todos los gobiernos en igualdad de circunstancias. En el estado de guerra, la justicia y la moral, relativas y convencionales, quedan subordinadas

---

(¹) véase *Correspondencia diplomática* citada.

á las necesidades supremas que derivan de la actitud de las potencias y súbditos de estas potencias en la contienda que se ventila con el derecho de las armas; y la regla de que en pais enemigo las potencias no pueden tratar como enemigos á los súbditos de un Estado neutral, ni en sus personas ni propiedades muebles, cesa de regir cuando esos súbditos de un Estado neutral pierden su condición de tales por tomar parte en las hostilidades, ó prestar auxilio á los beligerantes, ó el menor favor exclusivo. (¹) Todas las naciones, y la Gran Bretaña la primera, han tratado como enemigos á los súbditos de potencias neutrales que tomaban parte activa en favor de sus enemigos. Así lo hizo la Gran Bretaña en su guerra con los Estados Unidos y después con la Francia, llegando por la orden de su Consejo de 7 de enero de 1807 hasta declarar buena y válida presa todo buque neutral que se encontrase navegando hacia un puerto en posesión de la Francia, y que no comerciase con la Gran Bretaña.

La circular del 1°. de abril no alcanzaba, por lo demás, á los extranjeros residentes en Montevideo sino en cuanto quebrantasen el deber de la neutralidad, tomando parte activa en las hostilidades contra una nación con la cual su soberano estaba en paz, esto es, declarándose enemigos de esa nación. Así lo reconocieron, manifestando su conformidad con esa circular, los representantes de los Estados Unidos, del Portugal y del Brasil acreditados en Montevideo. Ni el hecho de reclamar de la misma el ministro de S. M. B., que era á quien le competía, que no á un simple comandante de estación naval

---

(⁸) Klüber, *Derecho de gentes moderno de la Europa*, sección 2ª, capítulo II, pág. 286. — Vattel, libro III, cap. I, pág. 103. —Reynebal, libro III, cap. XII; y cito precisamente los primeros tratadistas en esa época.

sin atribuciones para ello; ni el hecho de haberse cumplido los efectos de la circular á pesar de la reclamación. excusaban los atropellos que perpetró el comodoro Purvis con la escuadra de uno de los beligerantes, prestando virtualmente su ayuda al otro y haciendo causa común con éste.

Por lo demás, ya he hecho mención de la declaración que hizo el gobierno de Montevideo con fecha anterior á la circular de Oribe (¹). de que serían inmediatamente fusilados los orientales ó vecinos de esa república que fuesen tomados con las armas en la mano ó con la divisa del ejército sitiador. Y en nuestros días, la civilizada Inglaterra ha producido una declaración idéntica á la contenida en aquella circular del 1º. de abril de 1843. Habiéndose hecho público en Italia el proyecto de pedir á los hijos y compañeros de Garibaldi que levantasen una legión para ir en defensa de Egipto, con ocasión de la guerra entre esta nación y la Gran Bretaña. el gobierno británico le declaró al italiano por medio de su embajador en 1882, que no permitiría desembarcar individuo alguno en Egipto, sin que estuviese munido de pasaporte debidamente legalizado; y que así mismo *cualquier europeo que fuese tomado en las filas enemigas sería pasado inmediatamente por las armas;* y que tales eran las órdenes impartidas á los generales ingleses. (²)

Simultáneamente con los atropellos del comodoro Purvis. la prensa de los emigrados argentinos que los aplaudía. insistía en que se armasen los extranjeros

---

(¹) 12 de febrero de 1843, inserta en el núm. 1254 de *El Nacional* de Montevideo.

(²) Esta declaración fué transcrita por *The Standard* de Buenos Aires del 20 de septiembre de 1882. (véase sección *Edictor's Table.*)

que no lo habían hecho antes de ser conocida en Montevideo la circular de Oribe. (¹) El gobierno concurría á su plan preconcebido con declaraciones como las de hacer salir de la ciudad á los *residentes inútiles,* ó la de ofrecerles premios cuantiosos para después del triunfo; y gravándolos con impuestos fuertes que ponían al mayor número en la disyuntiva de cerrar su taller y abandonar su trabajo, ó de tomar en efecto las armas para asegurar su subsistencia y la de sus familias con la ración del soldado. «¿Qué hacéis? les decía *El Nacional* de Montevideo en enero de 1843: cuáles y cuántos de vosotros, oh extranjeros, estaréis destinados á morir en febrero y marzo, cuando por más empeñada la lucha estarán las pasiones más enconadas? Por qué no huís de esta tierra? Defendeos ó huid: he aquí vuestro dilema.» Y *El Nacional* del 23 del mismo mes: «Dentro de poco en los territorios dominados por Rozas, toda escarapela francesa será un blanco de puntería para el fusil de los asesinos de Rozas, y los franceses no sólo tendrán que negar su origen, sino que disfrazar las acentuaciones de su pronunciación.» (₂)

Á la subsiguiente reclamación que entabló el gobierno de Rozas de los atropellos del comodoro Purvis, el ministro Mandeville, cuya posición era poco airosa, se limitó á contestarle que había escrito al comodoro sobre los graves inconvenientes que traería su conducta. Después de los actos de guerra á virtud de los cuales el comodoro Purvis había empeñado á su soberano, la respuesta del ministro Mandeville era, sino un nuevo

---

(¹) Recién el 7 de abril la insertó *El Nacional.*

(²) Véase *El Nacional* de Montevideo, los números correspondientes á enero, febrero y marzo. Véanse los números del 6 y 7 de abril en los que enuncia las causas que han llevado á los extranjeros á armarse.

insulto, una burla. El gobierno argentino le dirigió entonces una nota enérgica en que analizaba esos actos y
demostraba la injustificable intromisión del comodoro
Purvis, porque éste había procedido en la forma en
que procedió con anterioridad á la circular del 1º. de
abril, que él invocaba como excusa: porque á título de
jefe al frente de fuerza naval se había dirigido al presidente Oribe exigiéndole que le declarase si oiría proposiciones de los sitiados en Montevideo; y á la respuesta de aquél de que serían atendidas según su mérito,
él había exigido todavía que retirase la mencionada
circular; y porque en todo caso, era al ministro de S. M.
B. á quien le competía discutir y arreglar lo concerniente á la seguridad de las personas y propiedades
británicas.

Y al hacer notar la inutilidad de sus reclamaciones
para que cesasen los procedimientos que continuaba
el comodoro Purvis, el gobierno argentino agregaba
que no le quedaba sino defenderse en la injustísima
guerra á que era provocado, y que no sería suya la
responsabilidad de las consecuencias que sobrevi-
niesen, obligado como se veia á sostener y salvar la
dignidad nacional. Y levantándose á la altura de las
circunstancias, terminaba así: «Si le fuere dado al gobierno, sin comprometer su decoro, contener la justa
indignación que han excitado los procedimientos del
comodoro; si después de los esfuerzos que ha hecho
desde la llegada de ese jefe para alejar las deplorables
circunstancias que ya se dejan sentir en la República,
pudiese postergar por más tiempo el llamamiento del
señor ministro á las imperiosas exigencias que han
formado los sucesos, el gobierno esperaría el justo pronunciamiento de S. M. B. á quien V. E. ha dado cuenta
de ellos. Pero habiendo el comodoro Purvis estimado

sus injustas hostilidades á esta República como actos de protección á los súbditos británicos, el gobierno repite á V. E. que son deplorables las circunstancias que ha creado la escandalosa conducta de ese jefe: que en fuerza de ellas, no puede ofrecer garantía eficaz alguna á los súbditos británicos sin poner en peligro la existencia de la República y la tranquilidad de los demás habitantes del país; y que para alejarlas es absolutamente necesario que V. E. dé claras explicaciones sobre la atentatoria conducta del comodoro Purvis y las condignas satisfacciones que V. E. no puede negar.» (¹)

El ministro de S. M. B. vió entonces que no era muy positiva la protección que el comodoro Purvis ofrecía á los súbditos británicos, atropellando los derechos de uno de los beligerantes y provocándolo á tomar justas represalias. Sabía, porque lo había visto ya, que Rozas ·sostendría el honor nacional á costa de cualquier sacrificio; y que si las circunstancias lo forzaban á ello, ejercería sobre los súbditos británicos medidas análogas á las que ejercitó Inglaterra con los extranjeros durante sus guerras de fines del siglo pasado; la Francia durante la última guerra con Alemania, y Rusia y Austria respectivamente en las provincias que pretendían para redondear sus fronteras. Quizá pensó que prontamente los súbditos británicos serían internados en Luján, como proyectó hacerlo el director Pueyrredón con los portugueses. (₂) En tal situación le ocurrió adjuntarle al ministro doctor Arana un memorial de los comerciantes británicos radicados en Buenos

---

(¹) véase esta nota en el *Diario de sesiones* del año 1843, pág. 233 á 248.

(²) véase el manifiesto del director Pueyrredón del 2 de marzo de 1817.

Aires, en el que suplicaban no se les hiciese responsables de la conducta del comodoro Purvis, observando de paso que ellos y sus connacionales habían recibido del gobierno argentino la más decidida protección. (¹)

La respuesta de la cancillería de Rozas fué categórica: le era grato instruirse de la declaración de los súbditos británicos respecto de la protección de que gozaban; y el gobierno seguiría prestándosela á todos los que respetasen las leyes de la República Argentina: á los demás les prestaría la que le fuese posible en esas difíciles circunstancias. (²) El ministro Mandeville eludía, como se ve, dar las condignas explicaciones de los atropellos del comodoro Purvis. Obligado por la declaración de Rozas á pronunciarse sobre el fondo del asunto, no tuvo embarazo en manifestar que á los cargos del gobierno de Buenos Aires respecto de los actos de hostilidad del comodoro Purvis contra la Confederación Argentina, « no podía hacer réplica alguna », pues ellos debían hacerse al gobierno de S. M. B. « á quien sólo presta implícita obediencia el comodoro Purvis, como S. E. don Felipe Arana lo había visto en muchas ocasiones en que las sugestiones y deseos del abajo firmado han sido desatendidos por aquél. El abajo firmado no puede dar órdenes donde no tiene autoridad; y por consiguiente la exigencia de satisfacción que el gobierno de Buenos Aires reclama del ministro, debe ser dirigida al gobierno de S. M. B.» (³) Así Mr. Mandeville ponía en trasparencia que el comodoro Purvis había ido por su cuenta mucho más allá del límite de las promesas

---

(¹) véase *Correspondencia diplomática. Diario de sesiones,* año 1843, pág. 253.

(²) Ib. ib. ib. pág. 258.

(³) Ib. ib. ib. pág. 261.

que él hizo al gobierno de Montevideo; hasta convertirse en el instrumento de que se servían ese gobierno y la Comisión Argentina para desenvolver su sistema de coaliciones contra el gobierno argentino. El hecho era notorio. por lo demás; y Rozas, partiendo de la impotencia confesada del ministro de S. M. B. para contener al comodoro Purvis en sus atropellos. le redujo la cuestión á este dilema que no podía eludirse: « Al gobierno argentino le importa saber si el comodoro Purvis obra en el sentido en que lo hace de conformidad á instrucciones positivas del gobierno de S. M. B: en este caso es V. E. el único á quien debe recurrir el gobierno por las explicaciones correspondientes. Si esos hechos emanan de órdenes del gobierno británico, V. E. debe decirlo; si no lo son, si son avances del comodoro. V. E. debe decirlo también, satisfaciendo de este modo á un gobierno y á un pueblo que hasta el presente guarda la armonía más perfecta con el de S. M. B. con ser que se ve injustamente hostilizado por fuerzas navales británicas. y que la mayor parte de los residentes británicos en esta ciudad se presentan públicamente adheridos al comodoro Purvis, contrariando los amistosos esfuerzos de V. E. » (1)

El ministro de S. M. B. no pudo menos que constatar oficialmente el hecho notorio de la intromisión injustificable del comodoro Purvis en la guerra que sostenía el gobierno argentino con el de Montevideo. « El infrascripto. decía Mr. Mandeville. ha hecho, como lo sabe S. E. don Felipe Arana. *cuanto ha podido para contener al comodoro Purvis dentro de la línea de estricta neutralidad*... y en respuesta á la pregunta que le ha

(1) Véase *Correspondencia diplomática. Diario de sesiones* de 1843, pág. 268.

dirigido el gobierno de Buenos Aires sobre si el comodoro Purvis obra hoy en conformidad á instrucciones que haya recibido de su gobierno, el infrascripto sólo puede decir que *ignora qué clase de instrucciones haya recibido el comodoro Purvis del gobierno de S. M. B.*, pues que nunca se le ha hecho saber parte alguna de ellas; pero tiene el honor de informar á V. E. que el día 2 del presente *trasmitió oficialmente al comodoro Purvis las órdenes que el infrascripto recibió de lord Aberdeen* relativamente á la futura conducta de los comandantes de buques de S. M. B. en el río de la Plata, *comunicadas al que suscribe en despacho de lord Aberdeen* y concebidas así: «Con respecto á lo futuro, tendrá usted entendido que el gobierno de S. M. B. no quiere que los oficiales al mando de cualesquiera buques de S. M. en el río de la Plata intervengan en la lucha entre Buenos Aires y Montevideo, á menos que sea necesaria la fuerza para la protección de la vida y de las propiedades de los súbditos de S. M. allí residentes. »

Lo más curioso era que esa orden de lord Aberdeen que Mr. Mandeville transcribía al gobierno de Buenos Aires, por vía de franca explicación, y esperando que ella calmaria cualquiera disposición hostil respecto de los residentes británicos, se dirigía especialmente contra el mismo Mr. Mandeville, como presuponiendo que era el ministro de S. M. B. el representante caracterizado de su soberano en el río de la Plata; quien podía conducir al comodoro Purvis á que cometiese los actos de guerra que cometió; el único que podría contenerlo en ese camino también.

CAPÍTULO XLVI

LA PRENSA PROPAGANDISTA DEL PLATA

(1843—1844)

En medio de esta lucha diaria que vigorizaban las coaliciones de los extraños y obligaban al gobierno argentino á multiplicar los esfuerzos para sostenerla con sus solos recursos, los emigrados unitarios en Montevideo esgrimían con mayor ardor que nunca sus armas de propaganda personificadas en su prensa de combate y en su diplomacia guerrera. Con el mismo fin que *El Constitucional, La Revista, Muera Rozas, El Brittania,* y otros papeles más ó menos efímeros, había surgido *El Nacional.* Este último diario era en la época á que he llegado el órgano oficial de la revolución contra el gobierno de Rozas, y condensaba en tal carácter así la representación de los emigrados unitarios como del gobierno y partido de Rivera. Redactábalo don José Rivera Indarte, de quien debo ocuparme en este lugar para no dejar en blanco una página notable de propaganda periodística de esa época.

En don José Rivera Indarte se realizaba el hecho de que los que reaccionan ruidosamente contra su propio credo, llegan á ser los sectarios más esforzados del nuevo credo que adoptan y, por consiguiente, los enemigos más implacables del que abandonaron. Habíase operado en él algo de la transfiguración del hombre y de la serpiente á que se refiere Dante, y que glosa Macaulay para aplicarla á los partidos tradicionales de la Gran Bretaña. Todo lo que él condenó y escarneció en obsequio y al servicio del partido federal y de Rozas, fué lo mismo que engrandeció y exaltó después en obsequio y al servicio del partido unitario para combatir á aquéllos. Antes había presentado á Rozas como el primero de los argentinos, á los unitarios como parricidas y causantes de las calamidades de la patria. Después presentó ante los ojos atónitos las escenas cada vez más animadas de un drama de crímenes y de horrores, cuyo protagonista abominable era Rozas, y cuyas víctimas inmoladas inocentes eran los unitarios. El mismo drama transformado por el fanatismo

que movía la maquinaria. La cabeza de la serpiente del
Dante, que reemplazó la del hombre.

Este cambio radical tuvo su origen en motivos personales más que políticos; y se verificó al favor de estímulos que vivían como heridas abiertas en el espíritu
impresionable, vehementísimo y rencoroso de Rivera Indarte. Y nótese que tal cambio se circunscribió á sus
simpatías de partidista solamente; que en cuanto á lo
demás continuó siendo el mismo retrógrado, que desde
su primera juventud malgastaba sus fuerzas y atrofiaba
su inteligencia predicando, como una solución patriótica
y progresista, la comunidad de miras así en lo político
como en lo religioso entre la monarquía absoluta y las
repúblicas de Sur América. Él fué el único que sostuvo
estas ideas (á las que dió después formas más tangibles)
en diarios manuscritos que hacía circular en la Universidad, y en los cuales se declaraba campeón de la causa
de la Monarquía y atacaba á la vez los principios y las consecuencias de la revolución argentina de 1810, y á los
profesores que no podían seguirlo en su propaganda.
Tan singular esfuerzo le atrajo la antipatía de sus compañeros, imbuídos naturalmente en las ideas de esa
revolución. Él la emprendió entonces con sus compañeros, atacándolos indistintamente con acritud y saña
tantas que le valieron vejámenes frecuentes, pero no
eficaces siquiera para atemperarlo. Esto, unido á la fría
malquerencia de que hacía alarde para con todos, y al
conocimiento que se tenía de ciertos detalles que afec-
taban su moralidad, le valió el desprecio de sus compañeros. Él mismo ahondó ese desprecio, dando lugar
á ser expulsado de la Universidad en virtud de acusa-
ciones de las que no pudo justificarse. (1)

_____

(1) En la biografía de este periodista que publicó en 1853 el enton-

Á partir de este momento se vió aislado; y en este aislamiento, y á través de las dificultades con que luchaba, se ahondaron en su espíritu el despecho y los rencores que debían hacer triste y sombría su existencia, llevándolo fatalmente á mirar á los hombres como instrumentos más ó menos conscientes é intencionados del mal que le habían causado, al negarle en sus mejores años los estímulos y hasta las consideraciones que prodigaban fácilmente á los demás. Y sin embargo, en su corto roce con las gentes se mostraba manso y excesivamente complaciente. Además, hacía ostentación de sus fervores católicos; y los fieles de la parroquia miraban como uno de los suyos á ese joven de lánguidos ojos azules y abstraídos en un misterioso más allá, pálido, humilde y pobre, que parecía uno de esos *scolásticus* que reparte por el mundo la Compañía de Jesús.

Con tales predisposiciones comenzó á hacer sus primeras armas en *La Gaceta Mercantil.* Pero este aprendizaje, además de ser corto, le trajo nuevas contrariedades. Cediendo quizá á sugestiones agenas, tomó partido en *La Gaceta,* en favor del gobierno de Montevideo, que dirigía por entonces el ministro don Santiago Vásquez, y en contra de los *anarquistas,* como se les llamaba á los partidarios del general Lavalleja. Así se puso en rela-

---

ces coronel Bartolomé Mitre, se dice acomodando los hechos á las exigencias y pasiones de la época, que la expulsión de Rivera Indarte de la Universidad se debió á las persecuciones y calumnias de sus compañeros. La verdad es que fué expulsado por sustracción de libros de la biblioteca, denunciado por el director ante el juez del crimen doctor Insiarte, en cuya causa sobreseyó, dando por compurgado el delito con la prisión sufrida, el ministro doctor Tomás M. de Anchorena por decreto de septiembre de 1831; como se ve en el expediente que estuvo archivado en la antigua escribanía de Silva. Por otra parte, el mismo Rivera Indarte en su libro *Rozas y sus opositores* pág. 142, admite implícitamente este y otros hechos de que lo acusaban sus enemigos en medio de la polémica ardiente, excusándose con que se referían á la época de su niñez. El año 1831 tenía 18 años.

José Rivera Nolceute

ción con el ministro Vásquez, y tuvo la debilidad de presentarse por escrito y en persona al coronel Zufriátegui, fingiéndose agente del general Lavalleja, para percibir una cantidad de onzas que aquél debia enviarle en calidad de auxilio para la revolución que este último encabezaba á la sazón. Advertido á tiempo Zufriátegui dió aviso de lo ocurrido. Las cartas falsificadas por Rivera Indarte figuraron como cabeza de proceso, y convicto y confeso de la acusación, le fué conmutada la peɩa establecida por la de un año de destierro. (¹) Trasladado á Montevideo, el ministro Vásquez se declaró su protector, encargándole la redacción de un diario oficial que se tituló *El Investigador*. En este diario, como en *La Revista* que redactó á poco para defender igualmente el ministerio de don Lucas Obes, Rivera Indarte mostró aptitudes poco comunes; y si bien la poca madurez de los conocimientos que había adquirido sin método y sin plan, y la ampulosidad é incorrecciones de su estilo, no le permitieron por entonces hacerse notable como diarista, consiguió cuando menos abrirse camino al favor de una inquebrantable pertinacia, de una contracción que desafiaba al cansancio, de cierta audacia genial para encarar toda clase de cuestiones, y de la poderosa iniciativa que empezó á desplegar alentado siempre con la idea de poner de su parte la opinión.

Malquistado con el gobierno al cual había servido, regresó á Buenos Aires en 1834, durante el provisoriato de Viamonte. Aquí redactó *El Imparcial* en unión con don Bernardo Vélez, afiliándose en el partido federal que estaba predominante después de haber vencido la revolución de los unitarios de 1828. Entonces entró por pri-

----

(¹) El extracto de la causa y demás documentos se encuentran en el *Archivo Americano*, 1ª. serie, núm. 20, pág. 342.

mera vez en el campo de la política militante de su
pais; y como ella se inclinaba á las represiones que pro-
vocaban los partidos en lucha tenaz é intransigente, él
siguió sin vacilar estas corrientes, llamando desde luego
la atención por la vigorosa generalización que, á guisa
de inventario, hizo de los extravíos de los partidos desalojados del gobierno. Esta misma propaganda la continuó en *La Lanza Federal*. Y acerca de sus propósitos
radicales puédese formar una idea por la siguiente traducción de Milton que encabeza el primer número de ese
periódico: « Venganza, amigos, sin piedad, ¡venganza!...
con el autor de nuestros tristes males, ni treguas ni
amistad: nada de engaños. Los desconoce el fuerte de
Mawrte. Lidiemos en el campo. »

Esta fué la época de su vida en que mayor gala hizo
de su facundia. La prosa y el verso; el diario y el
panfleto; la política y la literatura; las cuestiones de interés local como las que se relacionaban con la Europa
y principalmente con la España, todo lo usó y abarcó su
actividad incesante, con éxito más ó menos feliz. Sin
descuidar en lo mínimo su diario ó sus diarios, pues
Rivera Indarte se asemejaba al famoso Padre Castañeda
en eso de que siempre había de tener un diario suyo
cuando menos, y sin perjuicio de colaborar en dos ó
más, publicó los *Apuntes sobre el asesinato del general
Juan F. Quiroga*, donde analizaba con escrupulosa atención todos los antecedentes de este ruidoso acontecimiento y deducía las responsabilidades que en orden al
mismo pesaban sobre el partido unitario: el *Voto de América*, y la *Defensa del Voto de América* en respuesta á
una impugnación del Dr. Alberdi; en los que desenvolvía con más convencimiento que buenas razones su
creencia en la necesidad de mancomunar las aspiraciones de las jóvenes repúblicas con las de la monar-

quia absoluta; y que si nada añadieron á su fama al
sentir de sus compatriotas, le valieron el que la reina
Cristina los hiciese publicar por la imprenta real, como
un homenaje á este inesperado eco de sumisión y vasallaje.

Como complemento y resumen de estos trabajos, publicó el año siguiente de 1836, la «*Breve reseña* sobre el
origen y curso que han tenido las nuevas relaciones
del pueblo español con los Estados disidentes de la América española; y sobre el modo de terminar sus pasa-
das diferencias de un modo igualmente profícuo á España y América». dedicada «al pueblo español». Refiriéndose al fracaso de los negociados entretenidos
largo tiempo por la metrópoli y el nuevo gobierno de las Provincias Unidas para obtener la paz y
el reconocimiento de la indepeidencia de las últimas,
echa la culpa de ello á Belgrano y á Rivadavia, y se
ensaña contra estos dos virtuosos patricios argentinos
en los siguientes términos: «Prevalidos dos ministros
suramericanos, residentes uno de ellos en Londres y
el otro en París, de la frialdad con que empezaba á
mirarse el negocio de la Independencia, escribieron á
sus gobiernos y aun procuraron con otros de sus colegas, secundasen su idea, asegurando que el gabinete español en lo menos que pensaba era en reconocer la independencia de América; que todas sus protestas eran
ficciones para engañar á los americanos y que éstos debían cerrar los oídos á todo trato. Los *extranjeros* que
sirven de intermediarios entre españoles y americanos.
*que recojen todos los provechos del comercio de América,
y que están por consiguiente interesados en que se pro-
longue un entredicho* que les es tan ventajoso, unieron
sus esfuerzos á los de *esos dos hombres infatuados*. Y
con grande asombro de los amigos de la paz se vió le-

vantarse un partido considerable, que evocando recuerdos tristísimos, y apelando á los nombres de patria y
libertad, se empeñaban en probar era degradante enviar
ministros á la corte de España.» Y después de desna-
turalizar de esta manera las aspiraciones de su propio
país, se hace el eco de los monarquistas que proponían que los argentinos reconociesen una parte
proporcional de la deuda que pesaba sobre España
hasta 1810; y propone que para afianzar la paz España
invite á los gobiernos de los nuevos Estados americanos para que concurran en un término señalado á la
corte de Madrid, por embajadores autorizados, para tratar de un arreglo definitivo, celebrando un tratado que
sea general para todos ellos.

Simultáneamente con esos panfletos, Rivera Indarte
publicó la *Volkameria*, miscelánea de artículos en prosa
y de poesías que escapan á la crítica: arregló un drama
titulado *Diez años, ó la vida de una mujer*, donde se ve
que su cuerda no era el drama; hizo circular profusamente una *Biografía del brigadier general Juan Manuel
de Rozas*, en que estudia á este personaje hasta el momento en que aceptó el gobierno con la *suma del
poder público*; y los *Apuntes* para la historia de la expedición al desierto, «inspirados, como él mismo lo dice,
en el deseo de ilustrar á los extranjeros sobre la importancia y resultados de esa campaña emprendida por
el general Rozas, cuyas relevantes cualidades físicas y
morales jamás se han atrevido á negarle sus más en-
carnizados enemigos».

Pero donde se mostró partidario fanático de la
federación y del general Rozas, así por la vehemencia con que se declaró paladín del gobierno con la
suma del poder público, como por la osadía con que
propuso y defendió antes que ningún otro, los medios

de represión más radicales contra los unitarios, fué
en el *Diario de anuncios y publicaciones*, que empezó
á redactar en el año de 1835. Era esta la época en
que la gran masa de opinión dominante en Buenos
Aires vió, después de cruentos sacudimientos, suspen-
didos sobre sí los peligros y reacciones que venían
del lado de los partidos desalojados del gobierno y
de los afines de éstos en el exterior; y quiso domi-
narlos robusteciendo un gobierno fuerte en cabeza
de un hombre de antecedentes nacionales y de influencias incontrastables. El *Diario de anuncios* fué el que
con mayor franqueza examinó este propósito á la luz
de los principios especiosos de la salud del Estado.
Y en el fervor de la propaganda, para que su héroe
reasumiese los derechos políticos de la sociedad, Rivera
Indarte rodeaba la cabeza de Rozas de una aureola de
gloria que no alcanzaron en vida ni Moreno, ni San
Martín, ni Belgrano. Y al trazar con los colores más som-
bríos el cuadro de las desgracias de la patria, cubría de
oprobio á los unitarios, á fin de encarrilar el sentimiento de la multitud con el propósito de las clases diri-
gentes, y de mantener en áscuas los odios de partido
que habian determinado la erección de una dictadura
irresponsable por el ministerio de la opinión y de la ley.

Á esto asociaba su poética, con la cual magnificaba
las festividades político-religiosas y manifestaciones que
se sucedieron á partir del 13 de abril en que Rozas se
recibió del mando. Su *Himno de los restauradores* es
una diatriba dirigida á enardecer las pasiones. Después de recordar los hechos que en su sentir colo-
can á los unitarios entre la escoria que la sociedad
debe barrer para regenerarse, dice:

«Asesinos de Ortiz y Quiroga!
De los hombres vergüenza y horror,

Á la tumba bajad presurosos,
De los libres temed el furor.
Esos mismos que en Márquez vencieron
En San Luis, Tucumán y Chacón,
Con la sangre traidora han jurado
De venganza escribir el padrón.

Alza, oh patria! tu frente abatida,
De esperanza la aurora lució,
Tu adalid valeroso ha jurado
Restaurarte á tu antiguo esplendor.

Del poder la *Gran Suma* revistes,
Á tu patria tú debes salvar:
¡Que á tu vista respire el honrado
Y el perverso se mire temblar!»

Al mismo género pertenece el *Himno federal* que,
como todas las composiciones de Rivera Indarte, no
tiene más mérito que el que le atribuyó la ineducada
multitud, ávida siempre de lo que exalta las pasiones
que la conducen. Dice así:

«Ese bando traidor, parricida,
Que en diciembre mostró su furor,
Sobre ruinas y sangre de hermanos
Tremoló su rebelde pendón.
«Él dispuso en sus bárbaras orgias
Cien perennes cadalzos alzar,
Él mandó á sus inicuos soldados
Á Dorrego y á Maza matar.
«Vuelve, pues, adalid valeroso
Á regir á este pueblo fiel,
Y si acaso la artera calumnia
Tus virtudes quisiera empañar,
Tus leales en sangre de inicuos
Tal agravio sabrán castigar.»

Á estos *himnos* les seguían las canciones populares

de Rivera Indarte, las décimas, las leyendas y disticos *ad hoc*, que circulaban profusamente en la ciudad y campaña, ó se dedicaban á las festividades de la época. Y todo este esfuerzo de su inteligencia fecunda se dirigía exclusivamente á exaltar la personalidad de Rozas y á echar oprobio al partido unitario, como causa de las calamidades de la patria. Á este número pertenecen *El arrepentimiento de un unitario, Los recuerdos sangrientos* y otros papeles procaces y soeces como el que dió origen al calificativo de *mazorqueros*, y que con el título de *viva la mazorca* era dedicado «al unitario que se detenga á mirarla»... el cual debería «tener cuidado de ver si ese santo (un marlo de maíz) al tiempo de andar, le va por detrás.»

Los ecos cada vez más destemplados de la propaganda de Rivera Indarte dominaron el escenario político del año de 1835. Los partidarios más intransigentes del nuevo orden de cosas y el pueblo que lo aplaudía, veían reflejados sus conatos más enérgicos en los escritos de ese joven que había colocado una bandera roja en su barricada de combate y batía con ventaja á los enemigos; eclipsando los escritos pálidos y tiesos de don Pedro de Angelis, los de don Manuel de Irigoyen que rebosaban candoroso entusiasmo, y aun los de don Nicolás Mariño que fué después su émulo. Su renombre de periodista radical le valió una influencia que envidiaban los que mejores títulos creían tener. Los poderosos de la sociedad y del gobierno lo solicitaron con ese agasajo que acusa la forzosa necesidad de tratar de potencia á potencia al talento y la audacia que se abren camino. El mismo Rozas, que quizá no esperó que se adelantaría tanto en su propaganda, lo recomendó á la consideración de sus amigos personales; á bien que después cometió la torpeza, increíble en un hombre de su penetración y de su alcance, de no hacer algo de su parte para evitar que se transformase en el más encarnizado y terrible de sus enemigos.

Pero he ahí que cuando se encontraba en el apogeo de su posición, se aproxima á don Santiago Vásquez que estaba en Buenos Aires como ministro de Montevideo; entra en relaciones con algunos de los emigrados unitarios que conspiraban en el litoral, y llega á avanzarles opiniones diametralmente opuestas á las de que alardeaba. La cosa trascendió, abultada quizá por los que no podían explicarse este cambio ó este doble juego en el fogoso propagandista. Y como en esa época de conspiración latente, de represión y de tormenta revolucionaria, el que no estaba con el gobierno ó con el partido que levantó á Rozas, estaba con el partido unitario que espiaba los momentos, y era considerado como enemigo, á lo cual no poco habia contribuído la prédica de Rivera Indarte, éste se hizo sospechoso; y empezaron á mirarlo con desconfianza los mismos que poco antes lo alababan y solicitaban. Otra vez empezó á sentir el vacío á su alrededor. Inútiles fueron los resortes que tocó para congraciarse. El doctor Cordero, que tenía sus achaques editoriales, le echó francamente en cara su inteligencia con los unitarios, según era de pública voz. El general Mansilla, ante quien se sinceró, ofreciéndole redactar un diario en el que pondría en transparencia á los unitarios, lo remitió á don Pedro de Angelis. Éste, cuyo ánimo estaba predispuesto contra el joven diarista que lo había eclipsado, no quiso saber de la cosa.

En estas alternativas fué reducido á prisión como agente secreto de los emigrados unitarios y de los bandos que se disputaban el predominio en el Estado Oriental.

Don Santiago Vásquez que estaba informado de todo ello, se lo explicaba á su manera al general Rivera escribiéndole: «carta de Buenos Aires y de persona fidedigna dice que el portugués Fontaura, luego que llegó á aquel destino, manifestó á Lavalleja el arresto que había sufrido, concluyendo su relación con la entrevista que tuvo después con el señor presidente Oribe, y suponiendo que éste le dió mil satisfacciones, y le declaró que las cartas y avisos del joven Rivera Indarte habían ocasionado las sospechas y arresto que había sufrido. Que esta relación, trasmitida por Lavalleja al señor Rozas, dió mérito á que Rivera Indarte fuese conducido á la cárcel, puesto incomunicado y examinados sus papeles...» (¹) Presto salió en libertad Rivera Indarte por la interposición del ministro Vásquez, quien le sugirió la idea de volver á Montevideo, lo que aquél verificó después de un corto viaje por Estados Unidos y el Brasil.

Después de este viaje aparece, no un distinto Rivera Indarte, que sí el mismo propagandista fogoso; con la diferencia de que en Buenos Aires exaltaba á Rozas y alardeaba de federal fanático, y en Montevideo comenzó á exaltar al partido unitario alardeando de tal. Sus panegiristas y correligionarios de Montevideo decían que esto fué una regeneración en él. Pero el hecho es que profesó un fanatismo idéntico en tendencias al que dejó de profesar y que siguió siendo el incansable propagandista de los odios que desgarraron su patria. Si un tercer partido hubiese disputado el predominio absoluto en la República, á éste habría pertenecido Rivera Indarte, y se habría asimilado estos nuevos rencores para desahogarlos contra el partido unitario á

(¹) Manuscrito original en mi archivo. (véase el apéndice.)

cuyo servicio se consagró. Desprovisto de la fe en el
esfuerzo de la propia originalidad, su pluma sólo corrió
á impulsos de las pasiones vergonzantes de la época;
como esos cerebros enfermizos que sólo producen bajo
las innobles excitaciones del alcohol. Por esto es que
de todos sus trabajos no se extrae una sola idea para
el porvenir de su patria, un solo principio que hubiere
modificado, en tal cual momento de su vida laborio-
sísima, el estado de *combatividad sangrienta*, que era
el permanente de su espíritu. El virtuoso don Esteban
Echeverría, herido por las procacidades de Rivera Indarte,
le preguntaba con la autoridad que le daban sus antecedentes notorios de filósofo doctrinario: «Qué doctrina
social ha formulado V. en su apostolado de cinco años
en *El Nacional:* qué idea nueva ha emitido, qué *importación* inteligente nos ha inoculado, qué poesia original
nos ha revelado, qué intuición de su genio nos ha
embutido?... Apostolado para el pueblo dice V! Apostolado de sangre, de difamación, de inmundicia... Hay
una *doctrina* que V. ha concebido y desarrollado con
la erudición más escogida, y esta doctrina es la más
digna de su apostolado: el *tiranicidio*. Pero el pueblo
replica indignado: que venga á matar el muy villa-
no, si tiene corazón de asesino; que venga á santificar
con su sangre su doctrina... Y el padre Mariana se
levanta de su tumba gritando: Venga mi doctrina!
Fuera ese fárrago de erudición que empacha, fuera
esa lógica tuerta...» (¹)

Lo que decía Echeverría era la verdad. De las manos de los señores Alberdi, Lamas y Cané, tomó Rivera
Indarte *El Nacional* de Montevideo, y le imprimió desde

(¹) Carta de Echeverría en mi archivo.

luego el sello de las furiosas venganzas que lo inspiraban, precipitándose en el fango del personalismo que hizo escuela y provocó represalias tremendas. Esta labor se puede dividir en dos partes: la que tiene por objeto sublevar coaliciones contra el gobierno de Rozas, complaciendo las veleidades de las grandes potencias en orden á los paises del río de la Plata, y las del Brasil en lo que se referían al cercenamiento de la República Argentina; y la que tiene por objeto defender al general Rivera y á los hombres del gobierno y de la defensa de Montevideo, echando ludibrio sobre el gobierno de Rozas y el partido dominante en la República Argentina. Comprendia la primera los escritos de Rivera Indarte sobre la *cuestión francesa; el bloqueo;* sobre la política que debía presidir el emperador del Brasil; sobre *la legitimidad de la independencia del Paraguay* de la República Argentina; sobre *la intervención anglofrancesa.*

Comprendía la segunda parte sus *Efemérides* de las matanzas de Rozas, ó sea *Tablas de sangre;* su panfleto *Es acción santa matar á Rozas,* sus *Biografías* y otros opúsculos de menor cuantía reunidos después bajo el título de *Rozas y sus opositores.* (¹)

_____

(¹) Rivera Indarte asoció la poesia á su propaganda contra Rozas, como la asoció poco antes en su propaganda en favor del gobierno con la *suma del poder público.* Sus composiciones *Á los rosines, Al tirano Rozas, Una fiesta de Rozas, Á los militares argentinos* residentes en Montevideo, y muchas otras de esta jaez, son *El arrepentimiento de un unitario, Los recuerdos sangrientos, El himno de los restauradores* con otro título, y arregladas á las circunstancias en que escarnece lo mismo que exaltó. Algunas de ellas aparecieron en *El Tirteo,* periódico en verso que fundó en 1841 asociado á Juan María Gutiérrez, quien acababa de ser laureado en un certamen poético presidido por literatos y eruditos, y cuyo renombre vivirá juntamente con el de Heredia, Juan Cruz Varela, Olmedo y Bello. Debido á esa circunstancia *El Tirteo* se abrió camino en el corto tiempo que duró (27 de junio á 27 de septiembre); siendo de advertir que su elaboracion fué obra casi exclusiva de Gutiérrez, y que las composiciones de Indarte son precisamente los únicos lunares que resaltan allí al lado de la *Introducción*

De la primera parte de estos trabajos se trata en el sitio oportuno de este libro, á bien que encierran un falseamiento inconsiderado de los hombres y de las cosas, los cuales se ventilan como si se dijera entre las llamaradas de la pasión. Tanto es así, que el biógrafo

---

El joven Maza, La bandera de Rozas, Mi crimen, Escenas de la Mazhorca, Ogaño el Antaño y otras dignas de las de la misma índole, tituladas *El Capitán Araña* y *El Maestro Ciruela*.

Sin embargo, Rivera Indarte escribió muchos versos, pero en general, malos versos. Lo que más puede decirse en su obsequio, es aquello que se decía de las del poeta Marcial:

> «Sunt qœdam mediocria
> sunt mala plura...»

Es que sobre no haber nacido poeta, era rebelde al ritmo y á la rima; y esto lo acusaba á pesar de los esfuerzos que hacía para suplirlo todo con un arte que tampoco adquirió en la medida de que habría habido menester. Y las que pasarían por sus mejores composiciones son incoloras y contrahechas al lado de las de Mármol á quien Gutiérrez decía:

> «Joven poeta, ven: mano de amigo
> pongo sobre tu sien; te absuelvo, llora:
> cómo no ha de llorar quien va mendigo
> de patria y libertad, y en cada hora
> escucha en el martillo que la suena
> caer una gota al cáliz de su pena!»

y que así lamentaba en estrofas inspiradas la suerte del peregrino de la libertad, como arrancaba á los elementos sus furias devastadoras para lanzarlas sobre Rozas en esta estrofa valientísima:

> «Prestadme, tempestades, vuestro rugir violento
> cuando revienta el trueno bramando el aquilón;·
> cascadas y torrentes, prestadme vuestro acento
> para arrojarle eterna, tremenda maldición.»

Su mismo biógrafo interesado en agrandarlo, y poeta como él, aunque superior en más de un concepto, no puede menos que decir de Indarte: «Desprovisto de las facultades perceptivas del poeta por vocación, tuvo que suplirlas por el arte, estudiando la poesía como quien estudia una ciencia. Su oído rebelde á la armonía se educó en los ensayos del ritmo y la cadencia, y aunque jamás pudo conseguir dar á sus versos el númen de esos versos intuitivos que salen fundidos de una pieza, consiguió subordinarlo á la medida...» Como tal, Rivera Indarte era el último entre toda esa pléyade de poetas y versificadores que había surgido en Montevideo de las predisposiciones del ánimo resultantes de la nostalgia en los unos, de la necesidad de matar los ocios haciendo versos, porque no

apologista de Rivera Indarte, su antiguo correligionario político, no ha podido menos que decir lo que en justicia puede aplicarse á todo lo que ha salido de la pluma de tan fecundo cuanto extraviado diarista: «En Varela predomina siempre la historia sobre la parte política, la cual es siempre en él templada y dogmática. En

---

se sabía hacer otra cosa, ó de la vanagloria de llevar un tizón en una estrofa al incendio político que todos estimulaban.

En la imitación de sus propios modelos, después del rudo trabajo que se impuso para asimilárselos, es menos feliz que en sus poesías originales. En estas últimas siquiera da riendas á sus creencias radicales, á la misma vehemencia, a los mismos odios que campean en su prosa; y la pobreza de la inspiración, la languidez del desarrollo y las deficiencias de la forma, se suplen en cuanto es posible con la presencia y el relieve del caudal político y moral cuyo desenvolvimiento viene persiguiendo y que peculiariza su fisonomía. Así, en su *Belshazar*, que es una imitación de la *Visión de Baltazar* de Lord Byron, en *Judas Iscariote*, en *Sansón*, en los *Pensamientos del Diablo* (imitación de Coleridge) y otras de sus *Melodías*, aparece muy inferior al asunto, con ser que pretende conducirlo por el camino de su propaganda; mientras que en las *Á mi puñal*, *Á los padres Jesuitas*, *Al general Rivera*, *Al emperador don Pedro II*, y principalmente cuando se recoge en su misticismo, como *El preso cristiano*, *La Plegaria*, el verso es más fácil y animado. verdad es que este recogimiento es instantáneo. El odio y la venganza que lo arrebatan aún al suavísimo recogimiento hacia Dios, lo arrebata también á la tierna fruición del sentimiento que inspira el rosario en que la siempre bendita madre enseñó á balbucear las primeras plegarias. En su composición *Al rosario*, por ejemplo, tiene este verso á Rozas, que es quizá el mejor de cuantos escribió:

> «Cuando Satán el libro del pecado,
> Gozoso lleve al juicio divinal,
> Tú borrarás sus páginas horribles
> Y el fiel de la balanza inclinarás.»

Con razón, pues, don Esteban Echeverría le decía á Rivera Indarte en una carta crítica severísima: «Cuando usted habla de amor en sus versos, ó de algún afecto íntimo, se nota al punto que esa cuerda no vibra en sus entrañas, y que lo que escribe son reminiscencias de otros poetas. Es que Rivera Indarte no amó jamás, y nunca pudo repetir después del tiempo esta endecha tierna y consoladora de virgilio: *Agnosco veteris vestigia flammæ*.

En el gran número de los que dedica á su propaganda política, el verso está como calcinado por el odio, y gira alrededor de un conjunto multiforme, repugnante y horrible de cadáveres putrefactos, de escoria amontonada con cierto placer, puñales humeantes, miembros mutilados, sangre, infamia y vergüenza; sangre

Indarte, por el contrario, sucesos históricos, datos esta-
dísticos, los principios, los hombres y las cosas, *todo se
subordina á la polemica ardiente del hombre de partido.*»
Los trabajos que se refieren directamente á Rozas ponen de relieve el espíritu de esa época luctuosa, engen-

---

sobre todo, siempre sangre á través de la cual no se ve una sola
idea nueva, una aspiración generosa, una esperanza que aquiete el
espíritu de los que vienen en pos, cuando se conmueven las columnas del edificio cuya ruina total se trabaja. ⹂ este número
pertenece la que dedica al *A lmirante Brown*, al héroe legendario
de las victorias navales argentinas, para llenarlo de ludibrio, llamándole *Condottiere envilecido;* y el *Poema á Mayo* cuyo larguí-
simo aliento mantiene la peregrina extravagancia de ir á buscar el
númen y el espíritu de la revolución argentina de 1810 en *Una
noche en el cementerio viejo* de Montevideo; la misma extravagancia que, en fuerza de no haber encontrado más que vacio, le hace
decir:

> «Por qué más antes yo no fui nacido,
> Y ¡oh *mi madre! tu parto bendijera?*
> Yo en ese Mayo del honor viviera,
> Héroe tal vez como ellos habria sido.»

verdad es que las frecuentes idas de Indarte al cementerio para
templar allí sus ódios,

> «diéronle á sus versos
> desastrosos vuelos.»

que allí están para demostrarlo entre otros los que dedicó *Á la memoria de Juan Cruz Varela*, á quien le hace decir, haciendo gala de
singular inmodestia, tratándose del Quintana argentino, como le
llamó Gutiérrez:

> «Cara esperanza de la patria mia
> Dichosos más que yo! con fuerte brazo
> La coyunda romped que la mancilla;
> *Y daréis muerta ya la tiranía,*
> Á mis hijos asilo en su regazo
> Á mi una tumba en la argentina orilla.»

No es extraño, pues, que en estas composiciones se rompa á cada
paso la lógica que debiera unirlas, como que son destinadas á la propaganda; y que se exalte en las unas lo mismo que se deprime en
las otras, incurriendo en contradicciones chocantes. Ya lo he dicho: Indarte no propaga ideas, que propaga odios. Arrebatado por
estos odios no ve que sale fuera de los propósitos cuyo triunfo pretende; no ve que riñe con las reglas más elementales de la estética
tan necesaria á su objeto. No ve más que una nube de sangre cuyos
vapores le proporcionan adorables fruiciones, y un puñal que tras-

drada por los odios de partido; y dan el diapasón diario, por decirlo así, de los hechos que servían de
argumento á unitarios y federales para echarse sendo
lodo, amontonado á la faz de la patria desangrada.

Y en esto Rivera Indarte fué inagotable; como que

---

pasando el corazón de Rozas debe resolver los problemas políticos y
sociales que él no alcanza á definir, por otra parte, ni lo preocupan
tampoco, porque todo lo fía á la infalibilidad de los triunfadores,
pero exclusivamente de los triunfadores. Así, *Al obispo de Buenos
Aires* le pregunta qué ha hecho de su rebaño al cual

> «Le arrancan verdugos la piel y redaño
> ....
> Y manos feroces que sangre gotean
> De hediondas palabras y mueras al son.
> Su aureola á la virgen malditos embrean
> Y harapo le cuelgan de cinta punzó.»

Y como el obispo no lo satisface, porque era federal, como
Agüero era unitario; que en esa época los ministros del Cristo se
confundían con los más rencorosos partidarios, y no quedó más
Cristo abnegado, desangrado y martirizado que la pobre patria, lo
sigue hasta el «negro palacio» del déspota, y, previo un cordial
«buen día el obispo», pone en boca de Rozas, sin duda para hacerlo
realmente odioso, estos versos imposibles:

> «Ayer me enfermaron esos jesuitas
> ....
> Por chismes tan necios jamás entró en cuitas
> Mi capellán Lara...
> Los reos en capilla él me confesaba
> Y luego en la cena puntual relación
> Me hacía de sus culpas, y él averiguaba
> Que hay en tres ahorcados criminales dos.»

Y de este calibre es la granizа la que sigue, hasta que, por fin,
le dice al obispo Medrano:

> «Levanta la frente, los tuyos convoca,
> En plazas y templos resuene tu voz,
> Y al crudo tirano proclame tu boca
> Del hombre enemigo, maldito de Dios.»

Con los *jesuitas de Buenos Aires* se muestra más cordial, y sobre todo más franco. Les declara que él «pide al Infinito una Eu-
ménide de fuego» que estampa en la frente de Rozas y que ha tejido
una guirnalda

> «De versos que inspira el Cielo»;

que él envía á los dignos padres

> «Cual corona de consuelo».

llevaba en su pecho un volcán de pasiones. Su índole estrecha las acariciaba como el único fruto recogido en una vida de desencantos y de borrascas; y desahogábalas su egoísmo sombrío al favor de la espontaneidad de su pluma, que nunca corría lo bastante para satisfacer su

---

Enumera las hazañas que llevaron á cabo estos padres, entre ellas la de «dar sustos fatales» á los tronos, y les canta así:

> «Que habéis sido, jesuitas,
> Excelsos republicanos,
> Y el *matar á los tiranos*
> Al hombre habéis enseñado;
> Y su puñal ha afilado
> El fuerte tiranicida
> En ese libro de vida
> Con que *Mariana* os ha honrado.»

Para hacer resaltar los bienes inmensos que han proporcionado al mundo entero estos padres, recuerda que

> «El colgajo maldecido
> De la mazorquera cinta
> En sangre y oprobio tinta
> No lleváis en el vestido»;

lo cual no obsta en modo alguno que la *divisa punzó oriental* sea á su parecer tan bella como

> «Son bellos de una virgen los sonrojos,
> Como en su niveo rostro nacarado
> Su dulce boca de los labios rojos.»

Trasunto de los versos que le inspiró el cielo para dedicárselos á los jesuítas, es *El Tiranicidio*. Matar á Rozas no es un homicidio porque

> «No es la acción de un asesino
> Dormido al tigre matar»,

y porque

> «Del pueblo suprema ley
> Nos dicen que es la salud.»

Recuerda los tiranos asesinados, desde Joab y Archias y César hasta Alejandro I, Marat y Heredia; y como para robustecer su tesis trae décimas como esta en las que el cinismo del concepto resalta á pesar de lo abigarrado de la forma:

> «Que en la humana sociedad
> Las reglas son para el *todo*,
> Mas si por extraño modo
> De astucia ó casualidad
> Son en bien de la maldad

sed de venganza. No veía delante de sí vallas que pudieran contenerlo. Sus ojos inyectados de fiereza, se fijaban en un objeto supremo: desprestigiar, enlodar, anonadar á Rozas; y á ello sacrificaba la verdad, las conveniencias, el decoro, hasta la propia existencia. Ello

Que en veneno las convierte,
La prudencia nos advierte
Que las reglas desechemos
Y la salvación busquemos
Marchando con paso fuerte.»

Sus poemas *Don Cristóbal* y *Caaguazú* describen monótona y pesadamente esas dos batallas de la guerra civil, ó, más propiamente, hacen el inventario de los que tomaron parte en ellas de ambos campos, á quienes levanta á los cielos ó revuelca entre el lodo, en razón de los vuelos de sus pasiones airadas. Ni el uno ni el otro tienen hilación, como no sea el reguero de sangre que une los cantos del primero, y que sale del campo de la acción, quebrando su unidad, para exhibir héroes como don Francisco Reynafé. Y aunque no carecen de tal ó cual pincelada enérgica, adolecen de los defectos capitales de las malas imitaciones que resaltan en el *Coro de los esclavos* del mismo poema, y en la aparición de los héroes legendarios en los momentos solemnes, que se ve en *Caaguazú*, y que con tanto arte y sentimiento tan elevado explotaron Echeverría en *La Cautiva*, Varela en su *Canto á Ituzaingó* y Olmedo en su *Canto á Junín*.

Don Cristóbal es una serie de tiradas en las que el autor desahoga sus furores contra el adversario, desnaturalizando los sentimientos elevados del poeta, cuya misión debe ser dirigente y regeneradora en países nuevos sobre todo; asociando su musa á las aspiraciones trascendentales y templándola al calor de los estímulos poderosos del progreso y de la libertad. Verdad es que esto no podía exigírsele á Rivera Indarte por dos motivos: porque nunca fué poeta, y porque siempre sostuvo á los gobiernos fuertes que le pagaron su pluma; que más que á la libertad, sirvió á sus pasiones. He aquí la situación psicológica de los *siete jefes* (canto III) del ejército federal frente al unitario. El que no brama, necesita cadena como los perros de que habla Prescott, porque sin duda tiene ya en el pecho la *poción de fuego* que prepara al marinero inglés para el combate.

«Echagüe recela, cobarde y dudoso
. . . .
Empero Ramírez, Macana llamado (!)
Oribe á Ramírez apoya bramando
. . . .
Urquiza apetece, feroz bandolero
. . . .
Y Gómez ingrato, tampoco es postrero
. . . .
Y mudo entre aquestos se ve á Lavalleja
. . . .
Garzón entre el fango cual ángel caído.»

absorbía todo su ser, como si se agrandase en sus entrañas la concepción monstruosa de los castigos que á
Rozas deparaba. Sus pensamientos más tétricos, sus
cavilaciones más horribles, arrancábanle sonrisas de satisfacción cuando le suministraban motivos para herir

---

El poema *Caaguazú*, á ser verídico, seria un mal trasunto de los
de del Barco Centenera, por su prosáica estructura, por la afluencia
de personajes secundarios que desfilan en versos hechos á martillo,
y cuya disonancia agita los nervios á través de detalles intermina-
bles que pretenden dar carnes y dar vida al fondo que está hueco.
Véase, como muestra de una y otra cosa, estos versos. Paz sueña, y
antes de aparecérsele la sombra de Belgrano, como se le apareció la
sombra amable á Alejandro la noche que salía de su tienda para explorar el campo de Darío, y como diz que aparecléronsele amables ó
terroríficas á muchos capitanes la vispera de ser vencedores ó vencidos, Rivera Indarte reune todo su vergel para hermosear la escena,
en esta forma:

> «Noches el alma tiene en que vacila
> Entre el ser y el no ser, como la llama
> Que reluchando al espirar se inflama
> *Se hunde entre sombras, lanza claridad.*»

La Alborada siguiente (canto IV) deja ver el *campo de Echagüe*
(canto V) y ¡aqui de la escoria! aqui de «los feroces bandidos». Y cosa
particular! Todos estos bandidos entrerrianos, porteños, santafecinos
de mediados del siglo XIX, aparecen con los perfiles distintivos de las
razas primitivas del Asia y del África

> «Pequeños los ojos, estrecha la frente
> Membrudos los cuerpos, de forma brutal»;
inclusive el general en jefe, quien
> «De *tristes difuntos* colmado ha un osario,
> Y aunque de costumbres algo mani-roto
> Ostenta en el pecho *hondo escapulario.*
> Ocupó un gobierno; fué maestro de escuela,
> General muy *luego y hoy restaurador*,
> Ninguno en un potro más rápido vuela
> Y es en teología graduado doctor.»

El canto VI describe la batalla. Es un cuadro enormemente grande, como los de los pintores de brocha gorda. Muchas caras, bastante carne, muchos colores, pero ninguna idea, ningún sentimiento que
domine. El

> «tuba terribilem sonitum
> procul ære canoro»

de virgilio, sólo se puede recordar, sin incurrir en herejía, como
anunciador de los horrores cruentos que se suceden alli, chocando
con cosas tan raras como esta:

el sentimiento contra Rozas. Y en las noches que reflejaban en su espíritu el pasado de duras pruebas, él encontraba compensaciones halagüeñas al pensar en que solo, y sin más recurso que su pluma, conseguía amargar, mortificar y enfurecer al gobernante á quien rodea-

---

«De su ejército Echagüe á las mujeres
vestir hacia en trajes de varones
Para *aumentar el grueso á sus legiones.»*

Puesto que de Amazonas se trata, me antoja y colijo que antojárale á cualquiera, que muy superior á esta jerga versificada son los siguientes versos de del Barco Centenera, en que describe la riña entre las caras mitades de dos de los principales oradores de la junta de guerra convocada por el cacique Yamandú, en seguida de la muerte de don Juan de Garay:

«De ver era las dos, fuertes, membrudas,
De solas sus macanas arreadas
Que no tienen más armas, que desnudas
Al fin en el palenque ya encerradas
Comienzan á herir sus carnes crudas,
Y dándose muy bravas cuchilladas
En sangre convertian tierra y suelo,
Y sus golpes sonaban hasta el Cielo.»

Frente á Echagüe y sus «feroces bandidos», aparecen en número tamaño los *héroes*, entre los que se cuentan un Ramirez, un Baez, un Velasco, un Salas, un Galán, hasta que le llega su turno á don Juan Madariaga de ser encuadrado juntamente con su respetable familia, en cinco estrofas que tienen todo el sabor de las de Centenera:

«Y á don Juan Madariaga por Pay-Ubre
Paz que el triunfo glorioso preveia
con su escuadrón valiente disponia,
. . . .
Era don Juan de una familia heroica
. . . .
Y en esta guerra en delincuente sangre
Fuera al primero que tiñó su lanza,
Y la postrera copa de venganza
Á su labio la suerte concedió.»

Inútil me parece extenderme á este respecto. Lo expuesto basta para que el lector se forme una idea de Rivera Indarte como poeta, (a) que bajo esta faz nos lo han presentado sus correligionarios políticos, quienes no vacilaron en depararle palmas fáciles, en la época en que á seguida de romperse la lira de Varela, resonaban las no menos inspiradas de Echeverría y de Gutiérrez, las de Mármol y de Domin-

(a) Todas las poesías de Rivera Indarte fueron coleccionadas, precedidas de una biografía de este periodista, por el entonces coronel Bartolomé Mitre.

ban catorce provincias; que se hacía respetar del mundo
entero, pero que no podia quebrar el nervio de las hojas
batalladoras de *El Nacional* que se lanzaban á todos los
vientos.

Girando perpetuamente alrededor de tales influencias, como aquellas sombras que presenta Anchises en
el libro VI de la *Eneida*, y que reproduce Dante como
un espejismo del bajo nivel moral á que las estrecheces del espíritu reducen la inteligencia, afrontó teme-
rariamente las responsabilidades ante el porvenir; y
antes llegó á sentir el peligro cuando desfallecía física-
mente bajo el peso de su labor ímproba, que no al
pensar en su suerte si fracasaba. Por esto fué el blanco de sus enemigos; á bien que nunca se levantó más
tremendo que cuando se sintió herido en el pecho y
escarnecido, para lanzarles á manos llenas toda la hiel
y todo el ludibrio que atesoraban las furias vengadoras
de su propaganda. Y así fué también cómo consiguió
infiltrar su espíritu en el espiritu de su partido; y cómo
El Nacional llegó á ser la más acabada expresión militante de la revolución contra Rozas.

En semejante lid, Rivera Indarte tuvo un antagonis-
ta digno de él, don Nicolás Mariño, el antiguo redactor
de *La Gaceta Mercantil*. Mariño era uno de esos talentos que conservan su equilibrio y su brillo á pesar de
los embates más rudos de la fortuna. Su familia era
modesta, pero honrada. Su padre, el capitán don José
María Mariño, formó parte del ejército con que Dorrego

---

guez. Es que más que la justicia, influyó en los partidarios la necesidad que sentían de estimular los odios que rugian en el pecho de
Rivera Indarte, y á los que no se abandonaron esos argentinos distinguidos, abonando su conducta con los servicios que han prestado
posteriormente á su patria en el laborioso período de la consolida-
ción nacional definitiva.

dió las batallas de Pavón y del Gamonal. En 1825 el joven Mariño ingresó en el Colegio de Ciencias Morales, y se hizo notar por su paciente aplicación y sus prendas intelectuales. Pero bien pronto se vió en el caso de concurrir con su trabajo á las necesidades del hogar de su padre anciano y valetudinario, y solicitó un empleo que obtuvo en el Ministerio de Gobierno por interposición de don Victorio García Zúñiga. En 1832, siendo ya oficial 1º del Ministerio de Relaciones Exteriores, Mariño empezó á colaborar en los diarios radicales de la época. Sus artículos en el *Clasificador* de don Pedro F. Cavia, fogosos, correctos y elegantes, atrajéronle las consideraciones de los hombres que dirigían la política, con ser que poca ó ninguna confianza mostraban tener en el elemento joven, el cual, por otra parte, no tenia mucho campo en que escoger para decidirse en la tremenda lucha que iba á comenzar. Don Manuel de Irigoyen le propuso la redacción del *Restaurador de las Leyes*, que aceptó Mariño con júbilo. En este diario pudo desplegar ampliamente sus dotes; y ya me he referido á la influencia decisiva que tuvo en la revolución de 1833 llamada de los Restauradores. *El Restaurador de las Leyes* fué acusado por el fiscal del Estado; y como Mariño era hábil y sabía que tenía de su parte la opinión, hizo fijar carteles en calles y arrabales haciendo saber que «se iba á juzgar al *Restaurador de las Leyes*». Este título era el mismo que habia conferido á Rozas la legislatura. El pueblo acudió á la plaza de la Victoria el día en que tenía lugar el juicio de imprenta. Una voz gritó «¡viva el Restaurador de las Leyes!» y por calles y plazas fué resonando este eco hasta Barracas donde se estableció el cuartel general de la revolución. Durante el provisoriato de Viamonte, Mariño fué uno de los partidarios más francos de Rozas, y contribuyó

con su pluma y su propaganda á las manifestaciones·
que precedieron á la exaltación de este último al poder.
Á partir de 1835 él encarnó en Rozas sus aspiraciones y
sus ideales; y vivió consagrado á este culto político con
un fervor que rayaba en el fanatismo y que no des-
mintió ni disimuló jamás. Rozas le nombró comandante del cuerpo de serenos, ó sea de la guardia noc-
turna de la ciudad, y le confirió la redacción de *La
Gaceta Mercantil.*

Entre Mariño y Rivera Indarte había, más que cierta semejanza, el parecido de escuela que conservaron
ambos, á pesar del distinto rumbo que tomaron después
de haber puesto juntos sus talentos al servicio del partido que á Rozas exaltó. Mariño era infatigable como
Indarte para la ruda labor del pensamiento, y, como él,
pertinaz, incisivo, apasionado y violento. Verdad es que
Mariño tenía más tino para herir las cuestiones, y más·
habilidad para dilucidarlas del punto de vista de los·
principios y conveniencias del orden de cosas á cuyo·
sostén se había exclusivamente consagrado. Pero en
cambio no poseía el talento generalizador ni la ilustra-
ción con lo cual Indarte imprimía diversas faces á su
propaganda, ó paraba los golpes certeros· de su terrible
adversario, acomodando los acontecimientos y los principios con la ayuda de su audacia singular y de su
prodigiosa memoria. En los escritos de ambos campeaba la misma dañina intención, el mismo rencor des-
enmascarado; si bien el estilo de Indarte pretendía ser·
más brillante y el de Mariño era más correcto.

Ambos eran los intérpretes radicales de las exigencias de su partido y de su época; y el uno disputaba
al otro la vanagloria de ir más allá en el terreno de
la diatriba y del escarnio. Pero Indarte, más fogoso y
más despechado, tiraba siempre al pecho sin acertar en

Nicolas Mariño

muchas ocasiones; mientras que Mariño, más calculador
y más partidista, hería en cualquiera parte con tal de
herir profundamente. Ambos diaristas, desde su tempra-
na edad hasta el fin de su carrera, estuvieron siempre al
servicio del gobierno que les pagó su pluma. Indarte sirvió á Rozas omnipotente y en seguida á Rivera árbitro de
Montevideo: Mariño sirvió á Rozas invariablemente. Pero
al paso que en Indarte obraba el despecho y odio que
podía desahogar libremente, adquiriendo por estos nuevos titulos ante el gobierno extraño al cual servía, en
Mariño obraba la convicción política que rayaba en el
fanatismo y le marcaba de antemano su línea de conducta. De aqui es que, mientras Indarte lucia ventajosamente su iniciativa, y sus amigos lo exaltaban para
estimularlo en su labor demoledora, Mariño no salía
fuera de un circulo de hierro, dominado por el espíritu
de Rozas que vivia incrustado en su espíritu. Quizá
estas circunstancias hicieron aparecer á Indarte mucho
más valeroso y á Mariño mucho más cobarde; pero es
lo cierto que ninguno de los dos dió jamás muestras de
valor personal, ni aun ese valor que provoca en los más
débiles el sentimiento de la dignidad herida. Con igual
resignación soportaron sendos vejámenes, así en las aulas
que juntos cursaron, como en su carrera periodística que
juntos y en el mismo teatro prosiguieron. Y con la misma
justicia con que Indarte le motejaba á Mariño el grado
de comandante de serenos de que disfrutaba sin haber
hecho servicios, Mariño le echaba en cara el que vestido
de oficial de la *defensa de Montevideo*, Indarte hubiese
dado la espalda al enemigo y entregádole su espada y
uniforme al general Paz, declarándole francamente que
él no era capaz de llevar estos objetos.

Estos dos notables diaristas habían estado batiéndose
día por día con vehemencia creciente hasta que vence-

dores los ejércitos federales, la emigracion unitaria de Montevideo y el gobierno de Rivera impotentes para mantener por sí solos la revolución, entraron de lleno á provocar y estimular las coaliciones de las grandes potencias contra el gobierno de Rozas, tocaıdo con habilidad las poderosas teclas de la libertad de navegación de los ríos interiores y los peligros que, en razón de la misma revolución, amenazaban á los grandes intereses del comercio é individuales de los súbditos de esas naciones radicados en ambas orillas del Plata. Rivera Indarte hizo suya esta propaganda; y puso á contribución toda su pertinacia y todo su rencor para desprestigiar en el extranjero á Rozas y al partido dominante en la República Argentina. Al efecto, le sumaba degollaciones, robos, depredaciones, crímenes y vergüenzas sin cuento, y exaltaba las virtudes, la abnegación y el patriotismo de sus nuevos correligionarios; presentando á su partido como representante de la civilización y victima inocente del partido federal que represeıtaba la barbarie.

Según estas producciones, desde 1830 hasta 1841 se mutila, se degüella, se incendia, por el placer de ver correr la sangre del inerme, de la niña y del anciano, desde el último rincón de Jujuy hasta la plaza principal de Buenos Aires, donde domina el partido federal. Y el que maneja ese puñal, el que conduce esa tea, el que recoge en su pecho de monstruo los lamentos de tanta víctima inmolada, para vivir de esta *gloria* de sangre que le produce deliquios gratísimos, es Rozas; Rozas que con una mirada pone en movimiento á miles de degolladores é incendiarios; que con una orden empuja al crimen abominable, al exceso nefando á todos cuantos se arrastran ávidos de sangre ó idiotizados por el terror, en la vasta extensión de un país cuyas ciudades, que-

bradas, ríos y llanuras le recuerdan las victorias que
cinco lustros antes obtuvo sobre los vencedores de los
ejércitos de Napoleón el Grande; Rozas, hombre-prodi-
gio como el que encabeza la leyenda de las religiones
orientales; hombre-milagro, como Moisés, que trepa á la
montaña, se alza prepotente con todos los derechos, dicta
su ley al rebaño de esclavos, y realiza el beatífico sueño
que atribuían á San Ignacio de Loyola de ser extirpada
la herejía desde lo alto de una cruz con tal que esta
cruz tuviese por pedestal la cabeza de un pueblo.

Tales eran los perfiles con que se acentuaba el cuadro
ante propios y ante extraños. Poniéndolo frente al que
presentaban de su parte los que se creían más fuertes;
colocando el descargo al lado de la imputación y aun
el insulto al lado del insulto, se destacarán los hombres
tal como eran y las cosas tal como se pasaban. Fuerza
es hacerlo así por mucho que repugne el lodazal sangriento en que se revolcaba en 1843 la prensa argentina
de Buenos Aires y de Montevideo. En esta forma el
lector puede apreciar los hechos con claridad, ateniéndose
á su propio criterio. Á fines de 1842 Rivera Indarte le
escribía al general Rivera: «Van adjuntas cuatro de las
efemérides de los asesinatos de Rozas que he publicado
como una primera represalia del libelo infamatorio que
ha entregado á los ministros extranjeros contra la esclarecida fama de V. E. En cuanto venga impreso de
Buenos Aires lo refutaré detenida y extensamente en *El
Nacional*, y por separado como lo he hecho en otras ocasiones.» (¹) Estas *efemérides* comprenden desde el año
1839 hasta 31 de Octubre de 1842; y al publicarlas sucesivamente en *El Nacional*, Rivera Indarte englobaba en

---

(¹) Manuscrito testimonial en mi archivo. (Véase *La Gaceta
Mercantil* del 13 de junio de 1843.)

ellas, como otros tantos crímenes de Rozas, las que se
referían á los individuos que en ese lapso de tiempo, en
que rigieron cuatro administraciones, fueron condenados
por delitos comunes á la pena ordinaria de muerte, y á
los que murieron durante la guerra civil que se inició
sin cuartel en las provincias argentinas á partir del fusilamiento del gobernador Dorrego ordenado por el general
Lavalle. De esta manera Rivera Indarte le imputaba á
Rozas la muerte de 20.804 individuos. Mariño abordó
francamente la discusión sobre los hechos que acusaban
las *efemérides*, y al efecto los trascribía en *La Gaceta
Mercantil* tal como los insertaba *El Nacional* y los reba-
tía uno á uno; dándose por lo demás á estas publicaciones una circulación tan extensa en América y Europa
como la que les daba á las suyas Rivera Indarte.

Mariño hacía notar que lo más notable no era esa
cifra monstruosa de degollaciones que recordaba la época
del terror en Francia. Lo más notable era que ese
summum de barbarie que no admitía un más allá en
razón de la diminuta población de la República Argentina,
y como quiera que Rozas no emplearía el sistema contra-
producente de exterminar el partido federal que constituía
la gran mayoría, se debía exclusivamente á Rozas; y
que consiguientemente desde 1829 hasta 1842 no se
hubiesen perpetrado en todo el país, ni por los generales
de ejército, ni por los jefes y caudillos unitarios en
armas en las provincias, otros fusilamientos y asesinatos sino los que al mismo Rozas atribuía Rivera Indarte·
Y entrando en materia, trascribe la *efeméride* de junio
en que *El Nacional* dice haber sido fusilados 72 indios
pampas, y escribe: «No fueron 72 indios bárbaros los
que hizo fusilar el gobierno argentino en 1835: eran
120. Fueron ejecutados por sus robos, depredaciones y
asesinatos en la campaña. Y esta medida fué útil por-

que salvó las vidas y propiedades de los habitantes de
la campaña. Había que escoger entre la desolación de
la campaña de este país ó el castigo de esos indios.
¿Qué ha hecho el gobierno de S. M. B. y todos los del
mundo en iguales circunstancias? ¿Y qué pena habría
sufrido en Francia ó en Inglaterra el editor de *El Nacional* por haberse robado las alhajas de un templo, y
el degollador Rivera por ladrón público y falsificador de
firmas?...» Escribe *El Nacional:* «Junio 1830: Se abren
las causas criminales. pendientes ante los jueces de Buenos Aires, y hace fusilar á once individuos.» Y contesta
La Gaceta: «¿Por qué no dice once salteadores de gavilla,
por cuyo castigo clamaba la prensa de la época?» Escribe
el mismo diario: «Junio 1831: Son asesinados en Córdoba
el coronel don Juan Gualberto Echeverria y el de igual
clase don Tomás Haedo, cordobeses.» Y contesta *La
Gaceta*: «¿Quiénes los asesinaron. porqué causa y dónde?
Mientras contesta el degollador Rivera. lo denunciamos
como impostor falsario en atribuir al gobierno de Buenos Aires ese hecho atroz.» *El Nacional* sigue registran-
do el fusilamiento de Cúllen y el asesinato de Quiroga.
elogiando á este general y declarando que Rozas debía
á él su poder. *La Gaceta* se refiere á los hechos que
motivaron la ejecución de Cúllen, á la correspondencia
de éste que publicó; y en cuanto á Quiroga, agrega: «Ni
al general Quiroga ni á nadie debe el general Rozas su
actual poder, sino á la opinión pública del país que sim-
patiza con su gobierno y lo sostiene. El general Rozas
exigió y obtuvo el ejemplar castigo de los asesinos del
general Quiroga, asesinado como Sucre. como Dorrego.
como el gobernador Corvalán, y tantos otros hombres
distinguidos que han caido á manos de los que practi-
can la misma doctrina de puñal y veneno que sostiene
El Nacional.» Viene en seguida el asesinato del doctor

Maza y el fusilamiento de su hijo Ramón, y pregunta *El Nacional:* «Si es execrable el asesinato del doctor Maza, ¿cómo llamaríamos á esas fiestas de iglesia, á esas felicitaciones que exigía y arrancaba Rozas para celebrar ese asesinato?» *La Gaceta* contesta: «Es falso que con esas fiestas se celebrase tan execrable asesinato. Las demostraciones religiosas y cívicas que se practicaron no tuvieron otro origen que el regocijo por haberse librado el general Rozas y muchos ciudadanos de la barbarie atroz de los salvajes unitarios. ¿Cuál habría sido la suerte de nacionales y extranjeros si se hubiese realizado la atroz conspiración, en que la ferocidad de asesinos furiosos armaba hasta los indios con la esperanza del saqueo y de la desolación? Es tan falso, tan ridículo decir que el general Rozas ordenó esas demostraciones, como lo sería llamar fiestas por la muerte de Freschi á los solemnes regocijos que tuvieron lugar en París por haberse salvado la vida del soberano de Francia de la horrenda trama de asesinato del 28 de julio de 1835.»

Nunca como entonces se dió mayor publicidad á hechos más bochornosos para un pais. Nunca se llevó más allá la diatriba y el insulto en la polémica. Verdad es que tampoco nunca se exageró más las manifestaciones del odio político, en fuerza de la inaudita vanagloria de convencer á los extraños, cuya alianza se buscaba, de que había en la República Argentina una raza de caníbales, más bárbaros y feroces que los de las más bajas selecciones. Para demostrarlo, Rivera Indarte varía el asunto de sus efemérides en *tablas alfabéticas*, que trascribe y refuta una por una *La Gaceta Mercantil.* «El pretendido degüello de don Fermín Arriaga por orden del general Rozas, es absolutamente falso, dice *La Gaceta.* Ese ciudadano fué asesinado en la campaña en la época de Lavalle. *N. Abad:* Á ningún

Abad se ha fusilado por orden del gobierno ni en abril de
1842, ni antes ni después. Miente *El Nacional* como de
costumbre. *Don José Aldao:* vive en esta ciudad: no ha
muchos días que hemos estado conversando con él sobre
la necrología y asesinato con que lo favorece *El Nacional. Juan Baustista Viguá,* que según *El Nacional* ha sido
asesinado por las crueles diversiones del general Rozas,
está bueno y muy robusto en casa del general Rozas.» (¹)

En estas tablas *El Nacional* incluye con la designació 1
de *Matanzas en 1840 y 1842,* la siguiente lista de asesinados en los meses de octubre y abril de esos años: los
dos Arriaga, Agüero, Aqui 1o, Amarillo, Cladellas, Cruz,
Cabral, Casco, Echanagusía, Ferreyra, Dupuy, Gán-
dara, Machado, Mones, Eguilaz, Medina, Moufi, Mota,
Pérez, Prado, Nóbrega, Pizarro, Quesada, Real de Azúa,

(¹) Véase *La Gaceta Mercantil* del 31 de agosto de 1843. Á propósito de Vigua, *El Nacional* ameniza sus *Tablas alfabéticas* con
una serie de hechos y anécdotas bruiales, cuyo obligado protagonista es Rozas y los instrumentos dóciles dos sirvientes. Viguá,
que fué levantado por *El Nacional* á la categoría de víctima del
tirano, era un pobre de espíritu á quien Rozas le dió su carta de
libertad en 1836, como asimismo á la madre y á cuatro hermanos.
No obstante, Viguá rehusó dejar la casa de Rozas, en donde no hacía más servicio que el de cebarle mate á su amo, sin que por lo
demás le faltase nada para cubrir sus necesidades. El otro era don
Eusebio, que se decía descendiente de los Incas. Había sido peón
capachero, y como tal trabajó en casa de la familia de Ezcurra, á
la cual cobró agradecimiento. Cuando se casó la señora doña Encarnación, don Eusebio se declaró graciosamente instalado en casa de don
Juan Manuel. Era decidor, agudo, y á las veces chispeante. Él sólo
se invistió del cargo de gobernador, que ejerció *in pectore* hasta
una noche lluviosa en 1833, en que acampado el ejército expedicio-
nario al desierto en la costa de la laguna de las Perdices, don Eusebio tuvo que desprenderse formalmente de su investidura en
cambio de dos cueros de carnero. Rozas reía á carcajada de las
ocurrencias de don Eusebio cuando éste le servía en su mesa privada. Puedo afirmar, fundado en las referencias que me han hecho
personas de la intimidad de Rozas, que las diversiones que éste se
proporcionaba con don Eusebio y Viguá eran de las que no hieren
los sentimientos de un hombre; las mismas que uno se puede pro-
porcionar con un niño; y que, las crueldades que según *El Nacional* cometía Rozas con ellos, no tienen más fundamento que el
dicho siempre apasionado de Rivera Indarte.

Silva, Salvadores, Viamonte, Varangot, Yanel, Iranzuaga, Zañudo, Zorrilla, Zamora y Zapata. *La Gaceta Mercantil* responde: « Entre esas víctimas que no pasan de cuarenta, fueron asesinados más amigos del gobierno que enemigos. En el número de estos últimos sólo podían contarse Salvadores, Viamonte, Monfi, Cabral y algunos más. Los otros eran amigos del gobierno y ajenos de toda intervención en las agitaciones promovidas por los salvajes unitarios. El gobierno no necesitaba emplear semejante crueldad con sus enemigos, pues fuerte por la ley y por la opinión tenía medios suficientes de represión. Ni le convenía tampoco asesinar á sus amigos. El gobierno contuvo esos desordenes con firmeza incontrastable...»

Y para abultar las tablas, *El Nacional* separa los nombres de los individuos fusilados, y le agrega á cada uno de éstos una fuerte cifra de fusilados que en realidad no lo fueron. *La Gaceta* trascribe las partidas ideadas por Rivera Indarte, y prueba con éstas y con las fechas y nombres anotados en *El Nacional*, lo insólito del cargo, más propiamente, de la falsificación. «Por esta falsificación impávida, agrega, *El Nacional* presenta fusilados 192 individuos, habiendo sido solamente treinta y seis salteadores que fueron ejecutados por el gobierno de Salta. *El Nacional* forma con ellos un grupo de *patriotas sacrificados* á la pretendida *tiranía de Rozas*. Así ofende la moral con estas falsedades infames. Juzgue la Europa á *El Nacional* por sus mismas producciones...»

El Nacional incluye igualmente en las *tablas* los muertos en las batallas de la guerra civil, y escribe: «*Arroyo Grande* (batalla del): mueren, inclusos 200 degollados después de hechos prisioneros, patriotas 565, soldados de Rozas 200, total 765.» Y replica *La Gaceta*: «Es falso que fuesen degollados esos prisioneros salvajes unitarios, y esta falsedad se com·

prueba por la notoriedad del hecho y por las propias declaraciones que ha publicado *El Nacional* de *prisioneros del Arroyo Grande*. Las víctimas de la pelea que quedaron en ese campo de batalla fueron sacrificadas por la obstinación con que los salvajes unitarios han proseguido una guerra atroz. Ellos la promovieron: ellos la han continuado y la prolongan con la cruel intervención de extranjeros. Rivera invadió el Entre Ríos á sangre y fuego, presentó la batalla del Arroyo Grande, y fué completamente derrotado...» «*Caaguazú* (prosigue *La Gaceta*): si murieron allí 800 argentinos federales y sólo 57 salvajes unitarios, como dice *El Nacional*, eso probará á la Europa que los salvajes unitarios autores de la guerra, no dan en ella cuartel cuando logran alguna ventaja. Paz hizo acuchillar á la mayor parte de nuestros prisioneros, y no contento con esto mandó fusilar al coronel Pantaleón Algañarás. *Chacón*. Los salvajes unitarios responderán de los 173 muertos que enumera *El Nacional* en ese combate; como también de la cantidad de jefes y oficiales que hizo fusilar Dehesa en Córdoba, y de la ferocidad con que éste diezmó á golpes de lanza la población de Santiago del Estero.» «*Montoneros de Córdoba y San Luis:* Mueren ochocientos soldados de Rozas», dice *El Nacional*, y contesta *La Gaceta:* «En esa persecución murieron sobre tres mil argentinos por la ferocidad de los salvajes unitarios. *El Nacional* se complace en recordar ochocientos de esos asesinatos brutales, no *sobre soldados de Rozas,* sino sobre argentinos de Córdoba, de San Luis, de La Rioja. Vea la Europa esta demostración de que las tablas alfabéticas de sangre de *El Nacional* representan los bárbaros asesinatos cometidos por los salvajes unitarios, astutamente interpolados con las pocas ejecuciones legales que ellos mismos han hecho necesarias por la guerra que prolongan con la intervención de extranjeros». «*Oncativo* (batalla): mue-

ren 80 patriotas y 500 soldados de Rozas», dice *El Nacional;* y replica *La Gaceta*: «No habia tales soldados de
Buenos Aires: las fuerzas que alli reunió Paz eran de las
otras provincias. Después de su triunfo mandó lancear
á todos los prisioneros de guerra.»

Cuando ya no es posible repetir más los muertos en las
Tablas alfabéticas, El Nacional la emprende con los federales de nota, antiguos magistrados, cabildantes de la
primera década de la revolución de Mayo, militares de
la Independencia, que así por su alcurnia como por sus
antecedentes, habrían ocupado las mejores posiciones en
cualquiera época normal. En esta tarea Rivera Indarte
excede al escándalo; penetra en el hogar doméstico, mal-
trata la virtud, escarnece la honradez, y revuelca la reputación de las madres y las hijas entre el fango de una
cloaca donde fermenta su odio tremendo, su perversión
ingénita. Nadie se salva, ni aun las matronas á quienes él
mismo elevó á las nubes cuando queria abrirse camino á
fuerza de servilismo, exaltando á Rozas más que ningún
otro y estimulando el sentimiento del pueblo para que
vigorizase la sanción de los poderes públicos en favor del
gobierno fuerte. Á Manuela de Rozas, la virtuosa hija de
don Juan Manuel, la dedica torpes calumnias, en lenguaje
cínico y brutal que traspira algo como el furioso despecho
de una pasión jamás correspondida, si es que Rivera Indarte pudo amar realmente á una mujer, él, que trató mal
á su pobre madre. Pero sobre todo, la persona de Rozas,
hasta en los mismos detalles de la vida privada, desde que
nació, y cómo vivió, y lo que hizo ó dejó de hacer, y lo que
hace en su alcoba y en su lecho, y lo que habría ó no habria hecho si no fuese como lo presenta calculadamente
Rivera Indarte, siempre bajo el aspecto de lo monstruoso-
mitológico; como para que la Europa viese qué especie
de dragones producía este país de bárbaros, qué índole y

qué inclinaciones salvajes campeaban en la vasta extensión donde dominaba ese monstruo, y cuán útil les sería á las grandes potencias reducirlo á cañonazos en cambio de las ventajas que las brindaría el partido político que representaba la civilización, la libertad, el progreso, la humanidad, con todo lo cual se habia familiarizado durante quince años de guerra sangrienta, hecha en nombre de una idea que pertenecía al pasado, incrustada en una constitución que hicieron pedazos los pueblos argentinos, pero que ese partido perseguía con la petulancia arrogante de muchos de los políticos de este siglo, los cuales se han quedado atrás por no tomarse el trabajo de seguir las corrientes progresistas de la *ciencia del gobierno.*

Tan hábiles como los ataques de *El Nacional,* son acertadas las réplicas de *La Gaceta.* Cuando *El Nacional* cree haber demostrado que Rozas trepó al gobierno al favor *de la ilusión* que, acerca de su influencia, se hicieron Dorrego y otros hombres de la época, *La Gaceta* recoge la palabra y glosa así, franca y desembozadamente, los hechos que aduce Rivera Indarte: «*Qué ilusión* tan poderosa y fascinadora ha sido y es la de todos los que han tenido y tienen que entenderse con el general Rozas! La administración de Rodriguez debe su restablecimiento á esa *ilusión.* Esa *ilusión* conquistó la paz con Santa Fe. Esa *ilusión* dió la victoria del 5 de octubre y el tratado de 24 de noviembre. Esa *ilusión* fascina á todas las personas y gobiernos del país. Esa *ilusión* reune posteriormente bajo la dirección del general Rozas á toda la provincia para vencer á Lavalle en 1829, y lo llama al gobierno al fin de ese año. Bajo esa *ilusión* se consuma la campaña de 1833-1834 á los desiertos del sur. Esa *ilusión* vuelve á llamarlo al gobierno en 1835; lo sostiene desde entonces hasta hoy; y lo hace vencer á todos los enemigos de la Confederación en ocho años de conflictos, de dificultades inmensas, de guerra atroz sostenida por los salvajes unitarios con la intervención extranjera. Y esa *ilusión*, extendiéndose á tres mil leguas de Buenos Aires, haría decir en abril de 1841 al Honorable Mr. Dupin en las cámaras de Francia: « Y vosotros queréis que un almirante francés, que llega con una bandera gloriosa, eche sus marinos en tierra para hacerlos auxiliares de algunos hombres aventureros de que hacéis un partido, para excitarlos á la guerra contra un gobierno establecido, tan biei establecido, que es con él con quiei habéis tratado y que es el que subsiste ahora con el consentimiento del país á que pertenece?» (¹)

Rivera Indarte no podía contestar esos hechos, á fuer de exactos; pero en cambio daba en el yunque; insistía sobre las matanzas de Rozas. Mariño lo sigue paso á paso en este camino complementando la serie de los descargos. Y resumiendo cuanto Rivera Indarte ha afirmado de los unitarios para hacer el inventario de crímenes y sangre de los federales, Mariño le cita uno á uno los hechos notorios que, en su sentir, han dado margen á las desgracias de la República. En esta tarea Mariño se eleva á la verdadera elocuencia periodística, si biei se muestra implacable y procaz respecto de Rivadavia; pues confunde con malicia especulativa las aspiraciones de este hombre ilustre, con las de los que vinieron en pos, pretendiendo levantar la misma bandera de principios orgánicos y esencialmente argentinos, pero desnaturalizándola desde los primeros pasos que dieron, y provocando las represalias y los odios. « Los salvajes uni-

---

(¹) véase *La Gaceta Mercantil* del 20 de julio de 1843. La biografía de Rozas apareció en los números de *El Nacional* correspondientes á los días 6, 7, 8 y 10 de julio de 1843; y la impugnación en *La Gaceta Mercantil* del mismo mes y año.

tarios (dice Mariño) se sublevaron el 1º. de diciembre
de 1828, asesinaron al Supremo Magistrado de la República, y lancearon y sablearon la población de la campaña de Buenos Aires. Vencidos en 1829, fueron indul-
tados en sus crímenes. En la administración de 1830
fueron considerados sin la menor excepción odiosa, con
ser que prosiguieron la guerra en las provincias, en-
sangrentaron el Entre Ríos, diezmaron la población en
los departamentos de la sierra de Córdoba, asesinaro1
á los coroneles Cáceres, Lira, Molina, degollaron á los
prisioneros de guerra y á los parlamentarios Aldao y
Bustos, lancearon en los llanos de La Rioja en un día
200 paisanos inermes... lo que no impidió que cuando
Paz cayó prisionero, fuese respetado en su persona y
puesto después en libertad por el general Rozas. En
1833 hostilizaron la expedición al desierto, mandaron
asesinar al general Rozas, invadieron á puñaladas la
sala de representantes de Buenos Aires y saquearon la
tesorería. En 1835 iniciaron guerra á muerte en las
provincias del interior, y hasta 1838 asesinaron, entre
otros funcionarios y argentinos distinguidos, al general
Villafañe, al general Quiroga y á su secretario don José
S. Ortíz, al gobernador Latorre, al gobernador don Alejandro Heredia, al gobernador Corvalán y sus ministros.
El general Rozas en la cuestión nacional que sostuvo
con la Francia en 1838, 39 y 40 les presentó ocasión de
reunirse á la familia argentina. Los salvajes unitarios
contestaron con su alianza con el extranjero, con la su-
blevación del sur en 1839, con la rebelión de Corrientes, con la invasión al territorio argentino. Después de
Yungay y pronunciamiento de Bolivia en contra de Santa Cruz, el general Rozas les allanó el camino al hogar
patrio por un decreto de amnistía... Los salvajes unitarios le respondieron con las desoladoras incursiones

de Lavalle sobre Entre Rios y en seguida sobre Buenos Aires. Terminadas las diferencias con la Francia de un modo honroso, el general Rozas, en noviembre de 1840, puso en libertad á los prisioneros de guerra, y marchó la comisión francoargentina para llevarles el indulto y perdón á los salvajes unitarios en armas... Los salvajes unitarios contestaron con la prosecución atroz de la guerra y con las siguientes máximas: *Es necesario emplear el terror para triunfar en la guerra. Debe darse muerte á todos los prisioneros y enemigos. Debe tratarse sin consideración de ninguna especie á los capitalistas que no presten dinero. Todos los medios de obrar son buenos y deben emplearse sin vacilaciones.* Arrojados del territorio argentino después de las victorias de Tucumán y Rodeo del Medio, invadieron nuevamente y saquearon y enrojecieron en sangre el Entre Ríos en 1842. Vencidos en el Arroyo Grande, el general Rozas expidió la ilimitada amnistía hoy en vigor... Los salvajes unitarios contestaron en *El Nacional* con estas máximas: «*Será obra santa y grandiosa matar á Rozas. Se matará sin conmiseración á los rosines. Pedimos una expiación, grande, tremenda, memorable.*»

Como se ve, la metralla de Mariño bien vale la metralla de Rivera Indarte. Claro es que los proyectiles dan en el pecho de la patria avergonzada. Rivera Indarte no puede negar estos hechos de los cuales se acusan recíprocamente los unitarios y los federales. Los desfigura, cuando más, en razón de las exigencias de su propaganda. Y como ya los ha desfigurado muchas veces, y otras tantas se le ha tomado infraganti, y se han presentado tal como se pasaron, franca y brutalmente, sin eludir responsabilidades por grandes que sean, Rivera Indarte pretende interesar el contraste entre lo que él llama la civilización y la barbarie. Para esto exalta las virtudes y los méritos de los suyos. Aquí del general Fructuoso Rivera. Rivera absorbe esta página en la que se encuadra el drama. Él es el representante armado de la civilización en el río de la Plata, el prócer que ilustra el pasado, y el único que puede asegurar la felicidad para el porvenir. Es un apólogo cuyos cantos se parecen como una gota á otra gota de agua á los que consagraba Rivera Indarte á Rozas con motivo de la erección del gobierno con la suma del poder público.

Mariño toma aquí represalia cumplida. Y la toma con ventaja porque en el arsenal que revuelve encuentra armas forjadas por los amigos más caracterizados de Rivera. Respecto de las primeras épocas de la carrera de Rivera, Mariño prefiere trascribir de *El Duende* (pág. 198) el siguiente *resumen* que formó don Juan Andrés Gelly, secretario y ministro de Rivera en la época á que he llegado, y que dice así: «1º. El general Rivera siendo oficial del ejército que sitiaba á Montevideo en 1813 abandonó el sitio y siguió á Artigas. 2º. Al fin del reinado del patriarca Artigas, abandonó al patriarca y se hizo patriarca por sí mismo. 3º. Abdicó el patriarcado para servir al rey don Juan. 4º. Abjuró el vasallaje de don Juan VI y se hizo vasallo de don Pedro I. 5º. Después de preso prometió perseguir á don Pedro I y se pasó á las divisiones orientales. 6º. De éstas, se pasó al ejército nacional. 7º. De nacional pasó ahora á ser facineroso. ¡Honorable término de una carrera honorable!»

Rivera Indarte se esfuerza en borrar esta marca puesta á Rivera por persona de la categoría de don Juan Andrés Gelly. Como no puede negar los hechos, los explica recordando inoportunamente los empleos, honores y obsequios con que el Emperador del Brasil brindó á Rivera durante la guerra de la independencia oriental, entre los que se cuentan el de jefe de policía de campaña, el de barón de Taeranimbó, etcétera. Y cuando creé haber purificado á su héroe, lanza iracundo su bilis sobre *La Gaceta* que le llama *el pardejón Rivera*, y demuestra cómo éste no tiene sangre de mulato en las venas. El espíritu travieso de Mariño retoza en estas réplicas. Es que creé haber obtenido ventajas sobre su adversario, y se proporciona el placer de azuzarlo para que dé traspiés. Desde luego le sorprende la extrañeza de Rivera Indarte. Desde 1828, dice, los unitarios han aplicado apodos más ó menos injuriosos hasta á las damas de Buenos Aires. Ellos le llamaron *Ancañlú* al general Rozas; *Torquemada* al doctor Tomás Manuel de Anchorena; *Zumaca* al señor Roxas; *Don Oxide* al doctor Moreno; *plata blanca* á don Nicolás Anchorena; *mudo de los Patricios* al doctor Garcia; *espuela* al general Pacheco. *El Nacional* le llama al general Oribe, *Ciriaco Alderete; batata* al doctor Arana; *la Pucelle* á la señorita Manuela de Rozas, y *rosines* á todos los argentinos que no son unitarios.

Por lo demás, agrega Mariño, *pardejón* no vale decir mulato. *Pardejón* significa el macho toruno que suele encontrarse en las crías de mulas, tan malo y perverso que muerde y corta el lazo, se viene sobre éste y atropella á mordiscos y patadas: que jamás se domestica, y cuyo cuero no sirve. porque los padrillos de las crías lo muerden á menudo; que no tiene grasa; y cuya carne tampoco sirve porque es tan pestifera que ni los indios la comen. Por todo esto, cuando en nuestra provincia se vendían tropas de mulas para el Perú, los compradores ponían por condicion *con exclusión de todo macho pardejón;* y los paisanos le llaman *pardejón* á un hombre perverso. El apodo de *pardejón* no designa, pues, el color de la cutis del degollador Rivera, sino sus cualidades morales. Se le llama *pardejón* por feroz, falsificador, rebelde, incendiario y asesino alevoso. *Pardejón*, porque en 1831 lanzó á los salvajes unitarios sobre Entre Ríos. *Pardejón*, porque en 1834 se alió con Santa Cruz contra la Confederación Argentina. *Pardejón*, porque en 1838 se alió á los salvajes unitarios para apropiarse la provincia de Corrientes. Porque en 1841 invadió, saqueó y desoló la provincia de Entre Ríos. Porque unido á los extranjeros se rebeló contra la autoridad legal de su patria. Por los noventa y cinco robos y falsificaciones de firmas que ha perpetrado para apropiarse el tesoro oriental, según se lo hemos probado. Por degollador bárbaro, según consta de carta de su puño y letra que existe autógrafa para el examen público. »

Después de esta avalancha, Rivera Indarte varía los motivos sobre el mismo tema, y diserta sobre la divisa federal cuyo lema *¡Mueran los salvajes unitarios!* «simboliza el exterminio que persigue Rozas de la mitad de los argentinos que forman el partido unitario, para dominar él por el terror». Mariño, muy familiarizado con los argumentos de Rivera Indarte, reproduce y amplía sus argumentos anteriores. Y los amplía con franqueza tal que, aún admitiendo en principio algunos de los hechos, pone de relieve cuáles eran los sentimientos y cuáles las ideas que los habían hecho nacer y los venían perpetuando. «Cuando se dice *¡Mueran los salvajes unitarios!* escribe Mariño, no se designa á determinadas personas: se expresa sólo el voto nacional, la justicia y la necesidad de que desaparezca de la escena política un bando traidor de asesinos infames: que mueran en política: que jamás dirijan el país ni puedan establecer su predominio en él: que nunca prevalezcan contra la independencia y honor por medios horrorosos, inhumanos y con la intervención de crueles extranjeros. Tan cierto es esto, que si hoy algún ciudadano escribiera ó vociferara en este país, *muera el salvaje unitario fulano de tal*, seria inmediatamente castigado por la autoridad.» Y recopilando todos los antecedentes de los unitarios, les niega la personería de partido politico constituído. «Si eran partido politico, les dice, no debieron recurrir al asesinato, á la traición, á la ferocidad. Si eran la *mitad* de la sociedad argentina, esta mitad no debió ser vencida cuando tuvo por sí todo el poder de Santa Cruz, del degollador Rivera y de los agentes franceses. Si eso fuera cierto, la balanza se habría inclinado en su favor. La *mitad sin aliados* hubiera sucumbido ante la otra mitad sostenida con tan poderosos aliados extranjeros.»

Y levantando la nota al más alto diapasón á que llegara la prensa de entonces, Mariño resume en estas conclusiones todo cuanto ha venido diciendo para destruir las afirmaciones de Rivera Indarte: « No hay tiranía en nuestro país. La voluntad nacional ha erigido al gobierno actual y lo sostiene... Existe el sistema republicano representativo en la provincia de Buenos Aires y en todas las que componen la Confederación Argentina. Las legislaturas representan, no la voluntad ó dictados del general Rozas, sino la opinión pública. Ó el general Rozas tiraniza á todas las provincias, á todas las legislaturas para someterlas á sus dictados, ó la opinión de todas ellas está identificada con la marcha politica de aquel general. La primera de estas dos hipótesis es absurda. El general Rozas no tiene un solo regimiento en las provincias del interior. Y aun cuando los tuviera, los ejércitos nada pueden, muy principalmente en esta república, contra la verdadera opinión pública. Los ejércitos jamás podrán ser instrumentos de una administración opresora. Ni el general Rozas pudiera ganarlos, ni dispone de otras sumas que las muy precisas para los gastos públicos; porque está sometido al presupuesto que sanciona la H. Representación de la provincia de Buenos Aires; y porque de esas mismas sumas indispensables se rinden las cuentas exactas, comprobadas y públicas que se registran en los periódicos.» (¹)

Tales eran los ecos de la prensa argentina de combate en las dos ciudades del Plata, durante el asedio de Montevideo. Como lo hicieron Juan Cruz Varela y Echeverría hasta poco antes, Gutiérrez, Mármol, Dominguez y otros, concurrían con sus ecos poéticos á la revolución contra Rozas, no tanto con la intención preconcebida de asumir la propaganda que absorbe todos los momentos, cuanto impulsados á desenvolver sus talentos en el único teatro que les dejaba la época de guerra civil en que se deslizaban sus mejores años. Y como vivian confundidos con los unitarios, quienes atribuían á Rozas y al partido federal exclusivamente todas las desgracias de la patria, esos poetas templaban sus liras al diapasón de esta creencia que daba pábulo á la nostalgia abrumadora. Y al pensar en la duración de la jornada, y en que debían seguirla hasta el fin, no porque no pudieran volver á su país, sino porque así se los imponía la vinculación que aceptaban con la consecuencia de los partidarios, desahogaban sus querellas contra Rozas en estrofas que han llegado á nuestros días como esos lienzos de la época de Julio II y de León X en que los artistas perpetuaban con los perfiles más antipáticos la fisonomía de aquellos que habían pretendido contenerlos en sus vuelos...

(¹) Véase *La Gaceta Mercantil* de los meses de junio, julio y agosto de 1843.

CAPÍTULO XLVII

LA COALICIÓN Y LA DIPLOMACIA SINIESTRA

(1843—1844)

Los hechos constatados en el capítulo XLV, muestran cómo habría sido de todo punto infructuoso defender la plaza de Montevideo contra Oribe, si á Rivera y á la Comisión Argentina no le hubiesen suministrado los medios y recursos de que carecían, los extranjeros, de una parte, armándose bajo diferentes banderas, y el comodoro Purvis, de otra parte, hostilizando al gobierno argentino, impidiendo las operaciones que éste ordenaba sobre la plaza sitiada, y prestando al mismo tiempo al gobierno de esta plaza una protección decidida y notoria, que fué la que dió propiamente nervio y vigor á la resistencia. El mismo don Florencio Varela, alma de esta coalición, como que era él quien dirigía todos los negocios del ministerio de relaciones exteriores en Montevideo, dice en un escrito que publicaron trunco sus amigos: «La situación en que me hallaba me puso en contacto con el comodoro Purvis... Sabidos son los servicios que el comodoro Purvis ha hecho á la causa del gobierno de Montevideo, y *la influencia directa que sus actos han tenido en la defensa de aquella plaza.* Antecedentes muy conocidos habían formado en el gobierno de Montevideo fundada y racional creencia de que la Inglaterra, *al menos contribuiría á poner termino á la guerra y á garantir la paz en el río de la Plata.* El comodoro Purvis que participaba de esta persuasión, la robustecía en el gobierno.» ([1])

Y por extraño que parezca, Oribe contribuyó de su parte á este resultado, después de vacilaciones que en la guerra se traducen en fracasos. En seguida de haber batido la vanguardia de Rivera en Cauelón Chico, el general Pacheco le pidió mil hombres para apoderarse de Montevideo. Oribe se resistió á ello á pesar de las probabilidades que militaban en favor de esta empresa. Cuando llegó al Cerrito, el mismo Pacheco y algunos otros jefes superiores le propusieron dar un asalto general á la plaza. Á pesar de las probabilidades de éxito

---

([1]) *Autobiografia de don Florencio Varela,* pág 18, (Montevideo 1848).

que para tal operación le ofrecían las noticias de sus
partidarios de la plaza con quienes podía contar, y de
que no estaban del todo terminadas las fortificaciones
de Montevideo. Oribe se resistió al asalto. Esta resistencia que se resolvió en una inacción casi completa
de su parte durante mes y medio, permitió á los de la
plaza terminar sus preparativos de defensa.

Y si es cierto que esa inacción obedecía á un plan
calculado, el mismo Oribe se encargó de destruirlo, des-
virtuando las ventajas relativas que le proporcionó. Sus
partidarios de la plaza, viendo que no iniciaba operaciones, y que eran perseguidos con la saña caracterís-
tica de los partidos de la época, comenzaron á dejar las
filas en donde sus adversarios los obligaron que formasen, y á presentarse en el cuartel general del Cerrito
de la Victoria. Tan considerable fué este número, que
Oribe formó batallones y regimientos. « Á pesar de las
circunstancias favorables que he mencionado. dice un
distinguido oficial que asistió á la defensa de Montevideo como jefe del 4º de línea, en los primeros días
de marzo había empezado á aquejar un mal que amenazaba ser de grande trascendencia. La deserción iniciada en el batallón *Extramuros* había cundido de un
modo alarmante en todos los demás cuerpos urbanos.
La *Legión argentina,* el batallón *Unión* y la brigada de
guardia nacional (tres batallones) perdieron mucha
gente: cada día se iban diez, veinte y hasta treinta
hombres. El batallón *Matrícula,* tan numeroso como
era, quedó reducido á menos de cien plazas; dos escuadrones de caballería de extramuros fueron por igual
razón desmontados... » (¹) Y cuando se comenzaba á

(¹) *Memorias* del general César Díaz, pág. 141. El general agrega
que la mayor parte de los que así dejaban las filas de la defensa,
emigraban al Brasil. Que la mayor parte se incorporaban á las

creer firmemente que lo que el general sitiador quería era reducir á Montevideo por el hambre sin provocar combates ni salir de sus posiciones, Oribe reacciona de repente renunciando á las ventajas que le proporcionaba su inacción, y sale de esta inacción, no para llevar un ataque serio sobre Montevideo, sino para empeñar casi diariamente encuentros parciales con las avanzadas enemigas. Estos combates no tenían mayor trascendencia que la de aleccionar en la guerra á las tropas bisoñas de la plaza y la de hacer penetrar la idea de la propia impotencia entre sus tropas; pues la empresa de tomar á Montevideo por asalto, sólo podía intentarse por el empuje vigoroso de los 10.000 soldados que tenía á sus órdenes en el Cerrito.

Verdad es que mientras empeñaba esos encuentros que á la larga habilitaron á las fuerzas de la plaza para tomar á su turno la ofensiva, provocando verdaderas batallas, Oribe ponía en juego sus influencias para apoderarse de Montevideo por otro medio que no fuera el de un asalto general. Obra de ellas fué la conspiración llamada de *Alderete*, tan altisonante como estéril. El general Ángel Núñez, que con el coronel Antuña y otros oficiales de alta graduación se habían pasado al ejército sitiador, y don Juan Pablo Olave, Illa, Caravia, Acevedo, etcétera, eran los principales colaboradores de esta conspiración. Núñez comisionó á su particular amigo el comandante Susviela (Leonardo) para que hiciese entrar en ella al comandante César Díaz, con el objeto de que en día y hora señalados, una gruesa columna del ejército sitiador pudiera penetrar por la trinchera que guardaba dicho jefe con el 4º de línea; y Olave y

---

filas sitiadoras lo comprueban las listas de los *pasados* y *presentados* que se publicaban por el estado mayor del ejército sitiador, y que están trascritas en *La Gaceta Mercantil* de 1843.

sus compañeros trabajaron el ánimo de otros jefes para que apoyasen ese movimiento. Pero Susviela no le dijo una sola palabra á Diaz; sino que se lo comunicó todo al gobierno. Éste, de acuerdo con el general Paz, se propuso aprovecharse de la coyuntura para tenderle un lazo á Oribe, y al efecto le dió sus instrucciones al jefe denunciante. En virtud de ellas Susviela conferenció varias veces con Núñez á bordo de un buque neutral, y quedó arreglado entre ambos que Díaz abriría el portón que guardaba en la línea, inutilizaria las baterias que lo defendían, y sofocaría con su batallón la resistencia de los batallones inmediatos; y que á la señal que se haría con dos faroles colocados verticalmente en el asta del telégrafo que servía para estos usos en la plaza, Oribe concurriría con sus fuerzas; fijándose la noche del 12 de marzo para la ejecución de este plan. Oribe se propuso llevarlo á ejecución, y Paz dió sus disposiciones para sacar partido de la credulidad de su adversario, previniéndoles á los comandantes de batería en la misma noche del 12, que se harían dos señales en el telégrafo: que á la primera, de tres cohetes voladores acompañados de algunos tiros de fusil y de vivas á Oribe, no debían inquietarse: que á la segunda, de dos faroles colocados verticalmente en el asta del telégrafo, rompiesen el fuego á bala, haciéndolo converger al centro de la línea.

Á esas horas Oribe se aproximaba con fuerzas considerables en dirección al centro de la línea, mientras sus guerrillas hacian demostraciones por la izquierda. Cuando supo que Oribe se hallaba en el fondo de la calle del Cordón, el general Paz mandó hacer la primera señal prevenida. Sea que la orden fuere mal interpretada, ó la impaciencia, ó el conocimiento que se tuviese de la proximidad del peligro, el hecho es que simultáneamente

con la primera señal y con algunos gritos de «¡viva Oribe!»
que lanzaron algunos soldados del 4 de línea destacados
en una azotea, algunas baterías rompieron el fuego de
cañón y de fusilería. Á no haberlo contenido su costumbre de no precipitarse sino ante la seguridad del
éxito, Oribe habría sido despedazado esa noche con sus
mejores fuerzas. Cuando el cañón le anunció que se le
tendía un lazo, se retiró á su cuartel general ahogando
su despecho. Así terminó esta conspiración, la cual no
tuvo mayores consecuencias que la de ser extrañadas
de Montevideo las familias de los que habían tomado
parte en ella, y la de que Oribe fuese designado con
el mote de *Ciriaco Alderete*, nombre con el cual suscribía
su correspondencia con los conspiradores. (¹)

Si, pues, Oribe se proponía reducir á Montevideo por
el hambre, á pesar de que todo le indicaba que con bloqueo ó sin bloqueo, los buques de guerra ingleses y
franceses surtirían de víveres á esa plaza y le darían al
gobierno recursos para sostenerse, lo derecho era continuar su conducta anterior. Esto le había dado ventajas
mayores que las míseras refriegas en que comprometía
diariamente á su ejército retemplado en tres años de
penosas campañas. Porque hasta principios de junio no
hubo combates de importancia, y esto debido á que Paz
tomó la ofensiva. Sólo merecen el nombre de tales los
del 10 y del 21 de marzo, pues en los meses de abril y
mayo fueron meras guerrillas entre las descubiertas. En
el del 10, que tuvo lugar á la altura del *Cristo*, tomaron
parte cuatro batallones. Después de más de una hora
de fuego los dos batallones de la defensa se retiraron á
la plazoleta del *Cordón*, y los dos del ejército sitiador

(¹) Véase *Memorias* de César Díaz, pág. 157 y siguientes. Véase
Apuntes sobre el sitio de Montevideo por Wright.

avanzaron hasta la plaza de Artola. La batería 25 de
Mayo dirigió allí sus fuegos y los sitiadores se retiraron á su vez con pérdida de algunos hombres, siendo
mucho mayor la de los de la plaza. ([1]) El del 21, que
tuvo lugar en el centro de la línea, también fué sostenido por igual fuerza que el anterior. Los sitiadores le
cortaron la retaguardia á una compañía del 3 de linea
de la plaza; vinieron en apoyo de esa fuerza el número
4 de línea y las partidas más cercanas, y el combate se
trabó recio más acá del *Cristo*, sufriendo esa compañía
muchas bajas como era consiguiente. ([2])

Si alguna trascendencia tuvieron estos combates, fué
la de que la prensa de Montevideo acusase á los soldados de Oribe de haber mutilado á extranjeros de la
plaza tomados con las armas en la mano; y que con
tal motivo el comodoro Purvis, como parte en la contienda, pidiese á los ministros inglés y francés exigiesen del gobierno argentino la adopción de medidas para
regularizar la guerra. El hecho de las mutilaciones y
otros excesos era cierto; sólo que con la misma acritud
con que los de la plaza lo atribuían á los sitiadores,
éstos se lo atribuían á aquéllos. Dados los odios pro-
fundos que separaban á los contendientes, no era de
extrañarse que la soldadesca incurriera en los brutales
excesos, que *El Nacional* le sumaba á los *monstruos degolladores* Rozas y Oribe y que *La Gaceta Mercantil* le
sumaba al *pardejón incendiario* Rivera y al *manco castrador* Paz.

Lo que también es cierto, es que á pretexto de contener estos excesos que atribuía á sus adversarios, el
gobierno de Montevideo hizo uso de medidas tremendas

([1]) Ib. ib. página 152. Boletines del ejército sitiador.
([2]) Id. ib. página 172. Boletines ib. ib.

con arreglo á decretos que dejaban muy atrás á todos
cuantos se habían dictado en el decurso de la sangrienta
guerra civil. Ya he citado con el testimonio del
general César Díaz las palabras del parte del ministro
Pacheco y Obes en las que da cuenta de haber hecho
pasar por las armas á un prisionero *por ser oriental.*
Otro decreto suscrito por el mismo ministro Pacheco y
Obes declara *salteadores armados, infames robadores públicos,* y sujetos á la pena de muerte, una vez verificada
la identidad de la persona, á todos los que estuviesen
bajo el poder del ejército invasor y perteneciesen á las
comisiones clasificadoras de campaña. ([1]) Por una orden anterior del mismo Pacheco y Obes se manda
perseguir á ciudadanos que no han querido tomar banderas con Rivera; y si no son aprehendidos en 48 horas,
retirar al pueblo sus familias y luego pegar fuego á
sus casas, clavándose en ellas un palo con un letrero que
diga: «Era la casa de un cobarde, y la justicia nacional
la ha arrasado.» «Igual conducta se observará, dice la
orden, con cualquier otro que deserte en lo sucesivo.»
Otro decreto de 6 de septiembre del mismo año manda
aplicar sumaria y verbalmente las penas que establece
la ordenanza militar para la tropa que se halla al frente
del enemigo, á los crímenes de traición, infidencia, deserción, cobardía ó tibieza en defender la patria.» Otro
de 7 de octubre establece que serán irremisiblemente
pasados por las armas todos los individuos del ejército
de Rozas que sean aprehendidos y pertenezcan á la clase
de jefe ú oficial. De su parte, Rivera, por intermedio
del coronel Baez, declara «confiscados todos los bienes
de los habitantes de la campaña que se hayan prestado
á formar parte de los salvajes enemigos de la humani-

([1]) Véase *El Nacional* núm. 1309.

dad; y reemplazados los bienes que hayan sufrido perjuicio de los defensores de la República con los de los
enemigos y en mayor número que los que poseían».

Entretanto Oribe comprometía su reputación militar
en combates sin consecuencia para él, y aun se expo-
nía á perder su influencia en la política de su país,
por obra de uno de esos golpes calculados que solía
dar Paz. Ó apoderarse de Montevideo, ó de Rivera: á
esto debía circunscribir su acción, para hacer suyo el
centro de los recursos y destruir con el caudillo el nervio de la resistencia. Ambas cosas pudo conseguir si
hubiese procedido con rapidez. Pero cuando en octubre
de 1843 algunos jefes, confiados en el esfuerzo de sus
veteranos, le propusieron todavía tomar por asalto la
plaza, él les respondió con negativas tan rotundas como
las de Carlos V cuando el duque de Alba le proponía
bombardear á Gand. Y recién á fines de agosto acordó
con Urquiza que éste abriese operaciones sobre Rivera,
quien maniobraba al norte del río Negro dirigiendo las
divisiones de los coroneles Baez, Silva y Estivao donde
lo reclamaban las circunstancias. (¹) Puede decirse que
las operaciones de guerra, relativamente importantes,
tuvieron lugar por entonces en los departamentos que
recorría Rivera.

Á los pocos días de abrir sus marchas, la vanguardia de Urquiza al mando de Núñez, derrotó en Cagancha á la de Rivera que mandaba Medina. (₂) Casi simultáneamente fuerzas de Servando Gómez cayeron sobre
los riveristas mandadas por Estivao; y el 19 de septiem-

(¹) Véase en el apéndice la carta explicativa de Rivera á su
esposa. (Manuscrito original en mi archivo.)

(²) véase parte de Núñez á Urquiza publicado en *La Gaceta
Mercantil* del 6 de septiembre de 1843. véase *El Nacional* del 12
y 14 del mismo mes y año.

bre la división Urdinarrain derrotó la de Baez cerca
del paso de los Polancos, tomándole caballadas, un gran
convoy de armas y cuatrocientas carretas donde iban
cientos de familias de esas que Rivera obligaba á que
se trasportasen adonde él se dirigía. (¹) Otra ventaja
importante obtuvo el mismo general Gómez sobre las
fuerzas del coronel Venancio Flores, en las *Puntas del
Cordobés* la tarde del 29 de septiembre (²); y el 6 de noviembre destruyó igualmente la división riverista al
mando del coronel Fortunato Silva en el *Paso de Chiri-
bao*, persiguiéndolo hasta más allá del Chuy y obligán-
dolo á asilarse en territorio del Brasil. (³) Como se ve,
Urquiza hacía maniobrar con éxito sus divisiones. Los
coroneles Baez, Estivao, Flores y Silva, que mandaban
casi el total de las fuerzas de Rivera, habían sido des-
hechos é incorporádose á este último con los restos
que les quedaban. Sólo quedaba á Rivera] la esperanza
de poder reunir nuevos elementos para esperar á Urquiza que se dirigía á buscarlo en persona. Sobre Montevideo se habían librado algunos combates parciales entre
el 3º. y 4º. de línea y los batallones de Costa y de Ramos.
Tal era la situación de las armas en el Estado Oriental
á lines de noviembre de 1843.

Pero el gobierno de Montevideo y la Comisión Argentina esperaban solucionar la situación política en su favor, no por sus armas y recursos, sino por las armas
y recursos de los poderes extranjeros. Á los unos les
dejaba entrever la posibilidad de extender en el río de la
Plata las recolonizaciones parciales que las grandes potencias habían llevado á cabo en ciertos puntos de Amé-

---

(1) Véase partes de Urquiza á Oribe en *La Gaceta Mercantil*
del 29 de septiembre.—Boletines del ejército, núms. 12 y 16.

(2) Boletín núm. 20.

(3) Ídem núm. 26.

rica: á otros les presentaba facilidades para aproximar su vecindad á las dos ciudades de las márgenes del Plata; y con unos y con otros arreglaba la segregación de dos provincias litorales argentinas para formar un nuevo Estado que *debilitase el poder de Rozas*, según lo decían.

Ya me he referido á esta trama que en vano quisieron ocultar los que en ella colaboraron. En el capítulo XLIII se ha visto cómo protestaba Ferré contra el proyecto anexionista de Rivera; y cómo el general Paz dejó el mando del ejército de Corrientes porque en su sentir «los intereses argentinos no están consultados ni garantida la nacionalidad de la guerra». Y en el capítulo XLV se ha visto desenvuelto el plan segregatista por el propio ministro del gobierno de Montevideo. Esta segregación de las provincias de Entre Ríos y Corrientes era un remedo de Artigas, que acariciaba Rivera para crearse un gran poder en el litoral; que acarició la Comisión Argentina como medio de quebrar la influencia de Rozas; que acarició el Brasil cuya aspiración era partir por mitad esta extensa República Argentina; y que acariciaron los agentes franceses, quienes esperaban sacar buenas ventajas, no sólo porque ellos protegerían tal evolución de acuerdo con Inglaterra, sino porque muy buenas sumas les eran debidas por sus aliados los riveristas y los unitarios, que desde el año 1838 habíanle hecho la guerra á Rozas con el armamento y los dineros de la Francia. ([1])

Esto era notorio en Buenos Aires, y provocaba estallidos de indignación. Refiriéndose á Rivera, escribía el

---

([1]) En el capítulo XXXIV he trascrito la correspondencia entre el general Lavalle y los miembros de la Comisión Argentina que así lo acreditan de un modo evidente. véase ahora en los estados que siguen el monto de los auxilios en dinero y en armamento que dieron los franceses en el año 1840 solamente. Los he copiado fiel-

Archivo Americano: (¹) « La caída del general Rozas le parecía inevitable, y contaba con el auxilio y cooperación de todos sus enemigos para realizar su antiguo proyecto de formar un grande Estado del territorio comprendido entre el océano por un lado, el Paraná y el río Paraguay por el

---

mente de un manuscrito de letra del doctor Florencio varela, é incluido por él mismo en un volumen de documentos de la Comisión Argentina de Montevideo.—Dicen así:

«Fondos y artículos de guerra que suministraron los agentes franceses al Ejército Libertador en 1840.

Cantidades que entregaron como subsidio:

1839			*Patacones*
Junio	11.—Al doctor Portela, vocal de la Comisión Argentina, quien los pasó al general Lavalle.		1000
Julio	13.—Al señor Frías, secretario del general Lavalle.		4000
Agosto	6.— » » » » » » » .		5000
Octubre	9.—Á la Comisión Argentina..................		10000
»	22.— » » » »		3333 ⅓
»	26.— » » » »		3000
»	30 — » » » »		3666 ⅔
Noviembre	18.—Á la idem.—valor de armamento para los del sur de Buenos Aires..............		7630
»	23.—Á la idem idem.....................		5000
			42630
1840.			
Enero	14.—Á la Comisión Argentina.................		1000
Febrero	24.— » » ídem idem en letras á 3/m. sobre París..		90000
Mayo	16.— » » » »		5000
»	20.— » » » » para los auxilios franceses.		1250
Junio	2.— » » » » » » .		1250
»	11.— » » » » » » .		20000
»	17.— » » » » » .		10000
»	20.— » » » » » .		17000
Julio	4.— » » » » » .		4000
»	17.— » » » » » .		41832
Agosto	31.— » » » » .. » .		11787

Total recibido de los agentes franceses, pesos fuertes. 254750

« *Nota:*—Los 90000 patacones recibidos en letras el 24 de febrero, fueron negociados con conocimiento y aprobación de los agentes franceses con la casa inglesa de los señores Nicholson Green y Cᵃ, el 26 de febrero, con un quebranto de 8188 ⅞ patacones. Todas las compras para la confección de vestuarios, de armas, municiones, fletamentos de buques, fueron con conocimiento y aprobación de dichos agentes.» Además de estas partidas consta otra por fuerte suma.

(¹) 1ª serie núm. 9, pág. 149.

otro. Este plan importaría la desmembración de la provincia de Río Grande, perteneciente al Brasil, y la usurpación de las provincias de Entre Ríos y de Córrientes que son parte integrante é inseparable de la Confederación Argentina.» Los sucesos posteriores, y más que todo, las propias conveniencias del gobierno de Montevideo el

---

de una carta dirigida con fecha 7 de junio de 1840 por la Comisión Argentina al señor Martigny, encargado de negocios de Francia, y que procede del mismo volumen de documentos á que me he referido. En esta carta pide á Mr. Martigny, dinero, vestuarios y víveres para el ejército del general Lavalle, y agrega: «La Comisión está cierta de que el señor Bouchet Martigny conoce estas necesidades como ella, y no ha vacilado por lo mismo de recurrir nuevamente á su generosidad, suplicándole que se digne facilitar *cien mil pesos fuertes* para los expresados objetos, en los mismos términos que las otras sumas que ha tenido la bondad de suplir antes de ahora.»—Firman la carta: Juan J. Cernadas, valentín Alsina, Gregorio Gómez, Ireneo Portela. (véase el apéndice.)

«Armamento y municiones recibidos de los agentes franceses para el Ejército Libertador.

Recibido del señor Martigny en 26 de febrero de 1840:

500 fusiles franceses de munición.
720 carabinas id. id.
100 pares pistolas id. id.
1 barril con 4000 tiros á bala de fusil.
Recibido del señor Almirante Dupotet, fecha ut suprà.
2 piezas de bronce de campaña de á 4.
2 cureñas completas con sus abantrenes y juego de armas para servirlas.
6 cajas de madera con 134 balas de á 4.
4 cajas de madera con 66 tarros de metralla.
5 cajas con 200 cartuchos.
300 estopines fulminantes.
800 ídem comunes.
200 lanza-fuegos.
Recibido del señor Almirante Dupotet en 8 de mayo á solicitud del señor Martigny:
2 obuses de montaña de á 12.
2 cureñas de fierro para los mismos.
2 juegos de armas completas para servirlos.
1 libra de pólvora fina para cebar.
80 granadas cargadas.
40 tarros de metralla.
120 cartuchos de á 12.
160 estopines para idem.
«*Nota:*—También fué orden para que el comandante Penaud, jefe de la Estación en el Paraná, entregase, si el general Lavalle lo pedia, 200 sables de tropa y 500 lanzas que fueron en la corbeta *Expeditive* desde Montevideo; lo que verificó Penaud.»

cual, de acuerdo con la Comisión Argentina, trabajaba
con el Brasil una alianza hostil contra el gobierno argentino, obligaron á los agentes principales de este negociado
que eran don Florencio Varela (¹) y don Santiago Vásquez
á no incluir en él la provincia de Río Grande, que, por
otra parte, luchaba por su independencia del Imperio y
podría anexarse después por otros medios; y á postergar
para la oportunidad debida la anexión de las otras dos
provincias argentinas con el Estado Oriental. La evolución
quedó, pues, concertada así: las provincias de Entre Ríos
y de Corrientes serían segregadas formando un Estado
independiente de la Confederación Argentina, por la influencia y con el apoyo combinado de la Francia, de la
Inglaterra, del Estado Oriental y del Brasil: inmediatamente que erigiesen allí el gobierno, el Brasil reconocería la independencia del nuevo Estado, como lo habia
hecho con el Paraguay, y en seguida la reconocerían las
otras tres naciones, quedando entretanto obligadas á proceder conjuntamente contra la resistencia que opusiese á
ello el gobierno argentino.

Sobre esta base y con el fin de acelerar los procedimientos en tal sentido, don Florencio Varela redactó una
memoria « en la que ensalzaba el proyecto », como lo dice
el general Paz (¹), y que presentó al agente francés, al
comodoro Purvis y al señor Sinimbú, ministro del Brasil

(¹) El mismo doctor Varela lo manifiesta en su *Autobiografía* (pág.
17). «Desde tiempo atrás (escribe en 1843) el señor Vásquez era mi
amigo personal. Desde que subió al Ministerio me pidió que lo ayu-
dara en el desempeño de sus funciones; y aunque jamás fui emplea-
do público á sus órdenes, *puso, de hecho, á mi cargo y bajo mi
exclusiva dirección*, todos los negocios del Ministerio de Relaciones
Exteriores... las cuestiones que se presentaron con los representantes de *Francia, Estados Unidos, Brasil y Portugal, al paso
que las amistosas relaciones que se mantenían con las autoridades inglesas, exigían muchos y delicados trabajos. Todos, todos
esos negocios, sin excepción, fueron dirigidos y despachados
por mí.* »

en Montevideo. El ministro Sinimbú aceptó, desde luego, los conclusiones de la *Memoria*, como que era un agente decidido del proyecto. Igual conformidad manifestaron el agente francés y el comodoro Purvis, si bien observaron la conveniencia de referir tan trascendental asunto á la decisión definitiva de su soberano. Á este objeto Purvis le insinuó al ministro Vásquez la idea de enviar un comisionado á la corte de Londres, y que podría pasar á la de Francia, para que preconizase el tal proyecto en los términos de la *Memoria*. Así se lo comunicaba el ministro Vásquez á Rivera en carta de 31 de julio de 1843, agregándole que él no encuentra hombre más aparente que don Florencio Varela. (2) « En los primeros días de agosto (1843), dice el mismo doctor Varela en su *Autobiografía* (3), el señor Vásquez me hizo llamar para anunciarme que el comodoro Purvis estaba cada día más por el envío de un agente; que el gobierno convencido de la necesidad de esta medida, había resuelto enviarme. »

El objeto de la misión del doctor Varela era, pues, traer la intervención armada de dos grandes potencias extranjeras en los asuntos de su país. Para obtener este resultado, no sólo iba á invocar los hechos con que la venían preparando sus amigos politicos y el

---

(1) véase *Mem. Póst.*, tomo IV pág. 227. « El mismo sujeto me lo ha referido, agrega el noble general Paz, y me ha escrito largas cartas persuadiéndome á que lo aceptase cuando yo estaba en Corrientes. Lo particular es que para recomendarlo se proponia probar que era *utilísimo á la República Argentina!* Que se adoptase como arma para debilitar el poder de Rozas, se comprende; pero que se preconizase como conveniente á nuestro pais, es lo que no me cabe en la cabeza. Aun en el sentido de debilitar el poder de Rozas era equivocado el pensamiento, porque la nacionalidad argentina es popular en Corrientes y en Entre Rios... »

(2) Véase esta carta publicada en *La Gaceta Mercantil* del 6 de noviembre de 1843.

(3) *Autobiografia* del doctor Florencio varela, pág. 19, Montevideo 1848.

gobierno de Montevideo. sino también «á hacer uso de
la idea de establecer un Estado independiente entre
los ríos Paraná y Uruguay, la que se creía halagaría
mucho á los gobiernos europeos, particularmente al inglés», como con mucha exactitud lo dice el general Paz. (¹)
Pero el general Paz. á la sazón caudillo militar de los
unitarios, no quería hacerse solidario de esta vergüenza,
como no lo querían Echeverría. Pico, Alberdi, Chilavert,
Olazábal, y otros emigrados que de cerca ó de lejos tenían que ver con las decisiones autocráticas de la Comisión Argentina de Montevideo. Había que reducir al
general Paz sobre todo, quien podía prestigiar ó despre-
tigiar ese y otros proyectos, tan alta era su reputación,
y tal era la confianza que inspiraba su prudencia, su
patriotismo y sus rectos procederes. Antes de partir á
desempeñar su misión diplomática, don Florencio Varela
abocó al general Paz. Á las primeras frases, le preguntó
como de cosa resuelta, si aprobaba el pensamiento de segregación de las provincias de Entre Ríos y de Corrientes
para que formasen un Estado independiente. «Mi contestación, declara el general Paz, fué terminante y negativa.» (²)

En pos de don Florencio Varela, lo abocaron en el
mismo sentido don Santiago Vásquez y el ministro Sinimbú. (³) El general Paz insistió en su negativa, haciéndoles presente que él se ponía en el caso del primero si
se quisiera retasear el Estado Oriental, y procedía de
acuerdo con lo que le declaraba el segundo de que su
gobierno estaba dispuesto á sepultarse entre sus ruinas
antes que consentir en la desmembración de la provincia
brasilera de Río Grande del Sur que luchaba por sepa-

(¹) *Mem. Póst.*, tomo ɪᴠ, pág. 226.

(²) *Mem. Póst.*, pág. citada.

(³) Indudablemente es este el incidente que refería el doctor Varela en su *Autobiografía* (pág. 22), pero que han suprimido los que la

rarse del Imperio. «Y obrando según la lealtad de mi carácter, agrega el general Paz, no escuchando si 1o los consejos de mi patriotismo y en precaución de lo que pudiera maniobrarse subterráneamente á este respecto, me apresuré á hacer saber al comodoro Purvis y al capitán Hotham que mi opinión decidida era de que se negociase sobre estas dos bases: 1ª, la independencia perfecta de la Banda Oriental; 2ª, la integridad de la República Argentina, tal cual estaba. No tengo la menor duda de que estos datos fueron trasmitidos al gobierno inglés, y que contribuyeron á que el proyecto no pasase adelante por entonces.» (¹)

Pero don Florencio Varela pensaba de otra manera: y con ó sin el beneplácito del general Paz partió á desempeñar su misión, casi seguro de conseguir lo que buscaba en beneficio del partido político á que pertenecía. Es este 1egociado el único en su género en que han colaborado públicamente argentinos. Jamás desde 1810 en que Moreno declaró que «un ciudadano argentino 1i ébrio ni dormido debía tener inspiraciones contra su patria»; ni aun durante la crisis estupenda que comenzó en el año xx; ni en los sacudimientos subsiguientes hasta llegar á la organización definitiva de la

---

publicaron. Dos días después de mi nombramiento (de agente del gobierno oriental cerca del gobierno británico), es decir, el 13 de agosto, dice el doctor Varela, ocurrió un incidente que hubo de dejar mi viaje sin efecto...» Aquí se ha suprimido la relación que hacía el doctor Varela del incidente; y se reanuda el escrito con las siguientes palabras del doctor Varela que se refieren indudablemente también á la discusión que se suscitó entre la Comisión Argentina y el gobierno de Montevideo, sobre si se debía ó no variar el contenido de la *Memoria* presentada por el mismo Varela sobre el plan concertado, después de haberlo rechazado terminantemente el general Paz: «*Después de larga discusión convinieron en que no debía hacerse alteración*, y el señor Vásquez me comunicó que me preparase á embarcarme el 15 (agosto).»

- (¹) *Mem. Póst.*, tomo IV, pág. 226.

República, jamás el extravío político condujo á argentinos á solicitar de los poderes europeos el favor de su influencia y de sus armas para segregar dos provincias argentinas y formar con ellas un Estado independiente sometido á esa influencia. Han sido los unitarios de 1843 los únicos argentinos que han trabajado paciente y deliberadamente la dislocación de su patria por la obra de las armas extranjeras.

Entretanto los actores de este negociado seguían provocando las coaliciones que debían allanar. en su sentir, el camino en que habían entrado. La aprobación que dieron los gobiernos neutrales al reconocimiento que hicieron sus ministros acreditados en el Plata del bloqueo argentino á Montevideo, y la conducta que al respecto impusieron á los jefes de estaciones navales surtas en estas aguas, impedíale por el momento al comodoro Purvis seguir en el camino de sus atropellos. Quedaba todavía el ministro del Brasil, uno de los coaligados, á quien le tocaba entrar en juego para mantener las posiciones que habían tomado los aliados, hasta que llegase la oportunidad de proceder de otra manera. El gobierno argentino restableció el bloqueo á Montevideo haciéndolo extensivo á Maldonado, por orden de 6 de septiembre, la cual fué comunicada por el almirante Brown al cuerpo diplomático para los efectos consiguientes. Sólo el jefe de la estación naval brasilera se negó á reconocer el bloqueo, remitiéndose á una nota del ministro de su nación en Montevideo, que así se lo ordenaba. Prescindiendo de las reglas establecidas y universalmente aceptadas, Sinimbú negábale en esa nota al gobierno argentino el derecho perfecto que tiene todo beligerante para asediar é bloquear una plaza ó un puerto de que esté posesionado el enemigo; sea totalmente, prohibiendo toda clase de introducciones, sea parcial-

mente restringiendo la introducción de determinados
artículos. comestibles por lo general. (¹)

Dos motivos daba á su desconocimiento: el de que
el bloqueo había sido notificado en marzo sin llevarse
á efecto; y el de que era particularmente nocivo al Imperio del Brasil atenta la vecindad de éste con Montevideo. El doctor Baldomero García, sosteniendo en la
legislatura de Buenos Aires la minuta de comunicación
por la cual se aprobaba la respuesta que dió el gobierno argentino al brasilero. decía á este respecto: «La
argumentación del señor Sinimbú se reduce á esto:
el bloqueo se limita á prohibir la introducción de carnes en Montevideo; esta introducción se hace casi exclusivamente en buques brasileros: luego á los buques
brasileros no debe alcanzar tal prohibición. Este bizarro raciocinio es susceptible de esta paráfrasis: los buques brasileros son los únicos que especulan con la
guerra, prolongando la resistencia de los sitiados; son
los únicos que así favorecen al enemigo de la Confederación, luego son los únicos que pueden continuar haciéndolo sin perder su calidad de neutrales, luego son
los únicos á quien la Confederación infiere agravio
impidiendo que le hagan este mal.» (₂)

Vencido en el buen terreno, el ministro Simimbú
alegó la excepción perentoria de la necesidad de consultar á su soberano; como si el ejercicio del bloqueo
estuviese subordinado al consentimiento de uno ó más
naciones neutrales. En seguida comunicó oficialmente
su resolución al gobierno de Montevideo. Ella se celebró en la plaza como un triunfo. Unitarios y riveristas

---

(¹) véase entre otros tratadistas principalmente aceptados en
la época, á Vattel, capítulo 7º. libro III.

(²) véase este discurso del doctor García. (*Diario de sesiones*,
tomo 29, pág. 144.)

se dirigieron entre aclamaciones á la legación brasilera. Cuando algunos notables y oficiales de la defensa hubieron rodeado una mesa de refrescos preparada al efecto, el ministro Sinimbú tomó la copa y pronunció un discursó cuyo texto dió *El Nacional*, en el que deprimia al gobierno argentino y manifestaba las simpatías de su gobierno hacia el de Montevideo.

El gobierno de Rozas pidió satisfacción del desconocimiento del bloqueo al ministro brasilero acreditado en Buenos Aires. Al calificar en términos duros la conducta del ministro Sinimbú, denunciaba que «en la imperiosa necesidad en que se le colocaba de sostener el honor nacional, no sería á él á quien se le reprocharía la ruptura de las buenas relaciones que conservaba con S. M. el emperador del Brasil. [1] El ministro Duarte da Ponte Riveiro, que había reconocido el bloqueo sin reparo alguno, le manifestó francamente al ministro Arana el desagrado que le causaba la conducta del señor Sinimbú; y á tal punto comprometió sus opiniones, que en la noche del 12 de septiembre le declaró que estaba resuelto á embarcarse para Montevideo y entrar en explicaciones con aquel señor. [2] Esto no obstante, el ministro Ponte Riveiro le dirigió al gobierno argentino una nota descomedida en la que lamentaba que no prolongase la quieta espectativa hasta que el brasilero enviase órdenes para el reconocimiento del bloqueo; manifestaba sus deseos de que los agentes brasileros hubiesen *tolerado interinamente* los efectos del bloqueo; y recordaba la solución de algunos asuntos del Brasil pendientes, según él, desde hacía catorce meses. [3]

[1] *Diario de sesiones* de la legislatura de Buenos Aires, tomo 29, pág. 116.

[2] Relación del ministro Arana, ib. ib.

[3] *Diario de sesiones*, tomo 29, pág. 123.

La respuesta del ministro Ponte Riveiro mostraba que quien ¡asumía, por parte del Brasil, la dirección de los negocios en el Plata era el ministro Sinimbú. Rozas le pidió que retirase esa nota para no crear mayores dificultades; y como el ministro Ponte Riveiro manifestase que había elevado á su gobierno copia de ella y de la del gobierno argentino, y que aprovechaba la oportunidad para denunciar lo que escribía *La Gaceta Mercantil* que «el gobierno imperial desaprobaría los infames procederes del ministro Sinimbú y que de no hacerlo así la Confederación sabria sostener su dignidad». Rozas le devolvió la nota, le declaró que cortaba con él toda correspondencia oficial y le envió el pasaporte para que saliese de Buenos Aires.

Á partir de este momento, para nadie fué un misterio que argentinos unitarios y orientales riveristas trataban con serias probabilidades su restauración política en las dos capitales del Plata, por medio de las armas combinadas del Brasil, de la Inglaterra y de la Francia, y en cambio de las ventajas que exigían estas naciones. *El Nacional, El Constitucional* y el *Brittania* de Montevideo lo decían en todos los tonos y agregaban como adelantándose á la acusación, que la «independencia del pais estaba asegurada». En las esferas del gobierno, en las trincheras y en las calles se hablaba con entusiasmo del éxito seguro de la misión Varela. Y este entusiasmo se convertía en indignación en este otro lado del Plata. «Varela, escribía *La Gaceta Mercantil*, no ha ido á Inglaterra á entretener con conversaciones poéticas al ministro británico. Su misión es traidora; oprobiosa á la independencia oriental; amenazante á la Confederación y á la provincia del Paraguay; peligrosa para la América; y muy de cerca toca á la paz y ventura del

Brasil. Los salvajes unitarios la apellidan civilizadora, santa; y así llaman á sus inmundas traiciones.»

Empero, el gobierno del Brasil dió seguridades al general Guido, ministro argentino en esa corte, de que reconocería el bloqueo de Montevideo. Mientras hacía esto, resolvía enviar al Vizconde de Abrantes en misión especial cerca de los gobiernos británico y francés para cooperar al éxito de la misión Varela, esto es, para decidirlos á intervenir de mancomún en los asuntos de la Confederación Argentina. El tal enviado les presentaba después á esos gobiernos un memorándum sobre la necesidad de hacerlo pronta y activamente, el cual era, *mutatis mutandi* la memoria de Varela sobre el mismo objeto, como que ambas piezas se habían elaborado con las inspiraciones recogidas del gobierno oriental, de la Comisión Argentina, del comodoro Purvis y del ministro Sinimbú. (¹) La prensa imperialista asumió francamente una posición concordante en estos procederes, pues refiriéndose á las dificultades para conservar la neutralidad, declaraba: «Los triunfos de los oradores de Rozas no tendrán compañeros, si Rozas nos impeliera, como evidentemente nos impele, á tomar las armas contra su poder.» (²)

Era por demás apremiante la necesidad que invocaban los coaligados de proceder con rapidez y actividad, pues de no hacerlo así quedaba en breve terminada la guerra que declaró Rivera á la Confederación Argentina, y pacificado el Estado Oriental, que era el teatro obligado de esta guerra, por los auspicios del gobierno de Oribe ó de la persona que surgiese de la inmensa mayoría del

---

(¹) Sobre el alcance de la misión Abrantes. (véase las *Instrucciones* del conde Aberdeen al ministro Ouseley.)

(²) Véase, entre otros diarios, *O Brazil* de Río Janeiro del 19 de diciembre de 1843.

pueblo oriental que seguía la bandera de este general.
Paz había hecho y hacia cuanto humanamente puede
hacer un militar en su caso. Más todavía: muchos militares de renombre han fracasado ante dificultades análogas á las que venció Paz con esa conciencia en el éxito
calculado, dentro de cierto círculo de probabilidades, que
pertenece á muy pocos, porque es del genio que ve á
través de la tiniebla y alumbra y fortalece á cuantos
giran alrededor de ella. Los extranjeros residentes habían hecho lo demás, porque es un hecho incontestable
que el elemento oriental contaba muy poco en la plaza
de Montevideo. Los que fueron obligados á tomar allí
las armas, se pasaron al campo de Oribe donde los llamaban sus simpatías, como consta de sus nombres y
apellidos, cuerpo á que pertenecían, etcétera, publicados en
los boletines del campamento del Cerrito y en *La Gaceta
Mercantil* de Buenos Aires. Á fines de 1843 se acentuó
este estado de cosas de un modo más notable, pues se
presentaron en el campo del Cerrito personas como Acha,
don Antonio Cané, Antuña, Martínez, muchos oficiales y
ciudadanos más ó menos conocidos, y buen número de
soldados extranjeros, todos los cuales figuran en los pre-
dichos *boletines*. (¹)

La situación de la plaza llegó á ser desesperante. Los
recursos propios y extraños se agotaban. Las contribu-
ciones impuestas á las familias de partidarios de Oribe
no habían dejado reserva. Las que se solicitaban de los
comerciantes extranjeros no daban resultado. La asignación que daba don Samuel Lafone por la renta de
aduana, cuyo producido percibía, comprometida en mucha

(¹) Hasta principios del año 1844 he contado próximamente 700
nombres y apellidos de individuos que dejaron la plaza de Montevideo para presentarse en el campo de Oribe.

cantidad. Los extranjeros que podían disponer de medios, se rehusaban á facilitarlos, desconfiando de las seguridades del pago y malavenidos con las explotaciones vergonzantes que se consuman á menudo á la sombra de situaciones semejantes. Sólo el comodoro británico y el ministro brasilero seguían dando lo que podían; pero esto era una gota de agua en esa laguna de necesidades que todo lo absorbía. El resultado de la misión Varela y de los trabajos del Brasil, se esperaba como un maná. Para colmo de dificultades, antes que ese resultado, llegó el contraalmirante Lainé, quien en nombre del rey intimó á los franceses en armas que las depusiesen. Mr. Thiebaut que los comandaba, y los hombres del gobierno, obtuvieron de ellos que dejasen la cucarda tricolor y adoptasen la bandera oriental; pero muchos de los que servían en la defensa, y aun los que no tomaban parte en ella, solicitaron y obtuvieron del contraalmirante y del cónsul Pichon ser trasportados á Buenos Aires. (¹)

Las operaciones de guerra no estaban en mejor camino. Había circulado la voz de que Oribe iba á tomar por asalto á Montevideo, pero lo cierto es que este general jamás se resolvió á verificar semejante operación. Para él la rendición de Montevideo era cuestión de muy breve tiempo, y se engañó, porque no contaba con las influencias decisivas de la intervención anglofrancesa. Por otra parte, Rivera no le inspiraba serios temores, pues Urquiza y Gómez no le daban descanso en los departamentos,

---

(¹) Según las partes del capitán del puerto de Buenos Aires, el número de franceses que se trasportaron de Montevideo á esta ciudad á bordo del bergantín de guerra *Tactique*, de la goleta *Dominga*, del paquete *Orestes*, de la goleta *Amphibie* y del bergantín *Fortuna*, alcanza á 570 desde el 29 de noviembre de 1843 hasta el 5 de enero del 1844. Véase *La Gaceta Mercantil* del 10 de enero de 1844.

Ya se ha visto la suerte que acababan de correr sus mejores divisiones. Una otra división de correntinos, fuerte de 1.000 hombres, al mando del general Ramírez, que sitiaba al pueblo del Salto, fué batida en las puntas del Ceibal el 30 de diciembre por las divisiones al mando del coronel Lucas Moreno. (¹) Urquiza con el grueso de sus fuerzas seguía tras Rivera, quien después de pasar por Santa Teresa é India Muerta se detuvo en el Valle de Yguá, y siguió el 16 de enero (1844) en dirección al Sauce. Desde las alturas de Casupa aquél lo avistó en marcha el día 20. Después de marchar más de 40 leguas en tres días, lo alcanzó en la tarde del 24 en las Puntas del Sauce. Rivera pudo presentar en línea como tres mil hombres, pues en India Muerta se le incorporaron algunas fuerzas. Urquiza lanzó sobre él sus escuadrones bien mandados por los coroneles Granada, Urdinarrain, Isidro Quesada, Bustos, Galarza, Dominguez y González, y la victoria se decidió por su parte, cuando la noche cayó sobre ese campo de cadáveres del que se alejó Rivera no sin haberlo disputado hasta el último momento. Al amanecer, la vanguardia de Urquiza salió á perseguirlo. Ya se había movido Rivera. El 26 se encontraba en el paso del *Minuano*. En dos días había andado más de treinta leguas. (₂)

Estos contrastes empeoraban cada día más la situación de Montevideo. Ó el general Paz salía á presentar á Oribe batallas formales, ó la plaza sería reducida por el hambre, si no se resolvía pronto el objeto de la misión Varela. En estas circunstancias el coronel Venancio Flo-

---

(¹) Boletin núm. 48. véase parte de Moreno á Urquiza.

(²) véase el parte detallado de Urquiza (boletín núm. 51) y el plano descriptivo de la batalla del Sauce, levantado sobre el campo por el teniente coronel Ramón Bustos. (*Gaceta Mercantil* del 26 de febrero de 1844).

res, rehecho después de los últimos combates en la campaña, formó el atrevido proyecto de introducir ganado para el abasto de la plaza. Esto era temerario dado el número y calidad de las fuerzas enemigas cuya vigilancia debía burlar. Para conseguirlo hizo que los coroneles Silva y Estivao llamasen la atención del general Ignacio Oribe; y cuando las fuerzas de éste al mando de los coroneles Montoro y Caballero les presenta combate en la cañada de Pache, río Santa Lucía arriba, Flores fuerza el paso del Soldado, y, tan rápidamente como le era posible, con todo el ganado que conducía se dirige al Cerro. El 7 de febrero salva la línea que comandaba el general Núñez, y pone á salvo más de quinientos animales vacunos de que tanto necesitaba Montevideo. El mismo Núñez en su parte á Oribe no puede menos que confesar que «á pesar de sus esfuerzos, no tuvo la fortuna de interponerse entre los malvados y la fortaleza (del Cerro) para acuchillarlos completamente». (¹)

El general Paz le dió á la atrevida operación del coronel Flores toda la importancia militar que en sí tenía; y se propuso batir á Núñez con fuerzas combinadas del Cerro y de la plaza en número de 1.500 infantes, 400 caballos y cuatro cañones, los cuales se movieron sobre la línea de aquél en la mañana del 28 de marzo. Núñez, ó se engañó respecto del número de sus enemigos, ó no imaginó que traían la intención de desalojarlo de su posición, porque comprometió imprudentemente sus fuerzas, muy superiores en número, y no se previno para las contingencias que lo anonadaron. Los batallones de infantería de línea de la plaza destrozaron las filas sitia-

---

(¹) Véase parte del general Ignacio Oribe y del general Núñez en *La Gaceta Mercantil* del 27 de febrero de 1844.

doras. Sólo en un punto se estrellaron, en el que ocupaban
el medio batallón del coronel Jerónimo Costa y el batallón del coronel Ramos. En lo crítico de la refriega, el general Núñez cae herido de un balazo, del que muere dos días
después. El coronel Ramos asume el mando cuando las
municiones escasean y el enemigo avanza triunfante.
Costa se lanza una vez más con los suyos, á los gritos
de « ¡viva la Confederación Argentina! » Pero es Paz quien
ha organizado esos batallones que avanzan como los pru-
sianos de Molke, porque ya están seguros de que no retro-
cederán. Ramos y Costa se retiran, sufriendo en un trayecto
de más de treinta cuadras los fuegos de sus enemigos que
no pueden ni flanquearlos ni menos reducirlos. La situación de los vencidos y el número de los vencedores
hacían esperar sin embargo este resultado. Pero para
haberlo conseguido, habría sido necesario que, en vez de
mandar en jefe Pacheco y Obes, hubiese mandado en jefe
Paz. (¹)

Un fracaso análogo tuvo lugar el día 24 de abril
en el *Pantanoso*. Situado el general Pacheco con dos buenos batallones de infantería y ocho escuadrones de caballería en la línea sitiadora frente al Cerro, el general
Paz ordenó que la guarnición reforzada de ese punto
saliese á batirlo; y simultáneamente hizo pasar por la
barra del Miguelete tres batallones de infantería de la
plaza, dos baterías de artillería y una columna de caballería, para que maniobrando á retaguardia del enemigo
tomase á Pacheco entre dos fuegos y le hiciese imposible
la retirada. El éxito de esta operación dependía de la

(¹) *El Nacional* del 29 de marzo de 1844 y *La Gaceta Mercantil*
del 10 de abril, contienen datos naturalmente contradictorios respecto
del combate del Cerro. véase en el *Apéndice* las cartas del coronel
Costa que contienen verídicos detalles: igualmente la de Ximeno
(manuscrito original en mi archivo).

rapidez con que se verificasen en la oportunidad dada los movimientos combinados; pues debe tenerse presente que las fuerzas de la plaza iban á llegar á interponerse entre Pacheco y el campamento del Cerrito de donde podían auxiliarlo á este último. El combate se trabó recio frente al Cerro, y Pacheco tuvo que ceder el terreno, siendo seguido por los sitiados más de veinte cuadras. Este era el momento en que debía jugar la artillería colocada convenientemente cerca del Pantanoso, y la caballería de Flores exclusivamente reservada para desmoralizar á los que se retiraban, en tanto que la columna de infantería aparecía como una muralla que les cortaba toda salida. Pero ni la una ni la otra lo verificó así: sólo la columna de infantería salió de sus posiciones para concurrir al movimiento, en circunstancias en que Oribe, noticioso del combate, salía en protección de Pacheco con los batallones al mando de Jerónimo Costa, Rincón, Bermudez y Zermeño. La batalla se trabó sobre el arroyo del Pantanoso. La columna de la plaza, con excepción de la caballería que habia ido á parar á la casa de pólvora del Cerro, se mantuvo más de una hora en sus posiciones, en el saladero de Machado, sobre el paso de la Boyada en el Pantanoso. La superioridad de las fuerzas sitiadoras que podian aumentarse considerablemente, decidió al general Paz á ordenar la retirada bajo los fuegos del enemigo que debió sacar la peor parte en ese día.

El general Paz se vió precisado en esta ocasión á explicar su conducta en una carta cuyos principales conceptos publicó *El Nacional;* y les declaró francamente á los hombres del gobierno que era el caso de someter á un consejo de guerra á los jefes respectivos de la caballería y de la artillería en la acción del 24 de abril. Por lo demás, los mismos enemigos del general Paz en ese campo de batalla dan la prueba evidente·de la importancia de la operación que se frustró en beneficio de ellos, y dejan ver cuán funesta les habría sido á haberse realizado tal como fué ideada. « El coronel Flores y teniente coronel Sosa marcharon al encuentro de la columna del Cerro que nos trajo el ataque, dice en su parte el general Pacheco... pero teniendo parte de que dos fuertes columnas se adelantaban á pasos acelerados sobre mi espalda, los hice replegar...» « El general Pacheco, dice el coronel Jerónimo Costa, fué seguido (por las fuerzas del Cerro) como tres cuartos de legua de esta parte del Pantanoso hacia fuera, de donde se volvieron, habiendo sentido el movimiento de fuerza del cuartel general ». (¹)

(¹) véase parte de Pacheco á Oribe publicado en *La Gaceta Mercantil* del 30 de abril de 1844. véase en el apéndice las cartas del coronel Costa, testigo ocular. (Manuscrito en mi archivo.)

CAPÍTULO XLVIII

ROZAS Y LA COALICIÓN

(1844)

El gobierno de Rozas no podia hacerse grandes ilusiones respecto del éxito ulterior de sus operaciones sobre Montevideo si, como era probable, la Gran Bretaña, la

Francia y el Brasil intervenían conjuntamente en los negocios del Plata. Las últimas comunicaciones de los ministros argentinos acreditados en esas cortes dejaban entrever esa probabilidad. Por ellas se sabía que don Manuel de Sarratea, don Manuel Moreno y el general Tomás Guido, patricios de la revolución de 1810 y célebres diplómatas, se esforzaban á la sazón en variar el curso de los sucesos que se precipitaban en nombre de intereses cuya magnitud abultaban los que estimulaban tal coalición, y que, al sentir de esas naciones, valían muchísimo más que los derechos que asistían á un país débil y despoblado como la Confederación Argentina.

En esta espectativa que presentaba latentes peligros tan trascendentales como el ataque á la integridad de la Confederación, el gobierno de Rozas, fiándose en el sentimiento patriótico de los argentinos más de lo que lo aconsejaban las conveniencias, ni solicitó alianzas que pudo haber trabajado, ni buscó acomodamientos incompatibles con el honor nacional. Cualquiera persona que hubiese estado al cabo de la tremenda coalición que se preparaba contra el gobierno argentino, se habría admirado de la tranquilidad que al respecto se sentía en las regiones oficiales de Buenos Aires; y casi de seguro díchose que Rozas era un incapaz empecinado que sólo guardaba la aproximación de las escuadras británica, francesa y brasilera para huir como un cobarde, dejando al país que se desenvolviese como le fuese posible, después de haberlo comprometido en locas aventuras. Esto último era lo que pensaban en Europa, y lo que repetían los unitarios empeñados en la coalición.

Es lo cierto que en Buenos Aires nada turbaba aparentemente en 1844 la actividad que Rozas le imprimía á la administración. Los principales detalles de esta administración se ventilaban en las oficinas de su despacho

que tenía establecidas en su casa particular, calle hoy de
Moreno. Allí trabajaba de día y de noche, doce y catorce horas, muchas veces, con los oficiales de su
secretaría, sobre los expedientes y demás asuntos que
remitían de la *Fortaleza* sus ministros, quienes venían
en seguida al acuerdo de gobierno. Su hija, que era su
amor, y la demás familia, en las habitaciones interiores. Los amigos íntimos que lo veían solamente á la
hora de comer; y esto cuando el excesivo trabajo no lo
obligaba á postergar esta hora. Sin guardias, que nunca
las tuvo; sin escolta, que siempre la rehusó. Apenas su
edecán el general Corvalán en la antesala, arrellenado
en un sofá de caoba forrado en cerda, preparándose para
comenzar la tarea diaria con el peso de sus años y de
sus gloriosas charreteras del tiempo de San Martín. [1]
Tal ó cual día, cuando el trabajo de la noche anterior
había sido muy rudo, una tregua de algunas horas en
su quinta de Palermo, sin ostentación ni oropel, y si
tregua podía llamarse el ir á dirigir personalmente los
levantes de nivel, desagües, canales y plantaciones de
los bañados inútiles que compró en 1838 y que comenzaba á trasformar en una grandiosa mansión de recreo
que la confiscación hizo suya después de 1852 y que
hoy se llama el Parque 3 de Febrero.

---

[1] El nombre del general Corvalán figura con distinción en los
fastos militares argentinos por los servicios que prestó á su patria
desde tierna edad hasta el fin de sus días, sin interrupción; y merece que se le consagre esta mención biográfica que elaboro con los
materiales que me ha suministrado su familia. Don Manuel Rege
Corvalán nació en la ciudad de Mendoza el 28 de mayo de 1774. Sus
padres, el capitán don Domingo Rege Corvalán y doña Manuela
Sotomayor, lo enviaron muy niño al colegio de San Carlos en Buenos
Aires. Su natural tranquilo, afable y reposado, y sus excelentes
prendas personales le atrajeron el sincero aprecio de sus compañeros; bien que bajo esta apariencia de mansedumbre se descubría
en su rostro varonil y en el aspecto de su fisonomía resuelta
sin alardes, el temple del hombre de carácter.
De ello dió pruebas en el colegio, pues cursando humanidades sos-

Lo más árduo había sido montar la administración, tal como él la quería: bajo el pie del más severo control y d la rigidez más escrupulosa. En 1844 la administración marchaba de suyo, si bien se luchaba con el déficit de administraciones anteriores y con la escasez de re-

---

tuvo con ventajas conclusiones públicas contrarias á las que predominaban en las aulas; y fué tanta la acritud y violencia de la discusión que provocaron, que el obispo intervino para cortarla, acallando las innovaciones en las ideas que entonces se miraban como obra de la tentación de los demonios. Corvalán dejó el colegio y se dedicó al comercio, contrayendo matrimonio en 1800. Comenzaba á gozar de una holgada posición cuando ocurrió la invasión de los ingleses, y se alistó en el regimiento de arribeños en 1806. Ascendido á subteniente se encontró el 2 de julio de 1807 en la batalla de los *Corrales de Miserere* bajo las órdenes del general Liniers, contra las tropas inglesas mandadas por el general Whitelocke. Casi toda la compañía de Corvalán quedó fuera de combate, y él se retiró salvando la bandera de su batallón en ese dia y en los sucesivos hasta el 7, en que remontó su compañía uniformándola con sus recursos propios y los de sus amigos. Á principios de 1810, siendo ya capitán, fué comisionado por los patriotas revolucionarios de Buenos Aires para que hiciese estallar el movimiento en Mendoza; pero al llegar á este punto lo alcanzó el capitán Juan B. Morón con las comunicaciones que daban cuenta de haberse verificado dicho movimiento.

El primer gobierno patrio establecido en Mendoza lo nombró á Corvalán comandante general de la frontera y en jefe de los fuertes San Carlos y San Rafael; y el 24 de mayo de 1811 la junta gubernativa de las Provincias Unidas le expidió los despachos de teniente coronel. En ese cargo lo sorprendió la reacción de algunos hombres del gobierno de Mendoza de acuerdo con la *conspiración de . lzaga*. En junio de 1812 Corvalán, con instrucciones de la Junta Gubernativa de Buenos Aires, reunió la fuerza que comandaba y ayudó á los patriotas a derrocar las autoridades reaccionarias. Por orden de la misma Junta alistó 200 hombres que él mismo condujo á Buenos Aires y que sirvieron de plantel al famoso regimiento *Granaderos á caballo* que comandó San Martin. En seguida el *Gobierno Superior Provisional* (Passo, Rodriguez Peña y Álvarez Jonte) lo nombró por decreto de 24 de noviembre de 1812 comandante en jefe de la frontera de Buenos Aires; y desempeñó este cargo hasta que el Supremo Director Posadas lo nombró (6 de julio de 1814) teniente gobernador de San Juan, marchando á desempeñar ese cargo en compañía de San Martin, quien acababa de recibir el nombramiento de gobernador de Cuyo. Pero como algunos notables le suscitaron dificultades alegando que el gobernador debía ser oriundo de San Juan, Corvalán llamó á un cabildo abierto é hizo entrega del gobierno dando cuenta á su superior. Apenas lo supo San Martín le propuso se fuese á su lado; y en 15 de marzo de 1815, le escribía: «Mi buen amigo! Va la orden para que V. se venga en el día; me es muy necesaria su per-

Manuel Corvalan

cursos para satisfacer las necesidades públicas. Las
rentas de la provincia de Buenos Aires alcanzaban á dos
millones de pesos fuertes mensuales aproximadamente,
siendo de advertir que el cálculo de recursos que se insertaba en el mensaje anual del Poder Ejecutivo á la

---

sona para comisiones bien interesantes. V. es árbitro de hacer su
marcha con la comodidad que le parezca, tomándose el tiempo que
crea oportuno.» San Martin lo encargó del equipo, armamento y
demás preparativos del ejército. En esta labor tan inteligente, como
difícil en esas circunstancias, Corvalán invirtió patrióticamente su
patrimonio; y puede decirse que cooperó en primera línea á
que San Martin pasase los Andes con un ejército listo para combatir. Al marchar para Chile, San Martin invocóle las necesidades
de la patria para que permaneciese en su cargo al frente de los esta-
blecimientos de armería, maestranza, parque y demás ramos anexos
al de artillería; y realzaba de un modo elocuente la importancia
decisiva de sus servicios, diciéndole en carta de 15 de octubre de
1816: «Los oficiales de la lista inclusa se han encargado del conocimiento de cada uno de esos ramos; pero todo se frustraría si un
jefe de inteligencia, próbulo y activo no se pone á su frente reuniendo
en sí cuanto entre ellos se halla dividido. V. es el único capaz de este
importante cargo. Conozco que sus méritos lo hacen acreedor á
mayores ventajas; pero es indispensable consagrar á la patria este
sacrificio. La gloria de servirla es una misma. Tanto trabaja V. en
su defensa forjando en Mendoza los instrumentos de ella, como lan-
zándose al frente de sus enemigos.» Continuando empeñosamente
en su cargo, tócale ser fiscal en la causa que se siguió á los hermanos don Juan José y don Luis Carrera bajo la administración del
general Luzuriaga; hasta que marchó á Chile en busca de los recursos con los que fué derrotado don José Miguel Carrera por don
Albino Gutiérrez en la *Punta del Médano.*
La revolución que derribó al general don Albino Gutiérrez lo
puso en el caso de trasportarse en 1826 á Buenos Aires, adonde lo
alcanzó el nombramiento de diputado al Congreso de las Provincias
Unidas por su provincia natal. Aunque su incorporación fué muy
posterior á la famosa discusión sobre el régimen de gobierno, Corvalán no disimuló sus opiniones federales. Disuelto ese Congreso y
colocado el coronel Dorrego a la cabeza de la reacción contra las
ideas y los hombres por cuyos auspicios se reunió, Corvalán fué
ascendido á coronel y nombrado edecán del gobernador de Buenos
Aires, hasta que en 1828 fué elegido diputado por Mendoza á la Convención Nacional que debía reunirse en Santa Fe. Producida la
revolución del 1º de diciembre de 1828; fusilado el gobernador Dorrego por orden del general Lavalle, vencido éste en el hecho y mo-
ralmente en Buenos Aires; y elevado Rozas al gobierno en los brazos de una opinión robusta y compacta, Corvalán continuó en su
cargo de edecán del gobernador acompañándolo cuando al frente
de sus fuerzas se dirigió á Córdoba. La provincia de Mendoza lo
eligió en 1832, diputado á la *Liga Litoral* que se reunió en Santa

legislatura, era exacto, y arreglado á la fiel cuenta y
razón de las oficinas receptoras. Con estos recursos el
gobierno de Rozas hacia frente á la guerra por mar y
por tierra; auxiliaba á las provincias con dinero y con
armas; pagaba los gastos de las legaciones de la Confederación en Londres, en Paris, en Wáshington, en Río
Janeiro, Chile y Bolivia, y con igual puntualidad á todos
los empleados; satisfacía todas las erogaciones exigidas
por el servicio público; mantenía y pagaba las numerosas tribus de indios amigos, que sujetos á la disciplina

---

Fe y produjo el famoso *Pacto federal* de 1831, punto de partida de
la Constitución actual. En 1833 y 1834 hizo la campaña de los desiertos del sur á las órdenes de Rozas, conservando el comando
del 4º regimiento de caballería. Elegido Rozas por la legislatura y
por el plebiscito gobernador con la suma del poder público, nom-
brólo su primer edecán; y el 1º de enero de 1837 le fué conferido
el grado de general, siendo este uno de los muy pocos ascensos que
dió Rozas bajo su administracion. En su empleo de edecán desempeñaba funciones múltiples y de grave importancia, como que era
el eco, la representación ó la autoridad de Rozas ante las autoridades, de los ministros extranjeros y altos funcionarios y empleados de la administración. Era el único que tenia acceso inmediato
á Rozas de dia y de noche, á toda hora en que se le veia vestido de uniforme de parada, revestido de discreción y de afabilidad, como para
conciliar la grave responsabilidad de sus deberes con la bondad ingénita de sus sentimientos. Rozas le otorgaba su confianza sin reserva, á
tal punto que hacia con él lo que no hacia con nadie; pues que
con motivo de los pagos urgentes que habia que efectuar en esos
dias de guerra civil y de necesidades diarias, todo el dinero correspondiente á tal ó cual partida de gastos del presupuesto, solia
tenerlo Corvalán en su caja adjunta al despacho del gobernador.
Periódicamente él rendia sus cuentas, eso si, hasta el último cuarti-
llo, como lo exigia Rozas. Manejando tanto dinero, á lo que se
agregaba la procuración que tenia de varios gobiernos de provincia
como el de Entre Rios, Santa Fe y otros, el general Manuel Corvalán
murió pobre el 9 de febrero de 1847. Tan pobre estaba, que Rozas de
su bolsillo propio mandóle con el sargento mayor Antonino Reyes
diez mil pesos para que atendiera á sus necesidades. El general
Corvalán era condecorado con la cruz de la Legión de Mérito de
Chile; con la medalla de Chacabuco; con la medalla de Maipo; con
los cordones y medalla de Lima; con la medalla de la expedición al
desierto en 1833. Se encuentran datos y noticias sobre su persona y
sus servicios en LA REVISTA DE BUENOS AIRES, *Recuerdos de Cuyo*,
por don Damián Hudson; en la *Historia de Chile*, por Barros Arana;
en el *Ostracismo de los Carrera*, por Vicuña Mackenna; en el *Virreinato del río de la Plata*, por Quesada, etcétera.

militar ayudaban á guarnecer las fronteras; hacía frente al servicio y amortización de los foidos públicos, con religiosidad tanta y con tan buen éxito, que estos fondos estaban á la par. (¹)

(¹) Hé aqui un estado de los fondos públicos hasta el año 1842. Más adelante insertaré el que alcanza hasta 1852.

¡Viva la Confederación Argentina!
¡Mueran los salvajes unitarios!

ESTADO general de las operaciones de fondos públicos desde el 1º de enero de 1822, en que dió principio este establecimiento hasta fin de diciembre de 1842, con expresión del giro del caudal en el presente año:

FONDOS PÚBLICOS

DEBE	4 % Pesos	6 % Pesos
Á creaciones hechas desde octubre 30 de 1821, hasta marzo 28 de 1840, según las leyes referentes........................	2.000.000	52.360.000
	2.000.000	52.360.000

HABER	4 % Pesos Rs.	6 % Pesos Rs.
Por existentes desde las primeras creaciones, porque sus dueños no han concurrido á cobrarlos..................	10.397 6 1/2	7.438 1/2
» No circulantes, porque perteneciendo á corporaciones y obras pías, sólo están á percibir rentas................	146.923 2 1/2	724.202 5
» Amortizados hasta fin de 1841.	604.243 6 1/2	20.103.408 5
» Idem en el presente año de 1842......................	1.434 1	2.701.945 2
» Circulantes, entre particulares, en la fecha de este Estado	1.237.000 7 1/4	28.823.005 7 1/2
	2.000.000	52.360.000

Rozas quería cimentar sobre bases sólidas el sistema de administración que fundó y al que me he
referido ya. En el tiempo trascurrido de su gobierno se
habia contraído con particular ahinco á subsanar los
inconvenientes que acreditaba la práctica diaria del

CAUDAL

	Pesos Rs.	Pesos Rs.
Á existencia en fin de diciembre de 1841		718.959 7 1/2
» Recibido de Colecturía general para rentas y amortización		3.755.198 2
» Fondo de rentas por las reintegradas		22.915 6
» Deducido por fondos fijos para la amortización	533.597 5	
» Idem por producto de rentas de los capitales amortizados	1.326.469 6 3/4	
	1.860.067 3 3/4	
» Recibido de Tesorería general para gastos menores de oficina		1.656
		4.498.729 7 1/2
Por rentas pagadas { 4 % / 6 %	53.246 2 / 1.804.120 6	} 1.857.367
Invertido en la amortización de este año		1.860.067 3 3/4
Remitidos á la Colecturía general, producto de contribución directa de este año		44.866
Gastos menores de oficina		1.656
Existencia que pasa á enero de 1843: Para rentas	571.631 5	} 734.773 3 3/4
» amortización	163.141 6 3/4	
		4.498.729 7 1/2

Buenos Aires, diciembre 31 de 1842.

Juan Alsina, presidente.—*Miguel de Riglos*, vicepresidente. — *Juan Bautista Peña.— Bonifacio Huergo. — Simón R. Mier.— Agustín I. de Luca*, secretario contador.

movimiento administrativo, introduciendo las innovaciones necesarias para la mejor percepción é inversión
de la renta pública. Así, las cuentas que anteriormente
pasaban sin el examen del gobernador y del respectivo
ministro, se rendían después á la contaduría por los
individuos que administraban dineros públicos. Con el
informe de la contaduría se elevaban al gobernador. La
resolución de éste se publicaba en los diarios. Por lo
demás, el gobernador llenaba su responsabilidad presentando anualmente á la legislatura todas esas cuentas
detalladas y documentadas. Los pagos por tesorería se
hacían á la sola vista de la firma del ministro de
hacienda. Rozas estableció que el tesorero no podía
pagar sino á la vista de la firma del gobernador y del
ministro de hacienda, de una nota trasversal del oficial
mayor del ministerio de hacienda en los documentos, si
la orden los tenía, ó en la orden misma, expresando
haber sido mandada pagar. Había varias oficinas de
recaudación y de pagos. Rozas estableció una sola co-
lecturía y una sola tesorería. Los pagos de la lista civil
y militar, se verificaban en tabla y dinero en mano
propia. Los habilitados rendían á la contaduría sus
cuentas respectivas diez dias después de haber recibido
el dinero de tesorería. La contaduría examinaba estas
cuentas, informaba al poder ejecutivo, éste decretaba al
pie de ellas y todo ello se publicaba en los diarios. Con
el objeto de evitar que el Estado comprase los articulos
necesarios á un precio más subido que el corriente de
plaza, Rozas mandó formar un estado general de los
precios corrientes, por los corredores de número, el cual
se publicaba en los diarios. Así el gobierno de Rozas
daba positivas garantías del fiel manejo de los dineros
públicos; tan positivas, que después de ser derrocado,
cuando el gobierno provincial de Buenos Aires lo some-

tió á juicio, no le hizo cargo sino por poco más de doscientos mil patacones en diez y siete años de su gobierno; siendo de advertir que esta suma provenía de los pagos hechos á la división de Palermo, como consta de los recibos y comprobantes que existen en Londres. Había un punto negro en la administración de Rozas. No se servía el empréstito inglés contraído por Rivadavia en 1824. (¹) Verdad es que ninguna administración anterior lo había servido tampoco. Pero esto apenas podía pasar como pretexto de mal pagador. Verdad es también que de parte de los banqueros ingleses se había insinuado la idea de saldar esa deuda mediante la renuncia que hiciese Buenos Aires de sus derechos á Malvinas, y que sin arribarse á nada serio se pasó en esa negociación la época más afligente para la República Argentina, bloqueada por el extranjero y sosteniendo dos guerras á la vez.

Á lines de 1843, Rozas le declaró al representante de los banqueros Baring Brothers y Cª. que el gobierno se preocupaba de la necesidad de servir el empréstito, costase lo que costase; y que si él encontraba una forma que conciliase los intereses de sus comitentes y diese alguna facilidad al tesoro, estaba dispuesto á aceptarla. El señor Francisco de P. Falconnet le declaró á su vez que aceptaria en cuenta del pago de la deuda mensualidades de cinco mil pesos fuertes, y hasta tanto se arreglase definitivamente la forma del pago. «Como una nueva prueba de mi confianza en la administración, decía en su nota el señor Falconnet, me contentaré con dejar estas asignaciones en la caja de depósitos, ó en la casa de moneda, bajo la responsabilidad del gobierno, á favor de los tene-

---

(¹) Este empréstito fué por cinco millones de duros y se lanzó al 70 %.

dores de acciones del empréstito, hasta que se esté de acuerdo sobre los arreglos definitivos que hayan de tomarse para atender á los intereses devengados. para cuyo pago se encontraría así ya una parte preparada.» Rozas aceptó la proposición sin la cláusula del depósito; y, previa la aprobación del arreglo y autorización para el gasto que dió la legislatura. ordenó le fuese pagada al señor Falconnet la suma de cinco mil pesos fuertes mensuales que dicho señor empezó á percibir desde el 1º. de mayo de 1844. (¹)

En presencia de las graves dificultades de orden político que conspiraban directamente contra la hacienda pública. y de los esfuerzos de todo género que hacía la administración para economizar. por decirlo así. sobre esas mismas dificultades, sin gravar al pueblo con nuevos impuestos; sin emprestar en el exterior. menester es convenir en que Rozas afrontando serenamente esta situación. evitando que el país cayese en la más espantosa bancarrota. y acallando las desconfianzas con la propia evidencia de los hechos que él encaminaba contra todo el torrente de la coalición que trabajaba por despedazarlo, se mostró en esto muy superior á sus enemigos.

Las prosperidades como los desastres de la hacienda pública son relativos; y su alcance ó intensidad resultan de la comparación de las diferentes épocas de un país dado. Tal es el principio de la estadistica. la única ciencia que revela el verdadero grado de prosperidad de las naciones en los tiempos que hemos alcanzado. Y bien. la población de la provincia de Buenos Aires apenas alcanzaba en 1844 á 140.000 almas. y el impuesto. sobre ser muy liberal, gravaba á cada habitante en una

---

(¹) Véase *Diario de sesiones*, tomo xxx, pág. 87 y siguientes.

parte tan infinitamente pequeña, que no admite comparación con la que lo grava hoy. Baste recordar que las reitas anuales, impuestos inclusive, apenas alcanzaban á dos millones de pesos fuertes, siendo poco más de la cuarta parte de esta suma proveniente de los derechos de aduana. Rozas, al bajar del mando, no dejó deuda de importancia, como se verá al fin de este libro; y sin embargo desde 1852 hasta 1890 en que escribo, la deuda pública ha ido ascendiendo hasta próximamente *seiscientos millones de pesos fuertes!* Las rentas de aduana suben alrededor de 36 millones de fuertes; y ni éstas ni las demás rentas de la Nación bastan para llenar los presupuestos y ahorrar la vergüenza de un deficit de muchos millones, el cual tiene su origen en gobiernos anteriores al actual y ha aumeitado últimamente á favor del despilfarro inconsiderado y de la desmoralización administrativa.

Y adviértase que el estado de la Provincia no era en el año de 1844 de los más calamitosos. Las pocas industrias con que se contaba, se desenvolvían sin otras trabas que las consiguientes á la época de represión y de guerra. Los campos estaban inmejorables según los informes recogidos por la *Sociedad Rural,* que publicaban los diarios. La agricultura comenzaba á atacar grandes zonas próximas á la capital, que era el único punto que había adonde trasportar los frutos; el único que ha habido hasta 1862 cuando los primeros ferrocarriles y la habilitación de puertos facilitaron la dilatación de esta industria. La ganadería y sus productos daban pingües rendimientos. El movimiento marítimo había sido mayor que el de los años anteriores, puesto que hasta el 31 de diciembre entraron en Buenos Aires 8.000 individuos, y entraron en el puerto y salieron de él 1.200 buques. Rozas concurrió á aumentar este movi-

miento, pues permitió á los buques de la carrera del
cabotaje argentino que saliesen con dirección á los puertos del Paraguay llevando cargas y trayéndolas, con la
condición de no tocar en Corrientes mientras esta provincia estuviese en guerra con Buenos Aires y aliada
del Estado Oriental (¹); como asimismo que trasportasen libremente las harinas, maiz y trigo entre los
mismos puertos bajo la misma condición. «Con dichas
medidas, le escribía el capitán del puerto don Pedro
Ximeno al coronel Lagos, ha reportado esta capital un
vasto comercio y entradas al tesoro incalculables; que le
proporcionarán á nuestro superior gobierno recursos
para marchar, pagar todo lo que se adeude, y aun emprender algunas obras para hermosear nuestra querida
patria, pues ya estamos con el empedrado de las calles
y muy pronto se harán otras.» (²)

Esto último era exacto. Muchas de las mejoras materiales de Buenos Aires, que subsisten todavia ó que
han sufrido la acción del pico del progreso moderno, se
iniciaron y se realizaron en el año de 1844. Se diría
que Rozas quería aprovechar la tregua que le daba la
tremenda borrasca que se le venía encima para dejar
impreso el sello de su actividad emprendedora dentro
los muros de la ciudad histórica. Ni el cúmulo de
atenciones que atendía personalmente; ni los graves
asuntos de politica exterior cuya dirección asumía, tras-
mitiéndole la nota culminante y decisiva al discreto don
Felipe Araña; ni las múltiples relaciones interprovinciales que manejaba con habilidad, lo alejaron de este su

---

(¹) El gobernador de Corrientes, don Joaquín Madariaga, declaró
poco después buena presa todos los buques con pabellón de Buenos
Aires y provincias del litoral que cruzaren las aguas del Paraná y
Uruguay. (Decreto de 4 de octubre de 1844.)

(²) Manuscrito original en mi archivo. (Véase el apéndice.)

propósito. Y entonces ahí del coronel Arenales (hijo del
mariscal), jefe del departamento topográfico; de don Felipe Senillosa, y de cuanto facultativo pudiera suministrarle,
el plan más adaptable, y el medio más económico posible
para que se ejecutase la obra ó la mejora proyectada.
El coronel Arenales que en mensuras, estudios, escur-
siones, idas y venidas, había llegado á una escala incon-
mensurable, en la cual alcanzarlo podía solamente el
infatigable general Corvalán, no pudo menos que decirle
con ruda franqueza á Rozas que las tareas de su empleo
no se compensaban con el corto sueldo que devengaba; y
que después de haber servido largos años á su pais, se
veia pobre y su familia expuesta al hambre si él le
faltaba.

—Cómo, coronel?—preguntóle Rozas, que conocía la
acrisolada honradez del anciano y que por esto lo habia
conservado en su empleo, á pesar de sus notorias opiniones unitarias, y lo mismo que conservó al padre del ge-
ral Lavalle y á otros directores de reparticiones, —¿cómo, tan pobre se encuentra Vd?

—Sí, Excmo. señor,—repuso Arenales, que aunque sordo, oyó con sorpresa y muy distintamente, porque Rozas le hablaba á gritos.

—Pues bien: vaya Vd. y pregúntele de mi parte al
señor capitán del puerto cómo es que tiene casas y terrenos gozando del mismo sueldo de que goza Vd.

Arenales, que era soldado ante todo, y de buena raza, cumplió la orden, y la cumplió á gritos, á fuer de
sordo. El capitán del puerto respondióle que el fruto
de antiguas economías habíalo prestado á interés, adquiriendo algunos bienes que con el tiempo habían aumentado de valor.

Rozas emprendió casi simultáneamente varias obras
en la ciudad y alrededores. Mientras se delineaban las

nuevas calles en los extremos sur y oeste de la ciudad ó sea Barracas y la plaza hoy Once de Septiembre, se construía el puente sobre el río de Barracas; el puente de Maldonado; se hacía defensas en los terrenos adyacentes á la Boca del Riachuelo; se mejoraba y se prolongaba los caminos de Flores, Morón y San Fernando, y se ensanchaba el canal de este último punto; se desmontaban convenientemente las barrancas que descendían á la ribera del lado del sur, este y nordeste; y se empedraba todo el perímetro más central de la ciudad.

Pero una de las obras más importantes para esa época, fué la de la Alameda. Toda la parte del bajo de la ciudad comprendido entre la fortaleza (hoy Aduana) y el Retiro, estaba en las mismas condiciones en que se conservaba la parte comprendida entre la misma Aduana y la Boca, hasta que las obras del puerto cambiaron la fisonomía de esos parajes. Era un lodazal como para avergonzar á una ciudad. Las aguas del río subían hasta la calle 25 de Mayo, y al mezclarse con las aguas pluviales que buscaban su descenso rápido, formaban en toda esa extensión enormes olas que levantaban cuantos desechos é inmundicias habían arrastrado. El ambiente quedaba inficionado, imposibilitado el tráfico y estrechado, cada vez más, el espacio entre las toscas del río y dificios á lo largo de la calle 9 de Julio. En octubre del año anterior (1843) las aguas se elevaron á más de cuatro varas sobre el nivel de las toscas que estaban en línea con los puntos más salientes de la Fortaleza. Rozas sometió á la legislatura el proyecto, estudios y planos de una alameda, sobre la base de la construcción de una muralla sólida que detuviese las aguas, permitiese convenientemente la salida de las aguas pluviales, proporcionase comodidad al embarco y desembarco, levantando todo el terreno á lo largo de aquélla, y construyendo en esta planicie un jardín y paseo público.

Don Felipe Senillosa, que fué el autor de los planos, decia en el informe con que los acompañó: «La alameda principia desde la plaza 25 de Mayo, aunque el paseo verdaderamente dicho, sólo se extiende por ahora desde la barranca cerca de la Fortaleza hasta la prolongación de la calle de Corrientes. El muro y terraplén avanzan hacia el río hasta ponerle en linea con los puntos más avanzados de la Fortaleza. De este modo el espacio total seria de cerca de cuatro cuadras de longitud y setenta y cuatro varas de ancho. De éstas, las veinte contiguas á los edificios quedarian para calle pública y el resto hasta la muralla seria paseo cruzado por cinco caminos...»

El presupuesto de todas estas obras que detallaba el señor Senillosa, ascendía á dos millones de pesos papel moneda. Al solicitar la autorización correspondiente para emprenderlas, Rozas manifestaba que dada la dificultad de hacerlo con las rentas ordinarias ó con las sumas provenientes de algún impuesto extraordinario, se podia trabajarlas gradualmente hasta que las circunstancias permitiesen algunos recursos para terminarlas. Conferida esta autorización, Rozas se puso manos á la obra. Los hornos de Santos Lugares proveyeron el material necesario para la muralla. Los escombros de los edificios en construcción y tierra trasportada de los alrededores altos de la ciudad cayeron bajo la pala y el pico de varias cuadrillas organizadas con peones del servicio de la policía y de la capitanía del puerto y con los condenados á trabajos públicos. La alameda quedó terminada dos años después, habiéndose invertido en ella poco más de la mitad de lo presupuestado, merced á la economía que se realizó en el salario de

brazos y en la compra de materiales que el gobierno
se proporcionó.

Lo particular era que al ver al gobierno empeñado
en tan varias obras de utilidad pública, todos confiaban
en que Rozas conjuraria los grandes peligros de la coalición extranjera. El comercio y las industrias y hasta
las ciencias menos atacadas en el pais, se desenvolvían
en condiciones tan ventajosas como no se habia observado en los últimos años. El comercio de importación,
sobre todo, aumentaba considerablemente al favor de liberales tarifas aduaneras. Varios extranjeros asociados
á capitalistas del pais formaban compañías para explo-
tar con la ganadería las fértiles campañas. En los barrios apartados de Buenos Aires se levantaban fábricas
y usinas donde se elaboraban las materias primas, ata-
cándose francamente industrias que hasta entonces no se
habian contado como fuerzas de la producción.

Las ciencias naturales encontraban grandes temas de
investigación y de estudio, merced á los sabios esfuerzos del paleontólogo argentino doctor Francisco Javier
Muñiz, quien encontraba en los bajios de Luján, entre
otros fósiles, el *Megatherium* y el *Gliptodonte* de las Pampas de Buenos Aires. Acompañados de un luminoso informe en el que hacia constar sus opiniones respecto de
la familia y peculiaridades de esos animales, en razón
de la reconstrucción que de ellas hiciera y de las propias observaciones que le sugirió este trabajo científico,
el doctor Muñiz remitióle á Rozas esos huesos en vein-
ticuatro grandes cajones. Rozas le regaló al almirante
Lepredour los huesos correspondientes al *Megatherium*,
y poco después el sabio Cuvier encantado del hallazgo,
declaraba en conceptos honrosos para el pais y para el
doctor Muñiz, que difícilmente podia encontrarse un
ejemplar más completo.

Simultáneamente con estas investigaciones, el doctor Muñíz venía haciéndolas sobre la erupción variólica en la vaca. No hacía mucho que Muñíz había tenido la suerte de encontrar la vacuna en una vaca de la hacienda de Muñoz, en Luján. Muñíz aplicó el humor genuino á más de cuarenta personas, y todas estas pústulas demostraron sus peculiaridades naturales en todos los vacunados. Tanto de la extracción como de la aplicación del *cow-pox* se labró actas solemnes ante las autoridades y vecinos de Luján y Exaltación de la Cruz. Una vez hecho esto, Muñíz se dirigió al médico director de la Real Sociedad Jenneriana (Institución de vacuna) de Londres, Mr. John Epps, en un informe concienzudo y lleno de novedad. Sentaba que la erupción variólica no provenía necesariamente del contagio, y se fundaba en sus propias observaciones y en los hechos que estudiaba detalladamente y á la luz de la ciencia.

Partiendo de que el *cow-pox* no era ya exclusivo de las vacas de Glocester, pues que se había encontrado en algún punto de América, si bien no se había comprobado notoria y solemnemente como lo comprobaba él respecto de la vaca de Buenos Aires, el doctor Muñíz decía: « ... podemos asegurar contra la opinión del hombre digno del respeto universal, que descubrió la erupción variólica en la vaca, que ella no es necesaria y precisamente provenida del humor vertido de la *ranilla (caux aux jambes* de los franceses, arestín de los españoles, *mal del vaso* y aun *aguajas* entre nosotros). Si el *cow-pox*, ó la viruela en la vaca, no se desarrolla sino por el contacto de las manos de aquellos que las llevan, al ordeñar, impregnadas del humor ó serosidad producida por aquella enfermedad equina (siendo intrasmisible la erupción variólica mediante los efluvios ó emanaciones de vaca á vaca), resultaría que el *cow-pox* sería extraño á esta provincia, quizá á toda la América. En nuestro país y en el resto del mediodía de América el ordeñamiento de las vacas está exclusivamente confiado á las mujeres, quienes como es sabido, jamás tocan á los caballos en presa á la afección indicada... Por otra parte, en cinco casos de observación sobre el *cow-pox*, en ninguno se ha ni sospechado el contagio por aquella causa. Para remover todo escrúpulo se escudriñó atentamente el estado de los caballos pertenecientes á la lechería. Se hizo más: se exploró el ganado yeguarizo de los alrededores, para no sentir ni la remota aprensión de un contacto fortuito ó singular, y nada se pudo descubrir de semejante y mucho menos la dolencia *caux aux jambes...*» La Real Sociedad Jenneriana respondió á este informe en conceptos altamente honoríficos para el doctor Muñíz, y enalteciendo el servicio que prestaba á su pais.

Poco después, el doctor Muñiz colocó bajo los auspicios de Rozas una notable *Descripción y curación de la fiebre escarlatina* que cundía en Buenos Aires y que se desarrolló epidémicamente en los años de 1836 y 1837; y le prometía dedicarle unos *Apuntes para la historia geológica de la provincia de Buenos Aires.* ([1]) Y casi al mismo tiempo, don Pedro de Angelis enriquecía la arqueologia y la historia con trabajos de paciente investigación que son al presente singularmente apreciados: don Marcos Sastre le dedicó á Rozas su *Camuatí:* don Vicente López, autor del *Himno Nacional,* le dedicaba al mismo Rozas sus *Noticias* astronómicas sobre los cometas; y este movimiento de las fuerzas científicas y económicas del país inspiraba notas quizá demasiado altas á las liras de Medrano, Irigoyen y Solano, pues que después de Varela y Echeverria no había más poetas que Gutié-

---

([1]) Véase *La Gaceta Mercantil* del 13 de marzo de 1844 y siguientes.

rrez, Mármol y aun Rivera Indarte, quienes fulminaban rayos desde el extranjero.

Á Rozas ocurrióle dar la nota discordante, bajo la forma de un decreto en el que considerando la disciplina de la Iglesia católica; los gastos exorbitantes y sacrificios pecuniarios que se ocasionaba á las familias y la facilidad de remediar este gran inconveniente, reduciendo el luto á un signo decoroso y sencillo sin perjuicio á la voluntad de las personas y á los colores negros, establecía que el signo del luto en los hombres sería un lazo de gasilla ó crespón en el brazo izquierdo, y en las mujeres una pulsera negra en el mismo brazo; dejando por lo demás libertad para llevar vestidos y mantos ó velos negros por libre arbitrio, razón de oficio ó dignidad pública. (¹) Este decreto no se fundaba ni siquiera en los motivos que explicaban el uso de la divisa punzó (como los unitarios la usaban celeste), en una época de reacción y de represión simultáneas, cuando era menester reconocerse entre sí y estrechar las filas contra el enemigo político intransigente. Quizá se creería que los unitarios que había en Buenos Aires vestían luto para eludir el uso de la divisa, y que Rozas abolió el rigor de esa moda para obligarlos á que usasen ese distintivo. Pero el hecho es que, con luto ó sin él bien pocos eran los que no llevaban divisa. Era éste un atavío del vestido, sancionado por la costumbre y por los hechos consumados. La gran mayoría lo llevaba en todas las provincias de la República como signo de la idea federal que sostenía: los demás lo llevaban para acomodarse con la situación política que predominaba. Rozas hizo, pues, inútilmente acto de dictador. Como esos emperadores romanos que llegaron á fijar el color de los vestidos ó á dictar leyes suntuarias, cuyos fundamentos inspiraban á Juan Bautista Say páginas

---

(¹) Véase *La Gaceta Mercantil* del 20 de mayo de 1844.

llenas de colorido en nuestros tiempos; ó como esos legisladores que en los comienzos de la revolución de 1810 pretendían que el Estado ó, más propiamente, el gobierno, fuese un tutor del individuo en sus relaciones de tal, Rozas hacía un vano alarde de autoridad fijando reglas para que las familias pudiesen ostentar su dolor, y dándoles al mismo tiempo el medio de eludirlas. Rivera Indarte, que habia agotado sus argumentos para elaborar sus dramas de horrores, encontró más de lo que necesitaba en el decreto sobre el luto; y bajo el rubro de *nuevo é inaudito golpe de tiranía,* empezó á fustigar á Rozas, disertando sobre las costumbres diferentes de las naciones, y haciendo el acopio de todos los colores consagrados al luto que contenía el *Diccionario de la conversación,* como le decia Mariño en *La Gaceta Mercantil.*

Mucho mejor fundado, aunque igualmente mal recibido por el pueblo, fué el decreto relativo al Carnaval. Este decreto es rivadaviano. Comenzaba declarando que á la autoridad pública correspondía poner prudentemente término á las costumbres opuestas á la cultura social y al interés del Estado; y que el gobierno había preparado este resultado por medidas restrictivas respecto de la costumbre del Carnaval. Y considerando inconveniente esta costumbre á los habitantes de un pueblo laborioso é ilustrado; gravosa para el tesoro del Estado; perjudicial para los trabajos públicos, para la industria, las artes, la agricultura y la siega de los trigos; contraria á la higiene pública por el deterioro de los edificios y las enfermedades resultantes de ese pasatiempo; y opuesta á la moral de las familias por el extravío de sus hijos, dependientes y domésticos, el gobierno declaraba abolido y prohibido para siempre el juego del Carnaval.

Esta tranquilidad y esta calma aparentes en Buenos

Aires, contrastaban con la actividad que desplegaban los coaligados en Montevideo y fuera de Montevideo. Nada se trasuntaba de los trabajos de la cancillería argentina. Don Felipe Arana estaba envuelto más que nunca en su impenetrable discreción; y la prensa no decía una sola palabra al respecto. El único movimiento militar que se había notado era el de una división de 1.000 hombres de las tres armas, que al mando del coronel Hilario Lagos se dirigió á engrosar el ejército de reserva que comandaba el general Garzón en Entre Ríos, y que abrió en breve operaciones contra el gobernador Madariaga de Corrientes. En Montevideo era otro el aspecto de las cosas, á juzgar por la prensa y por las seguridades que se daban los emigrados unitarios y los hombres del gobierno. Se contaba como un hecho la intervención anglo-francesa-brasilera, trabajada por Abrantes y por Varela, respectivamente, lo cual no obstaba á que Rivera trabajase de su cuenta á los caudillos de los republicanos brasileros para que entrasen en liga con él y con Corrientes. Se contaba también con que el general Paz haría entrar en esa liga al Paraguay, tomando él el mando de todas estas fuerzas. Para mayor abundamiento el coronel Paunero, agente del gobierno oriental ante el de Bolivia, le escribía al general Paz en 13 de marzo de 1844, que el presidente Ballivián le había manifestado sus deseos de ayudar á los unitarios, y que lanzaría oportunamente la revolución en las provincias del norte. Análogas disposiciones respecto de Chile, dejaba esperar el general Las Heras; bien que renunciaba el cargo de agente del mismo gobierno oriental que le ofrecía el ministro Vásquez, y proponía en su lugar á los doctores Barros Pazos ú Ocampo. (¹) Rozas

---

(¹) Manuscritos originales en mi archivo.

no le daba á esto por el momento mayor importancia que la que le asignasen los hechos para los cuales estaba más ó menos preparado, así por los antecedentes de la coalición como por las informaciones de sus ministros Moreno, Sarratea y Guido. En cuanto á las ya visibles muestras de hostilidad del Paraguay, él las dejaba pasar, firme en su resolución de no reconocer independiente á esta provincia argentina. Á la conducta del gobierno de Bolivia le respondía con su carta de 12 dè enero de 1842 en que desaprueba enérgicamente la proposición de Oribe de marchar con su ejército vencedor y poderoso á reconquistar á Tarija ([1]); y al de Chile con su carta al general Velazco después de la batalla de Yungay. ([2])

Esta actividad tomó cuerpo por el lado del litoral, con motivo de la presencia del general Paz. Contrariado por los últimos hechos de armas sobre Montevideo á que me he referido en el capítulo anterior, Paz aprovechó el primer momento propicio para dejar esa plaza cuya defensa organizó y dirigió desde febrero de 1843. De acuerdo con algunos amigos de Corrientes, y con el geıeral Juan Pablo López, de Santa Fe, y prometiéndose atraer al Paraguay, salió de Montevideo el 4 de julio de 1844 en un buque de guerra brasilero, y acompañado de algunos jefes y oficiales con destino á Río Grande para pasar en seguida á Corrientes. ([3]) El go-

---

([1]) Se publicó en *La Gaceta Mercantil* del 27 de marzo de 1843.

([2]) véase *La Gaceta Mercantil* del 25 de septiembre de 1844.

([3]) El gobierno y autoridades brasileras prestaron toda clase de auxilios al general Paz sabiendo, como lo sabian, que se dirigia á tomar mando de fuerzas en Corrientes y quebrantando por consiguiente la neutralidad. Así, el ministro vásquez le escribía á Rivera en 20 de septiembre de 1844: «El general Paz ha sido conducido de Santa Catalina á Rio Grande y de aqui á Porto Alegre en buque de guerra brasilero: veremos si aguanta Rozas este pujo en silencio.» El ministro argentino reclamó, pero en vano. véase *La Gaceta Mercantil* de 12 de junio de 1845.

bierno oriental lo nombró su plenipotenciario ante el
gobierno del Paraguay, y por este medio y su propia
influencia y algunos recursos que se proporcionó, pensaba centralizar la revolución en el litoral y llevar
oportunamente sus armas sobre Buenos Aires. Peró contra sus designios militaban las mismas influencias que
los habían hecho fracasar anteriormente. Rivera montó
en cólera cuando supo que Paz volvía á Corrientes y
que le disputaría todo lo que él se había habituado á
considerar como suyo; y cuando imaginó, no sin razón,
que obtendría del Paraguay lo que él no pudo obtener
cuando los sucesos que él mismo provocó lo convirtieron
en árbitro de casi todos los recursos del litoral argentino.

El tiempo que debió demorar Paz en su tránsito del
Brasil á Corrientes, hubo de serle fatal, á consecuencia
de haberse traducido esa cólera en hechos indignos. De
esto hay sospechas vehementes. En la *Sierra das Aspe-
resas*, por donde pasaria Paz, había apostada una partida para asesinarlo. Paz dice en sus *Memorias* que así
se lo comunicó reservadamente el coronel Sáens, agregándole que *no se fiase de farrapos, ni no farrapos*, con lo
que le daba á entender que fueran ó no fuesen brasileros. «Meses después, agrega Paz, se me presentó en
Corrientes un vecino del Estado Oriental, sujeto á quien
tengo por verídico y formal, y me aseguró que el general Rivera habia comisionado á dos oficiales farrapos,
llamados el uno Pinto y el otro Ferreirinha, para que
me buscasen en el camino; y preguntándole yo con qué
objeto, me contestó francamente que con el fin de hacer
otro Barranca-Yaco; que esto lo sabia por un tal Baillo,
escribiente de confianza de Rivera. (¹)

La nueva posición de Paz no tenía nada de hala-

(¹) Véase *Memorias póstumas*, tomo IV, pág. 147.

güeña; que el gobierno de Corrientes le asignó un rol secundario como si las capacidades de ese virtuoso soldado sólo se apreciasen en medio de las situaciones desesperadas, que era cuando recién venían á él para que las conjurase, como ya las había conjurado en Montevideo y en Corrientes. El general Joaquín Madariaga, gobernador de Corrientes, invadió con 5.000 hombres la provincia vecina de Entre Rios, donde Urquiza había dejado al general Garzón organizando el ejército de reserva como he dicho más arriba. Garzón, militar de escuela y experto, no podía pensar en atacar á Madariaga, pero lo asechaba, como dice Paz. Cuando tuvo 1.300 hombres bien organizados y montados, abrió resueltamente operaciones. Maniobrando con habilidad, tuvo á Madariaga en perpetuo movimiento, hasta que en las puntas del Arroyo Grande chocó con la vanguardia correntina al mando del coronel Juan Madariaga. La victoria quedó por Garzón, quien avanzó entonces rápidamente sobre el grueso del ejército correntino, el cual repasó el Mocoretá cometiendo antes crueles excesos en el Salto Oriental ([1]) y sin obtener más resultados que algunos arreos de ganados y la muerte del gobernador delegado don Cipriano de Urquiza que se la atribuían los enemigos.

En estas circunstancias difíciles, los generales don Joaquín y don Juan Madariaga se propusieron confiarle á Paz la dirección de la guerra en el litoral. Á este objeto la legislatura de Corrientes, por ley de 13 de enero de 1845, nombró á Paz general en jefe del ejército *aliado pacificador*, y le dió poderes para celebrar alianzas.

([1]) véase lo que dice al respecto el general Paz, *Memorias*, tomo IV, pág. 176. (véase parte del general Garzón al gobernador de Entre Rios y documentos relativos á los hechos perpetrados en el Salto, publicados en *La Gaceta Mercantil* del 15 de julio de 1844.)

Paz negoció con el Paraguay una alianza que ya había sido insinuada por el presidente López, enemigo natural del gobierno de Rozas, el cual se negaba á reconocer la independencia de esa antigua provincia argentina. El caso es que López proponía la alianza en términos ventajosos para los que estaban empeñados en la guerra contra el gobierno de Buenos Aires, «siempre que Corrientes se constituyese como el Paraguay en Estado independiente», según lo dice Paz. Sin aceptar ni rechazar esta base, Paz comisionó al doctor Santiago Derqui para celebrar esa alianza; pero fué en vano lo que, al sentir del mismo general, se le arguyó á López para disuadirlo de la segregación de Corrientes. Fué el Brasil el que contribuyó á que esta alianza se celebrase poco después. El Brasil se había apresurado á reconocer la independencia del Paraguay, y por medio de su ministro en la Asunción llegó á negociar un tratado de alianza que nunca se ratificó. Cuando López vió que este tratado se subordinaba á una demarcación de limites, buscó nuevamente la alianza de Corrientes. El alma de este negociado, del que no se excluía enteramente la idea de la segregación de esta provincia argentina, fué el ministro brasilero señor Pimenta Buena; lo cual se explica fácilmente teniende presente que el Brasil rehusaba por entonces tomar parte ostensiblemente en la guerra contra la República Argentina, porque su fin primordial era erigirle estados soberanos dentro del territorio de la misma, y enemigos más ó menos poderosos á quienes protegía por cuantos medios podía. (¹)

_____

(1) El tratado de alianza con el Paraguay se publicó después en *La Gaceta Mercantil* del 28 de febrero de 1846. Cuando el general Madariaga cayó prisionero de Urquiza se vino en conocimiento, por su propia declaración, de las dos cláusulas secretas de ese tratado, las cuales no podían ser más deprimentes para los que las acepta-

La situación de Corrientes era no obstante incierta, y aun podía empeorar, según fuesen las cosas en Entre Ríos y los hechos de armas en el Estado Oriental. La retirada de los Madariaga de Entre Ríos había sido desastrosa. En proporción de los elementos que se habia perdido, habian aumentado los del ejército de reserva. El general Garzón habia aprovechado de sus ventajas, y con un ejército liviano y disciplinado se acercaba á la frontera de Corrientes para tomar la ofensiva sobre Paz ó Madariaga si éstos llevaban una nueva invasión. (¹) Era inminente un encuentro decisivo entre Urquiza y Rivera; y en esta espectativa Paz no podía aventurar operaciones sobre Entre Rios sin exponerse á un contraste que podía ser de fatales consecuencias si triunfaba el primero y atravesaba rápidamente el Uruguay en auxilio de su provincia. Y por mucho que Paz contase sobre la posibilidad del triunfo de Rivera, tampoco se le ocultaba que éste lo haría valer en beneficio propio, que no en beneficio de la causa que Paz representaba en el litoral argentino. Si bien la derrota de Urquiza le facilitaría las operaciones, en el teatro en que actuaba, la victoria de Rivera le crearía dificultades de otro orden, mayores que las que lo obligaron á alejarse de ese mismo teatro después de Caaguazú. Siguiendo de cerca los sucesos que desenvolvía la coalición, Paz se propuso defender á Corrientes de una probable invasión, sin

---

ban. Por la primera, Corrientes cedía al Paraguay la parte de su territorio al este comprendido desde la Tranquera de Lorete, tocando por las puntas del Aguapey, hasta confinar con el territorio del Brasil sobre la costa del Paraná. Por la segunda cláusula se comprometen el gobierno de Corrientes y el general Paz á no entrar en acomodamiento con el gobierno argentino ni ningún gobierno de provincia sin el consentimiento del gobierno paraguayo. Véase la declaración del general Juan Madariaga autorizada por el entonces teniente coronel Benjamín Virasoro, y publicada en *La Gaceta Mercantil* del 27 de febrero de 1846.

(¹) Véase en el apéndice las instrucciones de Garzón.

perjuicio de llevar oportunamente sus operaciones fuera de esta provincia. Á este fin resolvió fortificar la *Tranquera de Loreto* y confiar al general Juan Pablo López una expedición sobre Santa Fe. Esto era lo más que podía hacer.

Y los amigos de Rivera hacían rechinar en Montevideo los resortes de la coalición. Todos ansiaban una victoria de éste, para robustecer la acción de la intervención extranjera que esperaban como la salvación, y presentar algún asidero contra Oribe que tenia establecido su gobierno en todos los departamentos de esa república. Pero mientras sobrevenía una ú otra cosa, las facciones se disputaban el predominio, relajando más de lo que ya lo estaba el poder, ó la sombra de poder, que ejercía el presidente don Joaquín Suárez. Los escándalos administrativos á que dieron lugar las negociaciones de la casa Lafone, que remató las rentas é impuestos, presentaron la oportunidad á la facción que se sentía más fuerte para imponer la necesidad de llevar sus hombres al gobierno.

Sobre la facción de Vásquez y la de Pacheco prevaleció la que encabezaba el coronel Venancio Flores, movido de aspiraciones sanas, bien que radicales. El coronel Flores le dirigió al doctor Lamas una carta cuyos duros conceptos llegaron al campo de Oribe, en la que le decía que los sacrificios de los defensores de Montevideo habían llamado en vano al patriotismo de la camarilla oficial, y que debía dejar su cargo de ministro á otro que interpretase cumplidamente las aspiraciones populares [1]. Á los pocos días el doctor Lamas era reemplazado por don Santiago Sayago en el ministerio de hacienda. La facción encabezada por el

---

[1] véase el apéndice.

CH. DECAUX SC.

ministro de guerra Pacheco y Obes, caía también en seguida de éste, á consecuencia de reclamaciones enta-
bladas por el comandante de la fuerza naval del Brasil,
don Juan Pescae Greenfell, con motivo de tratamientos
crueles que aquél infirió á marineros brasileros. Según
lo decía el mismo Greenfell bajo su firma, la renuncia
de Pacheco fué concertada entre él y don Santiago Vásquez. Pero Pacheco la funda en que el gobierno « ha
cedido á la amenaza de los cañones del Imperio, y en
que, sin comunicárselo á él que se encontraba á bordo
de la escuadrilla oriental, resuelto á resistir, lo ha puesto en el caso de un motín que lo habría entregado á
Oribe, ó en el de suscribir á una infamia ». (¹)

Rivera fomentaba esta anarquía en su afán por arreglar las cosas á su modo, según se desprende de su
correspondencia con el presidente Suárez, de la cual se
apoderó Urquiza en la batalla de India Muerta. Así, en
6 de septiembre de 1844, le escribía á Suárez que sabia
que en Montevideo se trabajaba «entre porteños y locos
aporteñados» para hacerlo descender legal ó ilegalmente
de los negocios públicos; y critica todas las operaciones
efectuadas bajo la dirección «del loco Pacheco» y en
las que entró «el inocente Flores y el pedante Estéves».
«Se me asegura, agrega, que Manuel Herrera, Santiago
Vásquez y hasta el mismo Bejar, son los hombres del
vasto plan para hacer desaparecer al general Rivera. Si
querrán matarme estos bárbaros! Pues yo voy á prepa-
rarme para defenderme por las dudas; y no será extraño
que les suceda á algunos de ellos lo que á Llambí ó á
Mario Pérez: el primero se murió empachado y el segundo se quedó ciego... Es preciso que usted mande,
llamando cerca de sí á verdaderos orientales: de otro

(¹)   Véase *La Gaceta Mercantil* del 21 de diciembre de 1844.

modo habrá que tomar] alguna resolución, porque yo
puedo tomarla en obsequio de la patria y en representación de sus buenos hijos.» (¹)

Esto decidió á fines del año 1844 la separación de
Vásquez. Pacheco y Obes. Flores. Sayago, Barreiro. García Zúñiga. Magariños (Bernabé), Muñoz (Francisco),
Zuvillaga. etcétera, etcétera. Las facciones desalojadas
creyeron poder prescindir de Rivera, y el 11 de noviembre salieron á las calles de Montevideo en son de guerra. Habrían llegado á las manos á no haber las fuerzas
sitiadoras hecho amagos de ataque y llamádolas indistintamente á defenderse contra el enemigo común. Con
razón decía, pues, el general Paz, que en seguida de su
salida de Montevideo la disciplina se relajó alli, sobrevinieron los escándalos y se corrieron mayores peligros.
«Sólo un milagro y la *intervención europea* han podido
hacer que no caiga la plaza en poder de Oribe. (²)   Y
para colmo de dificultades en esos momentos, la intervención europea no llegaba. Las primeras comunicaciones
del doctor Varela dejaban ver algunas probabilidades.
y el comodoro Purvis antes de retirarse de Montevideo
había dado seguridades al respecto.   Pero los días pasaban y la coalición no se manifestaba como lo anunciaban los sucesos que el ojo atisbador de Rozas venia
sumando para proceder en el momento decisivo. La gran
borrasca que su diplomacia pretendia conjurar no iba á
tomarlo de sorpresa.

(¹)   véase *La Gaceta Mercantil* del 21 de junio de 1845.
(²)   *Memorias póstumas,* tomo IV, pág. 191.

CAPÍTULO XLIX

LA INTERVENCIÓN DE LA GRAN BRETAÑA Y DE LA FRANCIA

(1844—1845)

Si hoy, en medio del desarrollo económico y social
que ha alcanzado la República Argentina. merced á instituciones liberales que han atraído la población y la
concurrencia del capital extranjero: cuando tiene cinco

millones de habitantes; rentas que suben á 80.000.000
de duros; íntimas relaciones con los principales mercados á los cuales surte en gran escala de sus frutos y
materias primas, en cambio de manufacturas que en ella
tienen mercado obligado y permanente; recursos en el
crédito exterior; ejército relativamente fuerte; posibilidad de contraer alianzas con los mismos interesados en
la creciente prosperidad que es una parte de la de ellos;
si hoy. la Gran Bretaña y la Francia interviniesen con
sus escuadras poderosas en la guerra que la República
Argentina sostuviese con un vecino, y pretextando perjuicios á su comercio ó á sus súbditos, comenzasen, desde
luego, á imponer con sus cañones exigencias ultrajantes,
la República se sentiría en grave peligro, aunque pidiera
fuerzas al patriotismo para sostener sus derechos de
nación civilizada y soberana. Y si á esa intervención armada. en ayuda de uno de los beligerantes, se siguiese
el apresamiento de la escuadra argentina, el bloqueo de
los puertos. la ocupación de una parte del territorio y
de los ríos interiores argentinos, forzando el camino á
cañonazos, indudablemente la indignación nacional esta-
llaría y todos los argentinos. fuese cual fuese su opinión
política, rodearían al gobierno establecido para defender
la patria invadida y vulnerada.   Todos estos hechos produjo la intervención anglofrancesa en el litoral argentino en el año de 1845. Sólo que en 1845 hubo muy
muchos argentinos. los unitarios, que no sólo no defendieron la bandera de la patria. sino que hicieron causa
común con los extranjeros interventores.

Se conoce ya los trabajos de la Comisión Argentina
de Montevideo y del gobierno de esta plaza para fomen-
tar la intervención extranjera. como medio de hacer suya
la situación política en ambos lados del Plata. en cambio de
las provincias de Entre Ríos y Corrientes que formarían

un Estado cuya independencia reconocerían las potencias interventoras, á las cuales se les dejaba ver la posibilidad de la adquisición de puertos marítimos como el de la Colonia, ó en la costa sur de Buenos Aires. Se sabe tambien que el comodoro Purvis y el ministro Sinimbú procedieron de consuno con aquellas entidades, y que resultado de esto fué la *Memoria* que redactó el doctor Varela para inclinar en favor de esas ideas á los gabinetes de Londres y de París.

El doctor Varela iba confiado en el éxito de su misión. Además de las seguridades que le dió el comodoro Purvis, Mr. Hood, agente británico, le declaró que el gabinete de Londres no sólo aprobaría en un todo la conducta de aquél, sino que emplearía la fuerza en escala mayor que la que empleó el comodoro. Es de advertir que el Imperio del Brasil, al encomendar negociación análoga al vizconde de Abrantes, era sobre la base de que tambien entraría en el plan como potencia interventora; según se lo comunicó lord Aberdeen al ministro argentino en Londres y se hizo público poco después en las cámaras brasileras. Cuando el doctor Varela comunicó los objetos de su misión al lord Aberdeen, éste eludió una respuesta. «Lejos de negarse abiertamente á mis pretensiones *que ya las conocía,* me aseguró que las tomaría en seria consideración y que serían objeto de nuevas comunicaciones con el gobierno francés», dice el mismo doctor Varela. (¹) Lord Aberdeen se encerró en esta estudiada reserva, que no excluia la intención de intervenir en el Plata, mucho menos después de las facilidades que le brindaba el proyecto contenido en la *Memoria* de Varela. Su última palabra fué que la Gran Bretaña se entendería con la Francia y resolvería: «El resultado,

----

(¹) *Autobiografía* del doctor Varela, pág. 28.

dice Varela, no me ha dejado satisfecho. El gobierno inglés desearía, me parece, poner paz en aquellos paises; pero teme que Rozas haya triunfado antes que la Inglaterra pueda proteger al Estado Oriental.» [1]

Varela se engañaba respecto de las pretensiones del gobierno británico y respecto del modo cómo pensaba llevarlas á cabo. No es que no quisiera intervenir. Lo que no quería era que el Brasil entrase como potencia interventora, en cambio de ventajas que la Gran Bretaña no podía concederle sin que el Imperio adquiriese cierta preponderancia, á causa de su vecindad con las repúblicas del Plata. Cierto es que el vizconde de Abrantes, al iniciar la negociación, declaró que el Imperio entraría en la intervención anglofrancesa sobre la base de la perfecta independencia del Estado Oriental, «hipotecando así para lo futuro sus pretensiones respecto de Montevideo, que es para el Brasil lo que Texas para los Estados Unidos», como escribía *El Correo del Havre*. Pero no es menos cierto que en el curso de la negociación avanzó la idea del protectorado brasilero en el Uruguay; y que se había guardado de hacer análoga declaración respecto de Entre Ríos y Corrientes, donde estaba para el Imperio el verdadero busilis.

Tampoco le convenía á la Gran Bretaña aparecer como cediendo á las sugestiones de un gobierno como el de Montevideo, cuando este gobierno le proporcionaba los pretextos para intervenir del modo más cómodo, y cuando por el hecho de intervenir le haría suscribir sus pretensiones, cualesquiera que éstas fuesen, y á condición de quebrar el poder del gobierno argentino. La intervención vino, pues, porque el doctor Varela y demás coaligados soplaron el fuego y despertaron el apetito de la Gran Bre-

---

[1] *Autobiografía* citada, pág. 29.

taña y Francia. Estos gobiernos procedieron en nombre de sus conveniencias, y al hacerlo así, prescindieron del gobierno de Montevideo; que lo relegaron al rol de instrumento de la intervención armada, en cambio de la fuerza material y de los dineros que le proporcionaron para que se sostuviese. Así lo prueban los hechos, y lo dicen los debates del parlamento británico, y la misma nota en que lord Aberdeen le declara al doctor Varela que «el gobierno inglés no toma parte en los negocios del Plata». « Mi misión queda, pues, concluida», agrega el doctor Varela en su *Autobiografía;* y sin embargo, pocos meses después el mismo lord Aberdeen le da sus instrucciones al ministro Ouseley para que intervenga en los negocios del Plata conjuntamente con la Francia.

Mayor fracaso le cupo á la misión del vizconde de Abrantes, la cual fué decidida en pos de la negativa de Rozas á ratificar el tratado de alianza ofensivo y defensivo que firmó el emperador Don Pedro, y por el que se establecía que el Brasil y la Confederación Argentina combinarían sus fuerzas «contra el poder que ejercía don Fructuoso Rivera en la República Oriental y contra los rebeldes de¡Río Grande del Sur, hasta pacificar estos territorios y establecer en ellos las autoridales legales ». (¹)

(¹) Véase *La Gaceta Mercantil* del 9 de mayo de 1845. Esta negativa, que dejó estupefacto al ministro Arana, pues dicho tratado aseguraba el triunfo de las armas de la Confederación, el restablecimiento de la autoridad de Oribe y la garantía de cualquiera asechanza de parte del Brasil, se explica teniendo en cuenta que Rozas miró siempre con motivado recelo de intervención del Brasil en los negocios del Uruguay; y que dado el estado de las cosas, la Confederación Argentina podía terminar ventajosamente la contienda con el Estado Oriental, sin necesidad de la ayuda interesada del Imperio, y aun en contra de éste, como se dejó ver cuando Rozas se preparó á las emerjencias con motivo de los incidentes con los ministros Duarte y Sinimbú. Es curioso, por lo demás, que el tratado con el Brasil, que Rozas se negó á ratificar en 1843 para concluir irremisiblemente á sus enemigos políticos, fué el mismo,

El gobierno del Imperio envolvió esa misión en el misterio. En la Cámara de Diputados se interpeló al gabinete sobre los objetos de esa misión, á la que se atribuyó la mira impolítica de alterar la paz entre el Imperio y la Argentina. El ministro de negocios extranjeros Ferreira Franca, declaró que el vizconde de Abrantes *no había sido encargado de promover semejante intervención conjunta.* Pero el diputado Ferraz exhibió la forma y modo cómo Abrantes solicitó la intervención; lo cual se sostenía en *The Times, Le Journal du Havre* y *Le Constitutionel.* « Debemos evitar, dijo, que las potencias europeas tomen parte en nuestros negocios, porque cuando se mezclan en ellos es siempre con gran sacrificio nuestro; y sirva de ejemplo el tratado celebrado por la Francia con el Estado Oriental, que dió á los franceses la navegación de todos los ríos. ¿y por qué? por alguna cosa que los franceses hicieron contra Buenos Aires. » (¹)

El diario *O Brazil* combatía la misión Abrantes en estos términos: «Es preciso no tener la menor idea de lo que es la política tan insaciable como hábil de la Gran Bretaña, para no reconocer que en una intervención cualquiera en el río de la Plata, quien sea de los tres aliados que entre con mejores sacrificios y que se exponga á mayores peligros, es la Gran Bretaña la que nos ha de lucrar. Y es á esta nación á la que pedimos que venga á decidir cuestiones que se agitan á nuestras puertas. ¿Sabe el gobierno cuántas amenazas encierran estas pa-

---

mutatis mutandi, que celebraron en 1851 esos enemigos con el Brasil para derrocar á Rozas. Sólo que por el primero se proyectaba que cada parte contratante costearía sus gastos; y por el de 1851 se pactó que el Brasil haría los gastos y que la Confederación Argentina se los pagaría después, como se los pagó con intereses bajo la presidencia del general Mitre.

(¹) Sesiones del 31 de marzo y 1º de abril de 1845.

labras para Río Grande, para Santa Catalina, para la navegación interior del Imperio?...» ([1])

Por mucho que pesasen estos peligros, ciertos en el fondo, se puede afirmar á la vista de los antecedentes, que quienes lo ponían así de manifiesto antes eran impulsados por los celos que despertaba la presencia de la Gran Bretaña en el Estado Oriental; que no por el alto interés de asegurar las nacionalidades del Plata contra las miras recolonizadoras y exclusivas de las grandes potencias europeas. Y sin embargo, el vizconde de Abrantes insistió con lord Aberdeen respecto de un protectorado brasilero en el Estado Oriental ([2]), en cambio de hacer de Montevideo y de la Colonia dos factorías puramente comerciales, de las que aprovecharía la Gran Bretaña en la medida que fijase; y esto sin perjuicio de la admitida segregación de Corrientes y Entre Ríos. Pero lord Aberdeen rechazó tal idea, porque calculó fundadamente que la Gran Bretaña podría obtener las ventajas propuestas sin necesidad de crear el predominio relativo del Brasil en el Plata. Se explica que el

---

([1]) Sesiones del 11 de marzo de 1845.

([2]) Era esta bajo otra forma la misma idea que perseguía el Brasil, á pesar de los tratados y de cuantas resistencias se oponían á ella. Y el vizconde de Abrantes estaba empapado en esa idea. Es sabido que el vizconde de Abrantes fué el mismo primer ministro del Brasil que en 1830, cuando se llamaba solamente Miguel Calmon del Pin é Almeida, firmó las célebres instrucciones secretas al marqués de Santo Amaro para que á nombre del Imperio solicitase de las grandes potencias europeas la *monarquización* de los Estados americanos, desde México hasta Buenos Aires, coronando con ellos á varios de los príncipes de Borbón. La cláusula 7ª de estas instrucciones decía así: «En cuanto al nuevo Estado Oriental, ó provincia Cisplatina, que no hace parte del territorio argentino, que estuvo incorporada al Brasil, y *que no puede existir independiente de otro Estado* (!). V. E. tratará oportunamente y *con franqueza de probar la necesidad de incorporarla otra vez al Imperio.*» Y adviértase que no hacía dos años todavía que el Brasil se había obligado por la *Convención* de paz de 27 de agosto de 1828, celebrada bajo la mediación de la Gran Bretaña, á sostener la independencia de la República del Uruguay! (Véase *El Lucero* de Buenos Aires, núm. 603.) Las instrucciones al marqués de Santo Amaro se transcribieron en *La Gaceta Mercantil* del 11 de julio de 1845.

vizconde de Abrantes lanzase esa idea para explorar la opinión de Inglaterra, y en presencia de un plan que madurase el Imperio. Pero lo que no se explica, sino como un recurso para que el Imperio no quedase desairadamente alejado del concierto de las dos grandes potencias que iban á ventilar intereses trascendentales en el Plata, es que insistiese en solicitar la intervención conjuntamente con el Imperio sobre la base de «la perfecta independencia del Estado Oriental». Lord Aberdeen le declaró al vizconde de Abrantes, lo mismo que al doctor Varela, que la Gran Bretaña arreglaría con la Francia si intervendría ó nó en el río de la Plata. El Imperio había, pues, trabajado á pura pérdida. No solamente la Gran Bretaña rechazaba su concurrencia en los negocios del Plata, sino que por el hecho de haber solicitado la intervención de las grandes potencias, quedaba en entredicho con el gobierno argentino.

Cuando los diarios de Londres publicaron los principales detalles de esta negociación, la opinión se pronunció en el Imperio no sólo contra la circunstancia de haberse solicitado la intervención de la Gran Bretaña, sino contra la renuncia de las pretensiones del Imperio al Estado Oriental. Entre otros papeles que sería fatigoso enumerar, *El Grito del Amazonas* sintetizaba así este último término de la misión Abrantes: «El gobierno solicitando la intervención de la Gran Bretaña y Francia, les asegura que el Brasil no tiene idea de atentar ni en lo presente ni en lo futuro contra la independencia de la Cisplatina, lo que importa una solemne promesa de que el Imperio jamás procurará agregar á su territorio aquel Estado. Mas ¿quién asegura que de uno á otro momento no pueden aparecer circunstancias de alto interés nacional que imperiosamente exijan esa anexión? Y en tal caso, ¿á qué maniatar al Brasil, colocarlo en la dura alternativa de guardar la fe de los tratados, ó sacrificar sus intereses comerciales y su integridad? Es más que probable que en un futuro no muy distante seamos forzados por el bien de la paz y seguridad de nuestras provincias de Río Grande y Santa Catalina, á *ocupar la Cisplatina y sujetarla á una especie de protectorado nuestro* que le quite todos los medios de perturbar nuestra prosperidad. Sí: *un protectorado, por el cual el Brasil, obligándose á mantener la independencia de la Cisplatina*, y á resguardaria de sus vecinos de Buenos Aires, la redujese á un Estado puramente comercial, señalándosele la fuerza que debería mantener para el servicio de policía, é imponiéndosele todas las demás condiciones que exigiesen las conveniencias del Imperio...» (¹)

Rozas, impuesto á tiempo por sus ministros Moreno y Sarratea de la negociación Abrantes, la hizo dar grande publicidad dentro y fuera de Buenos Aires. El Imperio no esperaba ser descubierto tan pronto, ni tan duramente como lo fué por la prensa argentina. *La Gaceta Mercantil* y el *Archivo Americano* principalmente, estudiaron uno á uno los detalles de esa negociación á la luz de los intereses del Plata y de la diplomacia del Imperio. El reconocimiento de la independencia del Paraguay, hecho por el Imperio, en contraposición á la neutralidad del gobierno argentino durante la lucha de los republicanos en Río Grande; los auxilios de toda clase que el Brasil prestó á Rivera en contra de la Confederación Argentina; las pretensiones del Imperio de establecer su protectorado en el Estado Oriental; la cooperación del mismo al proyecto de segregar las provincias de Entre Ríos y Corrientes para formar un Estado independiente; y, por fin, el objeto de la misión Abrantes en su relación con estos hechos: todo se ventiló á los cuatro vientos

---

(¹) Del 25 de abril de 1845.

de la publicidad, como para que el mundo conociese la verdad acerca de la grande empresa marítima que trabajaba el Imperio de consuno con los enemigos de la Confederación, y de cuyo éxito debian decidir los cañones de la Gran Bretaña y de la Francia. «¿Cómo puede justificarse tanta infamia?, escribía *La Gaceta Mercantil*. Una neutralidad que protege á nuestros enemigos; una amistad que clama por la guerra; una politica americana que todo lo sacrifica, que se humilla y arrastra ante las potencias europeas, son escándalos y torpes cálculos que estaban reservados á los actuales ministros de Río Janeiro. Pesar nos causa adelantar estas retlexiones, por la mengua que infiere esa política al honor brasilero, con gran abandono de los intereses del Imperio y traición al sistema general de la América.» (¹)

Si era cierto lo que acusaba la prensa de Buenos Aires, y si Rozas sabía á qué atenerse al respecto, lo declara el doctor Varela, quien en 11 de marzo le escribía al general Paz: «Lo que más me prueba hasta ahora que la misión del vizconde de Abrantes tiene seriamente el objeto que se dice, son los artículos de *La Gaceta Mercantil* contra el Brasil y su política, que acusa de pérfida, de desleal, de antiamericana, concitando contra él á toda la América. Rozas expone en esos articulos toda la negociación de que Abrantes ha ido encargado, se refiere á sus intrucciones escritas, y muestra, en fin, conocimiento completo de ese negocio.» (₂) Y el mismo doctor Varela y el doctor Julián de Agüero, que escarnecían lo que Rozas llamaba *sistema americano* para significar el derecho de las repúblicas suramericanas á

(¹) véase *La Gaceta Mercantil* de 9 de abril de 1845.
(₂) Se publicó en *La Gaceta Mercantil* del 9 de abril de 1845 juntamente con otros documentos interceptados por fuerzas argentinas.

ventilar entre sí sus cuestiones, y el rechazar por todos los medios á su alcance la intervención peligrosa de las grandes potencias europeas, trataban sin embargo de aquietar los escrúpulos que sentía el general Paz al mismo respecto. En cartas que ambos le dirigen en 13 de marzo de 1845, se valen de las propias palabras de Paz para expresarle que « es preciso que los intereses argentinos no queden sacrificados por la intervención ». Lo más curioso no es que vean el peligro en lo mismo que han trabajado ; sino que para conseguir ese objeto le dicen á Paz que nombre un enviado para que la provincia de Corrientes esté representada en el congreso ó junta de interventores extranjeros. Y que no se equivocan acerca de lo que va á venir, es indudable : pues le manifiestan que « antes de ocurrir á medios violentos, Inglaterra, Francia y el Brasil le exigirán á Rozas el retiro de sus notas á Ponte Riveiro y que se preste á un tratado definitivo. «Si resiste, parece que se ocurrirá á la fuerza. El tono adoptado por Rozas en los periódicos, manifiesta que en todo piensa menos en ceder; pero V. recuerda el que usó desde 1838 con los franceses para ceder luego en 1840 ». (¹)

La intervención se ventilaba entretanto en los gabinetes de Londres y de París. Hubo un momento en que el gobierno británico quiso intervenir por sí; pero la consideración de que los Estados Unidos interviniesen en sentido contrario, al ver que la Francia no intervenía en nombre de intereses iguales ó mayores á los que él invocaba, lo decidieron á pactar la intervención binaria con esta última nación. La idea de la intervención armada fué lanzada por sir Robert Peel, quien sentó con tal motivo un principio contrario á la soberanía de las naciones y que se funda exclusivamente en la primacía de la fuerza.

(¹) Ib. ib. ib. ib.

Dando cuenta de los sucesos ocurridos en Montevideo, de
la intervención armada del comodoro Purvis y de la pro-
secusión de la guerra en el Plata con detrimento de los
intereses británicos, decía sir Robert Peel en la Cámara
de los Comunes (¹): «quedaba por adoptar la intervención
armada, y el único medio de verificarlo el de que se unie-
ran los paises que tenían más interés en aquellos negocios,
y que obrando como se hizo respecto de la Grecia, quisié-
semos decir lo que entonces : el interés del mundo requiere
que estas disputas se terminen, y nosotros insistimos en
que se arreglen inmediatamente». Apoyada en este principio, prevalecía en el parlamento británico la idea de la
intervención armada. El *Times*, que sostenía al gabinete
Aberdeen, se hizo el eco de tal principio aplicado á la
Grecia cuando pretendía sacudir la barbarie de Turquía;
y el *Atlas*, el *Liverpool Mail*, el *Morning Post* y hasta el
Jhon Bull presentaron la intervención como una medida
resuelta y trascendental para el porvenir de los intereses
británicos en el río de la Plata.

Por lo que hace al gabinete del rey Luis Felipe, presidido
por Mr. Guizot, se habia encerrado al principio en la misma
prudente reserva que el británico. Pero esto obedecía á exigencias de la diplomacia, que no á falta de voluntad de proceder cuando llegase la oportunidad. No había razón para
que el gobierno francés no sintiese el mismo apetito que el
inglés, cuando el vizconde de Abrantes y el doctor Varela lo
habían despertado en ambos con excelentes estimulantes.
Mr. Thiers, cuyos conocimientos respecto de los paises del
Plata eran deplorablemente obtusos, y que habia sido
hábilmente ganado por el doctor Varela, clamaba en la
Cámara de Diputados en favor de la intervención armada
en el Plata. Lo curioso es que en presencia del almirante

(¹) Sesión del 8 de marzo de 1844.

Mackau, el signatario del tratado francoargentino de 1840, y ministro de marina á la sazón. Mr. Thiers pedía desde luego el envio de tres ó cuatro mil hombres de desembarco para conseguir « más de lo que se había conseguido en la guerra de 1840 ». Y pretendiendo fundar la intervención armada en el artículo 4º de aquel tratado, y en la necesidad de proteger á los franceses que estaban con las armas en la mano en Montevideo, el ex-ministro de negocios extranjeros pronunciaba estas palabras á las cuales se ajustaron poco después todos los procedimientos de la intervención: «...los ingleses que tratan bruscamente á esas gentes saben hacerse administrar justicia. ¿Sabéis cómo se conducía el comodoro Purvis cuando tenía que hacer alguna reclamación? Se apoderaba de todos los buques en el Plata. Un comodoro americano se ha hecho pagar 20.000 francos por la detención de un ciudadano americano. »

Las demostraciones vivas y elocuentes del ministro argentino Sarratea respecto de la verdadera situación de Montevideo y de la cantidad de franceses que de aquí pasaron á Buenos Aires; del modo cómo el gobierno de aquella plaza había entregado las rentas fiscales á los ingleses en cambio de dineros y provisiones que entregaba el comodoro Purvis, y llegando á tratar de la entrega del puerto de la Colonia á la Gran Bretaña; del alcance del tratado de 1828, y de la convención de 1840; esto, y los esfuerzos del almirante Mackau, que fué uno de los pocos hombres públicos que se opuso á la intervención, conjuraron por algunos meses la amenaza que venía sobre el Plata del lado de la Francia. Pero mayor influencia tuvo la espectativa brillante que para la Gran Bretaña y la Francia ofrecía la intervención en «esas fértiles comarcas bañadas por ríos inmensos». Las ventajas que lord Aberdeen se

prometió para su pais como consecuencia de una intervención en el Plata, prometióselas de su parte Mr.
Guizot para el suyo; y como quiera que ambas naciones tuvieren iguales intereses que defender en Montevideo. Cuando el gobierno británico declaró que el estado
de guerra entre Buenos Aires y Montevideo era nocivo
al comercio británico. y que debia intervenir para que
tal estado cesare. era porque lord Aberdeen había arreglado con Mr. Guizot la intervención conjunta de ambas
naciones en el Plata.

Entonces fué cuando Emilio de Girardin denunció
ante el mundo las maquinaciones de la diplomacia de
conquista. y abogó noblemente por el derecho de las
débiles repúblicas del Plata. «No es cierto, escribia ese
coloso de la prensa de su tiempo. que el bloqueo de
Montevideo sea un obstáculo al comercio de Europa
en el río de la Plata. Sin duda la plaza de Montevideo
sufre. pero se comercia en otros puntos del litoral: hay
dislocación de mercados y nada más. Más aun: suponemos que el bloqueo de Montevideo perjudicase pro-
visoriamente los intereses del comercio inglés: ¿sería
esto pretexto para que la Inglaterra interviniese en la
guerra entre dos Estados independientes? Y el gobierno
francés que hoy le da la mano á la Inglaterra. ¿qué
diría, qué haría si la Inglaterra hubiese intervenido con
autoridad en nuestro bloqueo de Buenos Aires. so pretexto de que ese bloqueo impedía sus relaciones de
comercio con el río de la Plata? La cuestión de justicia
y de derecho político no es diferente por ser la República Argentina menos fuerte que la Francia y la Inglaterra. Es preciso, pues. buscar en otros intereses el secreto de la política de Inglaterra.»

Y Girardin encuentra ese interés en las empresas
mercantiles y colonizadoras á que se ha dedicado la

Inglaterra. «Hemos sostenido que nuestros compatriotas, tomando las armas en Montevideo, servían para encubrir el agiotaje tenebroso que con la ayuda del comodoro Purvis hacía una casa inglesa de Montevideo, la casa de Lafone, dueña de los bienes públicos de ese Estado y de islas adyacentes. ¿No predijimos que la Inglaterra validaria por medio de una intervención esas adquisiciones y se colocaría en lugar de sus nacionales propietarios?... Desde 1808 la Inglaterra se figuró á Montevideo como otro Cabo de Buena Esperanza con respecto al Pacífico. Ya había ocupado esa ciudad, pero se vió obligada á evacuarla; y para quien conoce su persistencia y tenacidad, es corriente que su intervención actual en esos parajes oculta sus miras ambiciosas.»

Y resumiendo la política tradicional de absorción del Portugal y del Brasil en el Plata, Girardin llega á estas conclusiones de cuya exactitud no se podía dudar por lo que respecta á la Inglaterra principalmente: «La Francia y la América sabrán en breve á su costa que si el Brasil se ha empeñado en sostener en el interior los proyectos de la Inglaterra sobre el litoral, es porque la Inglaterra se obligó á sostener por el lado del mar los proyectos del Brasil en el interior. |En seguida de esta mediación, pretendida pacífica, se dará al Brasil la provincia de Corrientes que domina el curso del Paraná para el Paraguay; mientras que la Inglaterra ocupará, con el cómodo pretexto de asegurar la navegación de los ríos ó Martín García, ó cualquier otro punto de la costa que dejará á su discreción, las relaciones con la América del Sur.» [1]

Esta opinión imparcial y caracterizada venia en ayuda de los antecedentes que acreditaban que la intervención de la Gran Bretaña y de la Francia, traía por objeto

[1] *La Presse* de París, del 9 de febrero de 1845.

levantar en el río de la Plata un predominio europeo
sobre el predominio legítimo de las naciones ribereñas,
y asegurar este predominio con la apropiación de los
puntos que sirven de entrada á ese río, y con la segregación del territorio bañado por los ríos Paraná y
Uruguay. Esto valía la conquista y recolonización de
esa riquísima zona de la Confederación Argentina. Así
lo creía el gobierno de Rozas; á bien que nunca como
entonces se mostró más arrogante en defensa de los derechos y de la integridad de la Confederación. « Qué
sería la intervención sino la conquista? escribía *La Gaceta Mercantil,* cuando la prensa de Montevideo batía
palmas para anunciar que los ministros británico y francés iban á intervenir en la cuestión del Plata. Y qué
perspectiva ofrece la conquista sino la seguridad de quedar arrasados los intereses británicos y franceses en
éstos paises? Mirada la intervención en su influencia
sobre las repúblicas del Plata, ofrece la seguridad de
una resistencia formidable, favorecida por una situación
ventajosa que todo el poder combinado de los interventores no alcanzaría á dominar. ¿Qué harían las escuadras de los interventores aun en el caso en que todos abandonasen sus estaciones, sus cruceros, sus puntos de
protección y defensa? ¿Bloquearían desde Buenos Aires
á Patagones, las costas del Uruguay, los litorales del
Paraná, ó franquearían la navegación á cañonazos? En
el primer caso bloqueaban su propio comercio, lo des-
truían. En el segundo caso, ¿dónde hallarían mercados y
expendio para el comercio? En las dos repúblicas del Plata
no encontrarían sino enemigos implacables, que los recibi-
rían en la punta de sus lanzas, ó entregarían á las llamas
importaciones detestables por su origen.» (1)

_____

(1) Del 30 de abril de 1845.

Cuando llegaron al Plata los ministros interventores Mr. Ouseley y barón Deffaudis, la plaza de Montevideo se sostenía por los auspicios de los extranjeros, y con los auxilios de toda clase que le prestaban los agentes y comandantes de fuerzas navales de la Gran Bretaña, Francia y el Brasil. El almirante Lainé, que fué el encargado de desarmar á la legión francesa, no sólo no lo había efectuado así, sino que había proporcionado los medios para que en vez de uno se formasen tres batallones de franceses, los cuales dejaron la cucarda de su nación y adoptaron la oriental. «Este raro acontecimiento, dice Bustamante, el secretario del general Rivera, dió nueva vida á la defensa, prolongó su existencia porque era necesario esperar seis meses para recibir nuevas órdenes de Europa.» (¹) Y el mismo almirante Lainé, procediendo de acuerdo con sus colegas y el gobierno de Montevideo, convertía poco menos que en una ilusión el bloqueo impuesto á los puertos de Montevideo y Maldonado por el gobierno argentino en enero de 1845. Esta intervención que se resolvía por el momento en un sistema de hostilidades contra uno de los beligerantes, haciendo causa común con el otro, era tanto más irritante, mirada del punto de vista del estricto derecho, cuanto que, á no haber mediado desde que Rivera invadió con sus fuerzas el Entre Ríos, la guerra que éste declaró al gobierno argentino habría terminado removiendo hasta los pretextos que invocaban los agentes extranjeros para tomar parte en ella; las fuerzas argentinas habrían desalojado consiguientemente el Estado Oriental, y el pueblo de este Estado habría elegido sus autoridades.

(¹) *Los cinco errores de la intervención anglofrancesa en el Plata* por José Luis Bustamante, pag. 34.

Verdad es que esto importaba en primer término el triunfo del partido político que representaba Oribe, afín del partido federal que representaba Rozas, como el partido de Rivera lo era del unitario; y en segundo término la resistencia (decididamente manifestada) á las pretensiones de predominio y de absorción de la Gran Bretaña, de la Francia y del Brasil, las cuales habían tomado cuerpo al favor que les prestaban el gobierno riverista y los emigrados unitarios. De aquí la necesidad que sentía la coalición de sostener á todo trance la plaza de Montevideo, que era el único punto del Estado Oriental donde de un modo permanente primaba la influencia ostensible de Rivera. Todos los otros departamentos orientales obedecían al gobierno de Oribe.

Éste ejercía el poder ejecutivo de la República, dirigiendo con sus ministros la administración de los departamentos, nombrando los funcionarios civiles y militares, y proveyendo á las necesidades con las rentas del Estado. Y el partido político cuyo jefe era Oribe representaba, no sólo la inmensa mayoría del pueblo oriental, sino la mayoría de los hombres mejor colocados en la sociedad, por sus vinculaciones de familia ó por sus servicios al país. Cierto es que Rivera tenía bajo sus banderas á los Magariños, Ellauri, Herrera y Obes, Aguiar, Lamas y otros: pero no es menos cierto que estos ciudadanos principales comenzaban, por decirlo así, su carrera política, y que la participación que tomaron en los sucesos del sitio de Montevideo y de la intervención anglofrancesa, fué lo que les dió el nombre y la reputación con que los hemos conocido. En 1845, Oribe, de ilustre descendencia, ya tenía renombre histórico como militar en la guerra contra la metrópoli española; con el Portugal y el Brasil por la independencia de su patria, y como presidente del Estado Oriental. Á su derecha figuraban el general Juan Antonio Lavalleja, jefe de los 33 orientales que se lanzaron á fundar la independencia de su patria cuando el entonces jefe de policía de campaña del Brasil en tierra oriental, don Fructuoso Rivera, formaba bajo las banderas del Imperio y recibía de éste honores; el general Eugenio Garzón, distinguido oficial de San Martín y de Bolivar en las batallas por la independencia suramericana; el general Ignacio Oribe y casi todos los militares que tomaron parte en esas campañas y en la del Brasil. Y bajo sus banderas figuraban nombres como los siguientes que constituían el elemento ilustrado y dirigente del pueblo y de la sociedad oriental: Juan F. Giró, Alejandro Chucarro, Francisco S. de Antuña, Carlos Anaya, José M. Platero, Juan J. Núñez, Juan Susviela, Cristóbal Salvañach, Bernardo P. Berro, José Ramírez, Javier Álvarez, Javier de Viana, Eduardo Acevedo, Ambrosio Velazco, Jaime Estrázulas, Francisco X. de Viana, los Espina, los Baena, los Lerena, los Lenguas, Jaime Ylla y Viamonte, José M. de Roo, Pedro Pablo Olave, Carlos Juanicó, los Sienra, los Barreiro, los Aramburú, los de la Puente, Manuel M. Eráusquin, Ignacio y Andrés Vásquez, Luis Maturana, los Pereyra, los Moratorio, los Díaz, los Reissig, los Pérez, los García, los Aguirre, los Gadea, los Areta, los Reyes, los Larrañaga, los Arrúe, los Balparda, los Camusso, los Aréchaga, Diago, Blanco, Santurio, Villademoros, y muchísimos apellidos como éstos. Basta con agregar que con motivo de la declaración del contraalmirante inglés que quería «proteger» á Montevideo, suscribieron una protesta en favor de Oribe 1664 orientales *vecinos todos de la ciudad de Montevideo*, cuyos nombres se encuentran en *La Gaceta Mercantil* del 8 de octubre de 1845. Sucesivamente suscribieron protestas análogas todos los departamentos del Estado Oriental. (¹)

Mientras tanto, Rivera no había ejercido actos de gobierno sino al pasar, en los puntos que ocupaba con sus armas, seguido del ejército al mando de Urquiza, quien lo alcanzó en la sierra de Malbajar, y lo obligó á repasar la frontera y asilarse en Río Grande. Rivera se dirigió en nombre del gobierno oriental al marqués de Caxias, comandante en jefe de las fuerzas del Imperio en esa provincia, con quien había entretenido negociaciones por intermedio de su secretario don José Luis Bustamante. Allí pudo reorganizarse con los auxilios de armas, vestuarios y caballos que recibió. Á últimos de enero de 1845 pasó á la frontera oriental. Sus divisiones, al mando de los coroneles Flores, Freire y Silveira, sostuvieron choques sin importancia con las de Urquiza; pero como él pasase á mediados de febrero del norte al sur del río Negro y pusiese asedio á la villa de Melo, Urquiza reunió sus fuerzas y el 21 se movió del Cordobés en dirección á Cerro Largo. Rivera se ocultó en la sierra del Olimar y Sebollati. Ur-

---

(¹) He aquí la composición de la Asamblea General Legislativa de la República Oriental que celebraba sus sesiones en el Miguelete: Carlos Anaya, presidente, senador por Soriano; Juan Francisco Giró, senador por Montevideo; Juan Susviela, senador por Paysandú; Luis B. Cavia, senador por Montevideo; Antonio D. Costa, senador por Canelones; Juan B. Callorda, senador por San José; Francisco Lecocq, senador por la Colonia; vicente V. vásquez, vicepresidente, diputado por Montevideo; José Mostos, por Soriano; Javier Álvarez, por Durazno; José A. Anavitarte, por Maldonado; Cristóbal Salvañach, por Montevideo; Tomás Diago, por Cerro-Largo; Domingo L. Costa, por la Colonia; Gregorio Dañoveitia, por la Colonia; Francisco Farías, por la Colonia; Eulogio Mentasti, por la Colonia; Francisco Sotelo, por Canelones; Tomás viana, por Montevideo; Juan C. Blanco, por Soriano; Antonio Ruiz, por Maldonado; Doroteo García, por Montevideo; Salvador Mandia, por Paysandú; Marcelino Santurio, por Canelones; Bernardo P. Berro, por Maldonado; Basilio Pereyra de la Luz, por Cerro-Largo; Juan García de la Sierra, por San José.

quiza contramarchó el 23 del Fraile Muerto, y se dirigió por el camino de la *cuchilla*, con el designio de ponerse al flanco derecho y salirle á vanguardia. Pero fué inútil. Rivera, conocedor del terreno, hacía marchar y contramarchar á Urquiza con el objeto de arruinarle las caballadas y caer sobre él en un momento propicio. Así permanecieron hasta el 11 de marzo en que Urquiza se movió de su campo de *Los Chanchos*, al saber que Rivera á la cabeza de 3.000 hombres se dirigía á tomar el pueblo de Minas. Urquiza pudo impedírselo llegando á tiempo á la barra de San Francisco, pero tuvo que permanecer en este punto para dar descanso á sus caballadas. El 21 Rivera reunió todo su ejército y se dirigió sobre Urquiza: el 25 se avistaron ambos ejércitos, y el 26 tomó posiciones en los campos de la *India Muerta.*

Rivera tenía poco más de 4.000 hombres: Urquiza tenía 3.000, en su mayor parte veteranos. Al salir el sol del 27 de marzo, Urquiza hizo pasar dos fuertes guerrillas por el arroyo Sarandí, y tras éstas adelantó sus columnas tendiendo su línea á tiro de cañón de Rivera, y compuesta la derecha: de la division entrerriana al mando del coronel Urdinarrain; centro: tres compañías del batallón Entre Rios y tres piezas de artillería al mando del mayor Francia; izquierda: ocho escuadrones de caballeria, dos compañias de infantería y la división oriental al mando del coronel Galarza. Los escuadrones entrerrianos llevaron una tremenda carga á sable y lanza sobre la izquierda y el centro de Rivera, compuesta la primera de milicias últimamente incorporadas de los departamentos de río Negro, y el segundo de un batallón de infantería y dos piezas de artillería, respectivamente mandados por los coroneles Baez, Luna, Silva y Tavares. Las cargas de los federales fueron irresistibles, y bien pronto quedó reducida la batalla sobre la derecha de Rivera, donde estaban sus mejores fuerzas al mando del general Medina, jefe de vanguardia. Ante el peligro de ser flanqueado y envuelto, Rivera se dirigió personalmente á su izquierda para rehacerla, lo que pudo conseguir trayendo algunos escuadrones al combate. Pero Urquiza lanzó entonces sus reservas, y después de una hora de lucha encarnizada lo derrotó completamente, matándole más de 400 hombres, entre los que había treinta y tantos jefes y oficiales; tomándole como 500 prisioneros, el parque, caballadas, toda su correspondencia, y hasta su espada con tiros y boleadoras. «Te noticié del suceso malhadado del 27, le escribía Rivera á su esposa; desgraciadamente volví á sufrir otro contraste que nos obligó á pasar el Yaguarón un poco apurados. Yo perdí parte de la montura y desde ese día estamos bajo la protección de las autoridades imperiales.» (¹)

(¹) Manuscrito original en mi archivo. (véase el apéndice.) Parte oficial de Urquiza, publicado en *La Gaceta Mercantil* del 17 de abril de 1845.

Quizá porque el odio de partido cebó su encarnizamiento en las unas y otras filas contendientes en la batalla de India Muerta, los riveristas y unitarios de Montevideo hablaban de los degüellos ordenados por Urquiza. Los federales alegaban que los muertos lo habían sido en el combate, brazo á brazo y con las armas en la mano; y contestaban á su vez con los saqueos notorios de Rivera; con el número de las casas que incendió éste en la villa de Melo y con el nombre de las personas cuyas propiedades ó dineros había hecho suyas en su tránsito por los departamentos. En *La Gaceta Mercantil* del 7 de julio de 1845 se encuentra la lista nominal de los jefes, oficiales y soldados de Rivera que se presentaron á Urquiza después de la batalla de India Muerta. Sin contar los que fueron tomados en la batalla, ni los que se presentaron en esos días al general Ignacio Oribe, en esa lista figuran los nombres de dos jefes, (Brigido Silveyra y Agustín Piris), los de 45 oficiales y 593 de tropa. Los miembros del cuerpo diplomático residentes en Buenos Aires, entre ellos el encargado de negocios de Francia, barón de Marcuill, declararon a solicitud del gobierno argentino que los informes fidedignos que habían recibido, los habilitaban para afirmar que no había habido semejante degollación de pri-

Esta victoria destruyó para siempre la influencia militar del director de la guerra contra Rozas. Verdad es que la influencia de Rivera estaba minada por sus amigos de Montevideo, aun por los que aparentaban divorciarse en obsequio suyo de algunas personalidades que en realidad les incomodaban, como se ha visto en páginas anteriores. Ello se corrobora por el acuerdo *reservado* que expidió el gobierno de Montevideo el 26 de marzo, en circunstancias en que Rivera se preparaba á dar la batalla de India Muerta. Este acuerdo es perfectamente calculado para que los agentes de Francia, Gran Bretaña y Brasil procedan sin demora en el sentido de la intervención solicitada, combinada y esperada, y, al mismo tiempo, para herir á Rivera en lo más hondo de su orgullo. El gobierno pone en transparencia que se producían en Montevideo los mismos hechos que condenaba el de Buenos Aires; y echa sobre Rivera la responsabilidad de lo imposible que demanda. Lamenta que el contraalmirante francés se disponga á reconocer el bloqueo; cuando le consta que en todo menos en esto piensa el contraalmirante. Se alarma de la imposibilidad material de renovar los contratos de víveres caso de que el bloqueo sea reconocido; y es público y notorio que ya lo tienen ajustado las mismas casas extranjeras, con el conocimiento y ayuda de los agentes y comandantes de fuerzas extranjeras surtas en Montevideo, y en la misma forma en que lo venían cumpliendo con la ayuda del comodoro Purvis, del ministro Sinimbú, etcétera. Habla de «las multiplicadas exacciones arrancadas á las clases no menesterosas, y la

sioneros después de la batalla de India Muerta. Véase estos documentos en *La Gaceta Mercantil* del 18 de diciembre de 1845 y en el *Diario de sesiones* de la Junta de Buenos Aires, tomo 31, pág. 674 á 697.

absoluta escasez de numerario», para hacer sentir que
pesa sobre la plaza defendida por extranjeros, una
situación violenta y poco durable. Y hace presente la
falta de recursos, de cabalgaduras, y la escasez de municiones de guerra, para declarar á la capital en inminente peligro de caer en manos del enemigo. Á pesar
de todo esto, el gobierno decide hacer una salida general
con las fuerzas de la plaza, á cuyo efecto comunica dicho
acuerdo al director de la guerra para que le eıvíe 500
hombres de caballería y 1.000 caballos que son indispensables para esa operación, y para que á su vez el mismo
director entretenga las fuerzas del enemigo en la campaña. «El gobierno, concluía este curioso documento,
debe protestar, como protesta, ante Dios y la Patria, y á
su nombre reclama del general don Fructuoso Rivera que
acepte toda la responsabilidad que le toca, si estando
en la esfera de la posibilidad, no llena el objeto que le
exige para la salvación de la capital que queda en este
punto en sus manos.»

Para darse una idea de la seriedad de este documento
basta tener presente que las fuerzas de la defensa de
Montevideo, que al comenzar el sitio alcanzaban á 8.000
hombres, estaban reducidas en esta época á 4.000 (¹), pues

(¹) He aqui el estado de las fuerzas activas y pasivas en la
plaza de Montevideo en los primeros meses de 1845. Él se aproxima al que dió el *Archivo Americano* y lo he consultado con varios oficiales de la defensa de Montevideo.

3er. Batallón de infantería de línea (negros esclavos)...	240
4º. » » » » » » ».......	200
5º. » » » » » » ».......	250
1er. Batallón guardias nacionales...	140
2º. » » ».....................	100
3º. » » ».....................	100
Legión argentina........................	400
División Flores (en el Cerro)......................	200
Batallón Extramuros...........................	300
1er. Batallón de la legión francesa..................	350
2º. » » » »	200

en los dos años trascurridos se habían ido pasando al ejército de Oribe, permaneciendo en éste, ó alejándose los extranjeros para la República Argentina ó el Brasil. El ejército sitiador contaba cerca de 8.000 soldados bien armados y en su mayor parte veteranos. (¹) Esto lo sabía

---

3er. Batallón de la legión francesa.................... 400
1er. Batallon de la legión italiana.................... 450
Artillería de plaza, españoles....................... 115
     »   rodante, franceses.................... 100
     »   »   italianos................. 50
1er. Batallón pasivo de franceses.................... 300
2o.   »   »   »........................ 200

Total.. 4095

Que se descomponia así:
Ciudadanos orientales.............................. 540
Negros esclavos...... 690
Extranjeros, franceses, argentinos unitarios, italianos, españoles, brasileros, etcétera etcétera............. 2865

4095

(¹) Hé aquí un estado de las fuerzas sitiadoras al mando de Oribe. Lo he formado consultando las cifras y los datos que arrojan las varias publicaciones de la época, tomando el término medio cuando no concuerdan los que suministran los informes de Buenos Aires y los de Montevideo:

Batallón Libertad Oriental (Lasala)................... 900
Ídem Defensores de la Independencia Oriental (Rincón).. 500
Ídem Defensores de Oribe (compuesto de orientales y canarios)—Francisco Oribe................... 300
1er. Batallón guardia nacional (Sienra)............... 280
2o.   »   »   (Areta)............... 250
3o.   »   »   (Balparda)............. 300
4o.   »   »   (Aréchaga)............. 250
2 escuadrones de caballería....................... 200
Escuadrón escolta................................ 150
Batallón voluntarios de Oribe (vascos, Artagaveitia).. 500
    »   Libertad (argentinos, Maza)................ 600
    »   Independencia (idem, Costa)............... 700
    »   Libres de Buenos Aires (idem, Ramos)........ 500
    »   Rebajados (idem, Ramiro)................ 500
Artillería de Buenos Aires. 25 piezas................ 250
Escuadrones de caballería al mando de J. M. Flores... 300
    »   »   »   Sosa..... 250
                             Serrano.. 250
                             Alvarez.. 200

Total.. 7180

muy bien el gobierno de la plaza, como también que
Oribe podía contar además con los departamentos que
ocupaba, y con las dos fuertes divisiones al mando de los
generales don Ignacio Oribe y Servando Gómez. En seguimiento de Rivera maniobraba el *Ejército de operaciones*
al mando de Urquiza; y después de los descalabros que
había sufrido Rivera desde el punto extremo del territorio en que se hallaba, ni podía aventurar una columna
de caballería á los albures de una marcha por entre
fuerzas infinitamente superiores, ni desprenderse de ella
y de sus medios de movilidad, frente al enemigo que
lo buscaba con fuerzas aproximadamente iguales; ni podía tampoco entretener á su arbitrio á su enemigo, como
se lo exigían. Las dos ocasiones en que se hizo una
salida general, las fuerzas de la plaza se replegaron, evitando la aproximación de mayores fuerzas sitiadoras, y
eso que era el general Paz quien mantenía todavia la disciplina de la defensa; y que en esos dos combates sólo
tomaron parte dos ó tres divisiones de Oribe. Por fin, era
tangible y evidente para todos los defensores de la

Que se descomponía así:
Ciudadanos orientales, deduciendo 130 soldados cana-
   rios del Batallón Rincón.......................... 3000
Vascos... 500
Argentinos... 3550
Canarios... 130
                                          7180

Esto, sin contar las fuerzas orientales que formaban parte del
ejército al mando del general Urquiza, y las siguientes fuerzas
orientales que podían en una buena parte incorporarse á los sitiadores una vez destruído Rivera en India Muerta:
División del general Gómez...................... 1500
  »   del general Ignacio Oribe................... 1000
  »   de Cerro Largo............................ 500
       Paysandú................................ 500
       Colonia.................................. 400
       Soriano y Mercedes...................... 800

                                 Total.. 4700

plaza que aun en la hipótesis de que Rivera, libre de
Urquiza, hubiese venido á batir á Oribe en combinación
con las fuerzas de Montevideo, todas las probabilidades
estaban en favor del último, quien tenía excelente artillería é infantería veterana, mandadas por jefes experi-
mentados, y en· número casi doble de los que podría
presentarle el ejército extranjero riverista. El *acuerdo
reservado* del gobierno de Montevideo, inspirado aparentemente en la idea del sacrificio heroico, era en el fondo
un jaque á Rivera y un llamado urgente y decisivo á
los extranjeros coaligados.

Simultáneamente el gobierno de Montevideo resolvió
concluir con el Imperio del Brasil el tratado que venía
negociando y que se reducía á establecer el protectorado más ó menos velado de este último en Montevideo,
con tal que asumiese abiertamente personería en la guerra con la Confederación Argentina. Es necesario advertir que recién á mediados de abril de 1845 el ministro
oriental en Río le comunicaba reservadamente al gobierno
de Montevideo la forma de la intervención, y que el
Imperio entraría si convenía con lo acordado entre la
Gran Bretaña y la Francia. El ministro agregaba que
estaba contentísimo del resultado de la misión Abrantes
que debía estimular el apetito de los hijos de Albión, que
movieron á los del Sena.» (¹) Con fecha 3 de abril el
gobierno oriental le envió á su ministro en Río los ple-
nos poderes, las instrucciones y apuntes necesarios para
que firmase el expresado tratado; y con fecha 15 el ministro Magariños le comunicaba lo que había conseguido
sobre el particular. «Preciso era hacer entender al ga-

(¹) Carta de don Francisco Magariños á don Santiago Vásquez,
interceptada á Magariños y publicada en *El Archivo Americano*,
1ª serie, núm. 21, pág. 358.

binete imperial, le escribe el ministro Magariños al gobierno oriental, con fecha 15 de abril. *la disposición del gobierno de la República para que no pierda tiempo en providenciar á los graves apuros.* de las circunstancias críticas en momentos tan decisivos, y por eso manifesté inmediatamente *la autorización que tenía, é insté por la anticipación* de algunos *auxilios* de cualquiera clase... y como no se recibió la respuesta negativamente, confío en que podré dar conocimiento á V. E. de lo que adelante en mis trabajos.» (¹)

Poco adelantó el ministro Magariños; no porque no fuese urgido por el gobierno de Montevideo á concluir la negociación, ni porque no urgiese él mismo en tal sentido; sino porque el Imperio, envuelto como estaba en las redes que había tendido hacia el lado de las dos grandes potencias que lo cohonestaban, no quería comprometerse en seguida del desastre de Rivera, que tan ingrata impresión había causado en Río Jeneiro: «El desastre del 27 llegó á la corte de un modo aterrante, le escribía á Rivera su secretario Bustamante... Inmediatamente el gobierno mandó desembarcar cien hombres y una gran cantidad de bombas de incendio y otros artículos de guerra que debían salir para Montevideo... El gobierno de la capital, en medio del conflicto en que se hallaba, ha pedido al gabinete imperial, por medio del señor Magariños, una contestación terminante sobre la política que se propone guardar en estos momentos, pidiéndole que declare qué partido tomará *en el caso extremo de que se entregase la República á un poder extranjero antes que sucumbir bajo la cuchilla de Rozas; porque en aquel extremado apuro el gobierno de la Re-*

(¹) Interceptada como la anterior al ministro Magariños y publicada en *El Archivo Americano*, 1ª serie, núm. 21, pág. 360.

pública se echaría con preferencia en los brazos de un poder americano. (¹)

Rivera asumió directamente personería en este asunto, y reveló cualidades mejores que las que le concedían sus amigos. Sobreponiéndose al tremendo desastre que acababa de sufrir, entró resueltamente en territorio brasilero al frente de las fuerzas que había salvado de la *India Muerta*, y les declaró á las autoridades del Imperio que tenía negociaciones pendientes con el conde de Caxias. El 10 de abril le comunicó á Caxias desde la villa de Yaguarón todo lo que había ocurrido, y que el jefe de esa frontera coronel Francisco Pedro le había señalado el punto donde estaba acampado con sus fuerzas: que en consecuencia le enviaba á don Vicente Álvarez «el que le instruirá de todo aquello en que desee ser instruido respecto de los sucesos que motivan su comunicación». (²) El gobierno imperial aprobó en un todo estas medidas; dispuso que esas fuerzas fuesen racionadas y que se le proporcionase á Rivera todo lo necesario para que bajase á Río si tal era su deseo. Á esto se refería Magariños cuando le decía á don Luis Bustamante, secretario de Rivera, en carta de 22 de abril «...entretanto se despacha este vapor con pliegos y prevenciones para el conde de Caxias». (³)

Eso era lo que quería Rivera; y si él se dirigió á Río de Janeiro fué para tratar de su restauración en el Estado Oriental con la ayuda del Brasil. Esto se hizo público en aquella corte. « Animado el conde de Caxias de amigables sentimientos, escribía *El Mercantil* de Río del 18 de mayo de 1845, no era posible que cediese á la requisición de

---

(¹) Manuscrito original en mi archivo. (véase el apéndice.)

(²) véase *La Gaceta Mercantil* del 18 de junio de 1845.

(³) Manuscrito original en mi archivo. (véase el apéndice.)

Urquiza, y forzase al general Rivera á embarcarse para Río Janeiro. Se atribuye la venida del ilustre general, al deseo que ıutre de que el gobierno brasilero intervenga en los negocios del río de la Plata». Otro diario de Río, de diversa opiıión política, *El Centinela de la Monarquíu,* enuncia la misma idea escribiendo: «Se dice (y lo creemos) que el general don Fructuoso Rivera va á entablar con el gobierno un tratado de alianza con el fin de recobrar las riendas de la presidencia de la Provincia Oriental. Consta que hoy (19 de mayo) tendrá él una conferencia con el señor ministro de guerra.» *El Grito del Amazonas* de Río, escribe también con motivo de la llegada de Rivera á la corte (23 de mayo): «¿Qué viene á hacer aquí este personaje? ¿ Vendrá á representar el mismo papel que representó el general Paz? ¿Vendrá á prepararse para entrar de nuevo en el territorio cisplatino, provisto con socorros de armas y otras municiones?... Frutos, cuya deslealtal al Brasil pasa ya como proverbio, sentado en los lares del pueblo brasilero!...»

Cuando el gobierno oriental por una parte, y el general Rivera, asumiendo la representación de éste, por la otra, le proporcionaba una coyuntura favorable para la realización de sus planes, era precisamente cuando el Imperio no podía, propiamente, dedicarse á ello. Se había atado las manos, llamando al río de la Plata la Gran Bretaña y la Francia; «despertándoles el apetito», como decía el ministro Magariños al ministro Vásquez, respecto de las mismas ventajas que codiciaba para sí exclusivamente, y en las que encontraba una resistencia formidable que no le era dado vencer. La intervención era cuestión resuelta; pero la Gran Bretaña y la Francia la asumían con esta cláusula, destinada estudiadamente á desbaratar las pretensiones del Imperio: «sobre la base de la independencia del Estado Oriental». El Brasil lo

sabía oficialmente por boca de uno de los ministros interventores, Mr. Ouseley, que se preparaba á partir de Río
para Buenos Aires. Y de aquí el embarazo del gabinete
del Imperio para conciliar la conducta que le trazaba esta
imposición de las dos grandes potencias con la que
quería seguir, y le convenía seguir, respecto del gobierno
de Montevideo y de Rivera, tal como éstos se lo solicitaban.

Era lo que se puede llamar la lógica de las compensaciones siniestras, que venía á herir al Imperio con armas más
poderosas que las que él esgrimía. Lo que su diplomacia
tortuosa y antiamericana había venido trabajando para
engrandecerse á costa de defraudar á sus vecinos, venía
á aprovechar á dos grandes potencias que se oponían á
ese engrandecimiento en nombre del propio egoísmo.
Y este conflicto de intereses, y la actitud de la Confederación Argentina, era lo que debía salvar la presa codiciada de todas las manos que sobre ella se
extendían. No lo entendieron así los riveristas. « Error
lamentable, decía en un libro el secretario de Rivera, que ha costado ya mucha sangre, muchos sacrificios, muchos desengaños. Si el Brasil hubiese entrado
á cooperar en la intervención propuesta, con todo su
poder terrestre y marítimo, como era la mente del gabinete, la cuestión pudo resolverse en seis meses... y
esas potencias habrian conquistado todo el riquísimo
presente y porvenir que las repúblicas del Plata conservan aún vírgenes y envidiables. » (¹)

Cualesquiera que fuesen los arreglos que el Imperio
concluyese con Rivera, si es que se decidía á concluirlos,
eran, pues, letra muerta, porque quedaban subordinados
en un todo á las decisiones supremas de la intervención

_____

(¹) véase *Los herrores capitales de la intervención anglofrancesa*,
página 38.

anglofrancesa en el Plata, y la cual había comenzado á verificarse de hecho por los auspicios de los almirantes Inglefield y Lainé al frente de sus respectivas fuerzas navales.

La situación de los vencidos no admitía demora, por otra parte, después de la destrucción de Rivera. La guerra en el Estado Oriental estaba concluída propiamente, pues en el *Acuerdo* reservado del 26 de marzo el gobierno de Montevideo, sin conocer todavia la derrota definitiva de Rivera, declaraba que esa plaza no podía sostenerse cuarenta días con sus solos recursos. Á la Confederación Argentina no le quedaba yá más que reducir al gobierno que le declaró esa guerra y le devastó su territorio, para afirmar su seguridad en las garantías que le diesen las autoridades que elegiría el Estado Oriental. En consecuencia, Oribe propuso una rendición honorable á los defensores de la plaza; y como ello fuese inútil, se decidió á tomarla por asalto. Simultáneamente expidió los decretos de mayo de 1845, para la renovación de la Asamblea general legislativa y elección del nuevo presidente del Estado Oriental.

Pero los almirantes Inglefield y Lainé le declararon á Oribe, que no permitirían que se rompiesen hostilidades sobre la plaza de Montevideo; y con el mismo derecho con que desconocían el bloqueo de ese puerto y el de Maldonado, suministraron al gobierno de la plaza gran cantidad de balas de cañón y de fusil, pólvora, víveres frescos y otros auxilios de que carecía. Este desconocimiento de los derechos de una nación soberana, apoyado en formidables fuerzas navales, se consumaba precisamente cuando llegaban al Plata los ministros que la Gran Bretaña y la Francia acreditados ante el gobierno argentino «en misión de paz y amistad», según rezaban las instrucciones al caballero Ouseley y al barón Deffaudis. (¹) Tales hechos. de suyo vejatorios. dejaban comprender que el objeto de esta misión era hacer prevalecer en los Estados del Plata. los intereses absorbentes de la Gran Bretaña y de la Francia. Con sobrada razón den José Bustamante. secretario de Rivera. al darle cuenta á éste de tales sucesos. le escribía: « Principiamos una nueva situación. y el gobierno. después de mucho tiempo. principia á restablecer su moral. apoyado por los poderes extranjeros que nos han levantado de la tumba... *no es posible ni político precipitar los sucesos*. (₂)

Que tal era el objeto de esta misión; y que ella era

(¹) He aqui esas fuerzas en el rio de la Plata:

Británicas	Cañones	Plazas	Francesas	Cañones	Plazas
Fragata Curacao	28	240	Fragata Africaine...	60	500
» Satélite.	18	180	» Atalanta....	60	500
» Comus......	20	140	» Erigone.	60	500
Bergantín Frolic	16	110	Corbeta Expeditive.	18	100
» Acorn.......	14	100	» Coquette....	20	120
» Philomel ...	14	100	Bergantin Dassas...	22	130
» Dolphin	3	80	» Pandour	16	120
» Spider	4	40	» Ducousdic ..	20	130
Vapor Gordon......	6	160	Vapor Fulton.......	3	100
» Firebrand...	11	160	» Eylau	3	30
	134	1310		282	2230

Brasileras	Cañones	Plazas
Corbeta Euterpe................	20	180
» 2 de Julio...............	24	200
» 7 de Abril	22	180
» Berlioga...............	22	160
» Unide	18	140
Bergantin Capiribiribi............	18	110
Goleta Olinda..................	12	100
Patacho Argos.................	10	80
	146	1150

TOTAL.

Cañones 562
Soldados 4690

(²) Manuscrito original en mi archivo. (Véase el apéndice.)

una intervención armada é idéntica á las que esas potencias dirigieron á otros paises de Asia con el designio de recolonizarlos, lo dicen las *Instrucciones* dadas
respectivamente por lord Aberdeen y Mr. Guizot á los
ministros Ouseley y barón Deffaudis. Sin perjuicio de
manifestar intenciones «de no *intervenir* de modo alguno
en la independencia de Buenos Aires, ni de exigir concesiones territoriales», lo que era monstruoso tratándose
de una misión de paz y amistad, y no había necesidad
de expresarlo, desde luego, esas instrucciones abarcaban
una serie de medidas que, atacando fundamentalmente
la soberanía é independencia del país contra el cual
debían emplearse, dejaban expedito el camino para so-
meterlo á la situación que llegare á crear el triunfo de
las armas de la intervención. Rezaban que era intención
del gobierno británico unir sus fuerzas con el de Francia
para que terminase la guerra que hacían las armas
argentinas «al Estado Oriental, cuya independencia la
Gran Bretaña está obligada naturalmente á sostener»;
y porque el fin de esa guerra «es poner el gobierno
de Montevideo en otras manos que las de aquellos á
quienes lo confió el consentimiento del Estado».

No era exacto que la Gran Bretaña estuviese obligada á sostener la independencia del Estado Oriental, pues
que su rol fué el de *mediadora* en la negociación terminada con la convención de 1828 que labró la independencia de ese Estado. Ni el gobierno argentino
atacaba esa independencia; que la defendía por el contrario del Imperio del Brasil y de los mismos coaligados. Y ni aun en la hipótesis de que el gobierno
argentino la atacase, podría la Gran Bretaña acordarse
el derecho de intervenir á mano armada en la
guerra entre dos naciones soberanas; y erigirse en juez
de la legalidad ó ilegalidad del gobierno de una de

ellas. Partiendo de tales fundamentos, lord Aberdeen ordenaba al ministro Ouseley que exigiese del gobierno argentino el retiro de sus fuerzas del Estado Oriental, y que levantase el bloqueo á Montevideo. «Así se habrá *llenado el primer objeto* que el gobierno de S. M. tiene en vista. Los términos en que haya de establecerse definitivamente la paz, pueden entonces dejarse á la mediación unida de las potencias amigas que nos discutirán y recomendarán á las partes principales.»

Las medidas á tomarse, se revelan claramente. Lord Aberdeen piensa que posiblemente podría *asegurarse* la libre navegación de los ríos tributarios del Plata; pero que mientras haya esperanza de restaurar la paz sin el apoyo de la fuerza, será mejor no hacer mención de esa materia. «Sin expresar opinión sobre *el camino que sea necesario seguir si acaso nos vemos obligados á ocupar aquellas aguas con la fuerza combinada,* agrega... daré á V. instrucciones para asegurar esa libre navegación.» Lo curioso es que esa esperanza ni existe para lord Aberdeen, ni parece que ha contado sobre ella, en cuanto depende del gobierno argentino; porque á la vez que afirma que «puede confiadamente anticipar la pronta aquiescencia de Montevideo á nuesta *mediación (?)»,* ordena que si para un día fijo no se han retirado las fuerzas argentinas, ni levantado el bloqueo de Montevideo, los comandantes ingleses (y franceses) obtengan esos objetos por la fuerza.» Y aquí entra á desenvolverse la *mediación* como la llama lord Aberdeen. «La cesación del bloqueo se obtendrá en el momento y sin dificultad, dice, como que nada más fácil para las escuadras combinadas que apresar la argentina. Con respecto á la retirada de las tropas argentinas de la línea sitiadora, queda al arbitrio de los ministros *mediadores* la elección del medio de forzarlas y que lo verífiquen; bien que el gobierno de S. M. B. piensa que el bloqueo de los puertos por donde el gobierno Buenos Aires acostumbra mantener las comunicaciones con el ejército sitiador, muy especialmente el Buceo, y aun la ocupación de una parte del Uruguay, cortaría la comunicación entre el gobierno de Buenos Aires y las fuerzas del general Oribe, obligándolos así á retirarse ó disolverse.»

La misma doblez se observa respecto de las operaciones en tierra. «El gobierno de S. M. no tiene intención de emprenderlas; pero desembarcará V. de los buques de S. M. la gente que sea necesaria *para ocupar la isla de Martín García ó cualquier otro punto de que sea necesario tomar posesión temporaria, para hacer más eficaces las operaciones de las fuerzas combinadas.*» El gobierno de S. M. cree que el gobierno argentino cederá á su intimación de levantar el bloqueo de Montevideo y de abandonar la causa del general Oribe; pero, si el argentino no cede, autoriza al ministro *mediador* hasta para bloquear al puerto de Buenos Aires y cualquier otro de las costas del Plata; y para que de acuerdo con su colega francés apoye á la plaza de Montevideo con las fuerzas y los auxilios que crean necesarios. Como se ve, la Gran Bretaña y la Francia, á título de *mediadores*, establecen desde luego, pero en escala más vasta y coercitiva, los mismos procedimientos que quieren impedirle al gobierno argentino y que éste adopta «para hacer más eficaces sus operaciones», y en nombre de su perfecto derecho de beligerante.

Por lo demás, el gobierno de S. M. B. no se decide, por la sola negativa del general Rozas, á *reconocer* la libre navegación de los ríos tributarios del Plata, á que las escuadras combinadas los ocupen. «Sin embargo, le dice lord Aberdeen al ministro *mediador*, si se presenta

alguna oportunidad de promover cualquier otro objeto
colateral de importancia, como por ejemplo la apertura
de la navegación de esos ríos ó *la restauración de la paz
á los gobiernos de Corrientes ó Entre Ríos en sus costas,*
no necesito decir á V. que deberá aprovecharlas del mejor
modo que pueda.» Este incidente de tratar directamente
con la provincia de Entre Ríos que, como las demás provincias argentinas, tiene delegada su representación en
el encargado de las relaciones exteriores de la Confederación, que es el general Rozas, es uno de los que según
las instrucciones, «quedan librados á la responsabilidad
del ministro de S. M. B. que interpretará los sentimientos de su gobierno cualesquiera que sean las circunstancias que se presenten; y responde al plan propuesto
respecto de esa parte del litoral codiciado. La doblez que campea en estas instrucciones se¡ redon-
dea al final con una sátira. Lord Aberdeen concluye
diciendo que si la plaza de Montevideo hubiese caído
en poder del general Oribe, y éste quisiese conservarse en
el mando con la presencia de las fuerzas de Buenos Aires,
el gobierno de S. M. B. miraría esto como una violación
flagrante de la independencia oriental que le impondría
la necesidad de *una intervención activa».* Esto era como
para que cualquier colegial se preguntase si la ocupación
de Montevideo, y el bloqueo á Buenos Aires, y la ocupación de ríos y territorios argentinos, prescripto en las
instrucciones, no constituían actos de intervención activa.

Las instrucciones dadas por el gobierno francés al
barón Deffaudis, con el mismo objeto, están naturalmente
en un todo de acuerdo con las expedidas por el británico.
Si se prescinde de ciertas informaciones de detalle, á las
cuales se ajustará la conducta del barón (el mismo
que intervino en la cuestión de México bajo el gobierno

de Santa Ana) las instrucciones de M. Guizot van derecho al objeto. Comienzan con un despropósito del punto de vista del derecho de gentes. En vista de la interrupción del comercio que resulta de la guerra entre Buenos Aires y Montevideo, y de las ofensas que sufren los extranjeros en estos puntos, los gobiernos de Inglaterra y Francia, dice M. Guizot, *«han concertado medidas para obligar á los beligerantes á que acepten su mediación».* «Si hallase V. *una oposición incontestable,* le previene al barón Deffaudis. *recurrirá al empleo de la fuerza,* á cuyo fin avisará V. al comandante de las fuerzas navales francesas en el Plata, quien de acuerdo con el de las de S. M. B. tomará las medidas necesarias *contra el beligerante obstinado.»*

Esto era proceder con las repúblicas del Plata como se había procedido con los paises bárbaros del África, y eso que aquí no promedió ni el abanicazo del Bey que movió una reclamación, en pos de la cual vino la conquista de la Argelia y anexión de ella á la Francia. Una mediación es un buen oficio que admiten ó no admiten los beligerantes; pero no una regalía ó privilegio que se impone por la fuerza. Cualesquiera que sean los intereses en nombre de los cuales se ofrece la mediación, ellos están subordinados en el estado de guerra á los intereses supremos del Estado que la hace con arreglo á las leyes que á la guerra rigen; y aun en el caso de efectivos perjuicios originados á los neutrales, no se podía desconocer por medio de la fuerza los indiscutibles derechos que para terminar la guerra tenía uno ó ambos beligerantes, cuyo carácter de tales se reconocía expresamente. Las instrucciones de Mr. Guizot contenían, por lo demás, cláusulas idénticas á las de lord Aberdeen respecto de la ocupación de los ríos, la isla de Martín García y de cualquier otro punto que se creyese necesario, de bloqueos y demás operaciones de las escuadras combinadas. (¹)

Sobre estas bases y con tales propósitos, se inició la intervención anglofrancesa en el río de la Plata. La escena de Argel. de la China y de México se trasportaba nuevamente á Buenos Aires. con medios y recursos más eficaces que en el año de 1838. El gobierno de Rozas quedó solo frente al poder formidable de la intervención y del Brasil que la apoyaba sin dejar por ello de medrar. (²)

(¹) véase en el apéndice la carta del ministro Guido.

(²) Las instrucciones dadas á los ministros interventores, Mr. Ouseley y barón Deffaudis, se encuentran reunidas en el libro del señor José Luis Bustamante. *Los cinco errores capitales de la intervención anglofrancesa*, pág. 40 á 562.

CAPÍTULO L

LA MISIÓN OUSELEY-DEFFAUDIS

(1845)

Como se ve por los antecedentes consignados en el
capítulo anterior, la situación se presentaba amenazadora

para la Confederación Argentina y para su gobierno. Era el caso de suscribir las pretensiones de la Gran Bretaña y de la Francia, por ultrajantes que ellas fueren, ó de atenerse á las durísimas consecuencias que esas mismas potencias habían hecho sentir á varios gobiernos *obstinados* de América y de Asia. Rozas acababa de ser reelecto gobernador con arreglo á las leyes de 23 de diciembre de 1823 y de 7 de marzo de 1835 ([1]); y se propuso conducir esta cuestión de acuerdo con las exigencias de la dignidad nacional. En este sentido recibió al ministro británico Mr. Gore Ouseley, quien le significó que venía encargado de una misión de paz y de amistad.

Es de advertir que el general ministro Guido, había creído descubrir en algunas conversaciones que tuvo con Mr. Ouseley en Río de Janeiro, que bajo la aparente cordialidad entre los gabinetes de Francia y la Gran Bretaña, para proceder de consuno en la cuestión del Plata, el último desconfiaba de las miras ulteriores del primero. Mr. Ouseley había llegado á calificar de funesta la intervención colectiva de la Francia, cuya tendencia era ya conocida en la Polinesia y en el Oyapoc. « La Inglaterra, había dicho, no debía con una intromisión innecesaria

---

([1]) La legislatura de 1845 se componía en su casi totalidad de hombres de las principales familias de Buenos Aires y ventajosamente conocidos, además, por sus talentos ó por sus servicios ó por los cargos públicos que de antiguo venían desempeñando bajo las juntas, directorios, presidencia ó gobierno provincial, como eran los señores Nicolás Anchorena, Juan A. Argerich, Martín Boneo, Manuel Arrotea, Francisco C. Beláustegui, Manuel Corvalán, Cayetano Campana, Jacinto Cárdenas, Tiburcio de la Cárcova, Inocencio y Bernabé de Escalada, Felipe Elortondo, José B. Ezcurra, José Fuentes Arquivel, Agustín Garrigós, Romualdo Gaete, Manuel de Irigoyen, Pedro Lezica, Juan Manuel de Luca, Eusebio Medrano, José de Oromi, Bernardo Pereda, Agustín de Pinedo, Francisco Piñeiro, Simón Pereyra, Mariano B. Rolón, José M. Roxas y Patrón, Miguel de Riglos, Prudencio O. de Rozas, Miguel E. Soler, Felipe Senillosa, Roque Sáenz Peña, Lorenzo y Eustaquio Tórres, Juan N. Terrero, Pedro Vela, Villegas, Vidal, Ximenes, Unzué.

despojarse del derecho de contener la intervención de
otros poderes en daño de los intereses comunes» Y al
reprobar la capciosa máxima de Talleyrand de que la no
intervención en los negocios de otras naciones era la
regla general, y la intervención la excepción que, como
cualquiera otra regla, debía tener lugar cuando así fuere
útil ó necesario. Mr. Ouseley habia insistido sobre los
proyectos que probablemente desenvolvería la Francia en
Montevideo.

El ministro Guido, al comunicar á su gobierno estas
novedades, deducía: 1°, que el británico deseaba entenderse preferentemente con el argentino por la doble confianza que le inspiraba el poder fuerte que presidía la
Confederación y el prestigio personal del general Rozas;
2°, que Montevideo era la verdadera manzana de la discordia; 3°, que si el gobierno argentino adelantase de mutuo
propio una declaración positiva de retirar su ejército de la
Banda Oriental en un tiempo dado, después de triunfar de
sus enemigos, frustraría radicalmente toda interposición
extraña y burlaba cualquiera ambición antiamericana. ([1])

El gobierno de Rozas ajustó en lo posible sus procederes á las oportunas indicaciones del ministro Guido, sin
por ello dejar de comprender que estaba frente á frente á
dos leones que se disputaban una ó más presas. Fuesen
ó nó sinceras las sospechas que manifestaba el ministro
Ouseley respecto de los proyectos de Francia, el caso es
que se anticipó á abrir particularmente conferencias con
el ministro de relaciones exteriores de la Confederación
Argentina y á dirigirle con fecha 10 de marzo un memorándum de proposiciones. Este memorándum era una
mezcla de timidez y de amenaza, compaginado con recor-
tes del texto de sus instrucciones y salpicado con alabanzas

([1]) Estas comunicaciones son de fecha 5, 15 y 16 de abril de 1845.

al general Rozas. Declara que el gobierno británico media
en la guerra con Montevideo, porque ve amenazada la
independencia de esa república y por los perjuicios que
dicha guerra ocasionaria á los intereses de la Gran Bretaña.
Anuncia que no solamente ha determinado que la guerra
cese, sino que están á la mano los medios para su conse-
cución; pero que no se interprete esta comunicación como
amenazante. Y propone que las fuerzas argentinas se
retiren del Estado Oriental y se levante el bloqueo de
Montevideo.

En las conferencias que se subsiguieron, el ministro
Arana demostró cómo el gobierno argentino no tenia ni
podía tener intenciones contra la absoluta independencia
del Estado Oriental; recordó los motivos de la guerra que
declaró el general Rivera; y manifestó que el ejército
argentino se retiraría de frente á Montevideo cuando lo
remitiese el general Oribe. Resumiendo lo fijado en esas
conferencias, el ministro Ouseley dirigióle al ministro
Arana su nota de 21 de mayo en la cual manifestaba que
« veía con mucha satisfacción »: 1°, que el gobierno argentino repudia toda intervención en el gobierno interno
del Estado Oriental; 2°, que bajo ciertas condiciones procurará la salida de las fuerzas del Estado Oriental; 3°, que
levantará el bloqueo de Montevideo bajo las condiciones
que se fijarán; 4°, que garantizará la seguridad personal
de todos los refugiados políticos; 5°, que insiste en que el
bloqueo de Montevideo sea reconocido sin condición, en
la más rigorosa forma y como primer paso de la negociación. (1)

El gobierno argentino ratificó en su nota de 24 de
mayo las proyectadas medidas contenidas en la nota del
ministro británico; bien que aclarándolas en sentido ter-

---

(1) Documentos oficiales. *Diario de sesiones*, tomo 31, pág. 154.

minante. Declaró que consecuente con la convención de 1828, reconoce la perfecta independencia del Estado Oriental: que no ha atacado esa independencia, y que tal pretensión la considera un atentado: que decir que el gobierno argentino *repudia* toda intervención en el gobierno del Estado Oriental, es dar lugar á que se juzgue que ha hecho una nueva concesión á la dignidad de ese Estado. Declara igualmente que las divisiones argentinas se retirarán de Montevideo y el bloqueo será levantado cuando el general Oribe le avise estar concluída la pacificación del Estado Oriental; y que todo arreglo sobre tal pacificación es de competencia del mencionado general Oribe. Y al insistir en que el bloqueo argentino sea reconocido como paso previo de la negociación, el gobierno argentino termina manifestando que el encargado de negocios de los Estados Unidos le ha ofrecido oficialmente su interposición en este asunto, y que encuentra dificultades para expedirse, pues «que tan respetable interposición pesa fuertemente en su ánimo».

El encargado de negocios de los Estados Unidos Mr. William Brent tomó digna iniciativa en este negocio, quizá porque vió claro que se preparaba una verdadera intervención armada de dos grandes potencias europeas. Claro es que Rozas y el prudente ministro Arana hicieron lo demás para aproximarlo con Mr. Ouseley. Uno y otro manifestaron voluntad de entenderse. Mr. Brent le escribió á Mr. Ouseley sobre «la oferta de pacificación del río de la Plata», y éste le respondió en carta del mismo 24 de mayo que había solicitado encontrarse con él y sentido no haber conversado ya sobre ese asunto. «Al presente momento, le decia, vuestra grande experiencia y la particular confianza de que gozáis, tanto en vuestro carácter personal como oficial en este país, dan á vuestras comunicaciones doble valor: me seria lo más grato re-

cibiros á cualquier hora». (¹) El ministro británico buscó
todavía al representante norteamericano. Así se lo comunicó el 28 de mayo al acusarle recibo de la carta oficial
en la que el último le pedía una hora, y le señalaba esa
misma noche para conferenciar.

« Mr. Ouseley, dice Mr. Brent refiriéndose á esta conferencia, me manifestó que á él le constaba la gran confianza
depositada en mí por el general Rozas, y que le sería
grato conocer las miras ó bases de éste para obtener la
pacificación del Estado Oriental. Yo le repuse que había
conversado con el ministro Arana y que le había indicado las bases sobre las cuales se podia obtener esa
pacificación.» Y al presentarle al ministro británico esas
bases que eran las mismas á que se ha hecho referencia
más arriba, Mr. Brent agrega: «Manifesté al señor Ouseley que yo había ofrecido los servicios de los Estados
Unidos, y que esta oferta había sido aceptada como á él
le constaba; que si observaba en estas bases alguna cosa
impropia, la indicase. Me expresó la opinión de que en
lo principal las encontraba buenas; pero que su posición
era intrincada, pues el barón Deffaudis, plenipotenciario de
Francia para arreglar la pacificación de Montevideo, se
hallaba ya en esa ciudad. Que era necesario saber la
opinión definitiva del gobierno argentino sobre esas
bases y arreglarlas antes de la llegada del barón Deffaudis,
para que éste se viese obligado á actuar dentro de lo ya
acordado. El 2 de junio se reunieron ambos diplomáticos
con el ministro Arana para reducir á escritura las bases
acordadas; y Mr. Ouseley manifestó que deseaba instruir
antes al barón Deffaudis sobre lo acordado, de modo que
éste no pudiese asumir una otra posición.

_____

(¹) Informe suscrito y legalizado por la legación de los Estados
Unidos, y _Diario de sesiones_ de la legislatura de Buenos Aires, tomo
31, pág. 289 y siguientes.

' Pero he ahí que cuatro ó cinco días después y con motivo de la llegada del barón Deffaudis, el ministro de S. M. B. cambia completamente de tono, da como no hechas sus declaraciones terminantes, y la cuestión toma un giro completamente distinto. Es fuera de duda, pues, que Mr. Ouseley, en la disyuntiva de ser consecuente con sus declaraciones conforme á la seriedad de su carácter, y la de crearse un conflicto con el barón Deffaudis á causa de la posición radical en que éste se colocó desde luego, prefirió servirse de todo lo que acababa de proponer ó aceptar tan sólo como un expediente para que se atribuyese al ministro francés el nuevo y escabroso rumbo que iba á tomar el asunto de la *mediación*.

El barón Deffaudis comenzó procediendo en Buenos Aires como en México. Los esfuerzos del ministro Arana se estrellaron ante la premeditada resolución que trajo de obrar en sentido coercitivo. Desde luego se negó á asistir á la conferencia que oficialmente solicitó tener con él, con Mr. Ouseley y con el ministro Arana, el encargado de negocios de los Estados Unidos; y rehusó tomar en cuenta los buenos oficios de éste para arribar á la pacificación, constándole que había ofrecido oficialmente su interposición al gobierno argentino con este objeto. En cuanto á Mr. Ouseley, respondió que ya había manifestado que no podía tener comunicaciones oficiales con el encargado de negocios de los Estados Unidos sobre los objetos de la mediación, y que aunque éste estuviese autorizado por su gobierno, declinaba por su parte de tener con él conferencia oficial alguna. (¹)

(¹) Véase notas de Mr. Brent al ministro Arana. Ídem de éste á los señores Ouseley y Deffaudis y repuesta de éstos. *Diario de sesiones* de la legislatura de Buenos Aires, tomo 31, pág. 169 á 178 Véase también *Archivo Americano*, 1ª serie, tomo II, núm. 22, pág. 20 y siguientes.

Después de los actos pasados eutre Mr. Brent y Mr. Ouseley y que este último calificó de oficiales, como de las declaraciones del mismo, de que se felicitaba de la interposición del encargado de negocios de los Estados Unidos, de que aceptaba en lo principal las bases de pacificación que éste presentó, y que aseguraba que el barón Deffaudis no podía menos que aceptarlas, ni Mr. Brent ni nadie podía comprender cómo los representantes británico y francés se empeñaban en hacerlo á un lado y en desconocerle todo carácter y personería en un asunto de mediación que por su naturaleza llama á sí todos los bueuos oficios. Era, pues, el caso de que Mr. Brent se preguntase porqué la la personería de los mediadores sería más legal ó mejor justificada que la suya. Los hechos que se subsiguierou le presentaron las causales de esta repulsa. Mr. Brent vió claramente que se trataba, no de una mediación, sino de una intervención armada europea, y que los Estados Unidos no tenían decorosamente personería en ella si no era para impedirla.

En efecto, el barón Deffaudis comenzó por comunicar al ministro Arana en nota de 17 de junio, que tenía orden de *reclamar expresamente* desde el principio de las negociaciones para el restablecimiento de la paz, una suspensión de hostilidades de parte de las tropas que asediaban á Montevideo. Otro tanto hizo Mr. Ouseley, y uno y otro fundaban esta exigencia en los principios generales de la humanidad y en prácticas internacionales que no citaban. (¹) El ministro argentino, sin conceder ni rehusar esa exigencia de los ministros mediadores, reiteróles su declaración hecha al de S. M. B. de que el gobierno no admitiría la mediación para la pacificación de las repúbli-

---

(¹) Colección de documentos oficiales. *Archivo Americano*, 1ª serie, tomo II, núm. 22, pág. 24 y 26.

cas del Plata sin que previamente, y como una satisfacción que le era debida, en cumplimiento de los
principios internacionales, el bloqueo argentino de los
puertos de Montevideo y Maldonado fuese reconocido
por las fuerzas navales de Inglaterra y Francia. Declará-
bales igualmente que excluir al encargado de negocios de
los Estados Unidos de la interposición ofrecida por él
y aceptada oficialmente, era colocar al gobierno argentino
en una posición violenta respecto de aquél, con tanto
menos motivo cuanto que las bases presentadas por el
enunciado diplomático habían sido aceptadas en lo principal por el ministro de S. M. B.

Pero entonces los ministros *mediadores* no sólo insistieron en sus exigencias, sino que fundándose únicamente en las órdenes de sus gobiernos manifestaron:
«que lejos de *acceder* como medida previa al establecimiento del bloqueo de Montevideo y Maldonado, pedían
á su vez, además, como medida previa, que el gobierno
argentino levantase ese bloqueo»; y que en cuanto á comunicarse con el encargado de negocios de los Estados
Unidos, no estaban autorizados para ello. (¹)

El ministro Arana puso las cosas en su verdadero lugar
en su nota del 15 de julio. Protestando los buenos deseos
de su gobierno respecto de la pacificación, y recordando
los actos oficiales derivados de la interposición del encargado de negocios de los Estados Unidos, manifestó que
si bien los ministros declaraban que se guiaban por sus
instrucciones al repulsar á ese diplomático en este asunto,
el gobierno argentino debía á su vez respetar su palabra y
sus actos empeñados en esa interposición. Y respecto
de la suspensión de hostilidades y levantamiento del

(¹) Colección de documentos citados. *Archivo Americano*, 1ª serie,
núm. 22, pág. 27 y 29.

bloqueo de Montevideo, decía el ministro argentino que
mal podía expedirse sobre estos puntos, estando como
estaba pendiente desde un principio su reclamación interpuesta ante el ministro de S. M. B., y reproducida al rey
de los franceses, con motivo de haber las fuerzas navales
de estas potencias, negádose á reconocer el bloqueo
absoluto de aquel puerto y del de Maldonado (¹), y que
rezaba así: « Que el gobierno argentino insiste en el reconocimiento de ese bloqueo como una medida que la dignidad de la Confederación requiere sin condición alguna
y en la más rigorosa forma; no sólo como primer paso
previo en cualquiera negociación que tuviese lugar, sino
aun fuera de ella; el cual no admite demora y cuyo resultado revelará sin equivocación la posición verdadera que
V. E. se proponga tomar en los asuntos del Plata. »

El gobierno argentino, como se ve, lejos de rehusar
la *mediación*, se limitaba á pedir, como paso previo para
entrar en ella, lo menos que podía pedir cualquiera
nación independiente en su caso: el reconocimiento de
sus derechos de beligerante de parte de los ministros
mediadores. Éstos, al desconocerlos y al exigirle, además,
que no los usase en la medida admitida por las leyes,
entraban francamente en el terreno de las agresiones
contra un gobierno amigo. Y ello era doblemente injusto
y atentatorio, del punto de vista de los principios que
se violaban, y que la Gran Bretaña y la Francia habían
contribuido en primer término á fijar en el mundo. El
bloqueo de Montevideo era una medida de rigor; pero
de aquí, y de que la casi totalidad de los defensores de
esa plaza fuesen extranjeros, y de los perjuicios que

(¹) véanse las notas del contraalmirante Lainé y del comandante
Peasley al almirante Brown; la nota del ministro argentino al encargado de negocios de Francia y al almirante Brown. Colección
citada del *Archivo Americano*, núm. 22, pág. 38 y 51.

sufría el comercio neutral, no se seguía en modo alguno que ese bloqueo *debiera levantarse en nombre de los sentimientos de la humanidad*, como decían los ministros de Inglaterra y Francia. Un bloqueo, como decía un publicista francés, es un medio de obligar al enemigo á rendirse sin destruirlo; y el comercio neutral, al cual no podría colocarse en mejores condiciones que las del propio beligerante, sufre necesariamente respecto de las plazas bloqueadas las obstrucciones y continjencias provenientes del estado de guerra.

Y la guerra había terminado, propiamente, en el Estado Oriental como se ha demostrado ya, y el bloqueo habría conseguido rendir en pocos días más la plaza de Montevideo, como lo declaró en un documento solemne el gobierno de esta plaza, si el comandante en jefe de las fuerzas navales de Francia, sobre todo, y el de las de S. M. B., lejos de reconocerlo en absoluto como lo declaró el gobierno argentino. no hubiesen notoriamente introducido víveres frescos á esa plaza y provisto al gobierno de la misma de. pólvora, balas de cañón y otras municiones y útiles de guerra.

La conducta irregular de la Gran Bretaña y de la Francia resaltaba más ante el hecho de que pretendían establecer por la fuerza un derecho de gentes especial para las débiles repúblicas del río de la Plata, desconociendo los mismos principios de que dichas naciones habían abusado. Cinco años antes, en 1840, un otro almirante francés declaró á Buenos Aires y al litoral argentino en estado de riguroso bloqueo, á virtud de reclamaciones semejantes á las de los 20.000 duros del pastelero francés que originó el bloqueo, los bombardeos y los atropellos que llevó á cabo la Francia en México. Y la Francia no afianzó con fuerza efectiva el bloqueo de 1838 - 1840; que todas sus escuadras no eran

ni son suficientes para mantener fuerza efectiva en la
inmensa extensión de puertos y costas que posee la República Argentina; mientras que la escuadra argentina
mantenía en 1845 esa fuerza en los puertos de Montevideo y de Maldonado. Y en cuanto á la Gran Bretaña,
es obvio detenerse á examinar hasta dónde ha abusado
del derecho de bloqueo. Las decisiones del almirantazgo británico eran terminantes á este respecto. El vizconde Melbourne, primer ministro de S. M. B., declaró
en 1839 con motivo del bloqueo francés en el litoral
argentino: «Un bloqueo por una potencia de los puertos de otra potencia, es un derecho de guerra bien reconocido y admitido. Es un derecho cuyo uso no hemos
economizado cuando nos hemos hallado en guerra, y
es notorio que hemos estrechado con un rigor que no
ha practicado nación alguna.» (¹)

La nota que le pasaron los ministros Deffaudis y Ouseley el 8 de julio al gobierno argentino, «revelaron la
posición verdadera que se proponían tomar en las aguas
del Plata», como lo esperaba el ministro Arana en la
última que les dirigió. En vista de no haber aceptado el
gobierno argentino la inmediata é incondicional suspensión de hostilidades, los ministros de la Gran Bretaña
y Francia exigían en esa nota que las tropas argentinas
evacuaran el territorio del Uruguay, y que la escuadra

(¹) Todos los publicistas británicos sostenian ese derecho en el
sentido lato y rigoroso en que lo ejercía la Inglaterra, como uno de
los más firmes títulos de su preeminencia naval. (véase Chitty,
vol. I, cap. IX, pág. 450.) Y respecto de los principales casos de
bloqueos declarados por la Gran Bretaña, y de la extensión y rigor
de éstos, véase entre otros á Klüber *Derecho de gentes moderno
de la Europa*, tomo II, pág. 134 á 145. Aunque las grandes potencias han restringido ó ampliado en estos últimos tiempos ese
derecho del soberano, según que lo ejerciesen ellos ó que no quisiesen que otras potencias lo ejerciesen como ellas, yo cito solamente las declaraciones y opiniones de publicistas coetáneos de la
época á que me refiero.

argentina se retirase del puerto de Montevideo. Estas
exigencias se fundan: 1º, en que la presencia de las tropas
argentinas bajo el mando del general Oribe tiene por
objeto reinstalar á éste en la presidencia del Estado
Oriental del Uruguay, y debe ser considerada como un
acto de intervención en los negocios interios de ese
Estado y un ataque directo á su independencia; lo cual
constituye una violación del artículo 10º del tratado de 1828
concluído bajo la mediación de la Inglaterra, y del artículo
4º de la convención celebrada en 1840 entre la Confederación Argentina y la Francia: 2º, en que las crueldades de que ha sido acompañada la guerra del Estado
Oriental han sacudido á todo el mundo civilizado: 3º, en
que los intereses del comercio inglés y francés no pueden florecer á consecuencia de esa guerra que obstruye
la navegación del río de la Plata.

He aquí, pues, una *mediación* oficialmente anunciada,
convertida oficialmente en intervención armada, como
para ser lógica con los hechos consumados que así también la acreditaban. Porque mientras los ministros
interventores exigían del gobierno argentino la suspensión de hostilidades sobre Montevideo, proveían de materiales de guerra al gobierno de esta plaza; y mientras
exigían, para impedir la efusión de sangre, un respuesta
definitiva del gobierno argentino, el cual á su vez pedía
explicaciones del desconocimiento expreso del bloqueo,
hacían desembarcar en Montevideo infantería inglesa y
francesa con la que formaron batallones que tomaron
su puesto de combate en la linea de fortificación de la
misma plaza. «Ayer, escribía *El Nacional* de Montevideo del 23 de julio, desembarcaron fuerzas inglesas y
francesas de á bordo de los buques de guerra de una y
otra nación, surtos en este punto. Se nos ha asegurado
que desembarcarán más. Esto confirma más y más que

Rozas se había equivocado cuando nos aseguró que la misión de los señores Deffaudis y Ouseley no tenía más objeto que proponer una mediación.» (¹)

Los antecedentes compilados en capítulos anteriores relevarían de la tarea de examinar los motivos que invocaban la Gran Bretaña y la Francia para intervenir á mano armada en la guerra entre el gobierno argentino y el de Montevideo. Pero fuerza es hacerlo en este lugar no sólo porque así se explican los hechos subsiguientes, sino por la propia trascendencia que alcanzaron, dando margen á que en este lado de América se fijase principios de derecho que luego fueron incorporados al código general de las naciones. El primer motivo que se invocaba para intervenir en la guerra con el gobierno de Montevideo era un pretexto especioso. El artículo 1º de la convención de paz celebrada entre la República Argentina y el Imperio del Brasil el 27 de agosto de 1827 con la mediación de la Gran Bretaña, obligaba á los contratantes á prestar al gobierno legal de la provincia de Montevideo el auxilio necesario hasta cinco años después de jurada [la constitución de ese nuevo Estado y «pasado este plazo cesará toda la protección que por este artículo se promete al gobierno legal de la provincia de Montevideo, y la misma quedará considerada en estado de perfecta y absoluta independencia». El artículo 4º de la convención de paz celebrada entre la Confederación Argentina y la Francia en 29 de octubre de 1840, igualmente citado, expresaba que «quedaba entendido que el gobierno argentino seguiría reconociendo la absoluta independencia de la República Oriental del Uruguay, sin

---

(¹) El encargado de negocios de Estados Unidos denunció el desembarco de fuerzas extranjeras. Véase *Archivo Americano,* 1.ª serie, núm. 22, pág. 33. Véase lo que dice al respecto Bustamante en su libro la *Intervención anglofrancesa,* pag. 79.

perjuicio de sus derechos naturales toda vez que lo demanden la justicia, el honor y la seguridad de la Confederación Argentina».

Estos artículos obligan al gobierno argentino á reconocer la independencia del Estado Oriental, pero no se extienden, ni habrían podido extenderse á imprevistas eventualidades del futuro, como la de una guerra. El hecho de que los Estados se empeñen en guerra no implica el de desconocerse mutuamente su independencia. El gobierno argentino respondió á la guerra que le declaró el gobierno oriental, ó sea el general Rivera. Éste se alió al partido argentino de los unitarios y ambos siguieron esta guerra con los dineros, auxilios y fuerzas navales de la Francia, como se ha visto. El gobierno argentino, en su calidad de beligerante, tenía igual derecho para aliarse con el que peleaba contra el mismo enemigo; y en el curso de la guerra se alió con el general Oribe que se titulaba presidente legal del Estado Oriental, y puso bajo las órdenes de éste tropas auxiliares argentinas. Sitió á Montevideo, no por vía de intervención, ni por llevar un ataque contra la independencia oriental, de lo cual habría sido cómplice el mismo general Oribe, lo que no es admisible: sino en prosecución de las operaciones de la guerra que le fueron favorables, y de la misma manera que el general Rivera ocupó la provincia argentina de Entre Ríos y la isla de Martín García. Además del derecho del gobierno argentino de sacar el mejor partido posible de sus operaciones de guerra, los avances de la intervención extranjera de hecho, lo ponían en el caso de redoblar sus esfuerzos en guarda de los peligros que amenazaban á la Confederación mientras subsistiese en Montevideo el gobierno vencido en todo el territorio oriental, y sustituído propiamente en

esa plaza por la intervención extranjera que dominaba
en las aguas del Plata.

Si alguien podía invocar, pues, la convención de 1840,
era el gobierno argentino contra la Francia cuya participación en esa guerra acusaba miras de predominio, idénticas á las que había desenvuelto respecto de otros
Estados que tenían menos fuerzas que las que la Francia podía presentar. Lo insólito del motivo se infería
de los mismos hechos que se invocaban. Al sentir de
los interventores, el gobierno argentino amenazaba la
independencia oriental haciendo uso de sus derechos
de beligerante en cuyo carácter lo reconocían, y admitiendo la legalidad del gobierno del presidente Oribe
que imperaba en todos los departamentos del Estado
Oriental. Pero ellos, sus gobiernos, no amenazaban esa
misma independencia armando á los extranjeros en
Montevideo, proveyéndolos de abundantes materiales
de guerra, apropiándose las rentas públicas, ocupando militarmente esa plaza con nuevos batallones, con-
centrando en las aguas del Plata imponentes fuerzas
navales y reconociendo como gobierno legal al que por
obra de esos mismos extranjeros subsistia únicamente
en la plaza de Montevideo.

Ni aun en la hipótesis de que el gobierno argentino
atacase la independencia del Estado Oriental, la Inglaterra y la Francia podian invocar las convenciones de
1828 y de 1840 para intervenir como lo hacían. Para
alegar tal derecho, era necesario que dichas potencias hubiesen garantido tal independencia, y esto no había tenido lugar. La convención de 1828 entre la República
Argentina y el Brasil se celebró *por la mediación de la
Inglaterra*. El oficio de ésta fué el de «potencia mediadora», como lo consigna el artículo 18 de esa convención.
Y entre el oficio de la *mediación* y el acto de *garante*,

hay la diferencia de que la mediación termina con la aceptación ó negativa de los deliberantes ó interesados; y que la garantía presupone derechos ulteriores para exigir el cumplimiento de lo estipulado. La única garantía de la convención de 1828 es la consignada en el artículo 3º., que dice así: «Ambas altas partes contratantes se obligan á defender la independencia é integridad de la provincia de Montevideo.» La mediación amigable de la Gran Bretaña terminó, pues, en seguida de celebrada la convención de 1828.

Tan así era, que el mismo gobierno británico demostró por actos solemnes que no se consideraba garante de la independencia del Estado Oriental. En 1838 los agentes franceses en el río de la Plata ayudaron con sus fuerzas navales y con subsidios al general Rivera para derrocar el gobierno legal de la República Oriental, como en efecto lo derrocaron; y ni esta intervención ni otros actos de fuerza excitaron al gobierno británico á invocar su pretendido derecho de garante de la independencia oriental. Tampoco la Francia estableció acto esplícito de garantía en la convención de 1840. Así consta del propio tenor del artículo 4º. de dicha convención. «*Queda entendido* que el gobierno de Buenos Aires seguirá considerando en estado de absoluta independencia á la República Oriental, *sin perjuicio de sus derechos naturales, toda vez que lo reclamen la justicia, el honor y la seguridad de la Confederación Argentina.*» La independencia del Estado Oriental se recordó como un hecho preexistente. No se declaró ni se estipuló que la Francia garantía la convención de 1828; y la garantía no se infiere: es necesario que ella sea expresa, según opinión de los tratadistas, á la que servía de guia la aplicación práctica de ese principio internacional en actos de garantía como los de Dresde, de Aix la Chapelle, de Teschen,

Tilsit, etcétera. (¹) Y tan evidente es que la Francia no dió tal acto de garantía, ni entendió que lo daba, que el mismo Mr. Guizot, ministro de relaciones exteriores de Luis Felipe, decía en la Cámara de Diputados de Francia en abril de 1841: «La Francia ha hecho consagrar en el tratado que firmó el honorable almirante de Mackau una declaración de independencia, ya estipulada, de la República del Uruguay; pero no se ha comprometido de modo alguno á garantir en todos casos esa independencia por la guerra.»

El segundo de los motivos en que los ministros Ouseley y Deffaudis fundaban la intervención armada, es á saber que las crueldades que acompañaban la guerra en el Estado Oriental habían sacudido al mundo civilizado; no era serio; como quiera que aun en el supuesto de que estas crueldades se hubiesen llevado á cabo en una medida tal como para producir estas sacudidas, él desaparecía inmediatamente con la guerra, la cual estaba propiamente terminada sin la intervención extranjera, y con la subsiguiente pacificación de la República Oriental. Lo singular era que el mundo civilizado se sacudía ante las crueldades del ejército sitiador del general Oribe, pero no ante las del ejército de la plaza, siendo real y positivo que en el terreno de las represalias ninguno se excedió al otro; como que ambos eran guiados por la intransigencia del personalismo y por el odio que venían exacerbando los propios vaivenes de la lucha.

Por mucho que se abultasen estos actos de crueldad, ellos no eran como para sacudir al mundo civilizado si, como era de creerse, la Gran Bretaña y la Francia se sacudían en representación de éste. En la lucha en el

_____

(¹) Véase Fagel, *De garantía fœderum*, cap. VII, pág. 4.—Véase también Reyneval, libro III, capítulo. 13.

Estado Oriental campeaban por lo menos los ciegos entusiasmos, la noble abnegación, los sentimientos que consagra el esfuerzo común en favor de un resultado al que se vincula el porvenir individual de cada hombre, convertido en soldado de su propia causa. Y el interés de apoderarse de las riquezas ajenas, y mantener á los pueblos en una sumisión muy parecida á la esclavatura, campeaba en esas guerras tremendas que llevaron la Francia ó la Gran Bretaña á la China, la India, Argel, México, Irlanda, etcétera. En la China y en la India los franceses y los ingleses saquearon é incendiaron pueblos, diezmaron los habitantes y cometieron los excesos de la barbarie; y como á pesar de tanta crueldad y de tanta sangre se levantaban todavía hombres á defender su suelo, su familia y sus hogares, los civilizadores inventaron entre otros suplicios horribles el de formar *pirámides* con hombres, mujeres y niños; y derribarlas á cañonazos á fin de que esos miembros mutilados fueran sembrando el terror á la distancia... La conquista de Argel presentó el cuadro sombrío de la devastación y la ruina en toda la extensión del vasto y fértil territorio. Después de apoderarse de los tesoros del Bey, los franceses incendiaron ciudades y aldeas, hicieron verdaderas carnicerías en las poblaciones errantes y fugitivas, y redoblaron su saña y sus crueldades para reducir á Abd-el-Kader,—la voz de la patria que se elevaba heroica en medio de cenizas y de sangre. En México abusaron de la fuerza sobre el débil y el inerme, bombardeando á San Juan de Ulloa y exigiendo fuertes sumas; ya que por entonces no pudieron llevar adelante la conquista de esa riquísima república que tentaron después bajo el Imperio de Napoleón III. En Irlanda los excesos, los suplicios y el despotismo sangriento, asumieron proporciones verdaderamente salvajes, y á esta costa lord Castlereagh, pudo decir complacido que «la Irlanda estaba pacificada». mereciendo por ello el ministerio y los honores. Y adviértase que estas atrocidades de las grandes potencias civilizadoras. eran modernísimas, como que algunas de ellas se consumaron casi al mismo tiempo en que se hacía la guerra en el río de la Plata. El mundo civilizado no dió síntomas de quererse sacudir de indignación ante esas atrocidades. quizá porque no se sentía con fuerzas para indignarse en favor de los débiles. cuando las grandes potencias teníaı fuerzas suficientes para exigir felicitaciones...

El tercero de los motivos en que los ministros Deffaudis y Ouseley fundaban la intervención armada, (de que los intereses del comercio francés é inglés no podian florecer á consecuencia de esa guerra que obstruía la navegación del río de la Plata). no tenía mayor consistencia que los anteriores. Era notorio que el gobierno argentino no excluia el comercio extranjero de los puertos argentinos. El bloqueo y las restriciones respecto de algunos puertos eran eventualidades consiguientes al estado de guerra en que se hallaba el gobierno argentino. y á las que estaban naturalmente sujetas las banderas neutrales. Esto es elemental respecto del tráfico comercial entre naciones amigas.

Un hecho reciente y notable. ocurrido entre la Gran Bretaña y la Francia precisamente. demuestra hasta qué punto las grandes potencias pensaban que se podía y se debía llevar semejantes restricciones. Para zanjar diferencias sobre perjuicios ocasionados por interrupciones comerciales en caso de bloqueo. esas dos potencias nombraron árbitro al rey de Prusia. Éste falló que. á pesar de que el tratado de 1783 concedía la libertad á los ingleses para el comercio de goma desde la boca del río San Juan hasta la bahía y puertos de Pontendic; y

aunque el bloqueo de este puerto era declarado por la
Francia sobre una posesión suya, á consecuencia del
estado de hostilidad contra las tribus indígenes, sólo
se debía compensación en los casos de los buques interceptados sin noticia previa; y rechazó todas las reclamaciones sobre interrupción del tráfico á consecuencia
del ejercicio del derecho de beligerante.

Y otro hecho no menos reciente y notable de las dos
grandes potencias citadas, en el río de la Plata, ponía
de relieve lo insólito del motivo que alegaban para intervenir en estas mismas aguas. Invocando perjuicios
inferidos á algunos franceses, los cuales perjuicios
eran más que susceptibles de arreglarse por la vía diplomática, como se arreglaron al fin, la Francia declaró
bloqueado, sin fuerza efectiva, el puerto de Buenos Aires y todo el litoral argentino desde el año 1838. al
1840; se apoderó de la isla de Martín García y quedó
dominando por el abuso de la fuerza las aguas del Plata
y sus afluentes. La Gran Bretaña no se sintió excitada
ni á intervenir ni aún á reclamar de esa verdadera obstrucción de la navegación y del comercio. Aunque hubiese impuesto restricciones mucho mayores que las de
no admitir en el puerto de Buenos Aires y en los del
litoral á los buques que tocasen en el puerto de Montevideo; y aunque no hubiese mediado la circunstancia
esencialísima del bloqueo desconocido por las potencias
interventoras, el gobierno argentino no habría hecho
más que usar de sus derechos de soberano; y las potencias neutrales no podían hacerle en ningún caso otros
cargos que los que derivasen de violación expresa de
tratados de navegación ó de comercio, en tiempo de paz.
Esto es tan evidente como el derecho perfecto que tenía para legislar sobre la navegación de los ríos de la
República. «En virtud de la propiedad del Estado, el

gobierno puede, con exclusión de los extranjeros, disponer de su territorio según su voluntad. La independencia de los Estados se hace observar particularmente en el uso libre y exclusivo del *derecho de las aguas* en toda su extensión, así en el territorio del Estado, como en sus ríos, grandes y pequeños, canales, lagos. Este uso no se restringe sino cuando el Estado renuncia á él en todo ó en parte por convenciones. No se le podrá acusar de injusticia si prohibe todo paso de buques extranjeros por los ríos grandes ó pequeños de su territorio, ó entrada ó permanencia en los puertos ó en la rada.» (¹)

Son las conveniencias recíprocas de nación á nación, sancionadas por convenciones voluntarias, las que restringen estos derechos del soberano, confirmados por todo lo que se ha estipulado en los tratados respecto de los rios Tajo, Rhin, Escalda, Vistula, Pó, etcétera. Estas conveniencias y los tratados y convenciones internacionales con Inglaterra, Brasil, Portugal, España, Cerdeña, abrieron los puertos argentinos al comercio de todas las banderas con las limitaciones respecto de los rios interiores. Y estas limitaciones derivaban de la propia legislación española, de los primeros congresos argentinos y estaban solemnemente ratificadas en los tratados interprovinciales de 1820, 1823, 1829 y 1831, los cuales consagraban el hecho establecido de la regalía de la bandera nacional para la navegación de los ríos interiores y para el comercio de cabotaje, y deferían la legislación definitiva respecto de las franquicias á las banderas extranjeras al Congreso general de la provincias argentinas.

(¹) Entre los principales tratadistas de la época, véase á Vattel, Chitty y principalmente á Klüber *(Droit des Gens Moderne de l'Europe)*, vol. I, tit. 2, ch. 1, § 134 y 135. Ib. vol. I, § 76.

El gobierno de Rozas nada innovó al respecto. Muy al contrario, concedióle al comercio fluvial de los extranjeros franquicias que le negaban las leyes de la República, originarias de los tratados citados. La ley nacional del 23 de noviembre de 1816, concordante con las leyes de 5 octubre de 1821, concedía solamente á los ciudadanos argentinos ó naturalizados el derecho de comercio y ocuparse en el cabotaje mayor y menor, y excluía completamente á los extranjeros, prohibiéndoles ser patrones de buques, cargar y descargar y tener buques de su propiedad. Bajo el gobierno de Rozas todos los extranjeros se ocupaban, sin traba alguna, ya en el cabotaje mayor desde los cabos de Santa María y San Antonio hasta el interior del río de la Plata, ya por el Paraná hasta los confines del Paraguay y por el río Uruguay, y en los numerosos ríos y riachos interiores. Las restricciones que sobrevinieron respecto de los buques que tocasen en Montevideo ó Corrientes, fueron originadas por la guerra y por el desconocimiento que hicieron las potencias interventoras del bloqueo argentino en aquella primera plaza. (1)

---

(1) En todo el año de 1844 entraron en el puerto de Buenos Aires 620 buques y salieron del mismo 647, segun se ve por el «Estado oficial» que publica La Gaceta Mercantil del 15 y del 22 de febrero de 1845, con especificación de clases de los buques, nombres, capitanes, procedencia, consignatarios, toneladas y cargamento. De los 620 buques que entraron, eran:

Argentinos	35
Ingleses	86
Franceses	39
Americanos	73
Brasileros	53
Españoles	59
Sardos	146
Dinamarqueses	40
Hamburgueses	20
Prusianos	9
Suecos	10
Rusos	3

Y si algunas naciones no podian invocar el pretexto de limitaciones ó restricciones á la navegación y al comercio fluvial, éstas eran la Gran Bretaña y la Francia, cuyas banderas penetraban en las aguas argentinas con mayor franquicia que la que sus mismas leyes acordaban á los extranjeros, y de la que acordaban los tratados. La ley británica, muy semejante á la francesa, excluía no sólo el pabellón sino también la persona de los extranjeros del comercio de cabotaje. (¹) El artículo 2º del tratado de 2 de febrero de 1825 entre la República Argentina y la Gran Bretaña establece que los habitantes de los dos paises gozarán respectivamente la franquicia de llegar libremente con sus buques y cargas á todos aquellos parajes, puertos y ríos de los dichos territorios *adonde sea ó pueda ser permitido á otros extranjeros llegar*. Esta cláusula importa el conocimiento de la regalía que se reserva el soberano en sus aguas respectivas; y consi-

Holandeses	2
Lurenses	21
Bremenses	12
Austriacos	3
Orientales	2
Portugueses	1
Belgas	1
Daneses	3
Noruegos	1
Oldemburgueses	1

Según un otro estado igualmente prolijo, existian, además, anclados en el puerto de Buenos Aires el 31 de diciembre de 1844, *ciento dos* buques extranjeros de alta mar.

En todo el mismo año de 1844 salieron del puerto de Buenos Aires para el interior de los ríos Paraná, Uruguay, etcétera dos mil (2.000) buques de *cabotaje nacional*, con cuarenta y ocho mil ciento veintisiete toneladas. (Véase este estado en *La Gaceta Mercantil* del 24 de febrero de 1845.)

(¹) «No es permitido á persona alguna cargar ó conducir en cualquier buque de que un extranjero sea dueño ó socio y del cual no sean marineros ingleses al menos las tres cuartas partes, víveres, pescados, géneros ó artículos de cualquiera naturaleza que sea, de un puerto de la Gran Bretaña á otro puerto de la misma, bajo pena de confiscación del buque y efectos.» (Véase Blakstone),

guientemente una restricción para el comercio y la navegación de los británicos en aguas argentinas, y viceversa. Y como no había otra nación más favorecida, es evidente que la Gran Bretaña no podía alegar contra las restricciones y limitaciones de navegación y comercio establecidas en el tratado de 1825, de acuerdo con las leyes argentinas que regían indistintamente la navegación del río de la Plata y ríos interiores de la Confederación. En cuanto á la Francia, se encontraba en el mismísimo caso de la Gran Bretaña, por su convención de 29 de octubre de 1840 cuyo artículo 5º establecía que en sus relaciones de comercio y navegación con la Confederación Argentina, la Francia sería considerada como la nación más favorecida.

El pretexto de la obstrucción del comercio en el río de la Plata y sus afluentes, respondía al propósito de la Gran Bretaña y de la Francia de crearse privilegios exclusivos. Esas potencias exigían la *libre navegación* de los ríos interiores argentinos; pero no la sujeta á los principios generales del derecho de gentes, sino una libre navegación especial para ellas, como especial era el derecho de gentes que se empeñaban en establecer en el río de la Plata. No la libertad para que sus buques permaneciesen, cargasen y descargasen en todos los puertos argentinos abiertos al comercio, y pudiesen transitar los ríos para ir hasta los otros puertos ribereños: sino el privilegio de internarse en los afluentes, y navegar de puerto argentino á puerto argentino, sin mayores requisitos ni condiciones.

Como el texto de los tratados excluía de todo punto este monstruoso privilegio, pues el gobierno argentino reservaba naturalmente para la bandera nacional el comercio de uno á otro de sus puertos, el menor ó de cabotaje; y como el gobierno de Rozas conservaba á este

respecto la legislación universalmente admitida del gobierno de Rivadavia (¹), que consagrandø ese principio
establecía los medios para dilatarlo en la práctica, la
Gran Bretaña y la Francia forzaron á cañonazos la entrada de los ríos interiores. Así se crearon derechos
que ni por los tratados podían obtener, pues que siendo
por lo general la reciprocidad la base de los tratados
de 1avegación y comercio, las leyes seculares de esas
naciones y la práctica constante les prohibían conceder
lo mismo que exigían para sí. Tal fué la libertad de
navegación que el gobierno de Montevideo y la prensa
unitaria exaltaron como una conquista de la civilización.

En el tratado de 1849 con la Gran Bretaña, el gobierno de Rozas· consiguió consignar que la navegación
de los ríos interiores quedaba sujeta á las restricciones
y regalías nacionales que habían regido desde el tiempo
de Rivadavia. Sin embargo, después del derrocamiento
de Rozas quedó triunfante ese uso, por la obra de los

(¹) Leyes de octubre de 1821.—Los tratados sobre la navegación de los ríos europeos que he citado más arriba, habían fijado
los principios de la navegación fluvial sobre la base de las restricciones contenidas en las leyes inglesas. Desde el año 1840 al
de 1845, la Gran Bretaña, la Francia, la Holanda, el Austria y el
Portugal celebraron tratados de navegación fluvial, reservándose
como regalía de la bandera nacional, el comercio de cabotaje y la
navegación de puerto interior á puerto interior de las mismas.
El último de estos tratados entre el Portugal y la Gran Bretaña,
de fecha 5 de junio de 1844 y complementario del de 3 de julio de
1842, establecía en su artículo 1º: «Los buques británicos serán admi-
tidos en los puertos de las posesiones portuguesas (isla de Santiago,
etc. etc. etc). El comercio de los otros puertos no mencionados
será considerado de cabotaje, y como tal, sólo podrá ser hecho por
embarcaciones portuguesas.»—Por lo demás, esas restricciones se
han mantenido, y son las que rigen en nuestros días la navegación
interior. Baste decir que en la convención sobre navegación celebrada entre Francia é Italia en marzo de 1886, se acordó el cabotaje
para los barcos franceses en las costas italianas del Mediterráneo, *excluyendo el Adriático*; y para barcos italianos las costas
francesas del Mediterráneo, *excluyendo el Atlántico*.

enemigos de este gobernante, que presidieron la nueva situación política de la República Argéntina. Á los alardes partidistas del liberalismo imprevisor con que se pretendía reaccionar contra los precedentes nacionales del gobierno de Rozas, á pesar de que la Constitución de 1853 ya decía que «los tratados son ley fundamental para la República», se debe él que todas las banderas navegan sin restricción de ninguna especie de puertos interiores de la República Argentina á puertos interiores de la misma; y que esta nación es la única en el mundo civilizado, con más de dos mil leguas de costas y varios ríos interiores navegables, en la cual no existe el *cabotaje nacional* ni como regalía reservada por el soberano para su bandera, ni siquiera sometida al control y limitaciones que imponen hoy todos los soberanos.

El *cabotaje cosmopolita* se interna en el último puerto, que todos están habilitados para él en la vasta extensión de la República. La bandera nacional va brillando cada vez más por su ausencia hasta casi desaparecer, como que las extranjeras usan de la regalía que corresponde á aquélla. Los estados que arrojaban en el año 1845 una entrada de 2.000 buques de *cabotaje nacional* en el puerto de Buenos Aires, y de más de 3.000 de los mismos en 1851, no se reproducen en nuestros días, á pesar del desenvolvimiento prodigioso del comercio actual con relación al comercio de aquellos días. Tan sensible es esto, que los mismos estadistas y publicistas que en odio á Rozas aplaudieron la conquista de las escuadras anglofrancesa, han reaccionado últimamente contra ese orden de cosas que compromete seriamente los intereses y hasta la seguridad de la República Argentina. (¹)

_____

(¹) El publicista doctor Andrés Lamas, que como corredactor de *El Nacional* de Montevideo y ministro del gobierno de

Los ministros interventores Deffaudis y Ouseley, en seguida de intimarle incondicionalmente al gobierno argentino que retirase sus tropas del Estado Oriental y que levantase el bloqueo de Montevideo y Maldonado en nombre de los motivos que acabo de examinar, le exigieron que respondiese sin demora á tal intimación. Como el ministro argentino Dr. Arana contestase esta exigencia

---

esa plaza en la época á que me refiero, aplaudió la intervención anglofrancesa y sostuvo entonces y después' que á los hechos que ésta produjo se debía la libre navegación del río de la Plata, no pudo menos que modificar últimamente (1883) sus ideas en un ilustradísimo estudio sobre *El cabotaje y la pesquería*, en el que examina la legislación sobre navegación del tiempo de Rivadavia, explica lo que debe entenderse por libre navegación interior, y como se ha entendido en tratados internacionales suscritos por él mismo, y se pronuncia por la necesidad y conveniencia del *cabotaje nacional*. Refiriéndose á negociaciones diplomáticas en que intervino, dice el doctor Lamas: «con la mira de evitar que al principio de la libertad de navegación consignado en los tratados, se le diera una inteligencia que despojase á estos países de todas los medios de tener una marina propia, manifestamos la idea de definirlo internacionalmente, y aceptada esta idea por el gabinete del Brasil, quedó consignada en nuestras mismas palabras en el artículo 2º. de la Convención fluvial celebrada entre la Confederación Argentina y el Brasil el 20 de noviembre de 1857: «La libertad de navegación concedida á todas las banderas no se entiende respecto de los afluentes (salvas las estipulaciones especiales en contrario) *ni de la que se haga de puerto á puerto de la misma nación*. Tanto esta como aquella navegación podrán ser reservadas por cada Estado para su bandera, siendo con todo libre á los ciudadanos ó súbditos de los Estados ribereños cargar las mercaderías en las embarcaciones empleadas en ese comercio interior ó de cabotaje.»

Y concluyendo que librar la navegación interior á las banderas extranjeras es privarse de la marinería nacional y crearse inseguridades y peligros, dice el doctor Lámas á propósito de la reclamación del gobierno italiano al oriental sobre los individuos Volpi y Patrone: «Cuando, con motivo de reclamar prontamente el castigo de los que hubieran torturado á dos italianos, los agentes públicos de esa nacionalidad torturaron á su vez el derecho de gentes y la soberanía de un pueblo civilizado, un oficial de marina, el comandante Amézaga, *intimó al cabotaje que llevaba allí la bandera italiana, que se colocase á su lado y tomase la bandera real: y lo obedecieron poniendo en evidencia que el cambio de la bandera del cabotaje podía transformar en un momento dado, en fuerza enemiga á la que por derecho debía ser y ha sido en todas las naciones fuerza nacional.»* (Véase este interesante folleto de 39 páginas. Véase un artículo que en respuesta á apreciaciones del mismo doctor Lamas, publiqué en *La Libertad* de Buenos Aires del 26 de febrero de 1883.)

alegando que su gobierno no había recibido todavía respuesta á su reclamación sobre el desconocimiento del bloqueo, los interventores le dirigieron su nota de 21 de julio en la que, aludiendo á las «exigencias visiblemente inadmisibles del gobierno argentino», declaraban que no podían retardar más tiempo la ejecución de sus instrucciones, y pedían sus pasaportes para el día 31 de julio si mientras tanto aquél no había impartido sus órdenes para hacer efectiva la intimación que le tenían hecha. Simultáneamente, ordenaban á los almirantes Lainé é Inglefield que con las escuadras de su mando detuviesen á la escuadra argentina en el puerto de Montevideo hasta nueva resolución.

El momento era, pues, solemne y decisivo. Ceder ante la actitud ultrajante y belicosa de los interventores, era humillar la dignidad nacional, y someter el país á los fáciles avances de la fuerza envanecida con una victoria más fácil todavía. Los días trascurrían y Rozas no les enviaba sus pasaportes. Indudablemente contestaría suscribiendo á la intimación de retirar sus tropas del Estado Oriental, y levantar el bloqueo de Montevideo; y ellos se encargarían de arreglar las cosas como mejor les pareciese, colocando en el gobierno de las repúblicas del Plata personas que respondieran á sus pretensiones ulteriores. ¿Cómo podía Rozas oponerse á todo el poder de la Gran Bretaña y de la Francia? Así reflexionaban los ministros Deffaudis y Ouseley, sentados á la mesa con el encargado de negocios de Francia, señor de Mareuil, el día 30 de julio. De Mareuil era el único que no confiaba en el éxito. «Ustedes no conocen al general Rozas, les decía. Mientras ustedes piensan así, quizá Rozas les manda extender sus pasaportes. Esta noche los encontrarán ustedes en su casa.» Los ministros reían de la ocurrencia cuando entró un

lacayo con un grueso oficio para el Excmo. señor ministro de S. M. el rey de los franceses, barón Deffaudis.

Era una nota del ministro Arana en la que respondía á la última del barón, bien que sin entrar en el
fondo del asunto. Consignaba, por el contrario, que su
gobierno no había manifestado opinión alguna en contra de la suspensión de hostilidades ó del retiro de sus
tropas del Estado Oriental. Que se había limitado á
decir que no podía considerar estas medidas mientras
los ministros no reconociesen el bloqueo absoluto de
Montevideo y Maldonado. Por lo demás, reproducía sus
declaraciones anteriores respecto de su buena voluntad
para aceptar la mediación, y su firme decisión de que
se conservase la absoluta independencia de la República
del Uruguay. Y atribuyendo la marcha poco favorable
de la negociación entablada á la injusta intervención
que los ministros mediadores habían tomado en Montevideo, cita el hecho de que las fuerzas navales de Francia y la Gran Bretaña proveían de municiones, pólvora
y pertrechos de guerra á los extranjeros armados en
Montevideo, precisamente cuando el barón Deffaudis y
Mr. Ouseley pedían la suspensión de hostilidades; el no
menos injustificable del secuestro de la escuadra argentina en Montevideo por la escuadra francesa y británica, precisamente cuando los mismos ministros exigían
que se retirase de allí dicha escuadra; y el de que en
las mismas circunstancias en que se quejaban al gobierno
argentino del modo como se redoblaban las hostilidades del ejército sitiador de Montevideo, hacían desembarcar en esa ciudad fuerzas armadas de la escuadra
británica y francesa. « Bajo tales circunstancias, agregaba el ministro doctor Arana, el infrascripto incluye á
V. E. el pasaporte que le ha pedido para dejar esta ciudad. Esta resolución de V. E. prepara un porvenir fu-

nesto. Terribles males sobrevendrán por la posición en que se coloca. El infrascripto, por lo tanto, protesta á V. E. muy seriamente por una medida que el gobierno ha deseado y desea sincera y vivamente evitar. Declara asimismo, á nombre de su gobierno, á V. E., que la responsabilidad de los sucesos que sobrevengan, pesa sobre la conducta de V. E. en el desempeño de la misión de paz y amistad cuyo buen término ha deseado este gobierno.» (¹) Adjunto iba el pasaporte firmado por el mismo general Juan Manuel de Rozas; y ya no le quedó duda á Mr. Ouseley de que en su casa, adonde se dirigió precipitadamente, encontraría una nota igual y su pasaporte.

Los ministros Deffaudis y Ouseley se trasladaron inmediatamente á Montevideo, y engrosaron con la infanteria de los buques ingleses y franceses la guarnición extranjera de esa plaza, tomaron posesión de ella de hecho, y se erigieron francamente en árbitros de la situación de fuerza que creaban en el río de la Plata, á propósito de una *mediación pacífica* que quisieron conducir comenzando por desconocer los derechos de uno de los beligerantes y hostilizándolo por actos que valían tanto como hacer causa común con el otro beligerante. «La toma de posesión de Montevideo por las fuerzas anglofrancesas, escribía *La Gaceta Mercantil,* es la más descarada y más flagrante violación de la ley de las naciones, y el ataque más directo á la seguridad de la Confederación Argentina, á los derechos del Brasil y á los intereses de los Estados americanos. Éstos tendrán la clave de la política que desplegaron las fuerzas navavales anglofrancesas que hacen en Montevideo la pri-

---

(¹) véase estas notas. *Diario de Sesiones* de la Legislatura de Buenos Aires, tomo 31 página 356 y siguientes.

mera jornada de la supremacía que pretenden establecer en el continente. En tal situación la opinión de las repúblicas del Plata se prepara á resistir la intervención. Ella no se afianzará en estos paises sin que antes desaparezca con las armas en la mano el último de los argentinos y orientales.» El diario oficial no se engañaba. La opinión pública rodeó á Rozas que con firmeza singular se oponía á la fuerza de las dos grandes potencias europeas que tantas soberanías habían vulnerado y absorbido; y la Confederación Argentina respondió con la guerra, á la guerra que le trajeron la Gran Bretaña y la Francia.

CAPÍTULO LI

LA INTERVENCIÓN ANGLOFRANCESA

(1845)

Ocupada militarmente la plaza de Montevideo por fuerzas francesas y británicas, provista de todos los artículos y material de guerra que necesitaba, y protegida además por las escuadras de esas naciones, los argentinos emigrados que juntamente con el gobierno

de esa plaza trabajaron estos resultados, se esforzaron
en que el general Paz, nombrado como se ha visto,
comandante en jefe del ejército de Corrientes, desmin-
tiese con los hechos la aseveración del gobierno de
Rozas, de que la opinión de la República Argentina lo
acompañaba para defenderse como lo hacía de las impo-
siciones y agresiones de las potencias interventoras. (¹)
Poco debía de contar Paz sobre los estímulos de quienes lo habían colocado al borde del sacrificio, cuando se
resistió á servirles de instrumento de miras que á él
no le cuadraron. Ya se había anticipado por su parte
á disciplinar las fuerzas de Corrientes en el campo de
Villanueva; había organizado la defensa de esa provincia, y resuelto la expedición á Santa Fe al mando del
general Juan Pablo López.

Éste salió de Villanueva con 700 hombres, atravesó
el Paraná y en los últimos días de junio (1845) emprendió su marcha por el Chaco. El 6 de julio llegó á
dos leguas de la capital de Santa Fe, y sorprendió el cantón
de Andino que guarnecía la división del coronel Santa
Coloma, «la cual fué del todo muerta ó prisionera»,
dice el general Paz. En seguida se posesionó de la
capital batiendo la fuerza que reunió á última hora el
general gobernador Echagüe, á pesar de haber recibido
avisos del gobernador de Entre Ríos de la invasión de
López (₂). Simultáneamente fuerzas de Corrientes se
hicieron sentir sobre Alcaraz, sorprendiendo la guardia
de ese punto y como para hacer creer que abrían operaciones sobre Entre Ríos. Pero el general Garzón pensando, y con razón, que Paz no abriría su campaña

---

(¹) Véase Memorias del general Paz tomo IV, pág. 199.
(²) Carta del gobernador Crespo al coronel Lagos, original en mi
archivo. (Véase el apéndice.)

cuando menos hasta no conocer los resultados de la invasión á Santa Fe, se conservó por su parte á la defensiva, reuniendo todo el ejército de reserva en el Arroyo Grande, con excepción de la columna que maniobraba á las órdenes del coronel Lagos. (¹)

Mientras López permanecía inactivo en la ciudad de Santa Fe, Echagüe se reorganizaba en el Rosario apoyado por la escuadrilla al mando del coronel Thorne, quien hacía la policía de las islas y subía y bajaba el Paraná según lo demandaban las circunstancias. (²) López no tenía ni su retirada asegurada cuando Echagüe se dejó sentir sobre Santa Fe; y se vió precisado á desalojarla, dejando el parque y bagajes de que se había apoderado. El 2 de agosto fué batida su vanguardia del otro lado del río Salado. El 5 Echagüe retomó la capital y López consiguió retirarse por el Chaco. Fortuna para él fué que Paz, en previsión de un desastre, hizo pasar el Paraná simultáneamente con López al coronel Soto con 200 hombres para que se situase en San Javier, y colocó al general Juan Madariaga en la margen izquierda del mismo Paraná con orden de repasarlo si fuese necesario. Cuando Paz supo que López se retiraba, ordenó á Madariaga que reuniese los buques que sirvieron para el pasaje de la expedición en el punto en que López designase. Éste designó el paso de Pindotí, y cuando todo estaba pronto para el pasaje resolvió hacerlo ocho leguas más arriba. Pero Echagüe que lo perseguía, lo estrechó el 12 de agosto en San Jerónimo ó *Mal Abrigo*. López fué completamente deshe-

---

(¹) Carta del general Garzón al coronel Lagos, original en mi archivo. (véase el apéndice.)

(²) Carta del gobernador Crespo al coronel Thorne, idem, ídem· (véase el apéndice.)

cho. y á no haber sido la resistencia del coronel Bernardino López que fué quien se sostuvo. quizá no habría podido cruzar el Paraná y presentarse con un pequeño grupo en el campamento del general Paz. (¹)

Las fuerzas navales de Francia é Inglaterra rompían entretanto sus hostilidades contra la Confederación Argentina, ejerciendo medidas tales que, por no ser de uso entre naciones civilizadas, podían ser calificadas de actos de piratería. El 22 de julio, pendientes todavía las negociaciones con los ministros Deffaudis y Ouseley, los almirantes Inglefield y Lainé intimaron al almirante Brown que no se moviese de las aguas de Montevideo con la escuadra de su mando. El viejo almirante se limitó á responder que por resolución de su gobierno debía transportarse á Buenos Aires. El 31 el capitán Pasley de la *Curaçao* y el capitán Moursieur de *L'Africane,* fueron á bordo del *San Martín* á exigirle á Brown, á nombre de los almirantes británico y francés, la entrega de todos los marineros ingleses y franceses que tripulaban los buques argentinos, y haciéndolos formar sobre cubierta los amenazaron con la pena de traición á la patria, esto es, con la horca, si seguían sirviendo á la Confederación en esas circunstancias. El día 2 de agosto, después de haberlo acordado con el capitán Pasley, Brown hizo á sus buques la señal de prepararse para dar la vela, y zarpó después de mediodía con la *25 de Mayo, 9 de Julio, San Martín. Maipú* y *Echagüe.* Pero entonces los buques británicos y franceses hicieron fuego sobre los argentinos con su artillería de grueso calibre. metiéndole una bala al *San Martín* y otra á la *25 de Mayo.* Brown no pudo menos que ceder á la violencia, pues que

---

(¹) Véase *Memorias* de Paz tomo IV, 211. Véase carta de Echagüe en el apéndice.

hasta sus cañones estaban descargados. «Tal agravio,
dice Brown, demandaba imperiosamente el sacrificio de
la vida con honor, y sólo la subordinación á las supremas
órdenes de V. E. para evitar aglomeración de incidentes
que complicasen las circunstancias, pudo resolver al que
firma á arriar un pabellón que durante 33 años de conti-
nuos triunfos ha sostenido con toda dignidad en las aguas
del Plata.» Los almirantes Lainé é Inglefield se apoderaron de los buques argentinos, izaron en unos el pabellón
inglés y en otros el francés; se apoderaron del armamento
é hicieron prisioneros á todos los marinos argentinos.

Este abuso de la fuerza, perpetrado sin previa declaración de guerra, abunda en episodios vergonzosos para
los interventores y sus aliados. Arriado el pabellón azul
y blanco de los buques argentinos, izado en éstos el
francés ó el inglés, los emigrados argentinos en Montevideo fueron en botes de la corbeta de guerra inglesa
Curaçao á seducir la oficialidad y tripulación prisioneras
del *General Echagüe*. El comandante de este buque rechazó
tales proposiciones, como las rechazaron los del *San Martín* y *25 de Mayo* á quienes también se las hicieron. Entonces lo insultaron en presencia del 2º comandante de la
Curaçao, y el oficial de la Confederación Argentina se
vió en la necesidad de declarar que reprimiría con sus
armas á los que lo insultaban, una vez que prisionero
no encontraba protección bajo el pabellón británico.
Después de estos hechos que afirma el verídico Brown, á
quien se debe creer aunque él fuese el único testimonio
que los abonare, el ministro británico obligó todavía al
viejo almirante argentino á que declarase que no tomaría
las armas bajo el pabellón de su patria adoptiva durante la cuestión que se ventilaba. «Esta declaratoria,
dice Brown, puso en mayor conflicto al que firma; pero
considerando que así el gobierno como los habitantes

W Brown

de la República harían la debida justicia á los defensores
del pabellón argentino sobre Montevideo, y que este acto
no importaba otra realidad que la de acreditarse más
y más la violencia y escandalosa conducta de las fuerzas navales de Inglaterra y Francia, se prestó á él...» (¹)

El apresamiento de la escuadra argentina retempló
más, si cabía, el sentimiento nacional argentino. El general Rozas elevó todos los antecedentes á la legislatura.
Los diputados Garrigós, Tórres, Sáenz Peña, Campana y
Argerich mantuvieron la atención pública en esas sesiones
memorables; y abogaron por la necesidad de resistir á la
intervención para salvar la integridad de la patria y el porvenir del régimen republicano. Verdaderas explosiones
de entusiasmo levantó don Nicolás de Anchorena cuando,
abundando sobre lo mismo, dijo que en esa contienda por la
dignidad nacional no había sino argentinos con la sangre
de los del año de 1810, ó traidores aliados de la intervención. La legislatura aprobó la conducta del poder ejecutivo
y lo autorizó para que procediera en sostén. del honor de
la Confederación y exigiera del rey de los franceses y de
S. M. B. la reparación de los agravios inferidos por las
fuerzas navales de ambos soberanos.

(¹) véase el parte del almirante Brown en *La Gaceta Mercantil*
del 16 de agosto de 1845. Don José Luis Bustamante, secretario del
general Rivera, en un libro de propaganda que escribió para demostrar los errores de la intervención anglofrancesa, ó sean los medios
que ésta tuvo para proceder mas coercitivamente todavia de lo
que lo hizo contra la Confederación Argentina, dice refiriéndose al
apresamiento de la escuadra argentina : «Muy luego fueron envia-
dos á Buenos Aires todos los jefes, oficiales y tripulación que no
quisieron tomar servicio en Montevideo. La escuadra fué repartida
bajo inventario entre las fuerzas inglesas y francesas. Este fué el
primer hecho conspicuo de la intervención. Él anunciaba al mundo,
y los hijos del Plata lo creyeron así de buena fe, que el momento
habia llegado de la libertad de estos paises.» véase *Los cinco
errores capitales de la intervención anglofrancesa*, pág. 72. El
parte de Brown y todos los documentos anexos están publicados
también en el *Archivo Americano*, 1ª serie, número 22 y siguientes,
y en el *Diario de sesiones* de la legislatura de Buenos Aires, tomo
31, pág. 373 y siguientes.

Al apresamiento de la escuadra argentina se siguió
el reparto que de ella entre sí hicieron los ministros interventores, dejando ya completamente de mano la vía
diplomática. La firmeza singular de Rozas les había arrebatado la fácil victoria que creyeron obtener con la sola
ostentación de la fuerza. Recurrieron, pues, á la última
ratio de sus instrucciones, para imponer la libre navegación de los rios interiores, á que ellas se referían. Ocupar
los puntos dominantes del litoral argentino, fué entonces
su mira. Lo que harian despues con estas ocupaciones,
lo resolverían las circunstancias. Á nadie se le ocultaba
que bajo el velo de una intervención injustificada, había
la idea preconcebida de predominio y de conquista. La
prensa europea lo venía anunciando por sus priıcipales
órganos. Hablando de la compra que hicier01 los ingleses de la aduana de Moıtevideo, dando en vez de dinero
provisiones, y siendo el comodoro Purvis el proveedor,
ya decía Emilio de Girardin en *La Presse* del 19 de marzo
de 1844: «Los ingleses han llegado á tratar con el gobierno oriental la adquisición de la Colonia, puerto muy
importante entre Montevideo y el Uruguay. La Inglaterra
ha pedido vanamente hasta ahora la libre navegación de
los ríos, á lo que la Confederación Argentina se ha rehusado en nombre de su interés y en uso de su derecho.»

Sin perder tiempo, los ministros interventores reforza-
ron la artillería de los buques argentinos apresados, arbo-
laron en éstos la bandera oriental, los tripularon con
extranjeros y los pusieron al mando del coronel don José
Garibaldi. (¹) Muy luego las escuadras de Gran Bretaña y
Francia se internaron en las aguas del Paraná y del Uruguay; apresaron buques mercantes argentinos, y ocuparon
la isla de Flores con una guarnición. El 10 de agosto pasaron en actitud de combate por el canal principal de la
isla de Martín García y siguieron aguas arriba por la boca

del Guazú. El gobierno de Montevideo pretendió legalizar los atropellos que se siguieron, por medio de un decreto del 19 de agosto que sólo podían hacerlo efectivo los interventores con la fuerza naval de que disponían. Fundándose en que los almirantes de Inglaterra y de Francia declararon bloqueados desde el 1º de agosto todos los puertos y costas ocupados por el ejército argentino; y en «que debia cooperar al lleno de esta medida», declara en riguroso bloqueo é incomunicación todo el litoral uruguayo y demás puertos y costas de la República ocupados por el enemigo.

Cuando el gobierno de Montevideo expidió este decreto, los almirantes Lainé é Inglefield, al frente de las fuerzas navales anglofrancesas, y llevando consigo los buques argentinos apresados y al mando de Garibaldi, se encontraban en la Colonia. El 26 de agosto estrecharon el bloqueo con el designio de apoderarse de ese punto. El día 30 reunieron 28 buques entre mayores y menores y fondearon en la ensenada del Caño, á media legua de la Colonia, y después de ponerlos en línea intimaron rendición á la plaza. La defensa de ésta consistía en 7 cañones de á 4 y de á 8, y en 300 infantes aproximadamente. (¹) El coronel Jaime Montoro, comandante del departamento, rechazó la intimación; y en la mañana siguiente 200 cañones lanzaron sus fuegos sobre la Colonia. El éxito no podia ser dudoso. Á las 9 de la mañana se retiró el coronel Montoro dejando solamente 40 hombres al mando de un alférez. Después de cuatro horas de cañoneo que incendió y arruinó la ciudad, desembarcaron los anglofranceses y Garibaldi, y enarbolaron sus banderas en las murallas. Una vez adentro se apoderaron de todos los efectos y artículos

---

(¹) Bustamante, en carta á Rivera, le dice que Garibaldi lleva 600 hombres. Manuscrito original en mi archivo. (Véase el apéndice.)

que encontraron, incendiaron varias casas de los que se habían salvado, maltrataron á los partidarios de Oribe, é insultaron á la noble dama doña Ana Monterroso, esposa del general Juan Antonio Lavalleja, fundador de la Independencia oriental. (¹)

Los anglofranceses se atrincheraron en la Colonia y aun intentaron algunas salidas, pero fueron rechazados á balazos por las fuerzas con que se mantenía el coronel Montoro, cortándoles toda comunicación por tierra. Y como su objeto principal era no tanto internarse en el territorio cuanto apoderarse de los puntos dominantes de los ríos interiores, dejaron una buena guarnición en la Colonia y se dirigieron á tomar la isla de Martín García. (²) Este punto que es, por decirlo así, la *compuerta* del río de la Plata, estaba imprudentemente desguarnecido. Sólo había allí 10 soldados viejos é inútiles y un niño al mando del mayor Rodríguez. Verdad es que la guerra, pues que actos de guerra eran, que hacían la Francia y la Inglaterra á la Confederación Argentina, era la guerra inesperada y de sorpresa, sin previa declaración y en circunstancias en que según los mismos interventores «estaban pendientes las dificultades con el gobierno argentino». El 5 de septiembre apareció frente á Martín García la corbeta de guerra francesa *Expeditive,* seguida de los buques argentinos apresados y mandados por Garibaldi. El comandante francés intimó la entrega de la isla, ofreciéndole al mayor Rodríguez y á los suyos trasportarlos á Buenos Ai-

---

(¹) Véase los partes del coronel Montoro en *La Gaceta Mercantil* del 30 de septiembre de 1845. véase *El Nacional* y *El Comercio del Plata* de Montevideo de 4, 5 y 6 de septiembre. *Le Journal des Débats* de París del 2 de mayo de 1846 publicó detalladamente la toma y el saqueo de la Colonia. véase *L'Annuaire Historique* de Lesur, año 1845, pág. 229.

(²) véase en el apéndice la carta de Bustamante á Rivera en que le dá cuenta de este suceso y de la situación de Montevideo. (Manuscrito original en mi archivo.)

res. El jefe argentino contestó dignamente. Garibaldi desembarcó en tierra con sesenta hombres, arrió la bandera argentina azul y blanca de los argentinos y tomó posesión de la isla enarbolando en ella el pabellón oriental. El día 6 llegaron los almirantes Lainé é Inglefield con cinco buques de guerra, embarcaron los cueros vacunos y algunos efectos que encontraron, dejaron una guarnición, y llevando á Garibaldi siguieron Uruguay arriba. (¹).

Al llegar á la costa de Gualeguaychú los almirantes aliados ordenaron á Garibaldi que atacase ese pueblo puramente comercial y desguarnecido. Garibaldi lo verificó por sorpresa é impuso una contribución de guerra. Durante dos días los soldados saquearon las casas de familia y principalmente las de comercio. Los más damnificados, que eran comerciantes sardos, españoles, portugueses y franceses, suscribieron una protesta en la que especificaban las sumas de dinero y los artículos de que habían sido despojados. (²) Este saqueo fué tan notorio que hasta los mismos partidarios que asistieron á la

(¹) Véase el parte del mayor Rodriguez y las notas del comandante Derminiar y del coronel Garibaldi en *La Gaceta Mercantil* del 18 de septiembre de 1845.

(²) En *La Gaceta Mercantil* del 23 de octubre de 1845 están registradas esas protestas, que suscriben individualmente ante el comandante militar y ante el alcalde mayor, don José Benites (portugués), por saqueo de su almacén, por valor de 5.000 pesos, sin incluir la goleta «Jóven Emilia» que se la llevaron; don Agustin Peyrelo (sardo) por saqueo de sus dos casas de trato, por valor de 6.700 pesos; don Juan Iriarte, por saqueo de su almacén, por valor de 1.210 pesos en artículos y 975 pesos en dinero efectivo; don Juan Sousa Martinez (portugués), por robo en su casa en efectos y dinero, importante 1.600 pesos; don Antonio Peisano (sardo), «me llevaron, dice, á la presencia del coronel Garibaldi, y me robaron la mayor parte de los efectos de la tienda cuyo importe asciende á 2.600 pesos, y aunque reclamé la devolución de ellos al citado Garibaldi, nada se me entregó, contestándome éste que era un mal que no podia remediar»; don José Sobral (español), por saqueo en su casa de negocio y robo de dinero que tenia en su baúl, importante 1.710 pesos; don Domingo Elizalt (vasco francés), saqueo en su casa é intimación á mano armada para que entregase dinero, importante todo 346 pesos; don Andrés Chichisola (sardo), por saqueo en su casa de negocio é igual inti-

toma de Gualeguaychú no vacilaron en asignarle las grandes proporciones que tuvo. Entre otros. don A. Galván, en carta detallada que sobre este suceso escribe al señor Ortega, y que fué tomada pocos días después con la correspondencia de Garibaldi, por fuerzas de Paysandú. dice: «En cuanto *á presas,* es tan crecido el número de ellas que ya no lo tengo presente.» (¹) «Hasta hoy, escribía en 27 de septiembre el general Garzón. la escuadrilla salvaje del pirata Garibaldi no ha pasado de Fray Bentos; pero ha hecho un asalto al territorio entrerriano, en el que ha cometido el bárbaro atentado de saquear un pueblo indefenso. que no ofreció ninguna resistencia.» Partidarios caracterizados de la defensa de Montevideo no podían menos que protestar en beneficio propio contra esos salteos. Don José Luis Bustamante, hombre público, secretario y activísimo agente del general Rivera, le escribía á éste desde Montevideo, en 2 de noviembre: *«Garibaldi saqueó la Colonia y Gualeguaychú escandalosamente:* no puede contener la gente que lleva. Esta marcha nos desacreditará mucho; y mientras no se vean al frente de esas operaciones jefes del país. nada adelantaremos: la guerra será interminable. Yo procuro por todos medios hacer sentir esta verdad á los ministros mediadores.» (²)

---

mación para que entregue dinero efectivo, importante todo 1.035 pesos; y por saqueos en sus casas de negocio, robo de dinero é intimación á mano armada siguen: don Juan Lucero (argentino). Juan B. Soluso (francés), Juan Costa (sardo), Juan Echegarría (francés), Pedro Alcahenest (idem), Juan Gueroa (idem), Juan Isaldi (idem), Juan Archaine (idem), Pedro Vallt (idem), Juan Gaurebiguerri (idem), Juan Iturralde (idem), Lorenzo Aguerre y hermano (idem), Bautista Dohyenard (idem), Juan Arambago (idem), Samuel Ircart (idem), Juan Carrica (idem). Juan Barneht (idem), Carlos Anderson (inglés), Ángel Beris (sardo), Jerónimo Gómez (argentino), Leopoldo Espinosa (idem), Prudencio Gómez (idem). Juan Méndez Casariego (idem). Total 31 casas de negocio saqueadas en un pueblo de 4.000 almas.

(¹) véase *La Gaceta Mercantil* del 14 de noviembre de 1845.

(²) Manuscrito original en mi archivo. (Véase el apéndice.)

Y cuando tales atropellos perpetraban las escuadras de Gran Bretaña y Francia, los ministros interventores le dirigían al gobierno argentino su nota de 17 de septiembre, que era un trasunto del lenguaje diplomático usado con el bey de Argel. Fundándose en que no han podido arribar á la pacificación del río de la Plata; en el lenguaje violento de la prensa, y de « la asamblea que llaman Sala de Representantes »; en que el gobierno argentino atropella á los extranjeros y llama *salvajes* á los unitarios; en que á la cabeza de la policia hay una asociación famosa por multitud de hechos siniestros; y en que el mismo gobierno ha prohibido toda comunicación entre el territorio de la Confederación y las escuadras combinadas de Francia é Inglaterra, « cuando estas escuadras aun no han usado de ningún medio coercitivo sobre las costas de Buenos Aires », los ministros Deffaudis y Ouseley declaran bloqueados los puertos y costas de la provincia de Buenos Aires. La Gran Bretaña y la Francia á título de mediadores, tomaban contra la Confederación Argentina la misma medida que se habían negado á reconocer como emanada de esta última, á título de beligerante, contra la plaza de Montevideo.

Los ministros interventores pretenden justificar sus agresiones con alardes tales que habrían llamado á lástima al mismo Mr. de Talleyrand, quien decía que «la no intervención en los negocios de otras naciones era la regla general, y la intervención la excepción de esta regla». Refiriéndose á la detención de la escuadra argentina hasta que el gobierno de Buenos Aires accediese á las exigencias que le hicieron,—á pesar de que al ordenarle este último al almirante Brown que se retirase de allí accedía de hecho á una de estas exigencias, « de que sería levantado el bloqueo de Montevideo »; dicen los interventores: «Aun bajo tales circunstancias todavía los plenipotenciarios estaban dispuestos *á permitir la partida de la flotilla,* cuando los buques argentinos. repentiamente intentaron dejar el puerto sin *más aviso ó explicación. Esta empresa injustificable ocasionó el apresamiento de la flotilla.»* Hablando de la Colonia donde no hubo fuerza argentina y «adonde las escuadras combinadas llegaron para auxiliar á restaurar aquella ciudad al gobierno oriental». los ministros Deffaudis y Ouseley atribuyen á la diminuta guarnición que la defendió dos horas, el incendio que ocasionaron doscientos cañones de las escuadras combinadas, y el saqueo y el pillaje de sus soldados triunfadores. El gobierno argentino protestó de tal medida; y calificando en términos durísimos «el sistema general de ruina y de devastación que seguían las escuadras combinadas en los territorios ribereños del Plata y sus afluentes, adjuntó á los interventores un desmentido dado por oficiales superiores de esas mismas escuadras y por los residentes en Buenos Aires, incluso el encargado de negocios de Francia. Solicitados para que manifestasen si durante su permanencia más ó menos larga en Buenos Aires notaron ó supieron que tenían lugar los hechos atroces y vergonzantes á que se referían los ministros interventores de Gran Bretaña y de Francia, los ministros y encargados de negocios de los Estados Unidos, del Portugal, de Cerdeña, de Francia, de Bolivia, que eran las únicas naciones representadas entonces en la Confederación, declararon solemnemente: 1º. Que no habian tenido motivo de queja contra el gobierno argentino por actos que implicasen olvido á la protección debida á los extranjeros residentes; 2º. Que no tenían conocimiento de que á la cabeza de la policia de Buenos Aires hubiese una asociación famosa por cantidad de hechos siniestros, ni de que se les rompiese las papeletas y se les obligase á servir en el ejército argentino; 3º. Que no sabian que la

misma policía hubiese obligado á los extranjeros por el
terror á firmar peticiones en oposición á sus gobiernos;
4º. Que de las noticias que habían recogido, no era exacto
lo de la supuesta carnicería de un millar de prisioneros
después de la batalla de India Muerta; 5º. Que se compla-
cían en hacer esta pública declaración de la verdad,
siendo como era notorio que el gobierno argentino,
aun en medio de las dificultades que lo rodeaban, se
conducía en sus relaciones diplomáticas y políticas con
la dignidad y altura que más de una vez habían tenido
ocasión de manifestarle agradecidos. (¹)

En seguida algunos buques de las escuadras aliadas y
los que mandaba Garibaldi se dirigieron á Paysandú, con
la mira de reproducir allí la escena de la Colonia. El
general Antonio Díaz, jefe de la plaza, expidió una
entusiasta proclama llamando á los soldados á defen-
derla á todo trance ó á sucumbir con gloria. El 29
de septiembre dieciocho buques enfilaron sus cañones
sobre la plaza. La batería «Presidente Oribe» respondió á los fuegos, y después de una hora de cañoneo
fueron rechazados los extranjeros, retirándose los unos
Uruguay abajo y Garibaldi en dirección al Salto. (²)

(¹) véase estas notas en el *Diario de sesiones*, tomo 31, pág. 579
y siguientes. véase las declaraciones oficiales del cuerpo diplomático.
Los hechos citados por el señor Guillermo Brent, encargado de negocios de los Estados Unidos, y por Mr. de Mareuil, encargado de negocios
de Francia, son importantísimos, pues á la vez que este último desau-
toriza categóricamente lo que afirma el ministro plenipotenciario de
Francia, el primero agrega, refiriéndose á la actitud del general
Rozas: « hay pocos hechos heroicos sobre los que la imaginación se
acalora con más satisfacción que aquellos de un pueblo que, resuelto
á ser libre, nada deja al enemigo invasor sinó el punto que momentáneamente pisa y el paraje do se encierre ». Entre estas declaraciones se incluia la del capitán más antiguo de la marina británica
que en 24 de julio de 1845 decia en su memorándum al almirante
Brown « que el gobierno argentino habia prestado siempre á los
súbditos británicos la protección más completa y satisfactoria ».
véase estas declaraciones en el libro citado, pág. 664 á 697.

(²) véase el parte del general Díaz y documentos correlativos en
La Gaceta Mercantil del 21 de octubre de 1845.

El 4 de octubre apareció en la costa entrerriana, frente de la Concordia, la flota al mando de Garibaldi con más algunos buques mercantes. El general Garzón en persona, al frente de 150 infantes y 200 tiradores ocupó la margen y tripuló ocho lanchones para abordar los buques enemigos. Pero Garibaldi se retiró apresuradamente con la mira de probar fortuna en el pueblo del Salto. La bajante del río, y más que todo, las guardias argentinas y orientales se lo impidieron, y ocupó el Hervidero, cinco leguas abajo. Aquí desembarcó su infantería y artillería y fortificó su posición con el intento de comunicarse con el general Paz. (¹)

El 12 de octubre Garibaldi llegó con sus buques á las islas del Queguay. Al día siguiente el general Díaz desprendió de Paysandú tres lanchones y pudo apresarle la goleta *Pirámide* y toda la correspondencia del gobierno oriental con los almirantes Lainé é Inglefield. Garibaldi favorecido por la corriente reunió sus buques, salió del Hervidero y en seguida de hostilizar á la distancia á Garzón que guarnecía la costa argentina, ocupó el pueblo del Salto sacando de allí todo lo que pudo embarcar. «Estos salteadores, escribe el general Garzón, embarcaron de noche su botín para que no los viésemos de esta costa, sin alcanzar que hemos sentido el movimiento de sus lanchas, el ruido de rondanas, y visto sus buques que amanecieron al día siguiente muy metidos en el agua á causa de la carga.» (₂)

En estas circunstancias, el barón de Mareuil, encar-

(¹) Parte oficial del coronel Garibaldi á los almirantes Lainé é Inglefield, publicado en *El Comercio del Plata* de Montevideo y trascrito en *La Gaceta Mercantil* del 14 de noviembre de 1845.

(²) véase *La Gaceta Mercantil* del 26 de noviembre. véase en el apéndice la carta de don Nicolás de Anchorena. (Manuscrito en mi archivo.)

gado de negocios de Francia en Buenos Aires, antes de retirarse de esta ciudad, pidió confidencialmente al ministro Arana bases para el restablecimiento de la paz, las cuales él sometería á los interventores. El gobierno argentino le dirigió al barón un memorándum con las siguientes bases: 1ª. El general presidente Oribe concurriría á la negociación y resolvería sobre la suspensión de hostilidades; 2ª. Restablecido el gobierno legal en Montevideo, se desarmarían los extranjeros en esa ciudad; se reembarcarían las fuerzas inglesas y francesas que la ocupaban; se desocuparía la Colonia y todo otro punto de la costa uruguaya ó argentina que hubiesen ocupado las fuerzas anglofrancesas y volverían las divisiones auxiliares argentinas al territorio de la Confederación; 3ª. Se restituirían al gobierno argentino la isla de Martín García en el mismo estado en que fué tomada, y los buques argentinos en el puerto de Buenos Aires, en el mismo estado en que fueron apresados por las escuadras francesa y británica; y al verificarse esta restitución al pabellón argentino sería saludado por ambas escuadras con veintiún cañonazos, los que contestarían los buques argentinos; 4ª. Se revocaría la declaración de bloqueo á los puertos y costas de la provincia de Buenos Aires; y serían restituídos los buques mercantes con bandera argentina apresados; 5ª. En consecuencia del derecho perfecto del gobierno argentino para disponer de la navegación del Paraná y Uruguay, se retirarían todos los buques ingleses y franceses que hubiesen penetrado en esos ríos; 6ª. Los ministros británico y francés declararían que el desconocimiento que hicieron del bloqueo argentino, de Montevideo y Maldonado, no podría invocarse como un ejemplo legítimo; 7ª. La convención que llegase á celebrarse no afectaría en lo mínimo los derechos que correspondería á la Confederación Argentina relativos á la República Oriental por la convención de 1828;

ni por ella reconocería el gobierno argentino derecho á la Inglaterra ó á la Francia para intervenir en los asuntos de las repúblicas del Plata; 8ª. Las reparaciones por los perjuicios á la Confederación Argentina durante las hostilidades de los anglofranceses se deferirían al juicio arbitral de dos potencias amigas; 9ª. Las reparaciones á que se considerase con derecho el gobierno legal de la República Oriental sería de la competencia de éste; 10ª. El arreglo anterior de la República Oriental sería de la exclusiva competencia de su gobierno legal, sin la ingerencia de fuerza ó influencia exterior alguna; 11ª. No habría conferencia ni comunicación oficial alguna sin que previamente los ministros de Francia y Gran Bretaña y el presidente Oribe, conviniesen en estas bases. (¹)

Estas bases aceptables en cualquiera otra situación que no fuere la en que se habian colocado los interventores, fueron rechazadas de plano, y clasificadas por los ministros Ouseley y Deffaudis de «exorbitantes», aun cuando el gobierno de Buenos Aires tuviese de su parte el derecho y la fuerza. Y como á pesar de los atropellos, depredaciones y crueldades, la intervención no podía ocupar los puntos regularmente guarnecidas por fuerzas de la Confederación, los ministros interventores resolvieron que las escuadras combinadas de Gran Bretaña y Francia forzasen á cañonazos el paso del Paraná y llegasen hasta Corrientes para dominar ese gran río. Hasta entonces la intervención sólo había producido actos de fuerza para intimidar al gobernante de quien esperó concesiones tan amplias como las que Francia y Gran Bretaña en otros paises obtuvieron. La verdadera guerra iba á comenzar. «El go-

---

(¹) véase esta nota de 10 de noviembre y documentos correlativos en el *Diario de sesiones* de la legislatura de Buenos Aires, tomo 31, pág. 714 á 723. véase también *La Gaceta Mercantil* del 19 de diciembre de 1845.

bierno argentino, escribía *La Gaceta Mercantil,* se halla pues, en el forzoso caso de repeler una guerra de abominable conquista anglofrancesa sobre las nacionalidades americanas.»

La República entera acompañó al general Rozas en la lucha de principios en la cual estaba comprometida no ya la honra, sino hasta la integridad nacional. Los militares de las campañas por la independencia; todos los hombres principales y acaudalados; todos los que podían llevar un fusil, ratificaron de un modo inequívoco ese voto. Las legislaturas de San Juan, Mendoza, San Luis, Córdoba, La Rioja, Catamarca, Santiago, Tucumán, Salta, Jujuy, Entre Ríos y Santa Fe, viendo comprometida la independencia argentina, y enalteciendo al gobernante que resistía las agresiones de la intervención, le ofrecieron sus recursos y poder al general Rozas. Los respectivos gobernadores de esas provincias, general Benavidez, Segura, Lucero, López, Tello, Nieva y Castillo, Ibarra, Gutiérrez, Saravia, Iturbe, Crespo y Echagüe, convocaron los ciudadanos á las armas con una decisión digna de la causa que iban á defender.

La prensa de ambos mundos, con una unanimidad inequívoca, si se exceptúa el órgano de Mr. Thiers, en París, y los diarios que redactaban los argentinos emigrados en Montevideo y en Chile, abundó en manifestaciones de simpatía y de aliento á la joven Confederación Argentina y á su gobernante, obligando á los estadistas de Europa á que por la primera vez consultasen sus verdaderos intereses en el río de la Plata. *El Grito del Amazonas* (Brasil) del 9 de agosto de 1845, escribía: «Nos llamarán rozistas! somos americanos! Todo el Río de la Plata y sus tributarios sólo por un milagro dejarán de ser surcados por los galobritánicos. Vosotros, argentinos, acabad con honor. No retrocedáis delante de los que amenazándoos hoy con bombardeos porque os suponen débiles, se olvidan de la

humillación de Whitelocke y del tratado de Mackau.»
«El cañón europeo, escribía *O Brazil* de Río Janeiro, del 19
de agosto, va á decidir en el río de la Plata los más
caros intereses de Sur América. Y á las barbas del Brasil
van dos potencias extranjeras á establecer el principio de
intervención armada en desavenencias que no les con-
ciernen!» *El Centinela de la Monarquía* de 20 de agosto,
escribía: «Felicitamos á los ministros Ouseley y Deffaudis por lo gloriosamente que han desempeñado la misión
de franquear la confluencia del río de la Plata al comercio
del mundo civilizado. Ojalá se acordasen la Francia y la Inglaterra de mandar alguien á gobernar á este pueblo, tomar
cuenta del Amazonas, abrir, en fin, nuestros puertos á
los Ouseley y Deffaudis de la Europa entera!... Ea! honor
á los héroes que no se amedrantan con las bravatas
del león! Su causa es justa y sagrada. Dios la ha de
proteger; y después de Dios, el valor de los corazones
libres. » (¹)

Tal radical como la del Brasil se pronunciaba la prensa de Chile. *El Tiempo* de Santiago, redactado por el
coronel Godoy y el doctor Vicuña, escribía en el número
del 15 de agosto de 1845: « La degradación de los pueblos americanos los unos respecto de los otros y de todos
respecto de la Europa: tal es el último resultado que pro=
ducirá la intervención europea en los negocios internacionales de América; y ya que no existe autoridad capaz
de impedirla, una reprobación unánime debe desacreditar-

(¹) En el mismo sentido se pronunciaban *O Publicador Minheiro,*
El Mercantil, El Guaycurú de Bahia, La Revista de Marañon, El
Diario y otros papeles de Rio Janeiro y provincias del Imperio. En
el parlamento brasilero se ventiló la cuestión de la intervención
anglofrancesa en el Plata: voces elocuentes é ilustradas como la del
diputado Ferraz condenáronla en nombre de los intereses americanos, y manifestaron toda la simpatía y la admiración que les inspiraban la decisión del pueblo argentino y del general Rozas para
rechazarla.

la y trabar su ejercicio.» (¹) La prensa de los Estados Unidos estudió la cuestión bajo todas sus faces, y se pronunció unánime en favor de la Confederación Argentina, llamando á Rozas gran ciudadano de la América. Escribía *The New York Sun* (²) del 5 de agosto de 1845: «Nos complacemos en ver que nuestro encargado de negocios ha protestado contra la injustificable intervención en los negocios domésticos de una república americana; y nos es grato ver al gobierno argentino firme en su determinación de defender la integridad de la Unión. La rebelión del Uruguay fué puesta en pie por la Francia con la esperanza de obtener dominio en aquel país, ó de extender los dominios del principe de Joinville, hermano político del emperador del Brasil. La sumisión á esa vil alianza de Guizot, sería la señal de una repartición de la República Argentina entre las potencias aliadas; pero nuestra confianza en el general Rozas y en su administración no nos deja qué temer á este respecto.» El *New York Herald* de 7 de septiembre escribia: «Esta injusta intervención revela el deseo de introducirse en el hemisferio occidental, y mantenerse en actitud de aprovechar de cualquier punto débil que les quede expuesto... El general Rozas se les opone heroicamente... La gran lucha entre el antiguo régimen y la joven democracia está proxima á estallar.» (³)

(¹) En sentido análogo escribía *El Araucano* de 4 de septiembre y *El Diario* de Santiago de 22 de septiembre de 1845.

(²) Los artículos subsiguientes sobre la intervención y la guerra los titulaba el *New York Sun* «Subversión de la República Argentina».

(³) Entre los muchos diarios que así encaraban la cuestión, poniendo de manifiesto las miras de conquista de las dos grandes potencias europeas, merecen citarse: *The Morning Courrier And New York Enquerer* (del 15 de agosto adelante); *The New York Journal of Commerce* (15 de agosto de 1845); *The Daily Union* (30 de octubre); *The Semi Weekly Union* (periódico oficial de Washington, de 13 de octubre); *The Salem Register* (28 de agosto); *The Abvertiser* de Boston; y *The Morning Chronicle* de Londres (7 de julio de 1845); *Le Journal des Débats* (Paris, 6 de agosto); *La Presse* de Paris, *Le*

El general Juan Manuel de Rozas era, pues, ante su patria, ante la opinión imparcial de América y Europa, el representante armado de la independencia que alcanzaron con grandes sacrificios las secciones suramericanas, y del principio republicano que miraban con despecho las potencias signatarias de la Santa Alianza. Era el consenso unánime manifestado de un modo elocuente el que así lo comprendía. Y eran las glorias tradicionales las que se invocaban para continuarlas con las que se alcanzasen defendiendo á la República contra la intervención anglo-francesa. Era la bandera del *río del Juramento* y de los Andes la que tremolaba en manos de los mismos que se habían batido en Salta, Chacabuco, Maipú y Lima. Era el libertador San Martín ofreciendo sus servicios al general Rozas, en defensa de la independencia amenazada. Y para que ningún eco de gloria faltase en ese concierto del patriotismo y del honor, la lira del autor del *Himno Nacional* llamaba así al sentimiento generoso de los argentinos:

«¡Se interpone ambicioso el extranjero,
Su ley pretende al argentino dar,
Y abusa de sus naves superiores
Para hollar nuestra patria y su bandera,
Y fuerzas sobre fuerzas aglomera
Que avisan la intención de conquistar.

Morir antes, heroicos argentinos,
Que de la libertad caiga este templo:
Daremos á la América alto ejemplo
Que enseñe á defender la libertad!

Un gobierno prudente, sabio, fuerte
Nuestros destinos en su mano tiene
. . . .
. . . .
Y si él halla la guerra inevitable
Á batallar intrépidos volemos.» (¹)
. . . .

Courrier du Havre (8 de agosto); *El Correo de Ultramar, Gazette de Commerce*, de Paris, etcétera, etcétera.

(¹) *Oda patriótica federal* por el doctor vicente López, recitada en el teatro de la victoria por don Manuel Lacasa en la noche del 5 de noviembre de 1845. Véase *La Gaceta Mercantil* del 10 de noviembre de 1845.

CAPÍTULO LH

LA INTERVENCIÓN ANGLOFRANCESA Y LA GUERRA OBLIGADO

(1845—1846)

Mas allá de la altura de San Pedro, costa norte de Buenos Aires, el río Paraná forma un recodo que prolonga una curva en la tierra, cuya extremidad saliente

se conoce por la *Punta* ó *Vuelta de Obligado*. La punta
en sí es un barranco levantado en sus costados y ondu-
lado en el centro hasta descender suavemente al río. Á
esa altura el Paraná tiene cerca de 700 metros de ancho;
y por ahí debían necesariamente pasar las escuadras de
Gran Bretaña y Francia para llegar á Corrientes. En
ese punto levantó sus principales baterías el jefe del
departamento del norte, general Lucio Mansilla.

Mansilla era un probado veterano de la Independencia, con dotes singulares para sacar ventaja hasta de los
peligros en que lo colocase la suerte de las armas.
Pero por relevantes que fuesen sus cualidades, el hecho
desgraciadamente positivo es que en esos momentos le
faltaban los recursos materiales para desenvolverlas. Es
el momento en que el águila enjaulada tiende inútilmente
sus alas y devora el espacio con los ojos. Mansilla
hizo cuanto pudo en procura de esos recursos, para im-
pedirles el pasaje á los aliados. El 17 de noviembre,
cuando supo que se aproximaban, reiteró su pedido de
municiones de artillería é infantería para las dotaciones
completas, manifestando que las que tenía «sólo serían
suficientes para un fuego de seis horas; y que era más
que probable que si el enemigo atacaba esa posición, el
combate durase mucho más». (¹) Pero los aliados no le
dieron tiempo. Al día siguiente los buques enemigos
fondearon del otro lado del Ybicuy, á dos tiros de cañón
de las baterías de Obligado.

Mansilla montó cuatro baterías en la costa firme: la
primera con dos cañones de á 24 y cuatro de á 16, á la
altura de 50 pies sobre el agua y con esplanada; la segunda á ciento diez varas de distancia de aquélla y 22 pies
sobre el nivel del agua, con un cañón de á 24, dos de

(¹) véase *La Gaceta Mercantil* del 27 de noviembre de 1845.

hierro de á 18 y dos de á 12, también con esplanada; la tercera á cincuenta varas de distancia y en la tierra razante con el río, con dos cañones de á 12 y uno de fierro de á 8, con esplanada; y la cuarta á 180 varas de la primera de su derecha y á 62 pies sobre el nivel del agua, con 7 cañones de marina de á 10. Servíanlas 160 artilleros y 60 de reserva, aparapetados tras merlones de tierra pisada entre cajones, de poco más de dos varas de espesor y vara y cuarta de altura; y eran mandadas respectivamente la de la derecha, denominada «Restaurador Rozas», por el ayudante mayor de marina Alvaro Alzogaray; la siguiente, «General Brown», por el teniente de marina Eduardo Brown; la tercera, «General Mansilla», por el teniente de artillería Felipe Palacios y la cuarta, «Manuelita», por el teniente coronel de artillería Juan Bautista Thorne, el mismo que se ha visto figurar mandando la artillería federal en Don Cristóbal, Sauce Grande, Cagancha, Caaguazú y como 2° jefe de Martin Garcia cuando esta isla fué tomada por los franceses.

Guarnecían estas baterías, en primera linea y en el flanco derecho, 500 milicianos de infanteria al mando del coronel Ramón Rodríguez; á la izquierda de éste, en la misma linea y á la altura de la batería «Restaurador» cuatro cañones de á 4 al mando del teniente José Serezo; más al centro y guarneciendo la izquierda de esta batería, cien milicianos al mando del teniente Juan Gainza; en el centro y guarneciendo los costados derecho é izquierdo de las baterías «General Brown» y «General Mansilla», 200 milicianos del norte al mando del teniente coronel Manuel Virto; y guarneciendo la batería del extremo izquierdo, 200 milicianos de San Nicolás al mando del comandante Luis Barreda, y en su flanco dos cañones de á 4 mandados por el teniente coronel Laureano Anzoategui y por el capitán de marina

Santiago Maurice. De reserva, á cien pasos, apostados entre un monte, 600 infantes y dos escuadrones de caballería al mando del ayudante Julián del Río y teniente Facundo Quiroga, el todo bajo las órdenes del coronel José M. Cortina. Á retaguardia de esta fuerza los jueces de paz de San Pedro, del Baradero y de San Antonio de Areco, Benito Urraco, Juan O. Magallanes, Tiburcio Lima con 300 vecinos que se les reunieron en el último momento. La escolta del general, 70 hombres, al mando del teniente Cruz Cañete en el centro, y á cuarenta pasos de la segunda linea de infantería. En el flanco izquierdo de la batería «General Mansilla» y en mogote aislado estaban apoyadas unas anclas, á las que se asían tres cadenas cuyos extremos sujetaba en el lado opuesto del río el bergantín *Republicano*, armado con seis cañones de á 10, abocados en estribor con frente al enemigo, y al mando del capitán Tomás Graig, y las cuales cadenas se corrían por sobre las proas, cubiertas y popas de 24 buques desmantelados· fondeados en línea. Con esto se propuso Mansilla mostrarles á los anglofranceses que el pasaje del río no era libre, y obligarlos á batirse si intentaban forzarlo.

Mansilla distribuyó sus fuerzas según el cálculo de probabilidades respecto del modo cómo el enemigo podía traerle el etaque. Si el enemigo al mismo tiempo que se presentaba con sus buques al frente de las baterías, intentaba desembarcar fuerzas de infantería ayudando esta operación con su artillería, la primera línea de infanteria argentina operaba tan pronto como él. Si batiéndose de frente con sus buques intentaba desembarcar infantería por cualquiera de los flancos de la posición argentina, el coronel Rodríguez por la derecha y comandante Barreda por la izquierda, podían repelerlos con su fuerza de reserva, con las piezas volantes y un escuadrón de caballería, sin distraer la fuerza del frente. Si batiéndose de frente, intentaba en medio del combate cortar las cadenas que atravesaban el río, se encontraba con los lanchones *Místico*, *Restaurador* y *Lagos* con sendas piezas de á 6, al costado del bergantín *Republicano* y bajo los fuegos de la batería « General Mansilla ». Si intentaba esta misma operación con embarcaciones menores; ú ocupar la costa opuesta del río y desembarcar allí la artillería para construir baterías, Mansilla tenía preparadas en una ensenada vecina catorce embarcaciones con capacidad para 200 infantes, ya adiestrados para acudir oportunamente al punto amenazado, y además diez lanchones sujetos á los barcos que obstruían el pasaje del río, y provistos de aparatos con materias inflamables.

En la tarde del 18 de noviembre Mansilla destacó dos balleneras al mando de un oficial y veinte soldados para que practicasen un reconocimiento sobre los buques enemigos, fondeados como á dos millas más abajo, según queda dicho. Al aproximarse casi á tiro de fusil á dichos buques, los bergantines *Pandour* y *Dolphin* les hicieron siete disparos á bala, y las balleneras se replegaron á las baterías. Entonces Mansilla se dispuso al combate, expidiendo una proclama á sus soldados en la que levantando los derechos de la Confederación les decía: « Considerad el insulto que hacen á la soberanía de nuestra patria al navegar, sin más títulos que la fuerza, las aguas de un río que corre por el territorio de nuestro país. Pero no lo conseguirán impunemente! Vamos á resistirles con el ardiente entusiasmo de la libertad. Suena ya el cañón! Tremola en el río Paraná y en sus costas el pabellón azul y blanco, y debemos morir todos antes que verlo bajar de donde flamea! »

Mansilla verificó el día 19 un otro reconocimiento con

tres lanchones. Los vapores aliados *Fulton* y *Firebrand* les tiraron algunas balas de á 80, y las escuadras aliadas vinieron á fondear á tiro de cañón de las baterias de tierra. Á las 8 ½ de la mañana del 20 de noviembre de 1845 avanzaron sobre las baterías de Obligado los siguientes buques ingleses y franceses: fragata á vapor *Gorgon*, llevando la insignia del comandante en jefe sir Charles Hotham, con seis cañones de á 64 y cuatro de á 32; fragata á vapor *Firebrand*, comandante J. Hope, con seis cañones de á 64 y cuatro de á 32; corbeta de vela *Comus*, comandante Inglefield, con dieciseis cañones de á 32; bergantín *Philomel*, comandante Sullivan, con diez cañones de á 32; bergantín *Dolphin*, comandante Leringe, con tres cañones de á 32; bergantín *Fanny*, comandante Key, un cañón de á 24. Franceses: bergantín *San Martín* (buque de la armada argentina apresado en Montevideo) con la insignia del comandante en jefe Trethouart, y con dieciseis gonadas de á 16 y dos cañones de 24; vapor *Fulton*, comandante Mazieres, con dos cañones de á 80; corbeta *Expeditive*, comandante de Miniac, con dieciseis cañones de á 18 sistema Paixhans; bergantín *Pandour*, comandante du Paie, con diez cañones de á 30, sistema Paixhans; bergantín-goleta *Procide*, comandante de la Riviére, con tres cañones de á 18. Once buques con 99 cañones de grueso calibre y de los cuales 35 eran Paixhans, de bala con espoleta y explosivos, acreditados por los estragos que habían hecho en los bombardeos de México.

Á las 9 de la mañana rompen sus fuegos sobre las baterías los bergantines *Philomel* y *Procide* y goleta *Expeditive*, que servían de vanguardia. La banda del batallón *Patricios de Buenos Aires* hace oir el *Himno Nacional Argentino*. El general Mansilla, de pie sobre el merlón de la batería núm. 1, invita á sus soldados á dar el grito tradicional de «¡ viva la patria !» Y á su voz arrogante

Croquis de la vuelta de obligado, formado
por Adolfo Saldias, à la vista del
que mandó trazar el General Lucio
Mansilla, y del que le trazó expresamente el coronel Juan B Thorne,
jefe de una de las baterias en
ese combate naval

RIO PARANA

ISLA

REFERENCIAS

1 Los tres vapores en su primera posicion el dia 20
2 Los mismos en su segunda porcion despues
   de rota la cadena
3 Brinda
4 Philomel
5 Fanny
6 Expeditive
7 Pandour
8 Comus
9 San-Martin
10 Dolphin
11 Republicano
A Bateria 1ª – B. S 2ª – C S 3ª – D S 4ª
M Monte de talas
H Buques sujetos entre si por cadenas
   à lo ancho del rio

La altura de las baterias A y B eran aproximadamente de 60 pies sobre el nivel del agua
la C estaba à flor de agua

100 varas

y entusiasta, el cañón de la patria lo ilumina con sus primeros fogonazos. Media hora después entran en acción todos los buques, y el combate se hace general. Los cañones franceses, sobre todo, comienzan á hacer estragos en las baterías, y se enfilan sobre las dos primeras de la derecha arrojándoles una lluvia de bala y de metralla, cuyo poder y cuyo alcance los pechos de los soldados argentinos sienten por la primera vez. Sin embargo, las baterías de tierra ponen fuera de combate á los bergantines *Dolphin* y *Pandour*.

Á mediodía Mansilla comunica á Rozas que los enemigos no han podido acercarse á la línea de atajo; pero que dada su superioridad cree que lo conseguirán, porque á él le faltan las municiones para impedirlo. Pocos momentos después el capitán Tomás Graig, comandante del bergantín *Republicano*, que sostenía la línea de atajo, pide municiones, porque ha quemado el último cartucho. Á la respuesta de que no hay municiones, hace volar su buque para que no caiga en poder del enemigo, y va con sus soldados á tomar el puesto de honor en las baterías de la derecha, que á la sazón tienen tres cañones desmontados y catorce artilleros y dos oficiales muertos. Los buques aliados avanzan hasta la línea de atajo: las baterías dirigen á ese punto todos sus fuegos: las aguas allí quedan cubiertas de nubes de pólvora que remolinean en alas del vértigo que á todos domina: de los antros del Paraná parece levantarse un volcán que arroja en todas direcciones colosales sierpes de fuego, entre estrépitos de muerte que llevan el terror á la distancia.

En el plano prominente de este cuadro está Mansilla; y su esfuerzo prodigioso, y su vida que respeta la metralla, y su espíritu, pendiente de una probabilidad halagüeña, concentrados en ese punto del río Para-

ná, donde se juega el derecho y la honra de la patria
que él defiende. Hay un momento en que esa probabilidad parece sonreirle: es cuando los cañones de las
baterías hacen retroceder á la corbeta *Comus*, ponen
fuera de combate al bergantín *San Martín* y apagan los
fuegos del cañón de á 80 del *Fulton*. Pero simultáneamente una lancha del *Firebrand* puesta al costado del
Fulton, se lanza adelante: un jefe inglés, Hope, corta la
cadena á la que estaban sujetos los barcos que obstruían
el río, y el *Firebrand* y el *Fulton*, seguidos á poco del
Gorgon, pasan del otro lado recibiendo los fuegos de los
cañones del coronel Thorne, pero flanqueando el extremo
izquierdo de las baterías. Mientras tanto la poderosa
artillería de la *Expeditive*, enfilada durante tres horas
consecutivas sobre el extremo derecho, desmonta los
mejores cañones de la primera batería, mata casi los
artilleros, y á las 4 de la tarde el ayudante Alzogaray
quema en su cañón de á 24 el último cartucho que le
quedaba.

La batería de Thorne es un castillo incendiado. Allí
se sienten las convulsiones estupendas del huracán que
ilumina con sus rayos una vez más la vida, y que á
poco fulmina la muerte entre sus ondas. El estampido
del cañón sacude la robusta organización del veterano de
Brown y de la defensa de Martín García, como el eco de
su segunda naturaleza que lo subyuga. Él mismo dirige
las balas. El blanco está en sus ojos, que de antiguo
está habituado á poner en éstos su vida rodeado de sus
cañones, con los cuales había hecho la amalgama heroica
á que se refiere Víctor Hugo en su *Année terrible:*

« .... viens, ò mon fils étrange
Doublons-nous l'un par l'autre et faisons un échange,
Et mets, ó noir vengeur, combattant souverain,
Ton bronze dans mon cœur, mon âme en ton airain. »

Juan B. Thorne

Pero Thorne no tiene más que ocho carronadas de á
10. contra doce cañones de á 64, dos de á 80 y ocho de
á 32. Asimismo le hace al enemigo estragos que
compensan los que ve á su alrededor. Cerca de las 5
de la tarde se cuentan sus pocas municiones. Su indomable energía no desespera. Dominando el despechado
furor de su impotencia, comienza á economizar sus tiros.
y dispone á sus pocos soldados para el caso de un
desembarco que prevé. Al darles colocación, pica una
bala que levanta una enorme masa de tierra, y con
ésta al intrépido Thorne quien se fractura un brazo y
la cabeza al caer contra un tala, y queda privado del
oido para siempre. Por esto sus viejos compañeros le
llamaban el *sordo de Obligado.*

Queda todavía el cuadro final; de colorido semejante
al que presenta San Martín caido en San Lorenzo á la
par de sus granaderos entreverados, y salvado á brazo
de héroe por el sargento Cabral. Desmontados casi todos
los cañones de las otras tres baterias, destruidos los
merlones, muertos casi todos los artilleros, y sin un
cartucho que quemar los que quedaban, los aliados lan-
zan su infantería de desembarco protegiéndola sin cesar
con los cañones de sus buques. Mansilla se coloca á
la cabeza de su diezmada infantería y manda cargar á
la bayoneta. Al adelantarse con esos bravos milicianos
que habían presenciado á pie firme los estragos de ocho
horas de bombardeo, esperando el momento de entrar
en acción, Mansilla es derribado por un golpe de metralla en el estómago que lo pone fuera de combate.

El coronel Ramón Rodríguez á la cabeza de los *patricios* llevó otra carga á la bayoneta, y repelló todavía á
los asaltantes; pero estos penetraron al fin por los puntos de las baterías que habían destruido completamente.
«Cuando los marineros ingleses desembarcaron á la

tarde, dijo el entonces capitán Sullivan del *Philomel,*
al devolver treinta y ocho años después la bandera que
tomó de la batería de Thorne, el coronel Rodríguez con
los restos de su regimiento solamente mantuvo su posición en retaguardia á pesar del fuerte fuego cruzado de
todos los buques.» (¹) Los aliados contaron en Obligado
150 hombres fuera de combate, quedando muy maitra-
tados tres buques, y principalmente el *Pandour* y el
Fulton. «Siento vivamente que este bizarro hecho de
armas haya sido acompañado con tanta pérdida de vidas,
dice el contraalmirante Inglefield en su parte al almirantazgo británico; pero considerando la fuerte posición
del enemigo, y la obstinación con que fué defendida,
tenemos motivos para agradecer á la Providencia que
no haya sido mayor.» Los argentinos tuvieron 650
hombres fuera de combate y perdieron dieciocho cañones, varios lanchones y una bandera. «El combate con
las baterías comenzó á las diez de la mañana y duró
hasta las cinco de la tarde, se lee en *l'Annuaire Historique,* de Lesur—(París 1847): durante siete horas no
se dejó de hacer fuego de parte á parte. El combate
de Obligado quedará como un brillante hecho de armas
para ambas marinas.» (²)

(¹) Comunicación del almirante Sullivan al cónsul argentino en
Londres, de fecha 25 de octubre de 1883. Se publicó en *La Tribuna
Nacional* del 22 de diciembre de 1883. Son equivocados, sin embargo, los informes que recibió el señor Sullivan y á que se refiere,
cuando dice que el coronel Rodríguez mandaba la batería cuya bandera él tomó. Esta batería la mandaba el comandante Thorne. El
coronel Rodríguez se hallaba á la derecha, al frente del batallón
Patricios, y no mandó batería alguna, véase la aclaración que
me fué pedida al respecto y que se publicó en *La Prensa* del 25 de
abril de 1891. Véase en el apéndice la carta de un testigo presen-
cial, dirigida á uno de los hijos del coronel Thorne, cuyo apellido
ilustre se mantiene en la armada argentina en cabeza del capitán
Enrique Thorne de la corbeta *25 de Mayo.*
(²) Partes parciales del general Mansilla; parte oficial del coronel
Crespo y documentos correlativos, publicados en *La Gaceta Mercan-*

Ramon Rodriguez

La victoría que alcanzaron los aliados era problemática. Ellos forzaron el pasaje del río Paraná y quizá dominarían todo este río. Pero no podían avanzar tierra adentro, que por sobre la resistencia que encontraron

---

til del 27 de noviembre de 1845. Parte oficial del contraalmirante Inglefield al almirantazgo, y del capitán Hotham, trascripto de los diarios de Londres por *La Gaceta Mercantil* del 30 de mayo de 1846 y por el *Archivo Americano*, 1ª serie, núm. 28, pág. 50 y siguientes. Relación de un testigo ocular, publicada en boletin por *El Comercio del Plata* y *El Nacional* de Montevideo, de 1º y 4 de diciembre. Parte detallado del general Mansilla, pasado en diciembre 20 y publicado en el año 1870 por el coronel Alvaro J. de Alzogaray, jefe de bateria en Obligado. *Conocimientos sobre el combate de Obligado*, publicados en hoja suelta por el mismo coronel Alzogaray; cartas del coronel Thorne, jefe de bateria en Obligado, del coronel Arana y del general Mansilla. (Manuscritos originales en mi archivo. véase el apéndice.)

El general Mansilla es una de las figuras más culminantes del antiguo ejército argentino. Como general táctico, como ciudadano y como hombre público tomó parte distinguida en los principales acontecimientos que se sucedieron durante los primeros cincuenta años de vida independiente de su pais; y su nombre, vinculado á las glorias argentinas, fué recomendado á la gratitud pública por el libertador San Martin con quien privaba, y por Rivadavia que fué su amigo. Nació en la ciudad de Buenos Aires en el año 1792. Llevado á las mejores pobres aulas que entonces habia en la capital del vireinato, diose á conocer por su carácter entero, por la viveza y claridad de su inteligencia y por cierta audacia genial y arrogante que fueron después los rasgos prominentes de su fisonomia simpática é imponente al mismo tiempo. Cuando en junio de 1806 el general Berresford se apoderó de Buenos Aires en nombre de la Inglaterra, Mansilla corrio como casi todos los jóvenes de su alcurnia al campo del general Liniers, y asistio bajo el mando de éste a las memorables jornadas del 10, 11 y 12 de agosto que dieron por resultado la reconquista de la ciudad y rendición de Berresford. En octubre se alistó soldado é hizo la campaña del rio de la Plata á las órdenes del mismo Liniers y en socorro de la plaza de Montevideo, sitiada por los ingleses; tocándole ser de los que, bajo el mando del coronel Prudencio Murguiondo, fueron á aprehender el virrey depuesto don Rafael Sobremonte. De vuelta á Buenos Aires, asistió al combate contra las tropas británicas en los Corrales de Miserere el 2 de junio de 1807, y á las acciones del 5 y 6 de julio de ese año contra las mismas tropas. En 1812, siendo ya teniente, hizo la campaña del Estado Oriental á las órdenes del general Artigas, contra los portugueses que habian invadido ese territorio. En seguida pasó al ejército patriota del general Rondeau que sitiaba á Montevideo, y en 1813 formó parte de la expedición al mando del coronel Domingo French que fué á tomar la fortaleza portuguesa llamada el *Quilombo*, situada en la linea del Yaguarón. En el asalto que llevaron los patriotas el 12 de mayo, el teniente Mansilla fué herido de bala, y el gobierno

desde el principio, acababan de sublevar contra ellos todas las fibras de un pueblo viril atacado en sus hogares. Quizá contaban sobre otros sentimientos de parte de los argentinos, confiando demasiado, como confiaron

---

lo recomendó por su valor, como se ve en *La Gaceta de Buenos Aires* del 5 de junio de ese año. Restablecido, continuó sus servicios en el ejército sitiador de Montevideo, encontrándose en todas las funciones de guerra que sobrevinieron hasta el 23 de julio de 1814 en que se rindieron los realistas. Por ello gozaba de un escudo de plata, y fué declarado benemérito de la patria en grado heroico. En 1815 el gobierno de las Provincias Unidas lo mandó con algunos reclutas y armas á Cuyo, donde San Martin comenzaba á organizar el *Ejército de los Andes*. San Martin, conocedor de sus aptitudes, y apreciador del mérito, lo nombró mayor de plaza en San Juan, y le encomendó la instruccion de 600 reclutas los cuales formaron parte de los famosos núm. 7 y 11 que palmas conquistaron en Chacabuco y Maipú. En seguida paso como comandante militar del Jachal donde reclutó 400 hombres para el ejército, y merecio que el general lo nombrase comandante general de las cordilleras del sur de los Andes. Sus dotes revelantes, su pericia y su genial disposición para atacar con éxito las empresas militares que se le encomendasen hicieron destacar su figura en el ejército; y tanto fué asi, que Sa-Martin, al abrir sus operaciones, lo nombró 2º jefe de la primera division de vanguardia, á pesar de no ser más que graduado de mayor. En este carácter asistió á la gloriosa batalla de Chacabuco. El gobierno de las Provincias Unidas le acordó por esto el uso de una medalla de oro, y el de Chile lo nombró oficial de la Legión de Mérito y le acordó además una medalla y cordones. Al año siguiente se encontró en la batalla de Maipú, é hizo la campaña al sur de Chile al mando del coronel Las Heras.

Con estas glorias regresó á Buenos Aires cuando esta provincia y las demás eran presa de la crisis estupenda del año 20. Mansilla, aunque amigo de Alvear, de Sarratea y de Soler, permaneció del lado del Cabildo, y si hizo acto de presencia en algunas de las escenas tumultuosas de la plaza pública, que se sucedian rápidas como las de un drama de magia en esos dias de vorágine, fué para llamar á juicio á sus amigos, cuando los jefes de Santa Fe y Entre Rios vinieron á golpear las puertas de la antigua capital. Movido por tal sentimiento patriótico se dirigió al campo del último, el general Francisco Ramirez, en circunstancias en que se discutían las bases del célebre *Tratado del Pilar*, que fué el primero que lanzó la idea de un congreso argentino federativo, é influyó para que tales bases no fuesen tan onerosas como lo querian esos jefes. El general Ramirez, malavenido con la supremacia de Artigas, invitó á Mansilla á que fuesen á trabajar para que éste caudillo aceptase el tratado, y Mansilla accedió previa licencia del gobernador Sarratea. Sobrevenido el rompimiento entre Ramirez y Artigas, desalojado este último, muerto aquél, y pendientes siempre las diferencias entre las provincias del litoral (todo lo cual he estudiado extensamente en el tomo 1º de esta historia), Mansilla que mandaba en Entre Rios la

posteriormente en México, en la influencia y el poder de los *Almonte*. Quizá creían efectivamente que á su presencia los pueblos de las costas argentinas «sacudirian el yugo de Rozas y harian causa común con ellos».

única fuerza regular, se propuso traer esas provincias á la comunidad argentina de la que de hecho estaban separadas. El pueblo del Paraná y demás departamentos lo ayudaron; y los representantes de esa provincia lo eligieron gobernador y capitán general. Esta es quizá la época más fecunda y más gloriosa de su vida pública. Lo primero que hizo fué estrechar y afianzar sus relaciones con Buenos Aires, y sucesivamente trabajar la paz con Santa Fe, que él en persona fué á concluir, presentándosele sólo y desarmado una noche al general López y declarándole que no regresaria sin haberlo conseguido; erigió á Corrientes y á Misiones, que hasta entonces eran territorios dependientes de Entre Rios, en provincias soberanas, ordenando á don Evaristo Carriego y á don Félix de Aguirre, que eran los respectivos comandantes militares, que convocasen los vecindarios para que éstos eligieran libremente un gobierno popular, como se hizo, surgiendo así dos nuevas provincias que concurrieron por la primera vez al congreso argentino que se reunió poco después. Trabajó en unión del doctor Pedro J. Agrelo y de don Domingo de Oro, é hizo sancionar solemnemente en 1821 para Entre Rios, la *primera constitución provincial* que se dió en la República; y coronó su obra de gobernante, de legislador y de patriota bajando de su cargo á la expiración del término legal, y rehusando continuarlo á pesar de que fué reelecto tres veces, para no dejar sentado el precedente. Al comunicarlo así á los gobernadores de la Unión Argentina, Rivadavia le dirigió en 10 de mayo de 1824 una nota en la que felicitándolo por haber afianzado con su ejemplo el sistema de la ley, lo recomendaba á la gratitud pública. Enviado por Entre Rios como diputado al congreso general constituyente de las Provincias Unidas, Mansilla con asombro de no pocos, se mostró orador brillante como Foy, y atacó concienzuda y hábilmente las árduas cuestiones que se debatieron; entre éstas las del régimen de gobierno, en la que le cupo vencer con la fuerza de los hechos á diputados como Mena y Galisteo. Fué uno de los 42 diputados que en la memorable sesión del 19 de julio de 1826, votó el dictamen de la comisión de negocios constitucionales que aconsejaba la adopción del régimen unitario.

Declarada la guerra con el Brasil, el presidente Rivadavia lo nombró en septiembre de 1826 comandante general de la costa, y en este cargo Mansilla desplegó su actividad y sus dotes singulares, organizando varios cuerpos para el ejército; remitiendo al cuartel general todo el gran parque, armamento, vestuario y caballadas, y yendo él mismo al frente de una división á incorporarse á ese ejército que mandaba el general Alvear. Como general de división tomó parte principal en el combate de *Camacuá*, persiguiendo al enemigo y mereciendo ser especialmente recomendado al gobierno argentino. Destacado por el general Alvear al frente de su división, fuerte de 1800 hombres, mandó en jefe la batalla del *Ombú*, en la que derrotó

como les aseguraban los emigrados argentinos y como lo predicaban en su prensa y en sus libros. *El Nacional* y *El Comercio del Plata* de Montevideo seguían entusiastas entre vitores la invasión triunfante de los ingleses y

---

al famoso general brasilero Bentus Manuel que comandaba la mejor caballería del Imperio. dispersándolo de tal manera que no le permitió que se encontrase en la memorable batalla de Cutizaingo que tuvo lugar tres dias después, el 20 de febrero. La participacion de Mansilla en Cutizaingo fué brillante, y así lo hizo presente el general Alvear. El gobierno le acordó por esto el uso de un escudo y cordones, y á poco fué nombrado jefe de estado mayor, en cuyo carácter asistió á las acciones parciales de esta campaña hasta que el ejército republicano se retiró á cuarteles de invierno. En ese mismo año de 1827 fué nombrado diputado por La Rioja á la Convencion de Santa Fe, y previa consulta al gobierno acepto este cargo. Iniciada la guerra civil. Mansilla, con sobradas glorias para sacrificarlas a los partidos personales. se retiró á la vida privada. En 1834 el gobierno provincial del general viamonte lo nombró jefe de policia de Buenos Aires, y Mansilla se dedicó á organizar esta reparticion montándola á una altura desconocida hasta entonces en esta ciudad; fundando la institución de serenos; redactando los reglamentos generales, que pidieron especialmente los gobiernos del Brasil y del Estado Oriental, y adoptaron como modelo; y emprendiendo varias obras públicas como el camino al Riachuelo de la Boca y el muelle del margen. Desempeñó este cargo hasta que declarada la guerra al gobierno perúboliviano del general Santa Cruz. el gobierno lo nombro comandante en jefe del ejército de reserva que debia organizar en Tucumán. Terminada ésta cuando ardia la guerra civil entre el partido federal de la República y el unitario que seguia las banderas del general Lavalle, Mansilla. con ser cuñado del general Rozas, no quiso tomar parte en ella. Sólo aceptó acompañar al comisionado francés Mr. Halley para ofrecerle en unión de éste al general Lavalle derrotado en Santa Fe y el Quebracho, las seguridades amplias y garantias que pidiese para concluir la paz. Formó parte, como los hombres más notables y ventajosamente conocidos, de la legislatura de Buenos Aires de 1838. 1840. 1842. 1844; y su voz se dejó oir elocuente y arrogante para abogar por los derechos de la República desconocidos y ultrajados por las potencias europeas que pretendian dominar en el rio de la Plata. Consecuente con estas ideas, lo hemos encontrado al frente de la resistencia contra los anglofranceses, en su carácter de comandante en jefe del departamento del norte, batiéndose en el glorioso combate de *Obligado* y regando con su sangre el campo del honor argentino. Después de Obligado volvió á batir á los anglofranceses en *Acevedo, San Lorenzo* y el *Quebracho*. Terminada esta lucha cuyas páginas de gloria empiezan á iluminarse ya, Mansilla no tomó armas hasta el año 1852 en que el general Rozas lo nombró comandante en jefe de las fuerzas de la ciudad de Buenos Aires cuando brasileros, orientales y argentinos venían sobre ella.

Después de 1852 el general Mansilla se retiró á Francia. La corte

franceses en las aguas interiores argentinas. Ambos diarios ocuparon varios números con relaciones apasionadas del combate de Obligado, en las que infamando á los propios conciudadanos que acababan de defender la

---

deslumbradora de Napoleón III le abrió sus puertas á su renombre. Cuando penetró en las Tullerías con la desenvoltura de un gran señor habituado á ver cosas muy grandes; con sus cabellos y bigotes blancos que realzaban su hermosa apostura militar; cubierto el pecho de medallas y condecoraciones que llenaban su alma de orgullo patrio; destacándose en su fisonomía noble y severa.los perfiles acentuados de Turena y la arrogancia caballeresca de Felipe de Kœnigsmark, colmáronlo de distinciones los magnates. y muy principalmente los generales que se habían batido con él como leones en Obligado, San Lorenzo y el Quebracho.

De regreso á Buenos Aires, Mansilla empezó á asistir en su vida privada á su propia posteridad. No envejeció jamás. La eterna juventud de su espíritu iluminaba su fisonomía é imprimía á sus ideas esa espontaneidad de los que comienzan á ver la vida á través de las ilusiones espléndidas. Él mismo se hacía la ilusión de estar en contacto con el porvenir. Por eso atraía las voluntades y halagaba los sentimientos.

Era el contemporáneo de sus nietos. y eso que cuando murió contaba *medio siglo de generalato*, que era el general más antiguo de la República. El enterró á casi todos sus compañeros de armas con quienes pasaba las veladas que amenizaba con la música, una de sus pasiones. Su casa, como el Ferney de Voltaire, fué hasta el fin el centro de las notabilidades artísticas y de los representantes de la elegancia y del buen gusto. Fué discreto y hombre hasta para los preparativos de su muerte. Él mismo se mandó construir el ataud, y discutió acaloradamente con el *hombre fúnebre* acerca de la malhadada costumbre que había (y que hay todavía) de colocar almohadas tan bajas que la cabeza viene á quedar casi en el mismo plano del tronco del cadáver. Consiguió una almohada más elevada, y reservó su ataud hasta el día de su muerte. Esta tuvo lugar el 10 de abril de 1871. Á su entierro no asistieron las autoridades de la República. Á su cadáver no se le hicieron los honores correspondientes al rango de general recomendado á la gratitud pública. Cierto es que en estos días la fiebre amarilla hacía estragos, pero estragos mayores hace la ingratitud y el olvido para con los grandes ciudadanos, porque esto acusa degeneración, enervamiento ó degradación en los pueblos. Entre otros de sus amigos. un hombre de talento, el señor Diego G. de la Fuente, dijo al pie de esa tumba ilustre: «No sé, señores, en qué, ni cómo, se perpetuará algún día el nombre del vencedor del *Ombú*, del autor de la primera Constitución provincial argentina, del organizador avisado de la policía de Buenos Aires, de un soldado de la Independencia, de un diputado al Congreso del año 26, de un general recomendado á la gratitud pública por Bernardino Rivadavia; pero sí sé, y debo aquí decirlo, que el viajero argentino que remonta los ríos detiene siempre los ojos con noble orgullo en un recodo del gran Paraná, donde un día la entereza

patria de esas agresiones, se estimulaba todavía al
extranjero vencedor diciéndole: «Cómo ha de combatir
un pueblo contra los hombres á quienes mira como á
libertadores?» (¹) «El Paraná, repetía en un libro un otro
emigrado argentino privado de Rivera, quedó abierto
con la sangre inglesa y francesa, y el dictador escarmen-
tado severamente. Este hecho anunciaba cuando menos
la intención de libertar á los pueblos... Los pueblos del
alto Paraná, saludando á sus nuevos amigos y protectores, prontos á continuar la campaña santa de la libertad, verian con placentera esperanza flamear en sus costas
y fuertes las banderas de la Francia y la Inglaterra.» (₂)

El desengaño de los aliados fué tan grande como
impotente la prédica de los emigrados. Hechos cada
vez más elocuentes desacreditaron ante propios y ante
extraños esta prédica que llegó al delirio. No fué ya
la República entera con sus principales hombres y mejores recursos, que se pusieron sin reserva al servicio de
la causa nacional y del principio salvador que Rozas
sostenía. Fueron hasta los ancianos valetudinarios de
las campañas de la Independencia; los gauchos viejos
de la edad de oro. desde remotos pagos, con sus hijos.
sus dineros y sus caballos; los antiguos funcionarios

---

del general Mansilla, rigiendo el pundonoroso sentimiento nacional
en lucha desigual con los poderes más fuertes de la tierra, supo
grabar con sangre que no se borra derechos indestructibles de honor
y de gloria. Qué importa el murmullo del vulgo sobre hechos de
suya efímeros, al pie de monumentos imperecederos diseñados por
el heroismo como la *Vuelta de Obligado*, donde se destacó la bizarra
figura de Mansilla entre el fuego y la metralla, á la sombra, señores,
no de otra bandera que aquella que saludaron diana de triunfo en
los campos de Maipú y de Ituzaingó?...»

(¹) *El Nacional* y *El Comercio del Plata* del 1º, 2 y 4 de diciembre de 1845.

(²) *Los errores de la intervención anglofrancesa* por José
Luis Bustamante, pág. 97.

y militares que habían estado alejados de la cosa pública por no ser partidarios de Rozas; y, por fin, muchos unitarios conspicuos, convencidos todos de los peligros que corría la República ante las agresiones de las potencias aliadas. En la imposibilidad de trascribir el cúmulo de adhesiones notables, me limitaré á las que más acabadamente interpretaban el sentimiento dominante en esos días de prueba para la Confederación Argentina.

Don Manuel Eguia, enemigo de Rozas, personaje de nota por sus sólidos estudios y que rolaba entre los principales emigrados, le ofrece á don Esteban Echeverria la redacción de un diario que «no fuese la expresión de un partido ciego y exclusivo», y le dice: «Las cuestiones que hoy se agitan á cañonazos en el Plata, envuelven nuestros mejores intereses é infieren graves ofensas á nuestra nacionalidad. La intervención, sosteniendo sólo la independencia del Estado Oriental, salta del Uruguay al Paraná y va á asesinar argentinos en *Obligado*. La prensa toda lo alaba. Nada ve el partido unitario en esta lucha que sea contrario á su nacionalidad: no sale de su eterno «muera Rozas», y de la menguada alabanza á cuanto emana de la intervención; y no admite ni la discusión de los hechos, cuando estamos ignorando qué puntos de contacto hay entre la independencia del Estado Oriental y la Vuelta de Obligado. Para la prensa de Montevideo la Francia y la Inglaterra tienen todos los derechos, toda la justicia. Aun más: pueden dar una puñalada de atrás, arrebatar una escuadra, quemar buques mercantes, entrar en los rios á cañonazos, destruir nuestro cabotaje... todo esto y mucho más que aun falta, es permitido á los civilizadores... el francés maquinista que cae atravesado por una bala es digno de su compasión, y ve caer 400 cabe-

zas argentinas y no muestra el menor sentimiento por
su propia sangre. La prensa de Montevideo es completamente francoinglesa.» (¹)

El coronel Martiniano Chilavert, el artillero más
científico de su época, y antiguo mayor general del ejército con que Lavalle combatió á Rozas, solicita desde
río Grande y por intermedio de Oribe, el honor de servir
á su patria, en los términos siguientes: «En todas las
posiciones en que el destino me ha colocado, el amor
á mi país ha sido el sentimiento más enérgico de mi
corazon. Su honor y su dignidad me merecen religioso respeto. Considero el más espantoso crimen llevar
contra él las armas del extranjero. Vergüenza y oprobio
recojerá el que así proceda; y en su conciencia llevará
eternamente un acusador implacable que sin cesar le repetirá: traidor! traidor! traidor! Conducido por, estas
convicciones me reputé desligado del partido al que
servía, tan luego como la intervención binaria de la
Inglaterra y de la Francia se realizó en los negocios
del Plata... Me impuse de las ultrajantes condiciones
á que pretenden sujetar á mi país los poderosos interventores, y del modo inicuo cómo se había tomado su
escuadra. Ví también propagadas doctrinas á las que
deben sacrificarse el honor y el porvenir de mi país. La
disolución misma de su nacionalidad se establece como
principio. El cañón de Obligado contestó á tan insolentes provocaciones. Su estruendo resonó en mi corazón. Desde ese instante un sólo deseo me anima: el de
servir á mi patria en esta lucha de justicia y de gloria
para ella. Todos los recuerdos de nuestra inmortal
revolución, en que fuí formado, se agolpan. Sí, es mi
patria... anunciándose al mundo por esta verdad: *existo*

(¹) Manuscrito original en mi archivo. (véase el apéndice.)

por mi propia fuerza. Irritada ahora por injustas ofensas acredita que podrá quizá ser vencida, pero que
dejará por trofeos una tumba, flotando en un océano de
sangre y alumbrada por las llamas de sus lares incendiados.» (¹)

La prensa de los emigrados argentinos pretendia
quebrar este pronunciamiento casi unánime, en beneficio
de los anglofranceses de cuyas victorias todo lo esperaban. Fué en vano. La prensa independiente de América
y de Europa hizo repercutir en el mundo ecos verdade-
rameute grandiosos en favor de la joven república desconocida hasta entonces, y que presentaba el hecho singular
y único en el nuevo continente de una resistencia á las
agresiones de dos grandes potencias recolonizadoras. Fué
la sanción ejemplar de un principio humanitario, fundado
en el derecho de existir por sí solas, que tenían las naciones suramericanas desde el día en que al desprenderse
de la madre patria, no lo hicieron seguramente para
someterse al primer amo que quisiere imponérseles con
el derecho de la barbarie.

Esta sanción que decidió á la larga de la suerte de
la Confederación Argentina y demás paises americanos,
desmonetizó la prédica de los emigrados argentinos.
Así, mientras *El Comercio del Plata* y *El Nacional* de
Montevideo hablaban de las «zozobras del tirano Rozas»
cuando llegaba al alto Paraná el pabellón que llameó
tan bizarramente en el castillo de San Juan de Ulloa, la
prensa vecina del Brasil les contestaba: «Triunfe la
Confederación Argentina ó acabe con honor. Rozas, á pesar
del epíteto de déspota con que lo difaman, será en la posteridad reputado como el único jefe americano del Sur que
ha resistido intrépido las violencias y agresiones de las

_____

(¹) Manuscrito original en mi archivo. (véase el apéndice.)

dos naciones más poderosas del viejo mundo. Un día
los americanos del norte y del sur repetirán con entusiasmo á sus hijos estas palabras enérgicas y famosas
dirigidas por el general argentino á los piratas de las
Galias y de la Britania: *No cederé mientras tuviese
un soldado*... Sean cuales fueren las faltas de ese hombre extraordinario, nadie ve en él sino al ilustre defensor
de la causa americana, al principal representante de los
intereses americanos. Sea que triunfe ó que sucumba
en esa verdadera lucha de gigante en que se halla empeñado, Rozas será en la presente época el *grande hombre
de la América*.» (¹)

Y mientras los diarios de los emigrados argentinos
anticipaban los grandes resultados que en bréve alcan-
zarian los cañones de los aliados, escarmentando « las
hordas del tirano Rozas », la prensa de los Estados Unidos propagaba la necesidad de un *meeting* de desapro-
bación á esas agresiones. Él se verificó en la ciudad de
Nueva York á fines del año de 1845, y votó la siguiente
resolución: « Resuelto que miramos con sospecha y alarma
la intervención de los poderes europeos en los negocios
del continente americano, y que confiamos en que el
presidente Polk reiterará la política del presidente Mon-
roe respecto á resistir la intervención europea ; y que en
nuestra opinión la poderosa misión de la Unión Americana exige que no permita que el despotismo del viejo
mundo trasforme el principio de la libertad republicana
en ocasión en que se esfuerza en presentarse en todo su
esplendor en este continente. » (₂) Y *The Journal of Com-*

(¹) *El Brado de Amazonas* de Rio Janeiro del 13 de diciembre
de 1845. *El Centinela de la Monarquía* idem de 17 de diciembre
de 1845.

(²) *The Union*, diario oficial de Wáshington, de 14 diciembre
de 1845.

merce (¹) al ocuparse de esta manifestación de opinión de verdadera importancia en esa gran república, escribía: « No somos panegiristas del gobernador Rozas, pero deseamos que nuestros compatriotas conozcan su verdadero carácter, como lo describen los comodoros Ridgley, Morris y Turner y todo ciudadano de los Estados Unidos que haya visitado Buenos Aires. Verdaderamente él es un gran hombre; y en sus manos ese país es la segunda república de América. »

Y mientras esos diarios de emigrados argentinos pretendían robustecer su prédica con ecos de otros dos diarios de emigrados argentinos en Chile, la prensa de este país y muy principalmente *El Tiempo*, *El Diario* y *El Araucano* los contestaban en términos análogos á los de la norteamericana y brasilera; y el señor Pinto, ex-presidente de esa república, senador y consejero, le escribía al plenipotenciario argentino: « Seguimos con el más profundo interés las aventuras de la guerra contra Buenos Aires, porque *esperamos que tarde ó temprano se aplicarán á todos los Estados de América los mismos principios que ha invocado la intervención para crearse gobiernos esclavos que pongan al país á merced de la Inglaterra y de la Francia*. Así es que todos los chilenos nos avergonzamos de que haya en Chile dos periódicos que defiendan la legalidad de la traición á su país; y usted sabe quiénes son sus redactores... » (²)

Estas manifestaciones de la opinión imparcial, llamaron la atención del gobierno, del pueblo y del comercio de la Gran Bretaña; quizá porque esta nación estaba mejor preparada que la Francia para consultar sus verdaderos intereses, no del punto de vista de la vanagloria

---

(¹) De Nueva York, de 16 de diciembre de 1845.
(²) Véase *Archivo Americano*, segunda serie, núm. 15, pág. 92.

que trae desastres y vergüenzas como la de México, sino
con la madurez positiva que consigue emporios como
Australia y Canadá. Ya la pluma de Emilio de Girardin
había contorneado en sainete diplomatico los proyectos
recolonizadores de Mr. Guizot, cuando la prensa inglesa
comenzó á mostrar al gobierno cómo nunca estaba más
comprometido el comercio inglés en el río de la Plata que
cuando habían ido ministros interventores y escuadras
formidables para protegerlo. Los negociantes de Liverpool lo ratificaron así ante el parlamento. Y como el
gabinete no pudiese oponer mejor razón que la que presentaban los grandes negociantes, dueños de sus intereses,
se vió entonces que por sobre el interés del comercio británico militaba el de extender por la fuerza los mercados
en la Confederación Argentina, como se había hecho en
otros paises con los cuales no mediaban espontáneas
corrientes de comercio.

Y ante la increíble resistencia que á tal agresión oponía el gobierno argentino, el pueblo y la prensa deduje-
ron que tal conquista no era tan fácil como las de África;
y que bien valía la pena de que el pueblo inglés, que la
pagaba, se preocupase de saber á ciencia cierta si á la
Inglaterra le convenía insistir en ella, por la fuerza, en el
supuesto de que la realizaría á la larga, ó si le convenía
seguir un otro camino y dejar que la Francia siguiese
por el suyo. Planteada así la cuestión, se empeñaron en
buscar los mejores conocimientos informativos. En el
parlamento se habló de los grandes sacrificios que habría
que hacer para conservar lo que todavía estaba en problema, conjuntamente con la Francia que sería en el Plata
un rival formidable cuando no un poder absolutista... El
Times llegó á hablar de probables y mas trascendentales
obstrucciones comerciales, que entonces habría que hacer
desaparecer, si se quería hacerlas desaparecer en nombre

del mismo interés que actualmente se perseguía, con recursos iguales ó suficientes á los que la Francia opusiese.

Y un representante del alto comercio inglés, el caballero Jorge Federico Dickson, dió la nota más alta, con visible satisfacción de esa opinión robusta y *gobernante*, dirigiéndole una respetuosa carta al general San Martín en la que le suplicaba emitiese su opinión caracterizada respecto del resultado de la intervención armada en el río de la Plata. El Libertador consintió en ello, respondiéndole en términos dignos de la confianza que inspiraba su reputación histórica. El *Morning Chronicle* de Londres los precedía con estas palabras que en Inglaterra eran como relieve de granito al pie de un monumento: « Suponemos que apenas es necesario informar á nuestros lectores que el general San Martín es el libertador de la República Argentina, de Chile y el Perú del poder español; y que habiéndose retirado de la vida pública y residiendo en Europa, donde piensa pasar el resto de sus días, no tiene más interés en la cuestión que el que puede inspirarle la felicidad de su país, y que su opinión puede, por consiguiente, considerarse del todo imparcial.» San Martín tiene su opinión formada respecto de la intervención y de la trascendencia del ataque á la soberanía argentina; pero quiere ir derecho al objeto y sacar de los hechos que él afirma con el conocimiento é imparcialidad que le reconocen, mejor partido que el que sacaría con sus reflexiones ó consejos de ciudadano argentino herido en la contienda. Así es que se limita á decir: «No considero necesario investigar la justicia ó la injusticia de la dicha intervención, ni los resultados dañosos que tendrá para los súbditos de ambas naciones por la paralización absoluta de sus relaciones comerciales, como también por la alarma y desconfianza que la intervención de dos naciones

europeas en sus contiendas domésticas debe naturalmente
haber despertado en los Estados nacientes de Sur América.
Me limitaré á investigar si las naciones que intervienen
conseguirán realizar, por las medidas coercitivas que hasta
hoy se han adoptado, la pacificación de ambas márgenes
del Plata. Y yo debo manifestar á Vd. mi firme convicción de que no lo conseguirán; que muy al contrario
su línea de conducta hasta el presente día, sólo tendrá el
efecto de prolongar hasta el infinito los males á que se
proponen poner fin; y ninguna previsión humana podria
fijar el término de la pacificación que anhelan. »

He aquí porqué el libertador creé que no lo conseguirán;
y cómo consigna los hechos notables y culminantes que
los emigrados argentinos se empeñan en desmentir en
sus diarios, para estimular á los aliados en sus agresiones.
« La firmeza de carácter del jefe que está actualmente á
la cabeza de la República Argentina, dice el Libertador,
es conocida de todos, como asimismo el ascendiente que
poseé en las vastas llanuras de Buenos Aires y en las
otras provincias; y aunque no dudo de que en la capital
podrá haber un número de enemigos personales de él,
estoy persuadido de que, ya sea por orgullo nacional, ó
por temor, ó por la prevención heredera de los españoles
contra el extranjero, cierto es que todos se unirán y tomarán una parte activa en la lucha. Además, es necesario
recordar (como la experiencia lo ha demostrado) que la
medida del bloqueo ya declarado no tiene el mismo efecto
sobre los Estados de América (y menos que en ningún
otro sobre el argentino) como lo tendría en Europa. Esta
medida afectará únicamente á un corto número de propietarios, pero á la masa del pueblo, ignorante de las
necesidades europeas, la continuación del bloqueo será
materia de indiferencia. »

El Libertador encuentra aquí oportunidad para hacerles sentir á los poderes interventores la fuerza de ciertos obstáculos que no vencerán fácilmente, aun en la posición ventajosa en que llega á colocarlos. «Si los dos poderes, agrega, determinasen llevar adelante sus hostilidades, no tengo duda que con más ó menos pérdida de hombres y dinero podrían *obtener la posesión de Buenos Aires,* (aunque el tomar una ciudad resuelta á defenderse es una de las más difíciles operaciones de la guerra); pero aun después de haber conseguido esto, estoy convencido de que no podrian conservarse por ningún tiempo en la capital. Se sabe bien que el alimento principal ó, casi podria decir único, del pueblo, es la carne; como igualmente que, con la mayor facilidad, se puede retirar todo el ganado en muy pocos dias muchas leguas al interior, como también los caballos y todos los medios de transporte. En una palabra, que se puede formar un vasto desierto, impracticable al pasaje de un ejército europeo, el cual se expondria á tanto mayor peligro cuanto más crecido fuese su número.»

Y como si hubiese querido desautorizar la propaganda de los diaristas argentinos emigrados en Montevideo, y desvanecer las esperanzas que aquellos hicieron concebir á los interventores, el Libertador termina así: «En cuanto á seguir la guerra con el auxilio de los mismos nativos, estoy segurísimo que corto ciertamente será el número que se una á los extranjeros. Finalmente, con una fuerza de siete ú ocho mil hombres de la caballería del pais, y veinticinco á treinta piezas de artillería solamente, que el general Rozas mantendrá con la mayor facilidad, podrá perfectamente no sólo sostener un sitio riguroso en Buenos Aires, sino también impedir que ningún ejército europeo de veinte mil hombres penetre más de treinta leguas de la capital, sin exponerse á ruina total por falta de recursos necesarios. Tal es mi opinión, y la experiencia

probará que es bien fundada, *á no ser* (como se debe esperar), *que el ministerio inglés cambie de política.*» (¹)

En un centro de intereses colosales, de opinión reflexiva y educada, como es Londres, la carta de San Martin
fué la *grande atracción* del pueblo y del gobierno, interesados en esta cuestión. Los hombres públicos pesaron
las reflexiones que contenía como otros tantos consejos
que prevenían seguros peligros; y puede decirse que ello
contribuyó poderosamente al resultado que el Libertador
acariciaba en el fondo de su alma de argentino. La política británica en el Plata vaciló desde entonces. Apenas
lord Palmerston reemplazó á lord Aberdeen en el ministerio, la misión Hood vino á mostrar que la Gran
Bretaña entraba en la vía de arreglar por sí sola la
cuestión de sus intereses en el Plata, por medios más
conformes con los derechos del país al cual esa nación
estaba vinculada por tratados honrosos y hasta por declaraciones singularísimas.

En esta ocasión el libertador selló el consenso nacional argentino que acompañaba al general Rozas, manifestándole á éste de un modo inequívoco sus sentimientos
respecto de la grande contienda. Con fecha 11 de enero
de 1846, le decia en una de sus cartas: «La poca mejoría
que experimento en mi enfermedad, me es tanto más
sensible cuanto en las circunstancias en que se halla
nuestra patria, me hubiera sido muy lisonjero poder
nuevamente ofrecerla mis servicios (como lo hice á
usted en el primer bloqueo por la Francia); servicios

(¹) *Morning Chronicle* de 12 de febrero de 1846. La carta del
Libertador está fechada en Nápoles á 25 de diciembre de 1845, y fué
trascrita en *La Gaceta Mercantil* del 23 de mayo de 1846. Tres
años después *La Presse* de París reprodujo esta célebre carta, lo
que dió lugar á que el general San Martin ratificara en un todo sus
opiniones en una carta dirigida á M. Bineau, ministro de obras públicas de Francia.

que aunque conozco serian bien inútiles, sin embargo demostrarían *que en la injustísima agresión y abuso de la fuerza de la Inglaterra y de la Francia contra nuestro país, éste tenía aun un viejo servidor de su honor é independencia.* Ya que el estado de mi salud me priva de esta satisfacción, por lo menos me complazco en manifestar á usted estos sentimientos, así como mi confianza no dudosa del triunfo de la justicia que nos asiste».

Y entonces Rozas, como para ratificar de un modo más solemne, si cabía, su resolución de sostener el principio supremo que representaba en Sur América, encuentra verdadera satisfacción en poderle responder al Libertador: «No hay un verdadero argentino, un americano que, al oir el nombre ilustre de usted y saber lo que usted hace por su patria, y por la causa americana, no sienta redoblar su ardor y su confianza. La influencia moral de los votos patrióticos de usted en las presentes circunstancias, importa un distinguido servicio á la independencia de nuestra patria. Así enfermo, después de tantas fatigas, *usted recuerda y expresa la grande y dominante idea de toda su vida: la independencia de la América es irrevocable,* dijo usted después de haber libertado á su patria, á Chile y al Perú.» (¹)

(¹) Véase *La Gaceta Mercantil* del 23 de mayo de 1846.

CAPÍTULO LIII

LA GUERRA CON GRAN BRETAÑA Y FRANCIA

(1846)

.

Amenazado Entre Ríos por las fuerzas navales de
Gran Bretaña y Francia y por el ejército de Paz situado en Corrientes, Urquiza se dirigió á aquella provincia
al frente del ejército con que había vencido en India
Muerta. Sus fuerzas reunidas á la de Garzón podían

defender esa parte del litoral de cualquier ataque de los aliados. En su marcha, Urquiza dispuso que las fuerzas que guarnecían los puntos del Gualeguay, fuesen á situarse en el paso de la laguna del mismo nombre; y dos días después revistó en este punto cinco mil soldados de las tres armas, inclusive la división del coronel Lagos. (¹) Desde luego se contrajo á defender los puntos amenazados por los aliados en el pasaje de éstos para Corrientes, y se preparó á abrir operaciones sobre Paz.

Paz había aglomerado cuantiosos recursos en su campo de Villanueva y guarnecido los principales pueblos de Corrientes, fortificando además la *Tranquera de Loreto*, punto estratégico al norte, bordeado por el Paraná y la laguna Iberá, para dirigirse allí caso de que el enemigo ocupase los demás departamentos. (₂) Cuando Urquiza abrió su campaña el 2 de enero de 1846, Paz tenía 6.412 hombres, sin contar una columna de 4.400 con que contribuyó el gobierno del Paraguay, según el tratado á que me he referido, y la que en esos dias venia en marcha para el cuartel general de Villanueva. (³) Urquiza siguió del Yuqueri Grande á las puntas del Mandisovi. El día 8 se adelantó con la vanguardia, dandole á Garzón el mando del cuerpo principal. El 13 llegó á Basualdo, límite de Entre Ríos. El 15 campó en Pago Largo, apoderándose de la poca fuerza que allí había; marchó rápidamente por la noche y en la madrugada siguiente derrotó la vanguardia de Paz, persiguiéndola hasta el arroyo de *María Grande*. (⁴)

(¹) Comunicacion de Garzón á Lagos. (Manuscrito original en mi archivo. Véase el apéndice.)

(²) Paz, *Memorias póstumas*, tomo IV, pag. 195 y siguientes.

(³) El total de estas fuerzas es tomado de un estado suscrito por el general Juan Madariaga el 2 de noviembre de 1845.

(⁴) Paz, *Memorias póstumas*, tomo IV, pág. 238. *Apuntes del diario de la campaña á Corrientes* (Gualeguaychú).

Con el propósito de forzar á Paz á una batalla. Urquiza hizo desfilar la columna de Garzón por el camino que conduce al paso de Santillán (20 leguas de Villanueva), y él quedó á retaguardia destacando una división sobre las alturas de *María Grande.* Si Garzón pasaba sin ser sentido el río Corrientes por Santillán, se interponía entre el pueblo de Goya y el ejército de Paz. y el éxito de la campaña estaba asegurado. porque era casi imposible que este último pudiese rehuir un combate. La columna federal pasó el río el día 21; pero Paz levantó su campo y se dirigió al *paso nuevo,* incorporándose á poco con la columa paraguaya en las márgenes del Vetel. Paz siguió por la lonja que bordean este río y el Santa Lucia. y Urquiza, maniobrando por la banda norte del río Corrientes, lo siguió hasta la costa de Santa Lucía, frente al paso de la *Isla alta,* en donde campó el día 30.

Viendo que Paz rehuía el combate. Urquiza lo siguió por la margen de aquel río. El día 4 de febrero alcanzó en *Laguna Limpia* la vanguardia de Paz, al mando del general Juan Madariaga, quien fué derrotado y prisionero, perdiendo además toda la correspondencia que reveló á Urquiza el plan general de la campaña. «No salió, dice Paz. un escuadrón ni una compañia reunida: de 1.500 á 1.600 hombres de la mejor caballería que formaban la vanguardia, faltaban nueve décimas partes y casi todos los jefes.» (¹) Paz marchó precipitadamente hacia San Miguel seguido por Urquiza, para la cañada *Yhiratingay,* llegó á las Barranqueras y el día 9 pasó el bañado de *Ybahai.*

Aquí encontró ventajosa posición, limitada por dos islas que se extendían á sus flancos, y al frente por un

---

(¹) *Memorias póstumas,* tomo IV pág. 247. *Apuntes* del diario de campaña cit., pág. 10. Parte oficial de Urquiza fechado en Caimán á 5 de febrero.

desfiladero estrecho y cenagoso por donde su enemigo podia únicamente aventurarse. El ejército de Urquiza se componía en su casi totalidad de caballería que no podia maniobrar allí. Por el contrario. Paz tenia artillería é infanteria, con las cuales podía compensar sus recientes contrastes si aquél cometía la imprudencia de permanecer en esa especie de embudo en que habia entrado con más arrojo que previsión. El hecho es que después de infructuosas manifestaciones de ataque, Urquiza emprendió su retirada dando por términada esta su primera campaña sobre Corrientes que bajo tan favorables auspicios comenzó. En un mes, y al favor de la rapidez de sus movimientos habia obligado á Paz á desalojar los departamentos de Curuzú-Cuatiá, Pay-Ubre, Esquina, Goya, San Roque, Yaguareté-Corá y San Miguel, y dádole á la vanguardia de aquél un golpe que fué el más trascendental de todos.

Con efecto, el general Juan Madariaga, prisionero de *Laguna Limpia*, se dejó persuadir por don José Virasoro de la necesidad de terminar la guerra en Corrientes arreglándose con Urquiza; y así se lo comunicó á su hermano don Joaquín, gobernador de esa provincia, agregándole que él y Urquiza creían que el único obstáculo á tal arreglo era el general Paz. (¹) El gobernador Madariaga aceptó el arreglo, y quedó convenido en que Urquiza haría alto en Villanueva para terminarlo. Pero Paz, sabedor de lo ocurrido, se puso en marcha sobre Urquiza «para estrecharlo en Villanueva y batirlo llegada que fuese la ocasión». (²) Y sea que don Joaquín Madariaga se resistiese á levantar en

---

(¹) *Memorias póstumas*, tomo IV, pág 257. Cartas de los Madariaga á Urquiza publicadas en *La Gaceta Mercantil*.

(²) *Memorias póstumas*, tomo cit., pág. 259.

su vecindad, y quizá en su provincia, la influencia de
Urquiza en ausencia de Paz, que era irreemplazable en
el momento del peligro; ó que reputase incontrastable
la fuerza militar de los aliados que en breve lo apoyarían, el hecho es que le dió á Paz conocimiento de
la negociación, si bien le declaró que lo que quería
era ganar tiempo, consultando las conveniencias de su
provincia y la conservación de su hermano prisionero. (¹)
Es lo cierto que siguió la negociación, celebrando con
Urquiza algunas conferencias, de las cuales resultó el
tratado de Alcaraz, firmado algunos meses después y
que establecía la reincorporación de Corrientes á la
Confederación sobre las bases del pacto federal de
1831. (²)

De todos modos, Paz se propuso desbaratar estos
arreglos calculando que, ó Urquiza estaba dispuesto á
sublevarse contra Rozas, como se aseguraba en Montevideo y lo decían á los Madariaga, y en este caso era
natural que él cooperase á la mira común, dada su posición militar en Corrientes; ó Urquiza no pensaba en
sublevarse, y entonces el arreglo no produciría otro resultado que el de restaurar en Corrientes una situación
análoga á la de Entre Ríos ó Santa Fe, con la cooperación de los Madariaga, ó de los Virasoro colocados por
Urquiza, si los Madariaga se negaban. Paz creyó lo
último y acordó con el ministro Márquez y con la mayoría del congreso de Corrientes colocar en el gobierno
una persona que respondiese á la política que él se
proponía desenvolver. Pero Madariaga entró en la capital, aprehendió á los congresales y á Márquez y salió á

(¹) Paz, *Memorias póstumas,* tomo IV, pág. 261.
(²) Las cartas de Urquiza á Rozas y de Madariaga á Urquiza se
publicaron en *La Gaceta Mercantil* del 11 de mayo de 1846.

batir la división Ávalos que Paz había destacado para
que apoyase la resolución del Congreso, y la cual se
dispersó sin disparar un tiro. Dos dias después, el 4
de abril, el gobernador delegado don José B. Acosta
expidió un decreto por el cual destituía á Paz del cargo
de general en jefe y de director de la guerra. (¹) Al favor
de la influencia de los Madariaga, el ejército correntino
se dispersó esa misma noche, y Paz con un escuadrón
de entrerrianos y muchos jefes y oficiales, se vió obligado á retirarse al Paraguay y de aquí al Brasil, donde
permaneció hasta el año de 1852. Fué en los meses
subsiguientes al derrocamiento de Rozas cuando volvió
á tomar parte en la lucha civil que iniciaron los emigra-
gos de regreso á Buenos Aires, contra el general Urquiza, recién nombrado director provisional de la Confederación.

Por el contrario, Rozas estimulaba la conclusión del
arreglo con los Madariaga. Y como los partidos en
lucha en Corrientes se habían aquietado en la espectativa de dicho arreglo, acatando la autoridad del gobernador Madariaga, éste no pudo menos que producir actos
públicos que desautorizaban la especie vertida por la
prensa de Montevideo de que él transaría con Urquiza
solamente en el caso de que éste se sublevase contra Rozas.
En su mensaje á la asamblea legislativa, de 24 de mayo
de 1846, declaraba el gobernador Madariaga: «Los sucesos que están próximos á ver la luz serán de la mayor
trascendencia. Los acontecimientos corresponden á las
combinaciones de la prudencia y á las miras de las
conveniencias universales á las cuales tienen que ceder
todas las opuestas tendencias.» La prensa oficial de

(¹) Boletines extraordinarios del gobierno de Corrientes 2, 3 y 4
de abril de 1846.

Corrientes, de Buenos Aires y de Entre Ríos veia en estas declaraciones la voluntad de terminar las desavenencias entre Madariaga y el gobierno de la Confederación. Pero *El Comercio del Plata* escribía: «Por lo que hace á la seguridad exterior de la Provincia, quisiéramos que sin dejar de procurar la alianza de Entre Ríos que podría ser decisiva, no perdiese un momento en prepararse para todos los casos. La politica del gobernador Urquiza nada se presenta menos que franca; y ya era tiempo de que Corrientes supiese sobre ella algo más de lo que sabe. Un momento ha de llegar en que el jefe entrerriano se muestre sin disfraz: si al quitárselo aparece siempre la figura implacable del antiguo enemigo, ¡ay de Corrientes!» (¹)

Los conceptos francos de *El Comercio del Plata*, y ciertos avisos que le dió el general Echagüe de misteriosos conciliábulos entre Urquiza y personas que en seguida aparecían en Montevideo, permitiéronle á Rozas descubrir lo que había de real en el fondo de este asunto, es á saber: que se trabajaba la unión de Urquiza y Madariaga contra él; que Madariaga la buscaba; pero que Urquiza no quería sublevarse bajo las condiciones que le proponían los corifeos de la coalición. Rozas, sin embargo, no manifestó desconfianzas, si las tuvo; que en su correspondencia de esos dias se limitó á prevenirlo á Urquiza contra las intrigas y asechanzas que, en su sentir, esgrimirían los enemigos contra ambos.

Esgrimir contra Rozas la influencia que Urquiza había alcanzado en el litoral, fué lo que se propusieron la Comisión Argentina de Montevideo, el gobierno

---

(¹) Véase declaración del gobernador Madariaga en *La Gaceta Mercantil* del 17 de julio de 1846. *El Comercio del Plata* del 10 de julio de 1846. *El Federal Entrerriano* del 2 de julio de 1846.

CH. DÉCAUX. SC

CH. K.

Benito T Chain

de esta plaza y los ministros interventores de Gran
Bretaña y Francia. El intermediario era don Benito
Chaim, antiguo amigo de Urquiza, personaje emprende-
dor y avisado; que bajo las apariencias de una perfecta
indiferencia por lo que se pasaba, y de una bonhomía
contemporizadora que le permitia allegarse á los hombres de uno y otro partido, disimulaba cualidades raras
para actuar ventajosamente como diplomático, sin que
las gentes lo reputasen tal. Se trataba de que Urquiza
se sublevase contra Rozas, arrastrando á Corrientes y á
Santa Fe. Y aunque es difícil saber si Urquiza dió
seguridades, es lo cierto que se puso al habla con los
ministros de Gran Bretaña y Francia por medio de los
comisionados de éstos don Jacinto Martinez y don Francisco Legereu. La negociación continuó entre Chaim y
don Eulogio Redruello, comisionado de Urquiza; y el
primero declaró á nombre de los ministros interventores que éstos tenían un alto concepto de este último:
que consideraban que Entre Ríos podia y debía consti-
tuirse independiente: que si Urquiza se sublevaba contra
Rozas y separaba á Entre Rios de la Confederación, los
ministros le ofrecían reconocer y sostener á nombre de
sus gobiernos la independencia de la nueva nación que
surgiría de esa provincia y de la de Corrientes; como
asimismo adelantarle el dinero suficiente para llevarla á
cabo, á cuyo efecto podia disponer de doscientos mil duros
desde que adoptase tal resolución.

Esta negociación se llevó al campo de Oribe, y sus
detalles llegaron á Buenos Aires. Fuere esta circunstancia; ó la mision Hood, que contuvo por un momento la intervención; ó que Urquiza no se resolviese á
sublevarse contra Rozas á condición de romper por sus
manos la integridad de su patria, lo cierto es que Urquiza le trasmitió á Rozas los antecedentes de esta

negociación «para que se instruya más y más de que
los ministros de Inglaterra y Francia no omiten medio,
por inicuo que sea, para introducir la anarquía en
estos paises». (¹) *La Gaceta Mercantil*, dando cuenta
de esta nueva tentativa de la coalición para desmem-
brar la Confederación Argentina, escribía: «Los ministros
de Francia é Inglaterra, desengañados de que no pueden vencer con las armas á los argentinos, recurren á
un arbitrio tan infame como proscripto por el derecho
de gentes. Ahora los más desapercibidos conocerán
que el fin de semejantes monstruos, es despedazar los
Estados americanos y romper los vínculos de las nacionalidades. (²)

El gobierno de Montevideo era espectador concurrente
de estas maquinaciones, conducidas por los ministros
interventores y los doctores Vásquez y Varela. Verdad
es que don Joaquín Suárez era una sombra de poder; y
éste se lo disputaban facciones diminutas al favor
de las cuales medraban los ministros interventores que
eran los que realmente gobernaban. Ya en diciembre
de 1845 le escribía Magariños á Rivera: «Es de temer
que tenga mal resultado lo que ha empezado tan cristianamente, pues ya uno de los interventores nos compara con un muchacho que no ha llegado á la edad mayor
y quiere emanciparse. Este modo de apreciarnos, puede
influir en nuestro perjuicio en los consejos de las testas coronadas.» (³) En otra carta le habla del caos que
domina á Montevideo; de la «asociación de sanguijuelas»
á que pertenece el ministro Vásquez; é insta á Rivera á

(¹) La nota de Urquiza á Rozas es de fecha 13 de abril de 1846.
El doctor Rufino de Elizalde trascribió esta nota y adelantó algunos
antecedentes en *La Nación* del mes de agosto de 1879.

(²) Véase *La Gaceta Mercantil* del 20 de abril de 1846.

(³) Manuscrito original en mi archivo. (Véase el apéndice.)

que vuelva á contener este desorden. (¹) La vuelta de
Rivera es, sobre todo, lo que desean los amigos de éste.
Á esto y á darle cuenta de los esfuerzos que hace para
conseguirle algunos fondos «del judio Lafont» se reducen
las cartas casi diarias de su activo agente Bustamante.
«El ministro de gobierno manifestó completa oposición
á su venida, le escribe á Rivera: dijo que primero se
le secaría la mano antes de firmarla.» Pocos días después lo insta sin embargo á que vuelva y se refiere á los
pormenores que le dará Magariños. (₂) Éste le da en
efecto seguridades acerca del estado de la opinión y de
que los ministros interventores no se oponen á su regreso, como lo propaga la facción más vinculada con los emigrados unitarios, que quieren mantener á don Joaquín
Suárez. «Convendría sobremanera la aparición de V. E.
en estas circunstancias, le dice, para promover el nombramiento de presidente del Senado. Es preciso que
Suárez salga para febrero. Si perdemos esta coyuntura, y sobre lo que temo mucho, pues Vásquez ha de
buscar motivos para embrollar, entonces todo se pierde. (³)

Rivera, que no deseaba otra cosa, se embarcó en una
fragata española y se presentó en aguas orientales. Su
secretario Bustamante y sus amigos principales los Pérez,
Barreiro, Magariños, Durán, el general Martinez, los
coroneles Flores y Correa, pusieron en acción todos
sus recursos para asegurarle nuevamente el mando,
pronunciándose abiertamente en contra de cualquiera
otra solución. Si violento é ilegal era este arbitrio, no
lo era menos el de que se valía la facción antiriverista.

(¹) Manuscrito original en mi archivo. (Véase el apéndice.)
(²) Manuscrito original en mi archivo. (Véase el apéndice.)
(³) Manuscrito original en mi archivo. (Véase el apéndice.)

para conservar momentáneamente la situación con la ayuda de los emigrados unitarios y de los ministros interventores. El poder ejecutivo que ejercían Suárez, Bejar, Vásquez, Muñoz, expidió el 14 de febrero un decreto en el que, á mérito de que había sido imposible elegir representantes y en que no había elementos legales para la legislatura que debía abrir sus sesiones el día siguiente, declaró disuelta la 5ª legislatura que funcionaba hasta ese día. Lo particular es que esta legislatura, compuesta bajo la presión de las armas de Rivera para suplantar la que éste derrocó en 1838, aun suponiéndola legal, había dejado de serlo desde el año de 1843, época en que sus miembros debieron renovarse según la Constitución. (¹) Pero esta renovación no pudo hacerse porque los departamentos orientales respondieron á Oribe, á titulo de presidente legal y quien á poco organizó su gobierno, convocó á nuevas elecciones y abrió la Asamble legislativa con los representantes de todos los departamentes de la República Oriental, á excepción de los de la ciudad de Montevideo. El poder ejecutivo de esta plaza al disolver en 1846 esa legislatura, por la misma causa que obstaba en 1843 para renovarla, sentaba implicitamente que ella no representaba ni podía representar al pueblo oriental; y daba con esto una fuerza inconstrastable á la legalidad de la legislatura que cogobernaba á la sazón con Oribe. Por el artículo 2º del

---

(¹) En 22 de diciembre de 1842 le escribía á ese respecto el ministro don Francisco A. Vidal al general Rivera: «Le adjunto la lista de los «S. S. diputados y suplentes que actualmente componen la cámara «de R. R. Ella va bien explicada, y *usted de entre ellos formará la nueva lista de diputados y suplentes para la nueva legislatura*, quitando los que estime por conveniente y poniendo en lugar de los que quite aquellos que sean de su agrado. Esta lista, pues, que usted me remita, vale tanto como hacer lo que quedó acordado en esta...» (Manuscrito original en mi archivo. Véase en el apéndice con la lista de diputados remitida por el ministro vidal.)

decreto, se creaba una *asamblea de notables*, encargada de «velar por la Constitución y las leyes», y se nombraba para componerla á todos los miembros de la legislatura disuelta, á los ministros del poder ejecutivo, á los ministros del poder judicial y á varios clérigos y militares orientales y extranjeros de la guarnición; y por otro articulo, un *Consejo de Estado* «al cual sometería el poder ejecutivo todos sus actos», y del cual fueron excluidos estudiadamente los amigos de Rivera. Lo particular es que este poder ejecutivo que quedaba en pie, tenia el mismo origen que la legislatura que él acababa de disolver, y debía terminar naturalmente con ella, pues ésta fué la que en febrero de 1844, cuando debía elegirse presidente, le continuó sus poderes á don Joaquín Suárez quien firmaba ese decreto.

De esta manera se apoderó de la situación la facción d Vásquez, ayudada de los emigrados unitarios y apoyada por los ministros interventores. Para asegurarla, el gobierno removió á los jefes adictos de Rivera; aprehendió á los que en favor de éste agitaban la opinión, destinó á otros de soldados á los cuerpos de línea y le comunicó á aquél, que se hallaba á bordo, en la rada, su resolución, tomada de acuerdo con los ministros interventores, de alejarlo del país y de adoptar todas las medidas necesarias para impedir su desembarco. (¹)

Rivera solicitó una conferencia de los ministros interventores; pero el barón Deffaudis, á pesar de ser el alma y el apoyo del gobierno, le respondió en 23 de marzo «que á esa conferencia se oponían las mismas consideraciones políticas que obstaban á que el general Rivera bajase á tierra». Y superándose en ironía, el barón Deffaudis añadía: «si la conferencia ha de versar,

---

(¹) Decreto de 17 de marzo de 1846.

como es probable, sobre la cuestión pendiente entre su gobierno y el señor ministro oriental ante el Paraguay, el infrascripto declara que esta cuestión es del resorte de la administración interior en la cual no puede mezclarse con arreglo á sus instrucciones.» ([1]) Rivera recurrió de su deportación en un largo alegato ante el gobierno, el cual remitió en copia á los ministros interventores, pidiéndoles «su apoyo en favor de los principios y de la Constitución de la República radicados bajo la poderosa influencia de las altas potencias interventoras». ([2]) Ese mismo día le escribía Rivera á su esposa: «Espero el resultado de mis notas á los interventores... la petición que se quiere hacer me parece un buen medio para hacer ver á los interventores el interés de la opinión pública en favor de sus derechos contra la arbitrariedad de un gobierno que ya no está sujeto á las formas constitucionales, desde que aquéllas han caducado por haber cumplido su tiempo; y como el gobierno se ha erigido en legislador separándose de la órbita en que lo habían colocado las instituciones de la República, por lo tanto yo creo que puedes decir á los amigos que será bueno reunirse...» ([3])

El gobierno no sólo ratificó su resolución, sino que destituyó á Rivera del cargo de plenipotenciario en el Paraguay, y expidió algunos decretos imponiendo penas sumarias y discrecionales contra los perturbadores del orden. Los partidarios de Rivera se lanzaron á las calles. En la noche del 1º de abril se sublevó el núm. 4 de negros, mató á su mayor Vedia y varios oficiales y

---

([1]) Manuscrito original en mi archivo. (véase el apéndice.)

([2]) véase estas notas de Rivera de fecha 23 de marzo en *El Constitucional* de Montevideo del 26 de marzo de 1846.

([3]) Manuscrito original en mi archivo. (Véase el apéndice.)

dió libertad al general Enrique Martínez, á Pérez, Barreiro y otros. En la mañana siguiente, los revolucionarios engrosados con la legión francesa, los vascos y alguna tropa de la guarnición, se posesionaron de la plaza matriz á los gritos de «¡Viva el general Rivera!» «¡Mueran los porteños!» «¡Muera Pacheco!» «Abajo el gobierno!» Pacheco se dirigió á reducirlos, á la cabeza de la *legión argentina* y del núm. 3; pero fué recibido á balazos y se retiró á la plaza Cagancha. El presidente y ministros se asilaron en el domicilio de los interventores. Éstos con los almirantes Lainé é Inglefield reasumieron el gobierno; destinaron 150 hombres de cada uno de los regimientos británicos á las trincheras que habían quedado desguarnecidas, é hicieron bajar de sus buques las fuerzas necesarias para contener los excesos sangrientos.

La revolución dominaba las calles. El coronel Estivao, partidario de Pacheco, se apostó con su guardia en la azotea de la capitanía del puerto. Los legionarios extranjeros asaltaron la casa por las azoteas contiguas de Beltrán y del café Bastié. Resistiendo hasta el último momento, fué sacrificado Estivao, juntamente con los oficiales Batle y Tórres, y sus cadáveres lanzados á la calle. Los legionarios saquearon hasta los archivos, dejando el edificio en ruinas. El pavor predominó entonces, y á través de sangre y de cadáveres, la ciudad quedó presa de la más angustiosa espectativa. Los ministros interventores mandaron al coronel Thiebaut á reprimir los excesos en las calles. Pacheco intentó todavía sofocar la revolución, pero sus fuerzas se le dispersaron y tuvo que embarcarse con Díaz, Tajes y otros oficiales.

El día 4 de abril se decide atacar á la legión argentina, que es la única fuerza reunida partidaria de gobierno derrotado. El coronel Flores, que es quien encabeza militarmente el movimiento, exige la expulsión de ese batallón. La legión mandada por el coronel Gelly Obes, se retira desde su cuartel de Artola hasta el de Dragones, perseguida por fuerzas revolucionarias, y de ahí pasa á la Aduana protegida por el regimiento 75° inglés, embarcándose el día siguiente para Corrientes. Con este motivo se redobla la guarnición anglofrancesa. El barón Deffaudis y el almirante Lainé resuelven reforzar la legión francesa con marinos de sus buques; y las fuerzas británicas se aumentan á más de mil hombres á los que pasan revista los ministros inglés y francés. Á pesar de esto, Rivera desembarca inopinadamente en la tarde del 5. Los interventores se encuentran perplejos y vacilan. Ó asumen oficialmente, y en nombre de sus respectivos soberanos, el protectorado que de hecho ejercen en Montevideo desde tres años atrás; ó se acomodan con Rivera que es el más fuerte en la plaza y que además está de acuerdo con Suárez, lo que les priva de una base aparentemente legal en que apoyarse. Optan por lo último. Vásquez y Muñoz renuncian y se embarcan. El 6 de abril se reorganiza el ministerio con Magariños, Bejar y Costa, y Rivera es nombrado general en jefe de todas las fuerzas, y expide una proclama en la que llama al pueblo y al ejército oriental á perseverar en la causa contra «el tirano de los porteños, hasta obtener una paz perdurable en conformidad de lo que han declarado los poderes interventores». (¹)

(¹) véase *El Comercio del Plata* del 13 de abril de 1846. Los detalles acerca de la revolución de abril los he recogido de testigos oculares como el hoy coronel Antonio Susini, oficial de artillería en la línea de Montevideo y en seguida jefe de la legión italiana; y de don Pedro Castellote, capitán de la legión argentina.

Joaquín Mares

Rivera había entrado, no obstante, en nuevos rumbos políticos. Desde Río Janeiro había iniciado la idea de un arreglo con Oribe, por intermedio de un negociante que suministraba provisiones á fuerzas de éste último. Su secretario Bustamante prosiguió este negociado, explotando hábilmente la especie generalizada de que los orientales se entenderían entre sí á no obstar el gobierno de Montevideo el cual estaba sometido á la influencia de la Comisión Argentina. Por fin, Rivera le dirigió á Oribe ciertas bases de arreglo, de las cuales tuvo conocimiento aquel gobierno; y Bustamante fué aprehendido y tratado con rigor singular. Al destinarlo de soldado raso á un batallón de línea, el gobierno declaraba «tener en sus manos los comprobantes de la conducta injustificable de don José Luis Bustamante: pudiera entregarlo al destino que se labran los promotores de ideas subversivas del orden y unidad de la defensa nacional...» (¹) Por lo que hace á Oribe, respondió, como anteriormente, que estaba dispuesto á tratar sobre la base de la organización de los poderes públicos por el voto de los orientales; pero que no concluiría arreglo alguno mientras la capital del Estado estuviese en poder de las armas extranjeras.

Esta tentativa no tuvo mayor consecuencia por entonces. Los ministros interventores continuaron su protectorado de hecho; y Rivera continuó sometido á este estado de cosas que era el único dentro el cual podía evolucionar. Verdad es que los interventores sufragaban hasta los gastos de las evoluciones estériles de Rivera. Y se sabe que para dilapidar dineros, Rivera no tenía límite. Apenas se reorganizó el gobierno surgido de la revolución de abril, Rivera pidió los fondos

(¹) Nota del jefe de policía, de fecha 13 de marzo de 1846.

necesarios para salir á campaña. Como el gobierno no los tenía, pues como lo decía Magariños en la carta á que me he referido, el ministro Vásquez había comprometido ya hasta las entradas del año de 1848 «á sociedad de la que el mismo Vásquez formaba parte», los ministros interventores dieron una gruesa suma. Á fines de abril ya necesitaba Rivera más dinero. El ministro Bejar no lo tenía y recurrió naturalmente á aquéllos, quienes se negaron á darlo, suponiendo que Rivera, antes de salir á campaña, exigiría otro tanto de lo que habían dado. «Lo primero que hice hoy para facilitar los tres mil patacones, le escribía Bejar á Rivera, fué ver á los ministros interventores, de quienes nada he podido sacar. Me fué preciso... encargar á dos ó tres personas el que los busquen...» (¹)

Y era necesario que Rivera se moviese, y pronto. La causa de Oribe ganaba terreno, pues su autoridad se cimentaba en todos los departamentos del Estado; mientras que la de la intervención no avanzaba más allá de algunos puntos del litoral que ocupaba con sus armas; ni había obtenido ventaja mayor que la de San Antonio del Uruguay, donde 400 hombres de la guarnición del Salto, al mando de los coroneles Baez y Garibaldi, resistieron el 8 de febrero el ataque que les llevó un batallón de infantería y 250 hombres de caballería de la división Gómez, al mando inmediato del coronel Cesáreo Domínguez. Tomando posición en un caserío, Garibaldi puso fuera de combate á más de la mitad del batallón de Domínguez; y esto le valió ser proclamado general. (²)

(¹) Manuscrito original en mi archivo. (Véase el apéndice).

(²) véase *El Comercio del Plata* del 10 de febrero. Véanse las cartas de Oribe y Domínguez en el apéndice (manuscritos originales en mi archivo).

Las fuerzas aliadas que desembarcaron en Obligado
con el designio de internarse, habían sido arrolladas
en los meses de diciembre y de enero por las del
coronel Thorne, que comandaba la linea de observación sobre la costa. El 2 de febrero de 1846 los aliados desembarcaron 300 soldados protegidos por la
artillería de sus buques fondeados en la costa. Thorne
desplegó contra ellos una fuerte guerrilla, y después
de un fuerte tiroteo se les fué encima con dos compañías de infantería y 50 lanceros, obligándolos á reem-
barcarse. (¹) El mismo día enfrentó á Obligado un
convoy de más de 50 barcos mercantes, armados y cargados por los interventores y por el gobierno y nege-
ciantes de Montevideo, y para seguir aguas arriba con
el auxilio de los buques de guerra.

El general Mansilla colocó convenientemente su artillería volante en la costa de San Nicolás, del Rosario,
San Lorenzo y Tonelero, y se vino á dirigir personalmente la resistencia al pasaje del convoy de los que
especulaban con la guerra y al favor de los avances
de la intervención. El 9 de enero llegaron los barcos
del convoy á la altura del puerto de Acevedo. Mansilla enfiló contra ellos sus cañones. Cuatro buques
británicos y franceses fondearon á su frente respondiéndole con su artillería de grueso calibre. Así protegie-
ron el pasaje del convoy, el cual se alejó de la costa y
hacia una isla interpuesta frente á la posición de Mansilla. En la imposibilidad de hostilizarlo al través de
las islas que se levantan entre ambas costas á esa altura
del Paraná, Mansilla fué siguiendo por tierra el convoy
para verificarlo donde se pusiese á tiro.

(¹) Parte de Thorne á Mansilla. véase *La Gaceta Mercantil*
del 9 de febrero de 1846.

En los barrancos de la costa comprendida entre el convento de San Lorenzo y la punta del Quebracho, Mansilla había colocado ocho cañones ocultos bajo montones de maleza, 250 carabineros y 100 infantes. Á mediodía del 16 de enero aparecieron el vapor *Gorgon*, la corbeta *Expeditive*, los bergantines *Dolphin, King* y dos goletas armadas en la Colonia, los cuales barcos montaban 37 cañones de grueso calibre y convoyaban 52 barcos mercantes. Al enfrentar á San Lorenzo, la *Expeditive* y el *Gorgon* hicieron tres disparos á bala y metralla sobre la costa para descubrir la fuerza de Mansilla. Los soldados argentinos permanecieron ocultos en su puesto, según la orden recibida. Cuando todo el convoy se encontraba en la angostura del río que se pronuncia en San Lorenzo arriba, Mansilla mandó romper el fuego de sus baterías dirigidas por los capitanes José Serezo, Santiago Maurice y Alvaro de Alzogaray. El ataque fué certero: los buques mercantes rumbeaban desmantelados hacia dos arroyos próximos, aumentando con el choque de los unos con los otros las averías que les hacían los cañones de tierra.

Á las cuatro de la tarde el combate continuaba recio todavia, y el convoy no compensaba lo andado con sus grandes averías. Favorecido por el viento de popa y tras los buques que vomitaban sin cesar un fuego mortífero, se aproximó al Quebracho. Aqui reconcentró sus fuerzas Mansilla y batalló hasta la caída de la tarde, cuando desmontados sus cañones y neutralizados sus fuegos de fusil por el cañón enemigo, el convoy pudo salvar la punta del Quebracho, con grandes averías en los buques de guerra, pérdidas de consideración en las manufacturas y 50 hombres fuera de combate. El contraalmirante Inglefield, en su parte oficial al almirantazgo británico dice que «los vapores ingleses y franceses sostuvieron

el fuego por más de tres horas y media; y apenas un
sólo buque del convoy salió sin recibir un balazo». La
pérdida de los argentinos fué esta vez insignificante, y
Mansilla pudo decir con propiedad que habíale tocado
el honor de defender el pabellón de su patria en el
mismo paraje de San Lorenzo que regó con su sangre
San Martín al conducir la primera carga de sus después
famosos *granaderos á caballo.* (¹)

Como se ve, los aliados no continuaban impunemente
su conquista en las aguas interiores argentinas. Verdad
es que Mansilla, cumpliendo órdenes terminantes de
Rozas, recorría incesantemente la extensa costa que
defendía, haciendo tronar sus pocos cañones allí donde
aquéllos á tiro se presentaban. Así fué como los burló
en sus tentativas de desembarque después de Obligado
y San Lorenzo. El 10 de febrero, en seguida de fracasar en una de estas tentativas, los buques de guerra ingleses *Alecto* y *Gorgon*, bombardearon durante
tres horas el campo del Tonelero con balas á la Paixhans 64. La artillería é infantería de los argentinos
mandadas por el mayor Manuel Virto les respondió
con denuedo, y no consiguieron más que matar algunos
milicianos, incendiar dos armones y destrozar los ranchos
y árboles que había. (²) Pocos días después renovaron
las hostilidades sin mayor éxito. El 2 de abril llegó el
Philomel frente al Quebracho. El teniente coronel

(¹) Véase este parte del almirante Inglefield que trascribió *La
Gaceta Mercantil* del 8 de enero de 1847 del *Morning Herald* del 12
de septiembre de 1846. Parte del general Mansilla y carta del capitán Alzogaray en *La Gaceta Mercantil* del 9 de febrero de 1846.
El Nacional y *El Comercio del Plata* de Montevideo, al referirse al
combate de San Lorenzo, silenciaban las averías y pérdidas que
sufrió el convoy; pero es lo cierto que muchos de los barcos mercantes quedaron inútiles, y que el *Dolphin* y *Expeditive* no pudieron
después continuar sus servicios sino a costa de serias refacciones.
(²) Parte del teniente Austen del *Alecto* al capitán Hotham,
trascripto en *La Gaceta Mercantil*; idem de Virto á Mansilla.

Thorne asestóle sus cañones, mas como el *Philomel* huyese aguas abajo, ató tres piezas de á 8 á la cincha de sus caballos y corrió por la costa á darle alcance; lo que no pudo verificar porque el buque francés iba á toda vela y corriente. El día 6 la misma batería de Thorne sostuvo otro combate con el buque de guerra inglés *Alecto*, que pasó por el Quebracho remolcando tres goletas. Los ingleses tuvieron algunos muertos, y su buque salió bastante descalabrado.

El 19, después de otro combate, Mansilla consiguió represar el pailebot *Federal* tomado por los aliados en Obligado. Al dar cuenta al gobierno de este suceso, remitiendo la bandera inglesa conquistada, y bajo de relación, todo el equipaje de cámara del ex-comandante del precitado pailebot don Carlos G. Fegen, Mansilla agregaba en su nota: «Los anglofranceses verán la diferencia que existe entre el saqueo de los equipajes de los valientes de Obligado que hicieron los hombres que se llaman civilizadores, y la conducta de los federales que defienden su patria y respetan hasta los despojos de sus enemigos.» El día 21 cúpole todavía á Thorne sostener otro combate de dos horas con el buque inglés *Lizard*, al cual acribilló á balazos, volteándole el pabellón que flameaba al tope mayor y dejándole casi inservible para nuevas operaciones. «El enemigo, dice el teniente Tylden, que mandaba el *Lizard*, en su parte al capitán Hotham, volteó nuestra pieza del castillo de proa; y su terrible fuego de metralla y fusilería, cribando al buque de proa á popa, me obligó á ordenar á oficiales y tripulación que bajasen... El *Lizard* recibió treinta y cinco balas de cañón y metralla. La lista de los muertos y heridos va al margen...» [1]

---

[1] Este parte se publicó en el *Morning Herald* de Londres del 12 de septiembre de 1846. véase los partes de Mansilla, Thorne y

Simultáneamente con estos combates en la costa norte, los barcos bloqueadores de la costa sur forzaron el puerto de la Ensenada en la madrugada del 21 de abril y organizaron una columna de desembarco, la cual fué rechazada por las baterías de esa costa al mando del general Prudencio de Rozas. Entonces los aliados penetraron en la bahia á sangre y fuego; y se apoderaron de lo mejor que encontraron á bordo de los buques neutrales alli surtos, é incendiaron varios de estos buques con la carga que contenían. Cuatro días después un guardiamarina inglés encargado de practicar un reconocimiento, penetró en el puerto cercano de la Atalaya en un bote con un cañón chico á proa y 15 hombres armados, y sostuvo un tiroteo con la partida que guarnecía el punto. Como varase al querer retirarse, levantó bandera de parlamento y fué recibido en tierra por el jefe argentino quien mandó un bote con ocho hombres á traer la tripulación inglesa. Ésta hizo fuego que le fué contestado, y en la confusión quedó muerto el oficial. (¹)

En presencia del incendio y violencias que perpetraron los aliados en la Ensenada, el gobierno de Rozas expidió un decreto de represalias, en el que «constituyéndose en el deber de poner á salvo esta sociedad, no

Santa Coloma, relativos á estos cuatro combates, en *La Gaceta Mercantil* del 14 de mayo de 1846. véase también las cartas de los marinos ingleses y franceses, tomadas con la correspondencia del pailebot *Federal*, y en las que éstos sienten la necesidad de aumentar sus fuerzas marítimas contra la Confederación, y descubren todos los descalabros y pérdidas que sufrió en San Lorenzo la expedición mercantil de los aliados.

(¹) Véase *La Gaceta Mercantil* del 2 de mayo de 1846. La muerte del guardiamarina Wardlaw dió tema á *El Comercio del Plata* para un romance heróico, en el que los soldados argentinos aparecían como asesinando á ese oficial poco menos que á mansalva.

menos que las propiedades neutrales y argentinas de
tales incendios y depredaciones proscriptas por la civilización; y sin perjuicio de adoptar para lo futuro otras
medidas en caso de que se repitan iguales escandalosas
agresiones por las fuerzas navales de Inglaterra y Francia», establecía que los comandantes, oficiales ó individuos de las tripulaciones de los buques ó embarcaciones
de guerra de dichas dos potencias, que fueran aprehendidos en cualesquiera de los puertos y ríos de la
Provincia, bien para sacar violentamente los buques
nacionales ó extranjeros, bien para incendiarlos ó sa-
quearlos, serían castigados como incendiarios con la
pena prescripta para éstos en las leyes generales. (¹)

La intervención bélica no resolvía, pues, la situación
en favor de los aliados, por mucho que la Gran Bretaña y
la Francia confiasen en sus poderosos elementos militares, en los recursos de su diplomacia y en la propaganda y los esfuerzos de los emigrados unitarios y el
gobierno de Montevideo. El gobierno argentino permanecía firme defendiendo el suelo y los derechos de la
Confederación; y la intervención ya no tenía medida de
rigor que emplear contra él para reducirlo. No quedaba más que duplicar ó triplicar las fuerzas navales de
ambas potencias, y bombardear y ocupar Buenos Aires.
Esto último había sido materia de consulta á Londres
y París; y si los almirantes Lainé é Inglefield no lo
habían llevado á cabo, era porque no se resignaban
á presentar en seguida la prueba de una impotencia muy
parecida á la derrota, cuando en su orgullo inconmen-
surable no cabía la magnitud de sus hazañas en Malta,
en Acre, en Mojador, en San Juan de Ulloa. Ya no se
engañaban acerca de esto; y la misma opinión se ha-

(¹) Decreto de 1º de mayo de 1846.

bía generalizado entre los oficiales ingleses y franceses, á tal punto que varios de éstos no ocultaban sus temores de que sufriese un desastre la expedición mercantil que debía bajar el Paraná protegida por las escuadras de las potencias interventoras. «Rozas está levantando baterías á lo largo de las barrancas entre nosotros y Obligado, escribía el teniente Robins, de la fragata *Firebrand* surta en la bajada de Santa Fe: si no hay una poderosa diversión abajo con fuerzas de tierra para sacar los hombres de la barranca, ellos echarán á pique algunos de los buques del convoy, y probablemente harán gran daño á los de guerra. Nos hemos internado muy pronto río arriba. Hemos tomado una posición que no podemos sostener sin muchas posiciones fortificadas. Si la provincia de Buenos Aires es atacada, el ataque debe ser hecho en Obligado. El país es abierto y propio para reorganizar tropas...» «El *San Martín*, escribía el teniente Marelly, surto en la bajada de Santa Fe á la espera del convoy que debia salir de Corrientes, después de esta campaña no podrá hacer mayores servicios sin muy costosas reparaciones. Nosotros nos preocupamos mucho de las baterías que Rozas levanta contra nosotros en San Lorenzo...» (¹)

La exactitud de estas observaciones se reveló muy luego. Los buques que habían pasado para Corrientes cargáronse juntamente con otros, por cuenta de comerciantes de allí y de Montevideo y aun del gobierno de esta plaza y de los ministros interventores, y se dieron á la vela para bajar el Paraná, protegidos por las escuadras combinadas. El 9 de mayo fondearon en una ensenada como á dos leguas de las posiciones que tomó

(¹) Correspondencia tomada á los aliados juntamente con el pailebot *Federal*. Véase *La Gaceta Mercantil* del 2 de mayo de 1846.

Mansilla en el Quebracho. El 28, Mansilla se corrió
por la costa con dos obuses, y les asestó algunas balas
obligándolos á retirarse aguas arriba, en medio de la
confusión consiguiente á esa operación cuyo objeto principal era templar los bríos de los soldados noveles que
la ejecutaron. El 4 de junio, favorecido por el viento
norte, enfrentó la posición del Quebracho todo el convoy de los aliados, compuesto de 95 barcos mercantes
y de 12 de guerra, á saber: vapores *Firebrand, Gorgon,
Alecto, Lizard, Harpy, Gazendi* y *Fulton;* bergantines-
goletas *Dolphin* y *Procida;* bergantines *San Martín* y
Fanny y corbeta *Coquette,* los cuales montaban 85 cañones de calibre 24 hasta 80, con más una batería de
tres cohetines á la congrève que habían colocado la noche anterior en un islote hacia la izquierda de aquella
posición.

La línea de Mansilla se apoyaba en 17 cañones, 600
soldados de infantería y 150 carabineros, así colocados:
á la derecha una batería y piquetes del batallón de San
Nicolás y patricios de Buenos Aires al mando del mayor Virto; en el centro dos baterías y dos compañías de
infantería al mando de Thorne; á la izquierda otra batería y el resto del regimiento Santa Coloma, al mando
de este jefe; en la reserva 200 infantes, dos escuadrones de lanceros de Santa Fe y la escolta del general.
En tales circunstancias, Mansilla les recordó á sus soldados el deber de defender los derechos de la patria, ya
cumplido en Obligado, Acevedo y San Lorenzo. Y tomando la bandera nacional y al grito de «¡viva la soberana
independencia argentina!» mandó que por sus cañones
tronase la voz de la patria, cuando ya las escuadras
aliadas habían enfilado contra él su poderosa artillería
para que por retaguardia pasasen los barcos del convoy.
El fuego sostenido de los argentinos hizo vacilar á los

aliados y llevó el estrago á los barcos mercantes, algunos de los cuales vararon por ponerse á salvo, ó se despedazaron al chocar entre sí en las angosturas del río por huir pronto. Á la 1 p. m., después de dos horas de combate, el convoy no podia todavia salvar los fuegos de las baterias de Thorne.

El *Firebrand, Gazendi, Gorgon, Harpy* y *Alecto* retrocedieron para cubrir la línea de barcos más comprometidos. Pero viendo, después de una hora más de encarnizado combate, que ello era infructuoso y que todos corrían gran riesgo, incendiaron alli los que pudieron y bajaron el río precipitadamente con los restantes. Este combate fué una derrota de trascendencia para los aliados; pues no sólo sufrieron pérdidas más considerables que en Obligado, sin inferirlas de su parte á los argentinos, sino que se convencieron de que no podian navegar impunemente por la fuerza las aguas interiores de la Confederación. Contaron cerca de 60 hombres fuera de combate y perdieron una barca, tres goletas y un pailebot cargados con mercaderias valor de cien mil duros, una parte de los cuales salvó Mansilla consiguiendo apagar el fuego del pailebot. De los argentinos sólo cayeron Thorne, (¹) herido en la espalda por un casco de metralla, y algunos soldados. «El fuego fué sostenido con gran determinación, dice el teniente Proctor en su

---

(¹) Este batallador abnegado que prodigó su sangre en las lides por la independencia, por la integridad y por la libertad de la República Argentina, nació en Nueva York el 8 de marzo de 1807, de doña Margarita Breger y de don Enrique Thorne, ingeniero naval que habia servido como capitán de fragata en la guerra de la independencia de los Estados Unidos.

Su padre lo colocó en una escuela de marineria, y por sus aptitudes lo tomó de ahi el comodoro Chelter trayéndolo en viaje de instrucción al rio de la Plata allá por el año de 1818. Con este jefe regresó á Estados Unidos, pasó en seguida á Francia, siguió por el Pacífico, bajó al Brasil, hasta que declarada la guerra entre este Imperio y las Provincias Unidas del rio de la Plata, Thorne

parte al capitán Hotham: fuímos perseguidos por artillería volante y por considerable número de tropas que
cubrían las márgenes haciéndonos un vivo fuego de
fusilería. El *Harpy* está bastante destruido: tiene muchos
balazos en el casco, chimeneas y cofas.» El mismo capi-

---

entró á servir á éstas como guardiamarina ó pilotín en la barca
Congreso del mando del capitán Harris.

Sus conocimientos, su valor y sus condiciones singulares como
hombre de guerra, le valieron pronto un ascenso, y á principios
de 1826 entró en la *Chacabuco* en clase de teniente. En este barco
concurrió (1827) á la toma de la escuadrilla brasilera, que se había
internado en el río Negro del Carmen de Patagones. Thorne fué
el primero que saltó á bordo de la corbeta brasilera *Itaparica*,
hizo arriar la bandera imperial y enarbolar la argentina, lo cual
se verificó en los demás barcos enemigos.

En diciembre del mismo año y comandando el bergantín goleta
Patagones que sólo montaba dos cañones de á 12 y una coliza
giratoria de á 18, Thorne se lanzó temerario contra el bergantín
brasilero *Pedro el Real* de 16 cañones. En tan desigual combate
Thorne recibió dos heridas graves y fué conducido prisionero á
los calabozos de la fortaleza de Santa Cruz, de donde regresó á
Buenos Aires cuando se hizo la paz con el Imperio.

Capitán en el año de 1830 y á bordo del *Balcarce*, comandante en
1832 de la goleta *Martín García*, hizo á fines de este año la campaña
del Uruguay á bordo del bergantín *Republicano*.

Siendo sargento mayor hizo la campaña á los desiertos del sur,
y tocóle remontar por la primera vez el río Colorado en la forma
que se ha visto en el tomo ii.

Desde entonces, puede decirse que su vida fué un continuo batallar, siempre al lado del cañón que era su arma favorita y con
el cual parecía hubiese hecho el pacto de la recíproca fortaleza, como
lo he apuntado al referirme al combate de *Obligado*. Jefe de la artillería federal en casi todas las batallas de la guerra civil argentina,
mereció ser encomiado por generales como Paz, quien no pudo menos que notar los estragos que Thorne hizo en sus filas. Á Sauce
Grande donde fué ascendido á coronel de artillería, Cagancha y Caaguazú, siguiéronse para el intrépido Thorne, Martín García, Acevedo,
Tonelero, San Lorenzo y el Quebracho; y en todas estas batallas su
figura se destacó por los alientos poderosos con que imprimió
heroísmo á la acción de los combatientes, y por los nobles entusiasmos con que ofrecía su vida á la bandera azul y blanca de los
argentinos.

En su clase de coronel comandó la barca *Julio* en 1852; y en el
año siguiente comandó en jefe la artillería del ejército con que el
general Lagos asedió la ciudad de Buenos Aires.

Producidos los hechos que determinaron la separación de esta
provincia de las demás argentinas, el coronel Thorne no quiso tomar
armas en la lucha civil que se subsiguió.

Pobre, cubierto de cicatrices y de gloria, empezó á ganarse el sus-

tán Hotham en su parte al almirante Inglefield datado á 30 de mayo de á bordo del *Gorgon*, acompañando la lista de muertos y heridos ingleses y franceses en el Quebracho, declara que «los buques han sufrido mucho». (¹)

El convoy de los aliados era esperado con vivísimo interés por los negociantes de Montevideo, quienes se prometían pingües ganancias dada la escasez que se sentía en esa plaza de muchos de los productos de Corrientes y del Paraguay. Las pérdidas y averías sufridas en el Quebracho aumentaron visiblemente el descontento de los principales comerciantes en cuyas manos estaba hasta cierto punto la suerte del gobierno de Montevideo, y quienes, como accionistas de la compañía

---

tento con su trabajo; que parece fuese esta la última prueba á que son sometidos los que en los mejores años de su vida no se dieron tiempo á pensar en sí mismos, porque vivieron del pensamiento en la patria á la cual vincularon su nombre.

La patria, ó mas propiamente, los gobiernos que se siguieron, pagando tributo á los rencores tradicionales que tantas fuerzas malgastan y tantas injusticias perpetúan, fueron ingratos con el veterano inválido y casi indigente. Hasta su grado, conquistado en un campo de batalla, le desconocieron; y fué necesario que al correr del tiempo se sustituyeran á unos otros hombres para que le concedieran la mísera asignación correspondiente á teniente coronel de inválidos.

Thorne nunca se quejó. Su corazón de oro solía conmoverse cuando, por motivos militares ó por informes que de él solicitaban, traía al recuerdo algunos hechos de armas que como *Obligado*, *San Lorenzo* y *Quebracho* lo llenaban de nobilísimo orgullo. Entonces, ya anciano, asomaban dos lágrimas á sus ojos. Eran lágrimas de un héroe empujadas por la sencillez de un niño.

La muerte le sobrevino el 1º de agosto de 1885. Murió como un justo, que sus hijos le cerraron piadosos los ojos, y tuvo amigos que lloraron sobre su tumba. En recompensa á sus méritos, el gobierno argentino dió el nombre de *Thorne* á una de las torpederas de la armada nacional.

(¹) Estos partes los trascribió *La Gaceta Mercantil* del 8 de enero de 1847 del *Morning Herald* de Londres de 12 de septiembre de 1846. Parte oficial de Mansilla en *La Gaceta Mercantil* del 12 de junio de 1846. Véase *El Comercio del Plata* del 3 y 4 de junio de 1846 y lo que al respecto dice Bustamante (equivocando el combate de San Lorenzo con el del Quebracho) en su libro sobre los *Errores de la Intervención*, pág. 114.

compradora de los derechos de aduana bajo la garantía
de los ministros Ouseley y Deffaudis, habían ya protestado del nuevo contrato hecho por el ministro Vásquez
hasta el año de 1848. (¹) Á fin de cubrir en lo posible
esas pérdidas impusieron una fuerte suba en los precios;
y el gobierno les ofreció prontas ganancias que facilitaría Rivera como se va á ver.

Rivera se había puesto en campaña y sus primeras
operaciones habían sido tan felices como rápidas. Con
poco más de 400 hombres entre los que se contaban
buenos oficiales como el coronel Mundelle, el cual le
fué recomendado por el ministro Ouseley (²) y auxilia-
do por una flotilla anglofrancesa al mando de Garibaldi,
Rivera se plantó en la Colonia, pasó al Carmelo y lo
fortificó después de batir fuerzas del comandante Caballero. Sobre la marcha entró en las Vívoras á sangre
y fuego, apoderándose de todo cuanto encontró. Á pesar de las disposiciones del coronel Montoro (³), se
dirigió á Mercedes, se apoderó de esta ciudad el 14 de
junio y derrotó á Montoro tomándole 400 prisioneros,
2.000 caballos y mucho armamento.

Estas operaciones fueron acompañadas de depredaciones (⁴), en las cuales estaban interesados los comerciantes de Montevideo y principalmente los ministros
interventores de Gran Bretaña y Francia, quienes entraban en los negocios de cueros, ganado y frutos del
país, que Rivera les enviaba, y daban en cambio recur-

(¹) Esta protesta se insertó en *El Nacional* de Montevideo de
17 de enero de 1846.

(²) Manuscrito original en mi archivo. (véase el apéndice.)·

(³) Comunicación de Montoro á Caballero. Manuscrito original
en mi archivo. (véase el apéndice. véase también *La Gaceta Mercantil* del 17 de Junio de 1846.)

(⁴) véase en el apéndice la carta del ministro español Creus al
general Rivera. Manuscrito original en mi archivo.

sos y dineros para proseguir una guerra devastadora.
Es necesario verlo así escrito por los mismos hombres
del gobierno de Montevideo para que no quede duda del
rol que desempeñaba en su impotencia la intervención
anglofrancesa en el Plata. En 5 de junio de 1846 le
escribía el ministro Magariños á Rivera: «...he hablado con los ministros (interventores) sobre el armamento que se harán cargo de pagarlo, tomando para su
reembolso ganado del que usted tiene y les servirá á
las estaciones marítimas. También nos darán estos
días 20 quintales de pólvora, y ya pusieron en batería
dos de los cañones tomados en Obligado: los otros fueron á Londres como trofeos.» [1] «Sale don Agustín
Almeida, le escribe el mismo Magariños á Rivera en 24
de junio, para que asociado con la persona que usted
elija en esa, se hagan cargo de conducir lo que quiera
mandar á esta de lo tomado al enemigo, y según los
contratos que fuese conveniente hacer, porque eso ha
parecido más arreglado y expeditivo para ir en armonía...» [2]

El medio de que los interesados vayan en armonía
lo da el ministro de hacienda Bejar, escribiéndole á Rivera en esa misma fecha: «Anteriormente he dicho á
usted que la compra del armamento estaba arreglado
con los ministros interventores, los cuales me habían
dicho el modo de arreglar ese negocio... Últimamente
han dicho que tomarán ganado para cobrarse su importe... Para el mejor desempeño en la remisión de cueros, ganado y demás frutos tomados en el territorio que
ocupaba el enemigo, el gobierno ha nombrado un comisionado, que lo es don Agustín Almeida, quien proce-

---

[1] Manuscrito original en mi archivo. (Véase el apéndice.)
[2] Manuscrito original en mi archivo. (Véase el apéndice.)

derá en unión de otro que usted nombre. De este modo
nos ha parecido que será más conveniente. y que más
pronto vendrán á disposición del gobierno esos recursos.» (¹) Ratificándole las seguridades de Bejar, le escribe todavía Magariños á Rivera en 5 de julio: «Ayer
se acordó avisar á usted que para cubrir el contrato
de armamento, se debe entregar su valor en cueros y
ganado á orden de los ministros y almirantes » (²) Con
fecha 11 de julio el ministro Bejar le acusa recibo á
Rivera de una remesa de cueros, pero le encarece nuevas remesas. «porque usted sabe bien nuestro estado y
la necesidad de evitar inconvenientes que pueden presentarse en este asunto».

Es claro que esto último se refería á las exigencias
de los ministros interventores, como que las remesas
de cueros y frutos no debían de ser muy abundantes.
Es que aunque Rivera hiciese enormes acopios, todo era
poco para entretener su sistema de dilapidaciones. Ase-
diado por los que iban al olor de sus larguezas; explo-
tado por los que medraban al favor del desbarajuste que lo
caracterizaba, siempre estaba urgido de dinero, que nada
reservaba para sí. Á fines de agosto ya le pedía más
dinero al ministro de hacienda y éste al remitírselo no
podía menos que pedirle el informe sobre cueros
«con los documentos que puedan ilustrar el particular». (³) Así entretenían la intervención y la guerra los
ministros interventores de Gran Bretaña y Francia, cuando el repentino arribo del comisionado británico Mr.
Thomas S. Hood comenzó á imprimirle nuevo giro á la
cuestión del río de la Plata.

(¹) Manuscrito original en mi archivo. (Véase el apéndice.)
(²) Manuscrito original en mi archivo. (Véase el apéndice.)
(³) Manuscrito original en mi archivo. (Véase el apéndice.)

CAPÍTULO LIV

LA MISIÓN HOOD Y LA GUERRA

(1846)

Las manifestaciones inequívocas del alto comercio, de la prensa y del parlamento de la Gran Bretaña, contra la política del gabinete Aberdeen, de intervenir

á mano armada en el río de la Plata para proteger intereses comerciales, que nunca estaban más amenazados que bajo el estado de guerra creado por esa misma
intervención; el hecho palpable y evidente de que el
gobierno argentino se mantenía más fuerte que antes
en la defensa de los derechos de la Confederación, después de haber la Gran Bretaña agotado las medidas de
rigor, bombardeando, ocupando el territorio, estableciendo
bloqueos y librando combates en los que su formidable
escuadra sacó á la larga la peor parte; la consideración
lógica, por otra parte, de que para reducir al gobierno
del general Rozas, y realizar sus miras ulteriores en
el río de la Plata, menester le sería cuadruplicar sus fuerzas navales, é invertir verdaderos tesoros en mantener,
y mantener precariamente, las conquistas que alcanzase,
caso que las alcanzase; la esperanza, en fin, de obtener
por medios conciliatorios ventajas que podían ser pre-
cursoras de otras mayores en lo futuro, y que venía
estimulando con habilidad y tesón la diplomacia de
Sarratea y Moreno ayudados por los señores Page y
Mandeville; todas estas circunstancias, netamente defi-
nidas, inclinaron decididamente el espíritu práctico de
los hombres de estado británicos hacia un acomodamiento con la Confederación Argentina, fuere éste en unión
ó separadamente de la Francia.

«Todos sabemos, dijo el vizconde Palmerston en la
Cámara de los Lores, interpelando al gobierno, que el comercio inglés ha sufrido considerablemente con motivo
de las medidas adoptadas por el gobierno inglés para poner
término á la guerra entre Buenos Aires y Montevideo.
El lenguaje del gobierno cuando se le ha interrogado
sobre estos negocios ha sido de paz; pero los actos de
nuestras autoridades en aquellos puntos han sido ciertamente actos de guerra. En primer lugar un bloqueo;

en segundo lugar desembarcaron fuerzas inglesas en territorio argentino, y asaltaron baterías; hubo después captura de buques de guerra argentinos, y un aviso para la venta de esos buques como tomados en una guerra. Quiero saber, pues, si estamos actualmente en guerra ó no estamos con Buenos Aires. Si estamos en guerra con Buenos Aires, este hecho no se ha comunicado. Si estamos en paz con Buenos Aires, ¿cómo puede conciliarse esas medidas de guerra? ¿las ha aprobado Su Majestad?»

Sir Robert Peel eludió la discusión sobre el estado de las relaciones con la Confederación Argentina, y se limitó á declarar con ingenuidad imponderable á nombre del gabinete, que no había guerra con Buenos Aires; que los buques argentinos apresados se vendieron porque no había guarniciones para cuidarlos; que las operaciones de carácter hostil en las aguas del Plata y del Paraná no habian sido previstas, y que por consiguiente no habían podido ser autorizadas, ni aprobadas; y que por lo demás «esperaba que lord Palmerston no provocara una discusión que en la actualidad mucho lastimaría». Si realmente ignoraba todo lo que había en el fondo de este intrincado y tenebroso negocio de la intervención, lord Palmerston debió quedar más intrigado después de las declaraciones de Sir Robert Peel que queria encubrir el fracaso de sus planes recolonizadores en el río de la Plata, desmintiendo el texto de las instrucciones dadas á los interventores, las cuales autorizaban el empleo de medios coercitivos; y arrojando sobre estos últimos la responsabilidad de todos los actos de guerra y aun de barbarie que habían llevado á cabo en aguas y en territorios argentinos.

Lord John Russell lo contuvo oponiendo la sátira á la audacia, y diciendo que después de lo manifestado por el honorable Baronet, veía que ni lord Palmerston ni él comprendían bien las instrucciones dadas por lord Aberdeen á Mr. Ouseley. «La venta de barcos de guerra apresados, continuó, es una medida de guerra que no puede verificarse sin una orden en consejo, ú otra providencia que autorice al almirante á proceder así. Lord Aberdeen ordenó en sus instrucciones que desembarcasen fuerzas sólo para ocupar cierta isla, ó para la seguridad de las fuerzas combinadas y buen éxito de la expedición. La latitud que se dió es grande; y conviene que la cámara sepa á qué respecto eran necesarias las operaciones militares.» Sir Robert Peel, corrido y estrechado por esos dos grandes parlamentarios, apeló en último recurso al tono heroico, enalteciendo la bravura de los soldados ingleses en las aguas del Plata *«cualquiera que sea por otra parte la política de las instrucciones del gobierno»*; y concluyó prometiendo que se restablecería la paz y que así que fuera posible presentaría á la cámara informes al respecto. (¹)

Á pesar de los esfuerzos de la oposición que encabezaba Mr. Thiers, el gabinete de Francia siguió ostensiblemente al de la Gran Bretaña en las vías de arreglo en la cuestión del Plata; y á tal objeto enviaron ante el gobierno argentino y en el carácter de agente confidencial, á Mr. Thomas Samuel Hood. Éste llegó á Buenos Aires el 13 de julio de 1846 é inmediatamente le entregó al ministro Arana una comunicación en la que lord Aberdeen manifestaba que Mr. Hood á nombre de los gobiernos de Gran Bretaña y Francia trasmitiría ciertas proposiciones fundadas en las que el gobierno argentino presentó á su vez en octubre de 1845; y que se lisonjea-

---

(¹) Sesión del 23 de marzo de 1846, de la cámara de los lores, inserta en *The Morning Chronicle* del 24 de marzo.

ba de que este último «reconocería en este paso la más
fuerte evidencia de la ansiedad de los gobiernos británico y francés por cultivar amistosa relación con el de
la Confederación».

Tres días después, Mr. Hood le presentó efectivamente
al ministro Arana esas proposiciones que rezaban así:
1ª. El general Rozas cooperaría con las potencias interventoras á obtener una inmediata suspensión de hostilidades entre las fuerzas de la plaza de Montevideo y
las sitiadoras: 2ª. Desarme de las legiones extranjeras
de Montevideo, y simultáneo retiro del territorio oriental de las fuerzas auxiliares argentinas; 4ª. Subsiguiente
levantamiento del bloqueo de Buenos Aires, evacuación
de la isla de Martín García, devolución de los buques
de guerra argentinos apresados, y saludo de 21 cañonazos á este pabellón; 5ª. Admisión de ser navegación
interior la del río Paraná y sujeta á reglamentos argentinos; 6ª. Declaración de que los principios bajo los
cuales habían obrado las potencias interventoras, inte-
rrumpiendo los derechos beligerantes de la Confederación
Argentina, habrían sido aplicables á la Francia ó la Gran
Bretaña en iguales circunstancias; 7ª. Nueva elección
del presidente del Estado Oriental con arreglo á su
Constitución, bajo la previa declaración del general Oribe de que éste aceptara el resultado de ella; 8ª. Amnistía general y completa y olvido de lo pasado, sin que
ella impidiese que aquellos emigrados de Buenos Aires
cuya residencia en Montevideo pudiese dar justa causa
de queja al gobierno argentino y comprometer la buena
inteligencia entre las dos repúblicas, fuesen removidos
según su elección al más próximo puerto extranjero;
9ª. Una vez convenidos en estas cláusulas los generales
Rozas y Oribe, si el gobierno de Montevideo rehusase
desarmar y despedir las fuerzas extranjeras de guarni-

ción en esa plaza, «los plenipotenciarios declararán que
han recibido órdenes para cesar toda ulterior intervención, y se retirarán, obteniendo previamente del general
Oribe la promesa oficial de una amnistía plena y garantías para los extranjeros que habitan la ciudad ó la
campaña sobre toda futura consecuencia que pueda
resultar». (¹)

La misión Hood alarmó visiblemente al gobierno
de Montevideo, quien sospechó que ella tenia por
objeto arreglar la cuestión por otros medios que los
que tan inconsideradamente habian promediado. El
ministro Magariños solicitó del ministro británico
esclarecimientos al respecto, y como éste le respondiese 'que ninguna noticia tenía de esa misión,
aquél se anticipó á manifestarle que su gobierno no
podia aventurar ni la idea del más leve cambio de
politica de las potencias interventoras; que de no con-
seguirse «una paz sin influencia argentina, seguiria la
guerra, contando con la poderosa influencia de las naciones interventoras». (₂) Cuatro días después, el ministro Magariños se hace eco del rumor de un arreglo que
va á efectuarse en Buenos Aires, y les declara á los
interventores que mientras el territorio oriental esté
ocupado por un solo argentino «es muy dificil que
haya términos para el arreglo de la cuestión, *á no ser
como lo han declarado los poderes mediadores y fué admitido por el gobierno de la República*». (³)

Fácilmente se trasluce que quien así habla, ó más

(¹) Comunicación oficial núm. 1 á 5. véase *Diario de sesiones*
de la legislatura de Buenos Aires, año 1846, tomo 32, pág. 139. Las
proposiciones se encuentran también en *La Gaceta Mercantil* del
22 de septiembre de 1846.

(²) Comunicación oficial de 5 y 7 de julio de 1846.

(³) Comunicación oficial del ministro Magariños de fecha 11
de julio.

propiamente. quien así impone. no es el gobierno de
Montevideo. sino los ministros interventores por cuyos
auspicios y bajo cuyas inspiraciones éste existe y actúa.
Comprometidos su amor propio y su reputación en una
intervención armada que ha sido para ellos un fracaso ruidoso; y empeñados en continuarla á toda costa.
á cuyo efecto han solicitado de su gobierno veinte mil
soldados y buena cantidad de buques de guerra (¹), los
ministros interventores rechazan de plano, como se vé,
proposiciones cuyo contenido no conocen. Colocados en
este punto de mira. no admiten otro arreglo sino aquel
que establezca en el fondo lo mismo que han exigido
inútilmente por la fuerza; y como no se les oculta que el
gobierno argentino defenderá sus derechos hasta que
ellos lo reduzcan á la impotencia ó lo derroquen. se
proponen desde luego desbaratar la negociación recién
entablada. en unión del gobierno de Montevideo. su
aliado aparente. su instrumento creado por la lógica de
los hechos.

Simultáneamente con la nota á los interventores, concebida de acuerdo con éstos para producir el efecto deseado. el ministro Magariños le escribía á Rivera: «Nada
más se adelanta de la misión de Mr. Hood. sino que.
según noticias que tuvieron los almirantes (inglés y
francés). hizo sentir en Buenos Aires la intención de
comunicar con Oribe; *pero se han dado órdenes para no
consentirlo sin que reciban instrucciones los referidos almi-*

(¹) El 20 de abril de 1846 salieron de Montevideo á bordo del
bergantín de Su Majestad Británica *Philomel*, Mr. Turner. agente
del ministro Ouseley, y Mr. Chevalier, agente del ministro Deffaudis,
encargados de pedir á sus respectivos gobiernos 10.000 soldados ingleses y 10.000 soldados franceses, y de encarecer el pronto envío
de esta expedición para terminar la cuestión del Plata. (Véase
lo que escribe al respecto *La Gaceta Mercantil* del 14 de septiembre de 1846.)

rantes por el conducto regular.» Á renglón seguido le
descubre á Rivera todo el pensamiento de los ministros
interventores. y cómo creen él y éstos que Rivera puede
y debe concurrir al mismo objeto; y lo hace con tan
ingenua franqueza. que no deja duda respecto del propósito que tienen de desbaratar la negociación de paz.
«Eso, prosigue, y el inesperado sigilo de esa misión
*ha alarmado á los ministros: Mr. Ouseley se considera
desairado.* No creen que sus gobiernos puedan ceder
en sus compromisos. El medio más efectivo en las circunstancias es, sin duda. que *nosotros aprovechemos el
tiempo y que usted saque las ventajas que pueda de su
posición. á que ellos auxiliarán con cuanto puedan...*
Necesitamos paz. No es materia de cuestión que aceptaremos la que asegure la independencia perfecta de la
República, retirando las fuerzas argentinas y desarmando las extranjeras para que la elección sea libre;
*pero tantas serán las tranquillas que podrían pretenderse.
que debemos colocarnos en actitud de rechazar toda pretensión que menoscabe nuestros derechos.»* (¹)

Mr. Hood abordó franca y lealmente la negociación
de paz con el ministro de relaciones exteriores de la
Confederación Argentina, y en las conferencias que se
siguieron, este último le manifestó que su gobierno entraba complacido en la vía de la paz, aceptando como
aceptaba las bases de pacificación propuestas. En consecuencia el general Rozas ordenó inmediatamente al
general Mansilla que no hostilizase á los buques ingleses ó franceses, y que les ofreciese los víveres y provisiones que necesitasen. (²) Estas medidas que anunciaban

---

(¹) Carta del 9 de julio de 1846. Manuscrito original en mi
archivo. (véase el apéndice.)

(²) véase la nota de Mr. Hood el capitán Lowthion de la
barca *Holywood,* en la que le comunica y adjunta las instrucciones del general Rozas.

la próxima terminación de las agresiones de dos grandes potencias, las cuales habían puesto á dura prueba la abnegación de un pueblo resuelto á defenderse, fueron acogidas con verdadero júbilo por la prensa, por el comercio y por toda la población que, por sobre los rigores del año y medio de bloqueo, vivía con el arma al brazo ó suspensa de las agresiones que llevasen los aliados por cualquier punto de la costa... Algunos de los que se pretendían mejor informados comunicaban que la cuestión estaba completamente arreglada. (¹)

(¹) El coronel José Joaquín Arana, hermano del ministro don Felipe, lo escribía así, acompañando copia de carta de su hermana política la señora doña Pascuala Belaústegui. (Véase el apéndice.) Y el coronel Vicente González hacia volar doscientas cartas con esa noticia á todos los puntos de la República.

Aunque el coronel González no se destacó como militar, con ser que tenía prestados largos y buenos servicios, gozaba de cierta influencia legitimada por antecedentes honorables y por sus constantes esfuerzos en favor del orden de cosas radicado en el país. Del punto de vista moral y político, puede decirse que era la personificación más acabada del burgués miliciano, ingenuo y ferviente de esa época; cuyo corazón trabajado por las reacciones de los partidos que habían actuado sin éxito desde 1820 dejando en pos de si la incertidumbre ó el desquicio, había concluido por erigirse en templo de la Federación, donde ardía perenne el fuego del entusiasmo por Rozas que era su héroe, sin que los rigores de una vida de sufrimientos y privaciones debilitaran en lo más mínimo la fibra patriótica que lo empujaba.

Español de nacimiento, hizo sus primeras armas en las fuerzas del rey contra los indios de la frontera de Luján, y asistió en 1807 á las jornadas contra los ingleses en Buenos Aires. Poco después fué destinado a Lujan con un destacamento de caballería, sirviendo sucesivamente en la frontera hasta 1820 en que apareció entre los amigos que ayudaron al entonces comandante don Juan Manuel de Rozas á restablecer la autoridad legal del gobernador don Martin Rodríguez. Franco, bondadoso y servidor de quien lo necesitase, se atrajo la buena voluntad acariñada de los habitantes de la campaña donde residía. Esto no obstaba á que de su propia autoridad practicase una limpieza policial en los vecindarios, engrosando el regimiento que mandaba con los vagos y mal entretenidos que le temian, y quienes encontrando en el óvalo largo y descarnado, en la nariz encorvada y punteaguda y en los ojos vivos y penetrantes de don Vicente, los perfiles característicos del carancho,—en lo que acertaron probablemente, como quiera que cada rostro humano refleje el de otro animal,— dieron en llamarle «Carancho del Monte»; apodo pintoresco que

Esto era exacto por lo que hacía al gobierno argentino. La única observación que éste había hecho al pliego de proposiciones de los ministros Aberdeen y Guizot, era la que se refería á la oportunidad de levantar el bloqueo anglofrancés; y esta observación fué atendida

---

variaban algunos de sus íntimos llamándole familiarmente «don Carancho», sin que por esto ni por cosas mayores se alterase la habitual bonhomía de don vicente.

Producida la revolución de 1828 y fusilado el gobernador de Buenos Aires, coronel Dorrego, por orden del general Lavalle que lo venció, don vicente hizo la campaña contra este último bajo las órdenes de Rozas y de López, encontrándose al frente de su regimiento número 2 en los combates del puente de Márquez, de las Vizcacheras, etcétera, etcétera. En 1833, al partir Rozas para la conquista del desierto, dejólos especialmente encargados á él y al señor Manuel José de Guerrico, de remitirle al Colorado los ganados y recursos que enviasen al Monte sus amigos, en vista de que el gobierno le negó lo que debía darle para esa famosa expedición. En 1835 el coronel González fué uno de los que con el mismo Guerrico, Capdevila, Burgos, Suárez, Fernández y demás hacendados del sur, presidieron las manifestaciones de las campañas para que se otorgase á Rozas la «suma del poder público». Él fué también quien con motivo del fallecimiento de la señora Encarnación Ezcurra de Rozas inició la idea de que los militares llevasen luto federal, colocándose él el primero una cinta angosta roja alrededor del kepí, la cual se generalizó entre los civiles y se llamó «cintillo federal».

El primer bloqueo y agresiones de la Francia á la República Argentina exaltaron la fibra generosa de don Vicente González, que poseído de entusiasmos juveniles escribió á todos sus amigos sobre el santo deber de resistir «á las escandalosas pretensiones del rey Luis Felipe el guarda-chanchos», dando él el ejemplo y poniendo su espada y todo cuanto tenía al servicio de la causa nacional. En la guerra civil que se subsiguió á la conclusión del tratado Arana-Mackau, el coronel González, fiel siempre á Rozas y á su partido, que no estuvo un momento inactivo. La intervención anglofrancesa exaltó el sentimentalismo patricio de don vicente. Á su edad, su ardorosa indignación asumió las proporciones de esos furores seniles en los que la imaginación recorre sin cesar el campo del sacrificio heroico, magnificando el espectáculo de la muerte, y pidiéndole alas á la muerte misma para aplastar con ella á todos los enemigos condenados!... En esta época don Vicente recorría con una división lijera las costas del litoral, y se internaba en el Chaco según las exigencias. No obstante esto, había asegurado de tal manera el camino á la correspondencia que mantenían con él los gobernadores, generales y hombres principales de toda la República, que donde quiera que estuviese funcionaban sin cesar sus cinco secretarios, á los cuales les dictaba cartas que reunidas formarían un volumen de literatura heroico-pintoresca. No había noticia que él no supiese de los

por Mr. Hood, en virtud de la bastante autorización de sus instrucciones que rezaban así en lo pertinente: «Parecería que *tan luego como las propociones hayan sido aceptadas por el general Rozas y general Oribe y declarado el armisticio,* sería justo y conveniente levantar

---

primeros, y que él no trasmitiese á todos los puntos de la República, adjuntando los diarios y datos que mas de una vez recibia de la misma secretaria de Rozas. Gustábale imponerse de todo aquello en que él creia encontrar analogia o relación con las cosas del pais; y en sus cartas se leia, en seguida, de sucesos que habian tenido lugar en la Confederación, referencias á los de Inglaterra, de Francia ó España. Una vez terminaba una carta á un amigo á quien le adjuntaba unos diarios de España que registraban algunas ventajas de los carlistas. Don Vicente no sabia á punto fijo cuál era el programa político de los carlistas, y se lo preguntó al general Mansilla, quien dirigia la palabra a algunos personajes en una habitación inmediata... ¿Los carlistas? repuso el general que le conocia el lado flaco, y que quiso vengarse quizá de la interrupción, ¿los carlistas?... serán los federales de España. Don Vicente se limitó por el momento a agregar á su carta esta postdata: «Vamos bien por España.»

El mismo Mansilla y Oribe, Urquiza, Pacheco, Echagüe, Benavidez, Garzon, Lagos, Ibarra, Seguia, López.... le comunicaban cada uno sus noticias; por manera que don Vicente era, después de Rozas y de don Felipe Arana, quien mejor impuesto estaba de todo cuanto se pasaba en el pais. Los últimos meses del año 1845 debieron ser fatales para los probados secretarios de don Vicente. El año 1846 no lo fué menos. De su secretaria salian doscientas cartas, como esta, por ejemplo: «Yo marcho para Santa Fe a consecuencia de un desembarco que están haciendo los salvajes de Corrientes en el Chaco. Si se presentan en pelea pienso, con el auxilio de mi patrona la Pura y Limpia, sacudirles el polvo y que jueguen el pato los milicianos de Rozas.» Otras tantas como ésta dirigia al coronel Lagos, en la que adjuntándole gacetas que anuncian la vuelta de Rivera, le dice: «Que ande gambeteando el pardejón lobuno y verá cómo le largamos al héroe entrerriano, pues para acodillar á ese bruto indomable basta un piquete de orientales y argentinos. En *La Gaceta* del 20 del corriente encontrará usted una sesión de los lores del parlamento muy importante á nuestra causa; por falta de tiempo para despachar no he separado las demás, que siempre lo hago dos o tres veces para imponerme en realidad de todo, como debe ser.» Esto por lo que hace á Inglaterra. Por lo que hace a Francia le escribe en otra carta: «Verá usted en *La Gaceta* la reyerta que ha tenido el apologista de los salvajes unitarios, Mr. Thiers, con otros honorables miembros, y lo revolcado que ha salido este fanático».

La noticia de haber firmado Mr. Hood, el gobierno argentino y el general Oribe las bases de la pacificación del Plata, la reparte el coronel González en otras doscientas cartas. Entre todas las

desde luego el bloqueo de Buenos Aires y de todo otro
punto en el río de la Plata. Así fué cómo el gobierno
argentino en nota de 28 de julio de 1846 aceptó oficialmente las proposiciones trascriptas más arriba. y en todo
lo que le correspondia; refiriéndose á la aceptación del
general Oribe en cuanto á éste le incumbía. La base 5ª.

---

respuestas consiguientes, hay una clásica á fuer de pintoresca, y
que debió halagar la imaginación un tanto hiperbórea de don Vicente, por cuanto emanaba de un devoto que no le iba á él en zaga
en lo del culto especial á la Pura y Limpia. Era la del general
don Manuel López, gobernador de Córdoba: un campesino que labró
su posición política al favor de las disensiones intransigentes de
partido, y de cierta bonhomía primitiva que no excluia la astucia
para sacar provecho de las situaciones en que él figuraba como
soldado ó como político. Entre otras anécdotas que caracterizan
su ignorancia, cuentan sus adversarios que cuando subió al gobierno, su ministro le hizo presente que los jefes del Ejecutivo suscri-
bian solamente con media firma los documentos oficiales, y que él,
tomando el consejo tal como sonaba, los suscribió así:—Nuel Pez.
No será cierto esto, pero si lo es que era muy posible, tratándose
del poco avisado magistrado campesino que, según la misma cróni-
ca, jamás pasó por trance más angustioso en su vida que cuando
se vió obligado a afeitarse y a tomar chocolate en Buenos Aires.
Sea de ello lo que fuere, lo evidente es que el gobernador López. con
la ayuda de un secretario empapado en la fraseología de cátedra
de la ciudad doctoral de Córdoba. le contestó así al coronel González: «Publicada la paz que entre mil beneficios que pródigamente
nos ha dispensado el Dios de las misericordias y la que fué concebida sin pecado original, éste será un otro bien que debemos de
suprema magnitud al mismo señor que abatió el orgullo y empecinamiento de Faraón, al libertar su pueblo cautivo en poder de
éste.» No era extraño que llegase hasta Faraón cuando don Vicente.
envuelto en las corrientes de su entusiasmo. había llegado hasta
el diluvio, escribiéndole que: «aquella divina pastora al fin hace
aparecer la paloma que salió del arca del Testamento con el olivo
de la paz»; evocación que hacia suya López añadiendo que: «después de un naufragio general apareció un argentino firme y
resuelto á defender la nave de la libertad é independencia del
continente americano». Los gobernadores Saravia de Salta, é Ibarra
de Santiago del Estero, al agradecerle esas mismas noticias, le
significaban su cooperación á la propaganda en favor de la Purísima Concepción, la cual virgen desempeñaba un rol muy importante en las relaciones politicas y hasta diplomáticas de don
Vicente. «He remitido muchas copias de sus comunicaciones a
nuestros corresponsales de Bolivia, le escribía el primero... y no
faltará uno que otro devoto en aquellos paises que bendiga con
nosotros á la Pura y Limpia que invoca usted.» Ibarra después
de hablarle extensamente sobre la misión Hood, tiene el grande
sentimiento de anunciarle que á consecuencia nada menos que de

la aceptó en el concepto de que el derecho de la Confederación á legislar sobre la navegación interior del Paraná no podia suspenderse en ningún tiempo y, que no importaba una exclusión del derecho de la misma en común con el Estado Oriental respecto del río Uru-

---

haberse vencido las paredes del templo de San Francisco que él construia, éste no podra inaugurarse el dia de la Purisima con una misa en nombre del mismo don vicente.

Dicho se está que tanto don Vicente como los personajes mencionados, lanzados consciente é incontrastablemente en las corrientes dominantes de la opinión de la República, se trasmitian con ruda franqueza las expresiones de su patriotismo exaltado en presencia de la intervención anglofrancesa, y de los argentinos que hacian causa común con ésta. Asi, don Vicente le escribia al coronel Lagos, con motivo del fracaso de la negociación Hood, á la que combatian *El Comercio del Plata* y *El Constitucional* de Montevideo: «los salvajes unitarios de Montevideo, esos obcecados que tienen ojos y no ven... que con el deseo de elevarse al mando no quieren ser más que entidades ante las aras sagradas de la patria... para ellos nadie es nada: todos son ellos... por fin tenemos á la cabeza de la República á ese genio de la América... y esos judios errantes por todo el mundo no hacen más que hacer conocer que el ciudadano don Juan Manuel Rozas está lleno de capacidades...» Don Carlos Amézaga, el ministro de Lopez, acentúa la misma idea escribiéndole á don vicente: «Cuando leo las piraterias é injusticias de los piratas gringos, siento hervir mi sangre de indignación como cuando leo la obra titulada «Libertad de los mares ó el gobierno inglés»; obra que revela la atroz perfidia de aquel gabinete ambicioso que para saciar su codicia le parece poco las cuatro partes del mundo... pero nada importa cuando tenemos á la cabeza de las masas populares al nuevo Wáshington de América, al magnánimo señor Rozas, querido de todos los federales; y cuando la justicia está de nuestra parte... Los gringos y los salvajes unitarios han puesto á prueba nuestra moderación y sufrimientos, y no sacarán de esto más que el convencimiento de que los federales sabemos sostener la independencia del país...» Lo mismo expresa el gobernador López con energia tan primitiva como fiero es el sentimiento que lo inspira: «La maldita intervención anglofrancesa que ha traido á nuestro pais males de que sólo los salvajes unitarios son responsables ante Dios y los hombres, «porque ellos la llamaron y dieron al ambicioso extranjero el tono audaz con que hoy se presentan á hollar nuestros sagrados derechos... La divina justicia nos proporcionará los medios para repeler tan injusta y bárbara agresión, dando á nuestro grande amigo el señor general Rozas toda la fuerza y vigor que necesita. Cuando llego á este punto, sin poderlo remediar me exalto y me enciendo en tal fuego, que quisiera que todos los gringos se hicieran una sola cabeza para de un golpe cortarla (López ó su secretario Amézaga, ¿se fijarian en Caligula ó

guay. En cuanto á la 6ª, que era una mera declaración
de los gobiernos de Gran Bretaña y Francia, y que
bien podía suprimirse porque no hacia propiamente á
los hechos en discusión sino á la conducta anterior de
esas potencias, el gobierno argentino se reservaba

---

en Loyola?); y ahora qué le diré de los salvajes unitarios esclavos
de nuestros fieros conquistadores!» El gobernador de Salta, fijándose en que la civilización de que blasonan los gobiernos europeos
se ha convertido en el abuso de la fuerza, le ratifica sus votos por
el triunfo de la causa nacional, y porque el cielo «continúe dispensando al héroe argentino su acierto y profundo tino que forman
la gloria de la patria y el orgullo de sus hijos». El ministro general del gobierno de Mendoza, en seguida de desalojar su indignación contra los que en *El Comercio del Plata* sostienen la
intervención y baten palmas por el fracaso de la misión Hood, le
ratifica á su vez que «la causa federal es inconmovible en los
pueblos de Cuyo: reposa en el sentimiento general y profundo de
sus habitantes. El genio americano, el ilustre general Rozas,
adquiere cada dia nuevos derechos sobre el corazón de los argentinos fieles al sagrado juramento de la independencia nacional.»
El gobernador Ibarra refiriéndose á ese fracaso le escribe: «Me es
grato asegurarle que este acontecimiento, lejos de amenguar en
manera alguna la disposición de los habitantes de esta provincia
«para la defensa de los derechos nacionales», ha excitado doblemente la susceptibilidad de todos para animarlos de un deseo más
«ardiente de consagrar sus sacrificios y esfuerzos en favor de la
causa que victoriosamente sostienen los pueblos de la Confederación bajo la dirección del inclito argentino que preside los destinos de la República.»
Fatigoso por demás seria trascribir la voluminosa correspondencia que mantenían en este sentido con don vicente González los
gobernadores, ministros, generales y hombres públicos de todos los
puntos de la Confederación, y que obra en gran parte original ó en
copia testimoniada en mi archivo. En ella como en los actos públicos y privados de los que la mantenian, se ve la resolucion
incontrastable que anima á todos esos hombres á defender los derechos y la independencia del pais amenazados por los anglofranceses; y la espontaneidad con que levantan el nombre del general
Rosas, haciendo acto de patriotismo con el gobernante que encarna
el sentimiento nacional, y desafia con éste, no ya las maquinaciones
tenebrosas de sus enemigos políticos que hacen causa común con
los extranjeros agresores, sino todo el poder de las dos naciones
mas fuertes y orgullosas de la Europa. El bueno de don vicente
González era uno de los soldados más entusiastas de esta idea. Con
tesón infatigable contribuyó en escala humilde pero eficaz á mantener incólume la solidaridad política entre los hombres de toda la
Confederacion, en presencia de las agresiones injustas de que ésta
fué objeto por parte de la Inglaterra y de la Francia; y á re-
templar el animo de los que, prescindentes ó poco avisados,

discutirla oportunamente. (¹) Tres días después Mr. Hood, al acusarle al ministro Arana recibo de la «*aceptación oficial á las proposiciones de Francia é Inglaterra* en todo lo que hace relación á los intereses de la Confederación Argentina», le declaraba: «El abajo firmado no puede permitir que pase esta oportunidad sin expresar su agradecimiento por la franqueza y bondades que le han sido manifestadas durante las conferencias que necesariamente tuvieran lugar para discutir *las dichas proposiciones y que han sido ahora*, con gran honor de S. E. el señor gobernador, como con gran placer para el abajo firmado. *terminadas tan satisfactoriamente.*» (²)

Según sus instrucciones, Mr. Hood zarpó inmediatamente de Buenos Aires en el *Devastation* para presentarle al general Oribe esas proposiciones de pacificación, y pedirle su aceptación en la parte que le incumbía. Al llegar á la rada de Montevideo y comunicarles su carácter y su objeto á los ministros interventores, declarándoles que el gobierno de Buenos Aires acababa de aceptar las proposiciones de pacificación, que mantuvo sin embargo reservadas, los señores Ouseley y Deffaudis ni ocultaron su despecho, ni escasearon argumentos para disuadirlo. El ministro y el almirante francés

---

bebían las inspiraciones de la prensa de los emigrados unitarios, la cual servía los intereses y los propósitos de la intervención anglofrancesa, y calculaba sobre el éxito de su propaganda en razón de la cantidad de tránsfugas que suscitase á la bandera de su patria, ya teñida con la sangre argentina en Obligado, en Acevedo, en la Ensenada, en San Lorenzo, Tonelero y el Quebracho. Tuvo la fortuna de ver triunfante la causa á que consagró todos los esfuerzos y toda la energía de sus sentimientos, muriendo en Buenos Aires rodeado de sus amigos, poco después de haber el general Rozas firmado la paz con los representantes de Gran Bretaña y Francia.

(¹) Coleccion de documentos citados, núm. 7. (Véase *Diario de sesiones* de Buenos Aires, tomo 32, pág. 146 y siguientes.)

(²) Coleccion de documentos citados. (Véase *Diario de sesiones* de Buenos Aires, tomo 32, pág. 153.)

llegaron hasta interpretar en sentido favorable á sus
miras el alcance de la misión Hood, manifestando que
Oribe no era ni podía ser parte. Mr. Hood se vió precisado á discutir con ellos el texto de sus instrucciones
y á declararles que estaba resuelto á comunicarse con
tierra para recabar la aceptación de Oribe.

El 2 de agosto pasó Mr. Hood al *Buceo* y de aqui
al campo de Oribe, quien lo recibió con visibles muestras de contento. El día 4 le comunicó oficialmente al
doctor Villademoros, ministro de relaciones exteriores
del gobierno oriental, el objeto de su misión, como asimismo que « habiendo concluido satisfactoriamente su
misión ante el gobierno argentino, el cual había aceptado la parte de las proposiciones de pacificación que
le era relativa, se las acompañaba en copia para que
las considerase en la parte que atañía á su gobierno ». (¹)
Pocos días después el ministro Villademoros le comunicó la aceptación oficial del gobierno oriental á las
proposiciones en lo que á éste correspondía, y en sentido amplio en cuanto se referían á elegir en completa
libertad las autoridades constitucionales de ese Estado. (₂)
Mr. Hood entregó la aceptación del gobierno oriental y
del argentino á los ministros interventores para que
llevasen ulteriormente á efecto la pacificación, según
rezaba en sus instrucciones selladas que puso en manos
de los señores Ouseley y Deffaudis. (³) El despecho de

(¹) Colección de documentos, *Diario de sesiones* de la legislatura
de Buenos Aires, tomo 32, pág. 157.

(²) Colección de documentos citados. Núm. 10, 11 y 12. véase
Diario de sesiones de Buenos Aires, tomo 32 (1846), pág. 158 y siguientes.

(³) La nota de Mr. Hood al doctor Villademoros se publicó en *El
Defensor*, diario oficial de Oribe, y se encuentra también en el libro
del señor Bustamante sobre *Los errores de la intervención anglofrancesa*, pág. 173, véase también la nota de Mr. Hood al ministro
Arana, de fecha 31 de agosto.

los ministros interventores debió subir de punto en presencia de la orden terminante de sus respectivos gobiernos, de llevar á efecto la pacificación sobre la base de la aceptación de las proposiciones cuyo contenido conocían recién; ó de retirarse inmediatamente de Montevideo, y consiguientemente hacer cesar toda intervención si el gobierno de esta plaza no las aceptaba por su parte. (¹) Bajo tales inspiraciones impulsaron con su apoyo material las operaciones de Rivera, sin variar en lo mínimo su actitud bélica en las aguas interiores del Plata. Mientras que en fuerza de la orden terminante de sus soberanos le presentaban al gobierno de Montevideo las bases de pacificación (²), reconcentraban cantidad de barcos en el litoral del Uruguay y en la costa de Obligado; trasportaban á Maldonado una legión extranjera á pedido del ministro Magariños (³), y el jefe del barco inglés allí estacionado desembarcaba fuerzas y artillería para hostilizar á los argentinos; todo esto á pesar de haberse suspendido las hostilidades en el Paraná de orden del gobierno argentino.

Y para cohonestar la buena impresión que en todos produjo la idea de la paz, el gobierno de Montevideo inmediatamente de recibir las bases de pacificación, las libró á la discusión apasionada de *El Comercio del Plata* cuyo redactor, desahuciado por lord Aberdeen dos años antes, se empeñó en desacreditarlas á toda costa. (⁴)

_____

(¹) Véase la cláusula 9ª. de las proposiciones presentadas por los ministros Aberdeen y Guizot. Colección de documentos citados, *Diario de sesiones*, tomo 32, pág. 142 á 145. Véase *Los errores de la intervención anglofrancesa*, por Bustamante, pág. 153.

(²) Comunicación oficial de 18 de agosto. — Véase Bustamante, libro citado, pág. 145.

(³) Véase en el apéndice las dos cartas que al respecto le dirige Magariños á Rivera. Manuscrito original en mi archivo.

(⁴) Véase *El Comercio del Plata* del 21 y 22 de agosto de 1846.

Después de esta discusión, el gobierno de Montevideo les dirigió á los interventores su nota de 27 de agosto en la que si bien aceptaba algunas proposiciones, modificaba, nulificaba ó rechazaba las otras. Así, respecto de la base 2ª, observó que el desarme de los extranjeros debía comprender á los que formaban en el ejército sitiador y principalmente á los españoles que Oribe mantenía á su servicio á pesar de la reclamación del encargado de negocios de S. M. C. Aceptó en el fondo la base 7ª; pero declaraba que tan luego como llegare el momento de elegir nuevo presidente de la República, «el gobierno dará las órdenes conforme á la Constitución y á la ley electoral, para que se proceda á la elección con toda libertad y fuera de la coacción de cualquier fuerza armada»; recomendando á la atención de los ministros interventores «que no es posible que la *paz sea duradera si el nuevo gobierno creado no se halla apoyado por la garantía estipulada de las dos potencias.*» Por último rechazó la 9ª. que establecía que «si el gobierno de Montevideo rehusase licenciar las tropas extranjeras y particularmente desarmar aquellas que hacen parte de la guarnición de Montevideo, ó retardare la ejecución de esta medida, los plenipotenciarios cesarán toda ulterior intervención y se retirarán en consecuencia»; declarando que esta proposición «no tiene aplicación ni creé que pueda tenerla desde que hay la certeza de que la estricta ejecución de todas las anteriores no ha de interrumpirse por actos de su parte». (¹)

El gobierno de Montevideo exigía que se desarmasen los extranjeros que formaban en el ejército sitiador; pero empleaba la reticencia de una supuesta garantía de las

---

(¹) Bustamante, libro cit., pág. 153. véase *La Gaceta Mercantil* del 23 de septiembre de 1846.

potencias interventoras para que no se desarmasen los extranjeros y legiones extranjeras que formaban la casi totalidad de los defensores de esa plaza. (¹) Dificultaba la libre elección de presidente y representantes del Estado. atribuyéndose él exclusivamente la facultad de convocar á tales elecciones y resolverlas como gobierno constitucional. El hecho es que sólo ejercía la jurisdicción que le concedían los interventores en la plaza de Montevideo y puntos del litoral ocupados por las armas de la intervención; y que él mismo se había declarado caduco en un documento solemne por el cual disolvió la legislatura y se prorrogó sus atribuciones en fuerza de las circunstancias. como se ha visto más arriba. Oribe no exigía tanto, á pesar de que asumía la representación de los departamentos de la República, ejerciendo el gobierno regular desde el Cerrito. Era ante estos hechos notorios que los gobiernos de Gran Bretaña y Francia, al proponer bases para la pacificación igualmente al gobierno de don Joaquín Suárez y al del general Oribe, dejaban sentado implícitamente que el derecho al gobierno de la República Oriental que invocaba este último, no era ni más ni menos ajustado que el de aquél. En el texto de sus instrucciones y de las proposiciones, los ministros Guizot y Aberdeen no se avanzaban á dar al gobierno de don Joaquín Suárez. ni aun por referencia. el título de gobierno oriental, ó gobierno de la República, sino simplemente el de *gobierno de Montevideo;* al paso

---

(¹) Bajo la bandera del gobierno de Oribe se hallaban más de 10.000 soldados orientales. Y desde el 7 de septiembre de 1843 hasta el 30 de mayo de 1846, habían pasado de la plaza de Montevideo al campo de aquél 17 jefes, 135 oficiales, 144 sargentos y cabos, 1.737 soldados y 72 empleados de la administración; ó sea un total de 2.106 hombres que dejaron en exigua proporción los defensores orientales de la plaza. (Véase este minucioso estado en *El Defensor de la Independencia Oriental* de 4 de julio de 1846, y en *La Gaceta Mercantil* del 14 de julio del mismo año.)

que el comisionado de las potencias le declara oficialmente al ministro Villademoros que «está encargado de
someter aquellas proposiciones á la aquiescencia del
general Manuel Oribe, *presidente de la República Oriental*. (¹)

Los ministros Ouseley y Deffaudis admitieron inmediatamente la aceptación del gobierno de Montevideo, con
las modificaciones expresadas, y exigieron que Oribe suscri-
biese, como en efecto sucribió, la aceptación de su parte,
por no reconocer carácter oficial en el ministro Villademoros. Así se lo comunicaban á ese gobierno en nota
de 30 de agosto, en la que declaraban que aunque Oribe
había dado esta aprobación, continuando en tomar el
título de ella, es bastante para hacer constar las reservas
que habían tomado. (²) El gobierno de Montevideo respondió calculadamente esta nota con desahogos violentos
en razón de la «extravagancia é irregular pretensión de
don Manuel Oribe en llamarse presidente de la República Oriental, lo cual á nadie puede sorprender porque
es consecuencia natural de la dependencia en que se ha
colocado del gobernador don Juan Manuel de Rozas»; y
asombrándose de que «el señor Hood haya admitido
sin reserva alguna la forma de aceptación del general
Oribe». (³)

Lo asombroso fué que los ministros interventores,
que debían proceder inmediatamente á hacer efectivas las
bases de pacificación, allanando las dificultades de detalle,
le declararon de seguida al comisionado Mr. Hood que
la pacificación no podía verificarse por cuanto el gobierno
argentino había modificado la base 4ª. referente á la opor-

(¹) Bustamante, libro citado, pág. 173.
(²) véase Bustamante, libro citado, pág. 167. Véase *La Gaceta
Mercantil* del 23 de septiembre de 1846.
(³) véase Bustamante, libro citado.

tunidad de levantar el bloqueo. Mr. Hood invocó el texto
de las instrucciones de lord Aberdeen y de Mr. Guizot,
que decían al respecto: « Parecería que tan luego como
las proposiciones hayan sido aceptadas por el general
Rozas y general Oribe y declarado el armisticio, sería
justo y conveniente levantar desde luego el bloqueo de
Buenos Aires y de todo otro punto del río de la Plata.»
Y agregó que estando oficialmente aceptadas dichas proposiciones y rigiendo el armisticio, lo justo y conveniente
era proceder desde luego al arreglo definitivo, pues de
otra manera se comprometería el resultado á mérito de
un detalle que, por otra parte, los interventores podían
subsanar en cualquier momento, declarando nuevamente
el bloqueo, por ejemplo, si contra todas las probabilidades
el gobierno argentino obstaculizaba la terminación del
arreglo.

El ministro Ouseley no quiso echarse encima la responsabilidad de una resistencia infundada. Pero el barón
Deffaudis le declaró resueltamente á Mr. Hood que él
no tenía instrucciones para proceder al arreglo sino sobre
la base de la aceptación lisa y llana de las proposiciones:
que Mr. Hood se lo manifestase así al gobierno argentino; y que si éste persistía en la modificación de la
base 4.ª él consultaría á su gobierno á este respecto,
quedando entretanto las cosas como estaban. La declaración del barón Deffaudis era una reticencia calculada
para proseguir la guerra. Tenía instrucciones para
admitir, como había admitido, la aceptación del gobierno
de Montevideo el cual modificó algunas proposiciones:
y rechazó otras; y no las tenía para admitir la modificación del gobierno argentino sobre la mera suspensión
de una medida hostil que contra él se ejercía, siendo
éste quien con Francia é Inglaterra «debían cooperar»
á la suspensión de hostilidades acordada. El verdadero

motivo de la resistencia del barón Deffaudis á la pacificación, lo dió después *La Presse* de París cuando refiriéndose á la modificación sobre el levantamiento del
bloqueo escribía: «Mr. Deffaudis no quiso comprender y
quizá, fuera de los motivos políticos, tenía para ello excelentes razones. Había dado el 30 de mayo de 1846 su
garantía á un empréstito de sesenta mil pesos hecho por
el gobierno de Montevideo á la compañía inglesa que
explotaba á esa ciudad; y la conclusión de la guerra,
haciendo desaparecer el gobierno intruso, dejaba á descubierto la responsabilidad del ministro. Mr. Ouseley
que había contraído el mismo empeño apoyó á Mr.
Deffaudis...» ([1])

En consecuencia Mr. Hood le dirigió al gobierno
argentino la nota de 31 de agosto, en la que refiriéndose
á todo lo actuado desde que dicho gobierno aceptó las
proposiciones de paz, le sometía el caso á su consideración en estos términos: «En este estado de los negocios
parece inevitable, ó que el señor gobernador generosamente abandone el derecho que ha adquirido y el cual
en estricto acuerdo con los deseos de lord Aberdeen
había sido admitido como una prueba de justicia; ó que
las proposiciones deban inevitablemente y con gran
perjuicio de los interesados, referirse á Inglaterra y Francia para una uniformidad de instrucciones.» ([2])

El ministro Arana le respondió á Mr. Hood que la
oportunidad para levantar el bloqueo era la de la cele-
bración y proclamación del armisticio entre los beligerantes. Que esta oportunidad era tanto más ajustada
y lógica, según lo reconocían lord Aberdeen y Mr. Gui-

([1]) *La Presse* del 4 de diciembre de 1849.
([2]) Colección de documentos citados, número 12. *Diario de sesiones* de la legislatura de Buenos Aires, tomo 32, pág. 165.

zot, cuanto que los plenipotenciarios de Francia y Gran Bretaña, al declarar el bloqueo en 8 de septiembre de 1845, invocaron una supuesta negativa del gobierno argentino á la suspensión de hostilidades contra el gobierno de Montevideo y á retirar sus fuerzas del territorio oriental; y que habiendo el gobierno argentino aceptado dicha suspensión de hostilidades y retirar dichas fuerzas, según rezaba en las bases de pacificación «la continuación de tal bloqueo no puede considerarse sino como una efectiva hostilidad destituída de motivo, contra los derechos de la Confederación y el libre acceso á sus puertos para entretener el comercio al amparo de las leyes de las naciones». Y después de resumir las agresiones de la intervención, verificadas sin instrucciones especiales, el ministro Arana agrega que mientras su gobierno ordenó que cesasen las hostilidades contra los buques aliados, permitiéndoles que bajasen el río Paraná y haciéndoles dar víveres por intermedio del general Mansilla, el gobierno de Montevideo con la ayuda de los interventores proyecta planes para prolongar la guerra. Que en prueba de esto ha puesto en manos del comisionado cartas originales del secretario del general Rivera, en las que dice que éste marcha á posesionarse de algunos puntos importantes para aprovechar de su situación cuando se denuncie el armisticio. Que, en consecuencia, el gobierno argentino prefiere que las proposiciones se refieran á los gobiernos de Gran Bretaña y Francia. (¹)

En la misma fecha 6 de diciembre el ministro Arana le dirigió otra nota al comisionado Mr. Hood en la

---

(¹) Colección de documentos citados, número 14. Véase *Diario de sesiones* de la legislatura de Buenos Aires, tomo 32, pág. 166 á 179.

que refiriéndose á la declaración de éste de que los
gobiernos de Francia é Inglaterra habían desaprobado
la expedición armada de las escuadras aliadas al Paraná,
y ordenado á sus representantes en el Plata que reti-
rasen de ese río las fuerzas navales, le manifestaba que
las fuerzas aliadas se mantenían entretanto en el río
Paraná; y que descaba una explicación categórica acerca
de este hecho improcedente para los objetos de la pacificación.

Antes de responderle al gobierno argentino, el comisionado Mr. Hood tentó persuadir á los interventores
de que lo correcto era admitir las bases de pacificación
como habían sido aceptadas, según la disposición de
los gobiernos aliados. Pero el barón Deffaudis se mostró inflexible en su empeño de continuar la guerra. En
carta oficial de 10 de septiembre le manifestó « su descontento por el modo cómo Mr. Hood había conducido
sus deseos para conseguir que el gobierno de Buenos
Aires modifique su aceptación de las proposiciones inglesas y francesas; y que, *considerando su misión terminada,*
declina de tener ulterior comunicación con él ». El asombro de Mr. Hood debió ser mayor al imponerse de la
declaración que le hizo el ministro Ouseley en la misma
fecha, de que « el caballero Hood no debió haber ofrecido opinión suya, sino permanecer en el espíritu de su
memorándum: que consideraba que cualquier ajustamien-
to de las diferencias por su intermedio estaba ahora
obstruído, y que terminaba su correspondencia con él
en los negocios de la intervención unida. (¹) El almirante Inglefield le notificó en la mañana siguiente á Mr.
Hood que el vapor de S. M. *Gorgon,* que debía conducirlo, se daría á la vela indefectiblemente el día 13, como

(¹) Colección de documentos citados, pág. 133.

lo hizo llevándoselo. Así terminó la negociación. Hood que habría realizado la pacificación á no haber promediado contra ella las influencias que querían la guerra á todo trance. (¹)

Los hechos que preceden demuestran que aun en el caso de que el gobierno argentino no hubiese observado la oportunidad en que el bloqueo anglofrancés debía levantarse, habría sido muy difícil que la pacificación del río de la Plata se realizase por los auspicios de los ministros Ouseley y Deffaudis. Ellos obtenían un triunfo moral, pues la guerra continuaría quizá más sangrienta y devastadora. Á este propósito habían concurrido desde que se inició la pacificación, auxiliando con sus dineros, sus buques y sus soldados á Rivera, para que ocupase los puntos convenientes del territorio oriental, sin perjuicio del armisticio pactado; y habían hecho concurrir al gobierno de Montevideo, sugiriéndole que rechazase la proposición de que ellos terminarian su misión si aquél no aceptaba las bases de pacificación. En el mismo orden de propósitos actuaba naturalmente Rivera y hacía actuar á sus partidarios más fieles y capaces como Medina, Baez, Flores y Silva. « Hoy me han asegurado que la paz se realizará muy pronto, le respondía *en 22 de agosto* Baez á Rivera, y que V. E. irá á Francia de ministro y Oribe á Inglaterra. Esto me ha hecho reir á carcajadas, porque según

---

(¹) El señor Bustamante en su libro sobre *Los errores de la intervención anglofrancesa* (pág. 150 á 184), hace de la negociación Hood un romance con cuantas inexactitudes le sugiere su poco avisado criterio. Es notable, sin embargo, por la pasmosa insistencia con que exalta los hechos en que se apoyan y las armas que esgrimen los ministros interventores contra los habitantes del río de la Plata; y por las ingenuas confesiones que hace de que sino prosiguen en el terreno de las agresiones y de la guerra á la Confederación Argentina, no se conseguirán las ventajas que ellos han anunciado.

lo que he oído á V. E. es esto una locura rematada.» ([1])
En 11 de septiembre le escribía Rivera al coronel Mora:
« Los negocios de la paz quedarán en nada: la guerra
seguirá, y ahora más que nunca debemos contar con el
triunfo: no perdonen medio que se les presente para
concluir á nuestros enemigos. » ([2])

De su parte el gobierno de Montevideo mandó cesar
la comunicación que se había establecido con los sitiadores con motivo de la misión Hood; y expidió una
proclama en la que declaraba que «la especie de que
el proyecto de pacificación tenía por base colocar á Oribe
en la presidencia, era un embuste calculado para aluci-
nar al pueblo, pues aseguraba por su honor que las potencias mediadoras no reconocían en Oribe otro carácter
que el de jefe del ejército invasor». Tan desgraciadamente calculada era esta proclama, después de haber
el comisionado de las potencias interventoras en notas
oficiales reconocido á Oribe presidente del Estado Oriental, como el nombramiento de don Juan Andrés Gelly
de ministro plenipotenciario ante la provincia del
Paraguay, la cual se había declarado independiente, al
favor de las sugestiones del Brasil y de la prédica de
los emigrados argentinos. ([3])

([1]) Manuscrito original en mi archivo. (véase el apéndice.)

([2]) Esta carta fué interceptada por fuerzas de Oribe. La publicó
El Defensor del 14 de enero de 1847.

([3]) Á las influencias del Brasil, á los trabajos y propaganda de
los emigrados unitarios, más que á manifestaciones de opinión que
la abonasen, se debió el que el gobierno del Paraguay declarase
expresamente recién en 1842 independiente esa provincia de la República Argentina á que siempre perteneció.
Las primeras autoridades patrias que se dió esa provincia después de la revolución de 1810 consagraron la idea y el hecho de la
nacionalidad argentina; y el cargo que le hacían al gobernador velasco, que pretendía separar esa provincia y entregarla á los portugueses, era el de no querer enviar diputados al congreso general de
las provincias argentinas « con el objeto de formar una asociación;
y que no había motivo para creer que abandonasen á un pueblo tan

La prensa de los emigrados argentinos en Montevideo reflejaba los principales contornos de esta política de guerra, con todo el colorido que le inspiraba el temor de que efectivamente la Francia y la Inglaterra comprendiesen al fin que les sería muy difícil obtener

---

ilustrado y generoso como el de Buenos Aires». Consiguientemente la Junta Provincial compuesta de don José Gaspar Francia, don Fuljencio Yedros, don Pedro Juan Caballero y demás corifeos del pronunciamiento nacional, celebró con los representantes de la junta de Buenos Aires la convención de *unión* federativa de 12 de octubre de 1811, en la que como partes integrantes de una misma nación, reglan sus relaciones económicas y políticas «hasta que se establezca el congreso general»; y consagran «con las más sinceras protestas los estrechos vínculos que unirán siempre en la fraternidad á esta provincia del Paraguay y las demás del río de la Plata».

En 1815 el Director Supremo del Estado pidió al gobierno del Paraguay un contingente de 4000 hombres para el ejército nacional, y el doctor Francia respondió que estaba dispuesto á hacerlo á condición de que el gobierno general sufragase los gastos necesarios que esa provincia no podía hacer por su cuenta. En 1816 el Directorio Supremo de las Provincias Unidas, reglando los privilegios del cabotaje nacional, excluyó de éste á los extranjeros en toda la extensión de las aguas interiores de la República, «y por la parte occidental hasta los confines de la provincia del Paraguay». El que los diputados de esa provincia, no concurrieron al congreso que declaró la independencia argentina, no aduce, ni podía aducir en favor de la independencia del Paraguay, pues que tampoco concurrieron los de las provincias de Santa Fé y Entre Ríos, ni los de los territorios de Corrientes y Misiones. Sacudido todo el país por la anarquía tremenda del año XX, la provincia del Paraguay siguió la suerte de las demás que se aislaron las unas de las otras, separándose administrativamente, pero conservando el sentimiento y el voto de la nacionalidad argentina. El doctor Francia, si bien estableció la incomunicación del Paraguay con las otras provincias, jamás la declaró independiente de éstas; y tanto es así que en 1825 el gobierno de Buenos Aires, encargado al efecto, convocó á los diputados del Paraguay para el congreso general constituyente de las Provincias Unidas. Imbuido en su aislamiento sombrío, y no ocultándosele la lucha de las dos tendencias opuestas que iban á disputarse la victoria en ese congreso, el doctor Francia postergó el envío de diputados; pero tampoco entonces ni después produjo declaración que expresase la independencia de esa provincia de la unión argentina.

Lanzada la República en los horrores de la guerra civil, el doctor Francia aisló completamente al Paraguay para evitar que éste se contagiase con ella. Fué el Brasil quien al favor de las divisiones que ahondaba esa guerra civil, trabajó á don Carlos Antonio López para que declarase solemnemente la independencia de esa provincia, prometiéndole el subsiguiente reconocimiento que de ella haría el Imperio y la Inglaterra. Poco antes el Brasil había contribuido

permanentemente en el río de la Plata otras ventajas.
que aquellas que se acuerdan recíprocamente las naciones civilizadas. Pretendiendo servir sus ambiciones.
esos publicistas habian servido y servían las de los
enemigos de su patria y las de una minoría de parti-

---

con la Francia en negociación análoga respecto de Corrientes. Ya se
ha visto cómo—y el mismo general Paz lo narra prolijamente.—López.
movido por el Brasil exigia como condición para concluir con Corrientes y con Paz el tratado de alianza contra el gobierno de Rozas,
que esta última provincia se habia de declarar independiente de la
Confederación Argentina. Se ha visto también cómo el Brasil contribuyó indirectamente en la negociación que entablaron los ministros
de Francia é Inglaterra con el general Urquiza para que éste declarase la independencia de Entre Rios, prometiéndole reconocerla
inmediatamente. Los emigrados unitarios argentinos favorecieron
de su parte la segregación del Paraguay y de Entre Rios y Corrientes, según se ha visto más arriba, « como un medio, según éstos, de
debilitar el poder de Rozas ». Rivera Indarte escribió disertaciones
sobre le *Legitimidad* de la independencia del Paraguay; y don Florencio Varela sostenia en *El Comercio del Plata* la misma legitimidad. Esta pretendida legitimidad se fundaba, pues, en las mismas
razones en virtud de las cuales las grandes potencias extranjeras,
auxiliadas por los trabajos del Brasil y por la propaganda de algunos argentinos, querian transformar la geografia politica del litoral
argentino, es á saber: debilitar la vasta y rica Confederación, y
formar bajo sus auspicios una nación rodeada de los rios Paraná,
Uruguay y Paraguay de la cual la Inglaterra y la Francia serian
los árbitros, sin perjuicio de tomar parte para si en las ventajas que les
proporcionaran las circunstancias, dando por lo demás, compensada
la cooperación del Brasil con el hecho de la creación de ese nuevo
Estado que aseguraba las fronteras del Imperio y lo ponia á cubierto
de un vecino que quedaba impotente.
Lo que no pudieron obtener todas estas grandes influencias combinadas respecto de Entre Rios y Corrientes, lo consiguieron respecto
del Paraguay. El Brasil cuyos hombres públicos han incurrido siempre en el error de creer que conviene á la grandeza de ese pais debilitar á la República Argentina, sin apercibirse jamás de que todo
lo que han conseguido y conseguirán en este sentido ha sido y será
seguramente muy poco, comparado con los beneficios trascendentales que les ofreceria una franca politica, una amistad sincera con
la única nación relativamente fuerte—con el único coloso que se
levanta para el porvenir en la América del Sur; el Brasil, seducido
por los halagos del éxito inmediato que riñe con la previsión.
aligeró las cosas en el Paraguay; y el 27 de noviembre de 1842 el
gobierno del señor López proclamó recién al Paraguay independiente de la Confederación Argentina.
El gobierno argentino protestó inmediatamente de semejante
desmembramiento del territorio argentino. Los mensajes del general
Rozas que contenian esta protesta, fueron desvirtuados por entonces
hasta cierto punto por la impugnacion de los escritores argentinos

darios intransigentes, quienes. aunque hubiesen tenido
de su parte toda la razón y la justicia, habíanselas
dado á sus adversarios por el hecho ominoso de ir á
mendigarlas al extranjero que hacia la guerra á la Confederación Argentina, y aliándose con éste y enalteciendo
las agresiones de éste como conquistas de la civilización.

De todos modos el gobierno de Rozas estaba decidido á sostener los derechos de la Confederación Argentina con los recursos de que disponía. Cierto es que
no tenía más apoyo exterior que las simpatías de la
América y la Europa, pero contaba con el consenso casi
unánime de los ciudadanos. Además de los batallones
Guardia Argentina y *Restauradores* y de 40 cañones que
se vieron en la revista militar del 9 de julio de 1846.
había en la ciudad de Buenos Aires como 10.000 cívicos
que en dos horas estaban en los cuarteles con las armas
que guardaban en sus casas. siguiendo la tradición del
antiguo *Cabildo* que consagraba este derecho del *ciudadano armado* y que se conservó bajo el gobierno de
Rozas. Las milicias de campaña, y las fuerzas que
mandaban Pinedo en Santos Lugares, Pacheco en Luján,
Mansilla en el norte y don Prudencio de Rozas en el
sur. ascendían á 4.000 hombres en su mayor parte de
caballería bien montada y pronta á entrar en combate.
El general Urquiza tenia bajo sus órdenes 9.500 solda-

---

unitarios, quienes aliados en causa con el Brasil y con los extranjeros en guerra con la Confederación Argentina, pusieron á contribución los archivos é iniciaron una propaganda en favor del Paraguay más eficaz para sus propósitos que digna de su calidad de
argentinos. En 1844 el Brasil reconoció la independencia del Paraguay en medio de las reiteradas protestas del gobierno argentino. Y
éstas se mantuvieron hasta el año del 1851 en que el Paraguay habría
sido reincorporado por su voluntad á la Confederación si el Brasil
y la nueva coalición contra Rozas no lo hubiere impedido. como se
verá más adelante.

dos. Oribe comandaba 4.000 soldados argentinos. ([1]) Y
los generales Echagüe, López, Lucero, Ibarra, Benavidez,
Gutiérrez, coroneles Navarro, Mota, Saravia, Iturbey,
Mallea, gobernadores respectivos de Santa Fe, Córdoba,
San Luis, Santiago, San Juan, Tucumán, Catamarca,
La Rioja, Salta, Jujuy y Mendoza, impuestos de los documentos que acreditaban el entorpecimiento de la pacificación del Plata, sobrevenido por la insidia de los
ministros de Francia é Inglaterra, reproducían á nombre de estas provincias sus declaraciones de concurrir
con las fuerzas de su mando á cualquier punto donde
Rozas les ordenase. La Confederación contaba, pues,
con más de setenta mil hombres para defender su territorio y sus derechos. ([2])

En medio de esta espectativa los ministros Deffaudis
y Ouseley, y el contraalmirante Lainé hicieron un
último esfuerzo para que Rivera jugase la partida
con ventaja sobre Oribe desalojando á éste, á fin
de poder aducir ellos nuevos argumentos, si, como lo
pensaban, sus gobiernos les expedían ulteriores instrucciones para que ajustasen la pacificación. Y el hecho
es que con los auxilios y recursos que ellos le prestaban, Rivera ocupó algunos puntos importantes y se colocó
en situación ventajosa. En Maldonado estaban los
coroneles Flores y Silveyra apoyados por los buques
anglofranceses. La Colonia fortificada por los interventores y guarnecida por fuerzas inglesas. En el Carmelo, el
coronel Baez con una división de extranjeros y alguna
caballería. En el Salto el general Medina, apoyado igual-

([1]) Estos datos los tomo de un estado prolijo copiado en la
secretaria de Rozas; y del estado que á mediados de 1846 hizo levantar Urquiza en el cuartel de Calá.

([2]) véase La Gaceta Mercantil de noviembre y diciembre de
1846. véase en el apéndice la correspondencia particular de los
gobernadores de provincia. (Manuscrito en mi archivo.)

mente por los buques anglofranceses. Rivera en Mercedes con fuerzas de infantería, artillería y caballería; y
todos estos puntos en fácil comunicación con Montevideo,
merced á la escuadra anglofrancesa y á la flotilla
armada para cruzar las operaciones de las fuerzas de
Oribe. Y en prosecución del plan de apoderarse de
todos los puntos sobre los ríos para cortar la comunicación entre Urquiza y Oribe, y estrechar á éste en un
círculo cuya única salida sería Montevideo adonde ten-
dria que estrellarse, Rivera le escribió al general Medina
que él marchaba en dirección al Salto y que en seguida
se apoderaría de Paysandú. « Me es muy satisfactorio,
le respondió Medina el 11 de octubre, saber que V. E.
ha sido encargado de realizar el plan acordado por el
Superior Gobierno en consonancia con los señores ministros y almirantes de Francia é Inglaterra. » (¹)

Pero Rivera no se dirigió allí como debió hacerlo,
pues no se le podía acultar que Oribe no permanecería
entretanto inactivo. Se fué á Montevideo, según era su
costumbre antes de emprender operaciones de guerra.
Allí se encontró con que Urquiza se había ofrecido por
su sola cuenta á mediar amigablemente entre Oribe y
el gobierno de la plaza; que éste último había aprovechado la coyuntura para reanudar con el mediador la
negociación entablada por los interventores para que se
sublevase contra el gobierno argentino y segregase la
provincia de Entre Ríos; y que en tal sentido le había
dirigido una abultada correspondencia por intermedio
del coronel inglés Mundell. Esto no era novedad para
Rivera, pues él mismo había iniciado una negociación
con Oribe sobre bases que éste no aceptó, pero que dió

(¹) Esta carta fué interceptada con más correspondencia por
fuerzas de Oribe. Se publicó en *El Defensor* del 14 de enero de
1847, y en *La Gaceta Mercantil* del 23 de enero del mismo año.

pábulo á fuertes reyertas con los interventores, y principalmente con Garibaldi, Brie y Thiebaut. Tampoco pudo sacar nada en limpio sobre este particular, pues Rozas, apercibido á tiempo, desaprobó la conducta de Urquiza; y cuando éste le remitió cerrados los paquetes de correspondencia del gobierno de Montevideo, Rozas se los devolvió para que se los dirigiese en la misma forma y con el oficio correspondiente á Oribe, previniéndole que comunicase al coronel Mundell que cualquiera correspondencia politica de que fuese encargado debía entregarla al gobierno argentino que era el competente para recibirla. (¹) Rivera atribuyó este nuevo fracaso al poco tino con que el negocio había sido conducido y levantando el tono declaró que era el gobierno el que le cruzaba sus planes. En pos de esto renunciaron los ministros, inclusive Magariños, que era riverista decidido, y que con motivo tal le escribía á la señora Bernardina Fragoso, esposa de Rivera: «La adjunta para mi compadre le impondrá de la resolución que he tomado por no poder ya pasar por otra cosa. Es imposible que pueda seguir con los hombres que han quedado, y las cosas que pasan de diario.» (²)

Á mediados de diciembre marchó Rivera sobre Paysandú con una fuerza de 400 vascos, 300 negros del 4º de línea, y 500 soldados de caballería al mando del general Lamadrid. El día 25 campó en Sacra, y en la madrugada siguiente intimó rendición al jefe de la plaza defendida por poco más de 500 soldados. Rechazada la intimación inició el ataque en combinación con el fuego mortífero que hacían desde la rada los buques franceses *Pandour*, *Alsacienne*, *Tactique*, y el *9 de Julio*, apresado anteriormente á los

---

(¹) véase las notas de Urquiza y del ministro Arana en *La Gaceta Mercantil* del 3 de marzo de 1847.
(²) Manuscrito original en mi archivo. (Véase el apéndice.)

argentinos. Después de un combate desigual, que sostuvo vigorosamente la débil guarnición durante cinco
horas, y cuando las balas y bombas de los buques habían
destruido é incendiado una parte del pueblo. Rivera entró
en la plaza á sangre y fuego, y sus tropas se entregaron al
saqueo. Los comerciantes franceses allí establecidos im-
ploraron la protección del ministro Deffaudis, y le pidieron
se les indemnizase por haber perdido cuanto tenian. «El
fuego partió de la *Alsacienne*, dicen en su memorial; y la
ciudad forzada y saqueada durante cinco dias por las tropas del general Rivera. Setenta y siete casas de comercio
de los neutrales han sido presa de las llamas.» (¹) *El
Constitucional* de Montevideo escribía: «...el fuego duró
cinco horas..., hubo mucha mortandad. Los fuegos de la
Pandour y de la *Tactique* que fueron vivísimos, contribuyeron mucho al buen éxito de la empresa. Arro-
jaron sobre Paysandú más de 400 balas que hicieron
estragos. El combate seguía encarnizado cuando el coronel
Brie proclamó en su idioma á los vascos. Éstos cargaron
y se rindieron algunos cantones, pero los demás perecie-
ron.» (²) *El Comercio del Plata* daba análogos detalles
en su número del 9 de enero, si bien defería la palma á
la *Alsacienne* que «dirigió fuegos mortales á los enemigos.» (³)

Simultáneamente el general Ignacio Oribe operaba en

---

¹) Se publicó en *El Defensor* del 11 de Marzo y en *La Gaceta
Mercantil* del 18 de marzo de 1847. En *El Defensor* del 15 y en *La
Gaceta* del 26 del mismo mes y año se registra la relación circuns-
tanciada de cada una de las casas saqueadas é incendiadas en Paysandú y de la violencias y excesos perpetrados, con especificación
de nombres y detalles.

(²) Del 5 de enero de 1847.

(³) En *La Gaceta Mercantil* del 14 de enero de 1847 se registra la declaración de un oficial prisionero que da cuenta de los
excesos cometidos en Paysandú. véase el parte oficial de Rivera
en *El Constitucional* y *El Comercio del Plata* del 27 de enero
de 1847. véase en el apéndice la carta de Urquiza á Lagos (manuscrito en mi archivo).

combinación con el general Servando Gómez. El 1º. de
enero batió la vanguardia de Rivera al mando del coronel
Flores, en los Laureles, departamento de la Colonia; y de
seguida marchó á batir al general Medina que se hallaba
en San Salvador. Sitiada la Colonia por fuerzas del comandante Lucas Moreno, la costa quedaría libre desde allí
hasta Santa Lucia, y Rivera cortado en Paysandú, si Gómez
que se dirigía á sitiar este punto se ponía en contacto con
Oribe. Pero Rivera se movió con el propósito de caer de
improviso sobre Gómez. Reforzado éste por Urquiza
con una parte de la división Lagos que pasó el Uruguay
al mando del coronel Hidalgo, contramarchó y se dirigió
rápidamente á tomar el Salto. En la mañana del 8 de enero
le intimó rendición al coronel Luciano Blanco, jefe de esa
plaza, y como éste rehusase rendirse, Gómez lanzó sobre
ella tres columnas de ataque por frente y flancos, al mando
respectivo de los coroneles Diego Lamas, Nicolás Granada
y Martín Hidalgo. Este combate fué largo y sangriento.
Los sitiadores tuvieron más de 400 hombres fuera de combate, y cerca de 200 los de la plaza, muriendo entre otros
oficiales el coronel Blanco. Á la caída de la tarde Gómez
se apoderó de los últimos cantones del Salto, é hizo más
de 80 prisioneros. El resto de la guarnición se trasladó á
la goleta *Resistencia* y al pailebot *Sosa*, pero el coronel
Urdinarrain que estaba en la Concordia consiguió apresar
esos barcos, tomando prisioneros á 46 jefes y oficiales y
341 soldados cuyos nombres se publicaron uno á uno en
los diarios del Cerrito y de Buenos Aires. (¹)

(¹) véase parte de Gómez en *La Gaceta Mercantil* del 16 de
enero de 1847; idem de Urdinarrain en *La Gaceta* del 19 de enero
Parte detallado en *La Gaceta* del 9 de febrero de 1847. Véase.
Archivo Americano, 2ª. serie, tomo I, pág. 99 y sig. El solo batallón
de infantería de la división Lagos, que á las órdenes del mayor
Baso asistió á la toma del Salto, tuvo 69 hombres fuera de combate.
—véase en el apéndice la carta y relación de Baso á Lagos (manuscritos originales en mi archivo).

Pocos días después, el 27 de enero, la vanguardia del general Ignacio Oribe retomó la ciudad de Mercedes, hizo 246 prisioneros y se apoderó de 6 cañones, 600 fusiles, muchas municiones, pertrechos de guerra, artículos de comisaría, 4 banderas, una francesa y otra sarda. Don Francisco Seguí, en carta que dirigió al general Medina desde la *Isla Sola* á 2 de febrero, y que fué interceptada por Oribe, le dice: « Tengo todos los pormenores de la desastrosa retirada de Mercedes... el 26 á la tarde determinaron la fuga vergonzosa los coroneles Costa, Baez, Pirán y Lavandera, abandonando cañones, etcétera, etcétera, cruzando el río y yendo á la isla del Vizcaino. (¹)

Entretanto Rivera, después de haber errado su golpe sobre Gómez, se vió obligado á retirarse de Paysandú. El general Ignacio Oribe acababa de derrotarlo y dispersarle su mejor fuerza en las cuchillas de las Piedras de Espinoza. Con los 400 hombres que le quedaban, se dirigió el 18 de enero hacia Maldonado adonde había una división de la que podía echar mano. El día 24 llegó á las inmediaciones del Tala, y el coronel Barrios que sitiaba esa plaza lo derrotó el día 26 en la punta de la Sierra de las Ánimas, persiguiéndolo hasta Maldonado y tomándole el ganado vacuno y caballadas que conducía. (₂) A consecuencia de las operaciones simultáneas de los generales Ignacio Oribe y Gómez, y de la retirada de Rivera, Gómez retomó á Paysandú el día 23 de enero, casi sin combatir con la pequeña guarnición que se refugió en la Isla Grande, bajo

---

(¹) Se publicó en *La Gaceta Mercantil* cit. del 20 de febrero. —Boletín Nº. 135 del Ejército.

(²) Parte del coronel Barrios al general Oribe. Boletín 133 y 134 del Ejército. véase *La Gaceta Mercantil* del 6 de febrero de 1847 *Archivo Americano*, tomo I, pág. 122. véase el parte explicativo que dirige el general Rivera al gobierno de Montevideo, publicado en *El Comercio del Plata* del 30 de enero de 1847 y transcripto en *La Gaceta Mercantil* del 9 de febrero y en el *Archivo americano*, tomo I, pág. 125, 2ª. serie.

la protección de los buques de guerra franceses; y de la misma manera, el comandante Lucas Moreno retomó el Carmelo el 3 de febrero. (¹)

Ya no les quedaba á Rivera y á los franceses más que las plazas de la Colonia y de Maldonado. La primera defendida por el coronel Flores, al que se agregó el general Medina después de su derrota en el Paso de las Piedras el 4 de enero; y la segunda por el coronel Baez, y de donde acababa de salir Rivera en buques franceses para la isla del Vizcaíno. El 9 de enero el comandante Lucas Moreno atacó las posiciones de la Retama de la Colonia sostenida por 15 cañones y tres cantones guarnecidos por vascos. Después de un vivo fuego consiguió tomar algunas armas, ganado vacuno y caballadas, perdiendo en cambio muchos de sus soldados, en un combate cuyo éxito no podía serle favorable. (₂)

El 10 de febrero las guardias del general Ignacio Oribe, destacadas en las costas del río Negro, desde el bañado de Soriano hasta la barra de San Salvador, fueron atacadas por 120 soldados de infantería y caballería riverista y por 150 de infantería de marina francesa, protegidos por cinco barcos menores, y dos buques de guerra franceses, todo ello al mando del comandante del bergantín *Pandour*. Arrolladas las guardias y en circunstancias en que los franceses trasladaban á los barcos todo cuanto podían sacar del pueblo de Soriano, Oribe lanzó sobre ellos 200 caballos al mando de Laprida y Sosa, y el batallón Rincón. Los franceses hicieron pie protegidos por los cañones de sus buques, pero fueron á su vez arrollados y la caballería argentina los

---

(¹) véase partes respectivos en el *Archivo Americano*, tomo 1º, pág. 115 y 119.

(₂) véase parte de Moreno, *Archivo Americano*, ib. ib., pág. 132.

acuchilló hasta cerca de. los buques donde se guarnecieron llevando herido al comaidante del *Pandour*. (¹)

El botín que los franceses pudieroi trasladar á sus buques, constituíanlo artículos de uso militar, comestibles, bebidas, alhajas, etcétera, tomados violentamente de 27 casas de comercio del pueblo de Soriano, cuyos nombres, juntamente con la relación de cada uno de los artículos saqueados, registraron los diarios del Cerrito y de Buenos Aires sin ser desmentidos en fuerza de la notoriedad del hecho. (₂) Fué á consecuencia de esto y de los grandes embarques de ganado que hacían los franceses donde quiera que podían, que Oribe expidió su decreto de 23 de febrero, en el que declaraba que serian considerados como piratas y castigados como tales las capitanes, patrones ó tripulantes de buques, que llegasen á ser aprehendidos en la operación de cargar cualquier clase de ganados ó frutos sobre las costas de la República sin la autorización correspondiente.

Por fin, cuando el general Ignacio Oribe terminaba su campaña contra las fuerzas francoriveristas en los departamentos de su cargo, Gómez se movía en seguimiento de Rivera que reunía elementos en la isla del Vizcaíio. (³) El 13 de febrero se aproximó al arroyo del Vizcaino. Rivera lo sintió á tiempo y empezó á embarcar en los buques franceses los hombres y recursos que podía, sosteniendo fuertes guerrillas sobre el mencionado arroyo. En la madrugada del 14, Gómez hizo pasar su caballería é infantería y se apoderó de la isla del Vizcaíno y de la de Lobos

---

(¹) Véase *El Defensor de la Independencia* del 27 de febrero de 1847.

(²) Véase *El Defensor de la Independencia* del 27 de febrero y *La Gaceta Mercantil* del 6 de marzo de 1847.

(³) Parte de Oribe en *El Defensor de la Independencia* de 19 de febrero. Véase *La Gaceta Mercantil* del 4 de marzo de 1847 y *Archivo Americano*, 2ª serie, tomo I, pág. 140.

que Rivera acababa de desalojar. (¹) Rivera se dirigió á Martín García, siguió á la Colonia y embarcando lo que pudo en los buques ingleses *Fulton, Gassendi* y *Harpy*, fué á hacer pie todavía en Maldonado. Aquí termiiaron, puede decirse, las operaciones militares de los aliados en el Estado Oriental. Á mediados de febrero de 1847 todo el territorio oriental, con excepción de las plazas de Montevideo, Colonia y Maldonado, sitiadas, estaban bajo la obediencia del gobierno que investía Oribe desde el Cerrito.

Los contendientes quedaron á la espectativa del giro que darían los gabinetes de París y Londres á la cuestión del Plata que suscitaron con propósitos múltiples, frustrándose éstos en la mejor parte, merced á la firmeza del gobierno de la Confederación Argentina. Los ministros argentinos Sarratea y Moreno trabajaban en aquellas cortes la prosecución de la fracasada negociación Hood; pero el ensañado despecho del barón Deffaudis tejía redes que desbarataba relativamente estos trabajos. Y lo peor era que Mr. Ouseley, á quien tenía aquél avasallado, le ayudaba á tejerlas; de manera que lord Palmerston, reaccionando sobre sí mismo, se sintiera inclinado á contemporizar con las vacilaciones no muy claras de Mr. Guizot respecto de la conveniencia de hacer cesar la intervención armada en el río de la Plata. Así se desenvolvía la diplomacia de las dos grandes potencias á principios de 1847.

(¹) Parte de Gómez publicado en *La Gaceta Mercantil* del 5 de marzo de 1847. véase *Archivo Americano*, 2ª serie, tomo I, pág. 143.

CAPÍTULO LV

ROZAS Y EL BRASIL

(1846-1847)

Tan vasta era la escena en que se desarrollaban los sucesos en la época que precedió y se siguió á la misión Hood, y tan importantes los agentes de la coalición

contra la Confederación Argentina, que se puede decir
con propiedad que todo el mundo civilizado se preocupó
de la *cuestión del Plata* con preferencia á las cuestiones
coetáneas de la Grecia con Turquía, de Inglaterra con
España, del Egipto, de la India y de la China. La prensa
de Europa y de América la divulgó y estudió extensamente á la luz de los principios, de los intereses y de
los sentimientos que comprometía. No quedó antecedente ni detalle por publicarse; y la misma controversia
que suscitó en los parlamentos de Francia y de Inglaterra, puso de manifiesto la justicia de la causa que con
singular firmeza sostenía el general Rozas á quien esa
prensa levantó á la altura de los grandes hombres. Por
la primera vez, desde la emancipación de las colonias
españolas, la conciencia de la Europa se ilustró respecto
de las fuerzas materiales y morales de que disponía el
dilatado y riquísimo territorio bañado por el Plata, el
Paraná, el Uruguay, el Paraguay, el Pilcomayo y el
Bermejo; y por la primera vez sintió la necesidad de
crearse vínculos humanitarios, sociales y mercantiles en
los paises de Sur América al favor de los principios
que admiten entre sí las naciones civilizadas.

En medio de esta periferia se destacaba naturalmente
el general Rozas, mirando á la distancia los puntos
negros del círculo dentro el cual pretendían en vano
estrecharlo sus enemigos coaligados. Porque fué ésta
la época más azarosa, más dificil y más laboriosa de su
vida de gobernante. Fué entonces también cuando desenvolvió verdaderamente sus condiciones de estadista, para
abarcar todo el teatro de la coalición, pulsar con admirable tino las ventajas y desventajas que le ofrecía;
imprimir dirección simultánea y eficiente á los negocios
de la diplomacia y de la guerra, y frustrar y nulificar la
acción combinada contra él de gabinetes, de generales

y de diplomáticos, fuertes por sus recursos y su fama.
Difícil es creer, como lo repetían *El Comercio del Plata* y
El Constitucional, que Rozas hiciese frente á esa tremenda coalición obedeciendo exclusivamente á la necia
vanagloria de resistirle á las dos potencias más fuertes
de la Europa á costa de la ruina de su país. Los hechos
estudiados hasta aquí acreditan lo que los argentinos
aliados del extranjero no podían confesar entonces sin
enaltecer á Rozas, es á saber: que mucho más que el
fiero orgullo patrio, influyó en el ánimo de Rozas la
clara visión que tuvo de las ambiciones veladas de las
dos grandes potencias europeas, y de la forzosa necesidad de resistir hasta el último trance, con el fin de
conservar en los tiempos la nacionalidad argentina
consagrada en 1816.

Y es lo cierto que Rozas dirigía personalmente todo
el cúmulo de negocios que absorbían la atención pública
en esa época. Como el tiempo era corto para estudiar-
los uno á uno, ideó el sistema de las *carpetas*, ó sea la
relación sucinta de ellos, acompañada del proyecto de
respuesta ó resolución que le remitían los ministros ó
los oficiales de su despacho inmediato, según las circunstancias. Rozas, ó cruzaba las carpetas con una raya
para que se le remitiese nuevo proyecto de resolución, ó
intercalaba las observaciones que le sugería su espíritu
sagaz, singularmente generalizador y, más que todo,
familiarizado con todos los asuntos de gobierno, inclusive los de la alta diplomacia. Es que desde el año
1835 Rozas vivía exclusivamente dedicado á las tareas
del gobierno, pero dedicado sin tregua ni descanso,
connaturalizándose con todas las necesidades, atendiendo
como suyos todos los intereses y desenvolviendo con
creciente asombro de los que lo rodeaban las condiciones evidentes del estadista previsor, cuyos actos se enca-

denan con la lógica posible á las vistas trascendentales, y le proporcionan el medio de sobreponerse á más de una situación difícil.

El trabajo árduo que agobiaba á sus secretarios, obligándolos á turnarse, jamás lo fatigaba, ni menos alteraba su robusta organización. La sobriedad y los hábitos de orden adquiridos durante largos años de *pionner* saladerista, agricultor y hacendado, en los que se labró una fortuna de un millón de duros aproximadamente, habían resistido á todos los halagos que le brindaban su 1ombre y su posición. Su persona rebosaba salud y aseo. Aunque habia engrosado bastante á causa de la vida sedentaria que llevaba, se conservaba ágil y vigoroso; y su fisonomía trasuntaba la frescura y los aires de la juventud á pesar de sus cincuenta y cuatro años. Su traje era siempre modesto y por demás severo: un saco cruzado, un pantalón de paño azul y botas irreprochables.—resabio de raza del que jamás prescindió. Había concluído por no tener hora para comer ni para dormir. Su amorosa hija tenía que insistir para que la acompañase á la mesa; y comía poco, sin beber vino ni licores jamás. En cambio era este el momento de sus expansiones, de sus desahogos jocosos, de las bromas comprometedoras, de las ligerezas que tomaban por blanco á los íntimos y que dejaban estupefactos á los convidados noveles; todo lo cual daba tema á sus enemigos para atribuirle extravagancias indecentes y aun delitos cuya verdad sólo acreditan sus propios dichos. Jamás asistía á fiestas, teatros, paseos ni solemnidades. Cuando era necesaria la presencia del poder ejecutivo, lo representaban sus ministros Arana ó Insiarte. Dos veces solamente quebrantaba esta regla: el 25 de mayo y el 9 de julio, que presenciaba el desfile de las fuerzas cívicas. No visitaba á sus amigos ni á persona alguna, pero le gustaba que sus relaciones se citasen en los estrados de su hija,

como efectivamente sucedía.. Tal cual vez pedía uno de
sus caballos, y sólo y de un galope llegaba á su quinta de
Palermo cuyos trabajos estaban casi terminados, y donde
permanecía algunos días con los secretarios de su despacho inmediato.

Cierto es que Rozas conservaba á su lado tres personas
que desde años atrás compartían con él de las tareas del
gobierno, y cuyos consejos privaban en sus resoluciones.
Eran don Felipe Arana, y sus primos don Tomás Manuel
y Nicolás de Anchorena. Don Tomás Manuel de Anchorena, uno de los patricios de Buenos Aires, fué amigo
invariable y consejero ilustrado y concienzudo de Rozas,
así en las cuestiones de orden interno como en las exteriores y diplomáticas que solucionó con honra y ventaja para
la República, ó en las que hizo pesar el prestigio de sus
opiniones hasta los últimos días de su vida. (¹)

(¹) El doctor Tomás Manuel de Anchorena, es quizá el tipo más
acentuado de esos *españoles americanos* de fines del siglo pasado,
en quienes se confundian la entereza, la generosidad y la nobleza del
carácter español, y la altivez y fiero orgullo de los criollos de Buenos Aires, quienes bajo la influencia misteriosa de las brisas patrias,
vivían en perpetua reacción contra sus padres, fieles vasallos del
rey. Nació en la ciudad de Buenos Aires en 1781. Su padre, un rico
comerciante oriundo de Navarra, tan rígido en sus costumbres como
honorable en sus procederes é inflexible en sus resoluciones, se propuso hacerle seguir la carrera del foro. El hijo salió tallado en el
molde del padre, y con buenas aptitudes y vocación para llenar cumplidamente las aspiraciones de este último. Su carácter firme, su
continente severo, sus procederes siempre levantados, así como su
contracción al estudio y las muestras que dió de su inteligencia más
reflexiva que brillante, le atrajeron el respeto y el aprecio de sus
compañeros. Muy joven todavía se graduó de doctor en la Universidad de Charcas y de vuelta á la ciudad natal atacó con creciente
ahinco el estudio del derecho que llegó á profundizar. A los respetos y confianza que inspiraban sus cualidades y sus luces se debió el
que el Cabildo lo nombrase Regidor para el año de 1807 á pesar de
no contar entonces más que 26 años.
Anchorena puso su posición social y política al servicio de la idea
de emancipación que alimentaban y trabajaban los jóvenes de su
época. En el mes de abril de ese año hizo una exhortación patriótica
al Cabildo, para que éste produjese el acto de soberanía popular que
produjo en el mes siguiente. Como no se accediera á su petición,
exigió que ésta fuese consignada en las actas. Súpolo el virrey Cis-

Don Nicolás de Anchorena tenía todo el parecido de raza con don Tomás. Habíase distinguido en la política de su país por las iniciativas de su patriotismo, y por la altivez con que perseguía sus elevados propósitos, á través de las pasiones enardecidas ó de las estrecheces de círcu-

---

neros y le mandó decir con el general Ruíz Huidobro que tomaría medidas contra él, pues no se le ocultaba que en unión de otros pretendía turbar el orden público. Anchorena fué uno de los que suscribió la famosa y por siempre memorable acta del 25 de mayo de 1810, por la cual quedó depuesto el virrey Cisneros, en virtud del primer acto de soberanía popular que ejerció Buenos Aires por sí y en nombre de los pueblos que constituyeron las Provincias Unidas del río de la Plata. Y cuando se intrigó para que el Cabildo de Buenos Aires reconociese el consejo de la Regencia que se había establecido en España, el doctor Anchorena fué de los que con más vigor y arrogancia combatió esta idea reaccionaria, consiguiendo que el Cabildo la rechazase. Y no ocultándosele que se insistiría en ello, pues el elemento realista trabajaba para reanudar el vínculo de las colonias con la corona, redactó una protesta en la que demostraba á la luz de los principios y de los hechos, los inconvenientes y las desventajas del reconocimiento del Consejo de Regencia; instituido ilegalmente en España contra las leyes y constitución de la monarquía española y contra los derechos y fueros de las provincias. Enseñóle esta protesta al corifeo principal del reconocimiento del Consejo de Regencia, quien, aparentando deferencia, intrigó de manera que en un acuerdo del Cabildo, al que no asistieron Anchorena y otros patriotas, se extendiese con la mayor reserva una acta de reconocimiento á la dicha regencia. Perseguido y desterrado el doctor Anchorena en pos de estas intrigas, solicitó su austera madre que se le formase juicio á su hijo, en un memorial en el que se citan los antecedentes referidos. Los principales patriotas secundaron esta solicitud. Don Juan José Passo, después miembro del *Triunvirato*, fué encargado de levantar el proceso, terminado el cual el gobierno no solo absolvió al doctor Anchorena sino que lo restituyó en sus honores de capitular, reincorporándolo al Cabildo y mandando que los demás capitulares le indemnizasen los daños que había sufrido; indemnización á la que Anchorena renunció generosamente.

Los cuantiosos intereses de su familia lo obligaron á trasladarse al Alto Perú donde los ejércitos argentinos obtenían ventajas sobre los de la monarquía. Los generales Nieto y Córdova habían sido batidos en Cotagaita y en Tupiza por el general Balcarce el 27 de octubre y el 7 de noviembre de 1810; y el 25 de mayo de 1811 las armas de la patria habían llevado sus victorias hasta las orillas del lago Titicaca. Pero el general Goyeneche, violando un armisticio, destruyó las fuerzas del representante del gobierno de Buenos Aires, doctor Juan José Castelli, y atacó y derrotó al general Balcarce en Huaqui el 20 de junio de 1811. Las reliquias del ejército patriota se retiraron á Jujuy mientras que el enemigo avanzaba victorioso. En estas críticas circunstancias Anchorena se ofreció á su amigo el

los á que jamás perteneció. En 1819 cayó con los *directo-*
riales y, como su hermano, fué el blanco de los ataques de
las facciones que se habían apoderado de la escena pro-
cesando como traidores al Directorio y al Congreso de
Tucumán. Pero él tuvo el coraje de confundir á sus

---

general Belgrano, quien tomó el mando del ejército *Auxiliar* del
Perú y lo hizo su secretario y su consejero íntimo. Anchorena,
abandonándolo todo, se consagró á su patria ayudando á Belgrano
con sus luces, con sus fuerzas y con todo lo que le pertenecía. Fué
así como se encontró al lado de Belgrano en las gloriosas batallas
de Tucumán y de Salta el 24 de septiembre de 1812, y el 20 de febrero
de 1813. Belgrano avanzó hasta Jujuy para pasar al alto Perú, pero
hubo menester de demorarse en tanto que proveía á las necesidades más apremiantes de su ejército cuyo estado era realmente
deplorable. «Estamos para marchar al alto Perú, le comunicaba el
doctor Anchorena al doctor Echeverría en carta fechada en Jujuy á
16 de abril de 1813, la cual obra original en mi archivo (véase el
apéndice): hasta ahora no hemos podido salir de aquí. Ya usted
habrá visto cómo quedó nuestro ejército de resultas de la acción
del 20 y nosotros sólo sabemos cómo ha quedado después por la
multitud inmensa de enfermos de terciana que cayeron en seguida
de la acción, á causa de las continuas mojaduras, malas noches y
demás trabajos que sufrieron en una estación la más penosa en estos
países. Los recursos de estos pueblos están agotados: la arriería
está destruida: el tránsito al Perú asolado y desierto: los ríos crecidos, y la gente sólo puede ir á pié: el invierno está encima y los
soldados se hallan escasos de ropa. Debemos llevar todos los víveres desde aquí; y éstos ni están prontos, ni han podido estarlo para
más de tres mil hombres.
Sobreponiéndose á las calamidades y á los rigores de su situación,
el general Belgrano se dirigió á Potosí acompañado del doctor Anchorena. Allí fué donde Anchorena reveló sus grandes condiciones de
carácter y su indomable energía para vencer las dificultades que
obstaban á la marcha próspera de un ejército con ser que era vencedor. Multiplicando sus esfuerzos é invocando los grandes intereses
comprometidos de la patria para que todos concurriesen á salvarlos,
y concurriendo él mismo con sus dineros, consiguió en poco más de
tres meses, y al favor del armisticio celebrado con los realistas, proveer al ejército de los recursos y medios de movilidad con los cuales
reabrió su campaña, permaneciendo él en Potosí para atender á las
necesidades ulteriores. El general Tristán, violando su compromiso
militar contraído en Salta, se incorporó á Pezuela, y juntos atacaron
á Belgrano, derrotándolo en Vilcapujio y en seguida en Ayouma.
Anchorena á la cabeza de los patriotas contuvo á los que reacciona-
ban al favor de los desastres de las armas argentinas; y para salvar
todo lo posible se fortificó en la *Casa de Moneda* de Potosí. Allí
reunió los caudales públicos, víveres, cabalgaduras, material de
guerra y cuanto podía servir al ejército patriota para su retirada; y
así fué cómo los restos dispersos de este ejército encontraron un

detractores en las asambleas populares que éstos constituían con la opinión tumultuaria del día. Una de estas
escenas típicas tuvo lugar en el *cabildo abierto* que se
celebró en el templo de San Ignacio el 7 de marzo de
1820. En carta de 15 de octubre de ese año, y que en copia

---

punto de reunión y se salvaron con su parque, caudales y todo
cuanto de otra manera habria caido en poder del vencedor.

Á los desastres de vilcapujio y de Ayouma se siguió el de Sipe-
Sipe, cuando simultáneamente Fernando VII dominaba la España,
Morillo imperaba en Colombia, Osorio en Chile, las provincias de
Cuyo estaban amenazadas desde Chile, las del norte desde el Perú,
las del litoral por las escuadras españolas, y la Banda Oriental era
invadida por los portugueses. Mas fuertes que estos acontecimientos
que se precipitaban como una montaña gigantesca sobre el reciente
cimiento de la República que levantaba la América, los pueblos argentinos enviaron sus representantes al congreso constituyente de
Tucumán, el cual augusto cuerpo declaró solemnemente ante el
mundo la independencia de las provincias del rio de la Plata de la
corona de España. Al doctor Anchorena cúpole la honra de firmar
á nombre de Buenos Aires esa declaratoria de 9 de julio de 1816.
Trasladado este cóngreso de Tucumán á Buenos Aires, el doctor Anchorena, asi por la tradición patricia como por sus simpatias y
afinidades, perteneció al partido *Directorial* que se formó bajo el
gobierno de Pueyrredón, y por cuyos auspicios, luces y virtudes se
realizó la independencia argentina, de Chile y del Perú confiándola
al genio del libertador San Martín.

Consumadas estas primeras conquistas y lanzadas las provincias
argentinas en las vias de su organización, prodújose el choque estre-
pitoso de las ideas opuestas, en un escenario vasto y que se abria por
la vez primera á las libres manifestaciones de un pais que no tenia
más precedentes que los de dos siglos y medio de oscurantismo y
abyección. Es la época que se conoce en la historia argentina con el
nombre de caos de 1820. Apoderado el pueblo del escenario político,
con la intuición más ó menos clara de su destino, fueron desalojados
de sus posiciones los que hasta entonces habian dirigido al pais en la
revolución y guerra de la Independencia. El glorioso congreso de
Tucumán tuvo que disolverse, resignando su autoridad ante el Cabildo de Buenos Aires, y las facciones arrebatadas por la vorágine
política que oscurecía los horizontes envolviendo á gobernantes y á
gobernados, cebaron sus enconos y su impotencia contra los ilustres
miembros de ese congreso, á punto de procesarlos por traidores á la
República confabulados con el Portugal. Pero no era el doctor Anchorena hombre á quien arredraban las dificultades que le suscitasen
adversarios gratuitos, que antes lo sacrificarian á sus furias que no
abatir su arrogancia y privarlo del derecho que se habia creado de
hablar bien alto y claro como claros y altos eran sus procederes.
Tan así era, que cuando el gobernador Sarratea expidió los decretos
de sensación por los cuales abría el proceso de *alta* traición al Directorio y congreso derrocados, Anchorena publicó á su vez un manifiesto

me cedió el doctor Manuel R. García, así le refería esa escena don José María Roxas al doctor Manuel J. García: «... en seguida apoderándose Agrelo de la tribuna (el púlpito) dijo que era tiempo de empaparse en la sangre de los realistas y de los partidarios de Pueyrredón y de Alvear,

---

en el que explicaba su conducta como miembro de ese congreso, como igualmente varias hojas sueltas en las que dejaba muy mal parado al gobernador.

Restaurado el orden legal en Buenos Aires por los auspicios del general Rodríguez y del entonces comandante don Juan Manuel de Rozas en octubre de 1820, el doctor Anchorena formó parte de la legislatura de la Provincia; y es notable que ni bajo el ministerio ni bajo el gobierno de Rivadavia, ocupase la posición política á que era llamado por sus preclaros antecedentes. por su competencia, y aun por las antiguas vinculaciones que lo ligaban con muchos de los hombres que á Rivadavia rodearon. Más fuertemente que estas circunstancias, influyó la de ser el doctor Anchorena opositor á los proyectos de organización nacional bajo el régimen unitario que perseguían los amigos de Rivadavia, y tanto mas influyente y poderoso cuanto que era por entonces el jefe de una agrupación de hombres bien colocados en la sociedad, ó con prestigios en la opinión, de la que formaban parte don Victorio García de Zúñiga, don Nicolás, y don Juan José Cristóbal de Anchorena, don Juan Manuel de Rozas, don Juan N. Terrero, don Felipe Arana, don Manuel V. de Maza, Dolz, Lozano, etcétera. Esta agrupación fué el núcleo del partido federal urbano de Buenos Aires que dominó el escenario político á partir del año 1829, cuando extendió sus ramificaciones en toda la Provincia confundiéndose en miras y en propósitos con el gran partido de las campañas cuyo jefe prestigioso era el coronel Rozas. Así el doctor Anchorena movió á todos sus amigos y puso en juego todas sus influencias en contra del proyecto de declarar á Buenos Aires capital de la República y hacer cesar las autoridades de esta provincia. Él promovió la idea de convocar á la Provincia á un plebiscito para que decidiese sobre el particular; y cuando el referido proyecto se convirtió en ley del congreso de 4 de marzo de 1826, Anchorena y sus amigos reaccionaron francamente en nombre del partido federal, pero sin resultado por entonces, pues que alrededor de Rivadavia se encontraban multitud de hombres notables que contrabalanceaban con sus talentos y sus antecedentes no menos preclaros las influencias que militaban en contra del plan de organización nacional que trabajaban.

Frustrado este plan, restablecidas las autoridades de Buenos Aires después de haber Rivadavia renunciado con más nobleza que previsión el cargo de presidente de la República, y nombrado el coronel Dorrego gobernador de la Provincia en seguida de la presidencia provisional del doctor Vicente López, el doctor Anchorena y sus amigos entraron de lleno en los trabajos para que se reuniera en Santa Fe la comisión que debía dar á la República una constitución federal. La prensa unitaria en manos de don Juan y don Florencio Varela, de Gallardo, Lemoine, etcétera, lo hizo el blanco de sus tiros. Torque-

porque eran portugueses. Todo esto lo aplaudieron sus sa-
télites. En este momento apareció nuestro don Nicolás de
Anchorena, metido en su capote de bayetón, y con voz
atronadora atacó á Agrelo y le dijo que era un hombre
de bien, que nada temía y así venia determinado á

mada le llamaba; y él, su familia y sus amigos sirvieron algún tiempo
de aliment) á la diatriba y al ridículo de los que á su vez trabajaban
su restauración.

Producida la revolución militar del 1º. de diciembre de 1828, y
cuando el general Lavalle se dirigía con la división de su mando á
batir al gobernador Dorrego, el doctor Anchorena en unión del general Tomás Guido, se apersonó al gobernador delegado y á los
miembros conspicuos del partido federal, y les propuso solucionar
el conflicto armado sobre la base de la renuncia respectiva del jefe
revolucionario y del gobernador legal, y de la convocatoria á nuevas
elecciones de representantes que designarian el elegido de la Provincia. Fusilado el gobernador Dorrego de orden del general Lavalle,
la provincia de Buenos Aires quedó sometida á la dictadura militar
de este jefe. Su consejo de ministros inventó á principios del año
1829, (véase *Memorias póstumas* del general Paz, tomo II, pág. 345),
el sistema de las *clasificaciones* de los adversarios de ese orden de
cosas, con el objeto de asegurar ó desterrar á los federales más
conspicuos, como lo verificó ese gobierno con todos los Anchorena,
con Garcia Zúñiga, Arana, Terrero, Maza, Rozas, etcétera, etcétera.
Cúpole al doctor Anchorena ser llevado preso á bordo del bergantín
Riobamba donde fué sometido á rigores y vejaciones que soportó
con estoica firmeza hasta que el conde de Vetancourt, agente diplomático de Francia, habiendo apresado ese buque por cuestiones
suscitadas con el gobierno revolucionario, le ofreció por asilo el que
él montaba. Anchorena agradeció el ofrecimiento, pero declaró que
no saldria de allí sino para pasar á un buque neutral en la contienda
suscitada, como pasó en efecto á uno británico que lo condujo á
Montevideo, no obstante habérsele presentado allí el señor Faustino
Lezica con un permiso del gobierno de Lavalle para que bajase á
tierra libremente en cambio de su adhesión á la situación creada por
el fusilamiento del gobernador de la Provincia.

Empeñada la lucha entre unitarios y federales, vencido Lavalle en
todos los terrenos, dueños los últimos de la situación de Buenos Aires
y elevado al gobierno el coronel Juan Manuel de Rozas, éste llamó al
doctor Anchorena al ministerio de gobierno y relaciones exteriores.

Su influencia fué decisiva en ese gobierno que fué, de cuantos se
han sucedido en Buenos Aires, uno de los más caracterizados por la
gran masa de opinión que lo robusteció, y de iniciativa más trascendental en el orden nacional, como que durante ese periodo y con
motivo de las primeras dificultades suscitadas por la Francia, se
discutió y dejó triunfantes los principios que prevalecieron en la
legislación patria respecto de los extranjeros domiciliados; y se
trabajó las bases para la organización federal de la República cele-
brándose el famoso *pacto* de 4 de enero de 1831, el cual, según decla-

hacerlo desdecir de las calumnias que contra él había
vertido; que él si lo de1unciaba al pueblo como un traidor que en compañía de Santos Rubio tenía comunicaciones con Carrera. Agrelo, pálido y mudo, no atinaba
á excusarse, cuando vió que un joven le abocó una
pistola; pero Anchore1a le dijo que nada temiese, porque
lo defendería hasta morir...» Este era el hombre. Desde
el año de 1835 don Nicolás de Anchorena era uno de los
prohombres del gobierno de Rozas. Habíalo acompañado
con decisión en las situaciones difíciles, sin perjuicio de
oponérsele cuando lo creyó conveniente, como en ocasión
de la ley sobre facultades extraordinarias; y llegó á ser
elegido gobernador cuando Rozas renunció, en prueba
de la consideración y confianza que merecía.

Por el contrario, el doctor Felipe Arana era timido y

ración del congreso argentino de 1853, era el punto de partida de la
constitución federonacional que este cuerpo sancionó y que con las
reformas de la convención de 1860 es la que rige actualmente la
República Argentina.

Desde entonces y hasta poco antes de su fallecimiento, el doctor
Anchorena vivió asociado á la política y á la diplomacia de esa
época, concurriendo con sus consejos y con su influencia sobre el
general Rozas á hechos trascendentales para la República, como que
afianzaron en los tiempos la nacionalidad, la integridad argentina,
amenazadas y agredidas por la coalición de la Gran Bretaña, la
Francia, los emigrados unitarios, el gobierno de Montevideo y el
imperio del Brasil, según se ha visto explicado y documentado en el
decurso de este libro. Por eso el doctor Vicente López y Planes, con
la autoridad que daba á sus palabras su calidad de prohombre de
la revolución del año de 1810, de ex-presidente de la República y de
actor principal en la política de su país desde los comienzos de la
era patricia sin interrupción hasta después de los días en que hablaba,
decía sobre la tumba del doctor Anchorena el 30 de abril de 1847:
«En 1829 el general Rozas fué elegido gobernador propietario y estableció la Confederación Nacional Argentina que felizmente rige la
República; y en todo este tiempo, en todo estos trabajos, aumentados
últimamente con la intervención extranjera en nuestros negocios
domésticos, los distinguidos servicios del doctor Anchorena, sin
embargo del quebranto de su salud, han sido importantísimos. En
medio de ellos lo ha invadido la última enfermedad que lo acaba de
arrebatar á la Nación Argentina que contribuyó á crear con tantos
esfuerzos de su valiente patriotismo.» (véase *La Gaceta Mercantil*
del 1º. de mayo de 1847.)

apocado, aunque no carecía de firmeza y sabía sacar
partido de las circunstancias en medio de su gravedad
imperturbable. Un hombre de inteligencia superior, nu-
trida con gran caudal de jurisprudencia, filosofia esco-
lástica y clasicismo expurgado á la luz de un syllabus
que condenaba á la hoguera y al olvido á Aristóteles
y Descartes, á Lucrecio y á Rabelais, á Catulo y á Voltaire.
Su espíritu, un tanto prevenido y limitado por cierto
rigorismo mistico, se preocupaba no tanto de las ideas
y adelantamientos modernos que dan nueva savia á los
conocimientos adquiridos, cuanto de profundizar lo que
ya sabía, y de ceñirse á los principios que él había
hecho suyos y que acreditaban invariablemente sus procederes levantados. Reflexivo y circunspecto, sus opiniones
eran siempre el resultado de maduro examen. Y por lo
mismo que su índole apagada no actuaba jamás á impulsos del entusiasmo,—que suele ser el *diablo niño* de
los hombres maduros,—ó de las impaciencias nerviosas
que comprometen los resultados, concentraba toda su
inteligencia y todas sus luces en las cuestiones más
árduas y difíciles, resolviéndolas concienzudamente ó
encarándolas desde puntos defendidos con habilidad y
de los cuales era difícil desalojarlo. Agréguese á esto
una discreción esquisita y una reserva tan estricta como
la del confesionario, y se tendrá una idea del ministro
de relaciones exteriores de la Confederación Argentina,
empapado en toda la diplomacia de esa época, y verdadera columna del gobierno de Rozas. (¹)

(¹) Según la ejecutoria que conservan los descendientes actuales,
y que he tenido á la vista, merced á la galantería de mi amigo el
señor Daniel Arana, descienden los Arana de familia de vizcaya,
cuya nobleza se remonta á la época de Pelayo y fué adquirida
batallando bajo las banderas de éste. Las primeras ramas se radi-
caron en Perú y en Chile poco después de la conquista de Pizarro.
En el año de 1739 se estableció en Buenos Aires don José Joaquin

Felipe Arerra

Y hay que notar que además de los peligros que traía aparejada la coalición, el gobierno argentino luchaba con las grandes dificultades económicas y financieras que creaban el bloqueo y la guerra de los extranjeros. Gracias á la proverbial rectitud con que administraba los caudales públicos, y al sistema de economías de un presupuesto sobrio y ajustado, el gobierno de Rozas podia atender las necesidades generales, los gastos de la guerra y aun mantener el crédito interno, pues que los fondos públicos se cotizaban al 92 %, existiendo en la casa de moneda gruesas cantidades destinadas al

---

de Arana, el cual casó con doña Mercedes Andonaegui, de noble estirpe también, é hija del gobernador de esa capitanía general. De esta unión nació don Felipe Arana, en Buenos Aires el 23 de agosto de 1786. Sus padres lo enviaron á Chile donde empezó sus estudios, distinguiéndose por su contracción para atacar los más serios. Á mérito de sus conocimientos acreditados, fué admitido en 1806 en la Real Academia de San Carlos (Santiago), y en el año siguiente recibió el grado de bachiller en cánones y leyes. En 1810 siendo ya abogado, llamáronlo sus padres á Buenos Aires donde revalidó su título.

La revolución contra la metrópoli lo llevó á las filas de los patriotas, y por su preparación como por sus vinculaciones sociales, abriéronsele las puertas de un escenario nuevo pero brillante, cuyas irradiaciones alcanzaron á medio continente en el orden trascendental de las ideas. En 1815 fué nombrado por el Cabildo para que en unión del doctor Anchorena se apersonase al general Alvear, quien sitiaba Buenos Aires, á objeto de restablecer la tranquilidad pública, lo cual se obtuvo ausentándose de la Provincia, dicho general. Miembro de la *Junta de Observación*, fué uno de los redactores del *Estatuto Provisional* de 5 de mayo de 1815. En 4 de noviembre fué electo ministro de la junta protectora de la libertad de imprenta; y á principios del año siguiente, vocal de la junta que se constituyó unida con el Cabildo. Cuando se restableció el orden después de los sacudimientos de fines de 1819, Arana formó parte de la primera legislatura provincial que tuvo Buenos Aires, encaminándose por este paso inicial al régimen federal. Durante la tentativa institucional que presidió Rivadavia estuvo del lado de Dorrego, Rozas, Moreno, Anchorena, Garcia Zúñiga, Roxas, Maza, Terrero y demás prohombres del partido de los federales. Cúpole presidir las legislaturas de los años de 1828 y de 1830, y siendo camarista del Superior Tribunal de Justicia, Rozas lo nombró su ministro de relaciones exteriores, en cuyo cargo se mantuvo hasta el año de 1852. Frecuentado por la alta sociedad á que pertenecía, murió en Buenos Aires el 11 de julio de 1865.

servicio de éstos, en virtud de que los tenedores no se presentaban á amortizarlos. En los cuatro años de bloqueos, cerrados los puertos al comercio exterior é interior, hubo que buscar en las emisiones de moneda de papel el medio de atender á las apremiantes necesidades del gobierno y de la guerra. Así, la circulación de billetes de banco que en el año de 1837 ascendía á 19.483.540 pesos, se elevó en el de 1846 á 73.358.540. Á fines de este año la deuda de la Provincia se descomponía así:

PAPEL MONEDA..................	73.358.540 $ mc.
Fondos públicos del 4 y del 6° o...	17.762.828
Billetes de Tesorería............	4.385.600
Deuda clasificada...............	1.596.913
Deuda particular exigible.........	18.553.915
	115.657.796 $ mc.

Según los *estados* de años anteriores, tan prolijos como exactos, y á los cuales se les daba la más amplia publicidad para que reposase el pueblo, como reposaba, en la rectitud con que se administraba los dineros públicos, las entradas de Aduana, etcétera, estaban calculadas en 4 millones $ mc. mensuales. En los cuarenta y ocho meses en que se suspendió el comercio exterior á causa de los dos bloqueos, el gobierno se vió, pues, privado de 192 millones de pesos. Si estos bloqueos no hubiesen promediado, y aun suponiendo que las erogaciones de cuatro años de paz hubiesen igualado las de cuatro años de guerra, el resultado de la administración del general Rozas en lo relativo á hacienda, habría sido:

Ingresos......................	192.000.000 $ mc.
Pago de todas las deudas anteriores y posteriores á su elevación al gobierno................	115.657.796
Saldo á favor del Estado....	73.342.204

La exactitud de estas cifras, que sorprenden á primera vista, se comprueba con el hecho de que esa deuda disminuyó notablemente en el año de 1849; y que tomando como base la suma en que disminuyó, ella habría quedado saldada á fines de 1852, como se verá más adelante.

Tal hecho deriva de otro no menos notable. El grueso de la deuda bajo el gobierno de Rozas lo constituían las sucesivas emisiones de billetes de *moneda de papel;* y digo moneda de papel, porque esos billetes no tenían la garantia de ser convertidos en moneda de curso reconocido. Sólo rezaba en ellos que la *Provincia los reconocía* por tantos pesos. Y sin embargo, *eran papel moneda;* lo fueron cerca de medio siglo en Buenos Aires que no tenía otro medio circulante, ni otro signo representativo de los valores. Este hecho único, que no pudo mantenerse en Francia, donde un asignado de 100 francos llegó á valer 13 céntimos, ni menos en Inglaterra y en Austria desde que se le quitó al billete de Banco la garantía de convertibilidad, debió, pues, llamar justamente la atención de los economistas que todavía en 1870 estudiaban los medios de mejorar la crisis monetaria en Austria, en Rusia y en Italia. Flores Estrada, entre otros, lo presentó como el fenómeno tipico de las evoluciones monetarias; y el Dr. Alberdi en su *Sistema económico y rentístico* lo estudió á través de las diversas épocas de su desarrollo. Pero lo que no explicó el primero por no conocer todos los antecedentes, y el segundo estudiadamente, fué la causa productora de ese fenómeno curioso.

Ambos llegaron á concordar en que la población de Buenos Aires se había connaturalizado de tal manera con el billete del Banco de la Provincia, que convirtió en realidad una ficción, imaginándose que estas tirillas

de papel eran oro que se llevaba en el bolsillo; y que
el hábito, el consenso unánime era una garantía
tan fuerte como la que podía dar un encaje metálico
para convertir los billetes en circulación. Esto es exacto.
Ese conseiso unánime ha existido, robusteciendo de una
manera incontrastable el mote de que la Provincia *reconocía* esos billetes como equivalentes de tantos pesos;
que era esta la única garantía que tenían. Pero este
consenso, esta especie de conciencia formada respecto de lo que realmente no existe, no se formó ni
pudo formarse en un día. Fué la obra de veinte años: el
resultado de la confianza ilimitada en la administración
del general Rozas. Esta es, á mi juicio, la causa productora de ese fenómeno que han callado Alberdi y los
demás escritores del Plata al ocuparse del *Banco de la
Provincia.* (¹) Á no mediar la rigidez y honorabilidad invaria-
riables con que Rozas manejó los dineros públicos, el
billete del Banco de la Provincia no hubiera sido lo que
fué; que habria corrido la misma suerte que ha seguido
el billete de ese mismo banco desde el año 1880 hasta
la época en que escribo, depreciado en más de la mitad
de su valor; y Rozas no habría podido valorizarlo como lo
valorizó, extinguiendo casi la deuda del gobierno con el

(¹) El doctor Lamas en su erudito *Estudio histórico y científico*
del Banco de la Provincia de Buenos Aires (1866) no se detiene en el
interesante fenómeno que apunto, y que es culminante en la historia
de ese establecimiento. Sin embargo, concordando en apreciaciones
de detalle con los escritores partidistas que hasta en materia de
fechas y de cifras han sido conducidos por el odio político á la moda,
dice (pág. 21) que la ley de diciembre de 1853 es el acto *inicial* de
la transformación de dicho banco. Este es un error notorio. La
verdadera *carta* del Banco que transformó el extinguido Banco
Nacional en el que existe todavia, fué dada por el decreto orgánico
del año de 1836, expedido por Rozas y refrendado por el ministro
Roxás, al que me he referido y que apenas cita el doctor Lamas.
Es de sentirse que el reputado publicista señor Agustín de vedia,
en su estudio sobre el *Banco de la Provincia*, tampoco se haya detenido en tan importante asunto.

Banco y dejando prósperas las finanzas de Buenos Aires.

Á través de estas dificultades, y como si las ambiciones clarameite manifestadas de Francia é Inglaterra, de prevalecer en el Plata por la fuerza, hubiesen despertado el apetito de las cortes de Europa, cayó como una explosión en América la noticia de la expedición que preparaba en España el general Flores para venir al Ecuador y moiarquizar las secciones del continente con príncipes de la casa de Borbón.

Todos los gobiernos desde Bolivia hasta Nueva Granada, trataron de aproximarse para unir sus esfuerzos en contra de esa invasión que fomentaba el gobierno de S. M. C. ó que consentía por lo menos, pues que el general Flores reclutaba públicamente sus soldados en España, ofrecieido premios y recompensas, y atrayéndose á varios oficiales que estaban al servicio de aquel gobierno. Y como los ecos de la resistencia de Rozas á las dos potencias más poderosas de Europa, habian llenado el mundo civilizado y adjudicádole á la Confederación Argentina un lugar preferente entre sus hermanas del continente, á Rozas se dirigieron consiguientemente los gobiernos de Sur América para que la Confederación desempeñase el rol principal que le incumbía en emergencia tan grave.

Todos ellos habían estrechado sus relaciones con el gobierno de Rozas. Bolivia le había anticipado seguridades de su neutralidad en la lucha contra los enemigos interiores. Chile no sólo se habia pronunciado en favor de la causa que sostenía contra las potencias extranjeras, apagando por completo los ecos de los diarios que redactaban allí los emigrados argentinos sostenedores de la intervención anglofrancesa, sino que había entrado francamente en el camino de la paz y de la amistad, rea-

briendo el comercio con la Confederación por ley de su
congreso de 21 de noviembre de 1846. El gobierno del
Perú, después de protestar por los auxilios que España
prestaba á la expedición Flores, declaró que pondría en
acción todos los medios á su alcance para rechazarla.
El congreso de Chile autorizó al general presidente Bul-
nes para que en caso de verificarse la invasión al
Ecuador suspendiese las relaciones de comercio con
España; cerrase los puertos de Chile á la bandera española, extendiendo esta medida á cualquiera otra potencia
que de un modo auténtico cooperase al apresto de esa
expedición, como asimismo para poner el país á cubierto
de todo ataque y de concurrir con las otras repúblicas á
la defensa del territorio invadido. ([1])

Simultáneamente el del Perú le dirigió una nota en
la que denunciando que la expedición que proyectaba
España bajo el mando de Flores ostensiblemente sobre
el Ecuador, era en realidad contra Sur América y sus
instituciones republicanas, invitaba al gobierno argentino á «un congreso de plenipotenciarios de América».
El gobierno de Rozas le respondió el 17 de enero de 1847
felicitándose de tal idea, y declarando á su vez que tan
pronto como pasasen las extraordinarias circunstancias
de la Confederación Argentina, dedicaría á este asunto
todo el interés y meditación que exigía. Y con la
misma fecha ordenó á los señores Moreno y Sarratea,
ministros de la Confederación en Gran Bretaña y
Francia, hiciesen las representaciones necesarias ante
los gobiernos de Europa sobre la expedición Flores, á
fin de uniformar sus pasos con Chile y Perú. Igual

([1]) véanse *El Progreso* de Santiago de 30 de noviembre de 1846,
La Gaceta de Comercio de Valparaiso de 1º. y 3 de diciembre y
El Araucano de 11 de diciembre de 1846.

orden expidió á sus ministros Alvear en los Estados
Unidos y Guido en el Brasil. En la espectativa de tan
graves sucesos, súpose que la tal expedición acababa de
ser desbaratada en España, influyendo en mucho para
este desenlace la actitud enérgica que asumió el gobierno
de los Estados Unidos y los preparativos de las demás
repúblicas para rechazarla donde se dirigiese. (¹)

Y entonces era cuando más se intrincaba la diplomacia de la Confederación Argentina con el Imperio del
Brasil. Se ha visto cómo este último se conducía después de haber solicitado la intervención anglofrancesa.
Temía romper ruidosamente con la Confederación Argentina, aun en medio de la situación violenta en que ésta
se encontraba, y sin disponer en ella de un asidero
contra Rozas. Y temía romper con Gran Bretaña y
Francia, si llevaba adelante sus proyectos sobre el Estado
Oriental. Desde que se inició la intervención anglofrancesa, el Imperio no produjo un solo hecho ostensible
ni contra esta intervención ni contra el gobierno argentino. Su rol fué el de agente pasivo de la primera, como
lo declaraban diputados independientes del parlamento
brasilero; y de enemigo disfrazado que no perdía oportunidad de herir cautelosamente al segundo, como se
lo insinuaba el ministro argentino en sus reclamaciones
reiteradas. (²)

(¹) véase La Gaceta Merçantil del 1º. de febrero de 1847. Las
notas cambiadas entre los ministros de relaciones exteriores de la
Confederación Argentina, Chile, Perú, Nueva Granada, venezuela y
Ecuador, señores Arana, viel, Paz Soldán, Manrique, Salvador y
Gómez de la Torre, y los demás documentos relativos á la expedi-
ción del general Flores, se registran principalmente en La Gaceta
Mercantil de diciembre 1846, El Araucano y El Progreso de Chile
de noviembre de 1846, El Peruano ib. ib., El Diario Granadino
y La Gaceta de Nueva Granada del mismo mes y año, El Día de
Bogotá, El Nacional de Quito, etcétera.

(²) véase la nota del ministro Guido al ministro Limpo, de

El tono de éste fué siempre digno y enérgico; y la diplomacia del Imperio, por hábil que se pretendiese, dejaba ver los lados vulnerables que marcaban los hechos consumados. El ministro Guido había puesto á dura prueba esta habilidad, reclamando del Imperio el cumplimiento del artículo 3º. de la convención de 27 de agosto de 1828, por el cual aquél se obligó á defender la independencia é integridad del Estado Oriental; para que requiriese de los ministros de Gran Bretaña y Francia la desocupación inmediata de los puntos de ese Estado dominados por fuerza de la intervención. El Imperio discutió largamente sobre la oportunidad de su intervención y concluyó con que esta oportunidad no había llegado. Así era como descubría sus conexiones con los anglofranceses que ocupaban Montevideo, la Colonia y otros puntos del litoral. Entonces Guido, refiriéndose á los datos auténticos que había puesto en manos del ministro del Imperio, barón de Cayrú, de los cuales constaba que con permiso del gobierno imperial, salieron armados del Brasil Rivera, Medina, Silva, Baez, Flores y demás derrotados de India Muerta, reclamaba en términos enérgicos de estos actos de hostilidad contra la Confederación, y añadía en su nota de 16 de abril de 1846: « Por una desgraciada coincidencia de datos auténticos, el gobierno del Brasil, denunciado por los gabinetes de Francia é Inglaterra como instigador de la intervención europea al río de la Plata, y robustecida la denuncia por la publicación de la memoria del vizconde de Abrantes, aparecía ante la América ofensivo á sus primordiales derechos. Si á lo menos esas declaraciones de los go-

---

fecha de agosto de 1845, en la que están recopilados y ventilados los principales antecedentes relativos á la conducta del Imperio (48 pág. en folio).

biernos interventores, hubiesen sido desmentidas con la solemnidad de la acusación...» (¹)

El ministro Cayrú tuvo á bien negar la participación atribuida al vizconde de Abrantes, si bien pasaba como por sobre áscuas sobre asunto tan vidrioso como humillante para él. Una larga correspondencia entretuvieron ambos ministros, hasta que el argentino, conforme á sus instrucciones terminantes, le exigió al brasilero que contestase categóricamente si aprobaba ó rechazaba el memorándum del vizconde de Abrantes en el que se proponía á los gabinetes de Londres y de Paris la intervención armada en el río de la Plata. El Brasil no podía pronunciarse sobre este dilema sino á costa de romper con la Gran Bretaña y la Francia que eran sus aliados de hecho, ó de confesar paladinamente la humillación y el ridículo á que estas dos potencias lo habian reducido.

En esta emergencia el ministro brasilero apeló al recurso de tomarse mucho tiempo para contestar, desentendiéndose del punto principal y haciendo girar la controversia alrededor de un punto que en su sentir llamaría la atención del contrincante. Después de trascurridos cinco meses, dirigióle á Guido el de 12 de abril de 1847 una expresión de imaginarios agravios, en la que declaraba que «los esenciales intereses del Brasil exigen que el Imperio no continúe en esa neutralidad inactiva, y que le corresponde porfiar por la pacificación del Plata»; bien que anticipaba «no proponerse recurrir á hostilidades». Guido, manteniendo sus exigencias anteriores, pidió explicaciones categóricas acerca de los medios que el Brasil se proponía emplear para esa pacificación; y acerca de los preparativos de guerra que

---

(¹) Véase *La Gaceta Mercantil* del 24 de octubre de 1846.

se hacían en Río Graıde y aumento de la estación naval brasilera en el Plata. El ministro Cayrú respondió que ello no importaba alterar el sistema pacificador; y que el promover de su parte el tratado definitivo de paz entre el Imperio y la Confederación para consolidar la independencia del Estado del Uruguay, podía ser uno de los medios que se propusiese adoptar para la pacificación.

Lo notorio y lo visible era que el Brasil aumentaba sus armamentos y aglomeraba fuerzas en Río Grande' como que la prensa oficial y oficiosa del Imperio se preocupaba de las probabilidades de una guerra entre éste y la Confederación. *O Tempo* y otras hojas insistían en que Rozas esperaba concluir la cuestión con la Gran Bretaña y la Francia para irse sobre el Brasil, y que el Imperio debía estar preparado para este evento. La propaganda de la prensa brasilera · encontraba un poderoso auxiliar en *El Comercio del Plata* que redactaba el doctor Florencio Varela en Montevideo, y quien así exaltaba las agresiones que contra su propia patria llevaba la intervención anglofrancesa que él mismo estimuló en Londres y París; como defendía pretendidos derechos territoriales de Bolivia contra su misma patria, la Confederación Argentina; como ponía á contribución los archivos para pretender demostrar la legitimidad de la segregacióı de la provincia argentina del Paraguay.

Al comentar la larga correspondencia cambiada entre los ministros brasilero y argentino, *El Comercio del Plata* se constituyó defensor radical del Imperio, sostenieıdo las conclusiones de la cancillería de este último, y calificando de patrañas y capciosidades de Rozas las hostilidades y los agravios á la Confederación Argentina de que pedía satisfacciones el plenipotenciario argentino. (¹) Y concordando con las vistas de la prensa oficial del Imperio, *El Comercio del Plata* sostenía la necesidad y la conveniencia de que el Brasil se armase contra Rozas quien, según el mismo diario, soñaba la reconstrucción del antiguo virreinato. (₂)

El Comercio del Plata sabía que ponía el dedo en la llaga. Esa reconstrucción del virreinato era la bestia negra del Imperio. Y tanto que á poco respondió una de las últimas reclamaciones del ministro Guido, manifestándole sus temores á consecuencia de esa tentativa del gobierno argentino. El ministro Guido la contestó en una nota brillante por la fuerza grandielocuente de los hechos que puso de relieve. Haciendo sentir lo especulativo del cargo, se preguntaba cómo se operaría esa reconstrucción. En ésta no podía comprenderse el Estado Oriental, porque el gobierno del general Rozas tenía hechas reiteradas declaraciones respecto de su firme decisión de sostener la independencia de ese Estado; y habíalas robustecido en el curso de la guerra que le declaró el general Rivera aliado á la Francia y que él sostenía aliado con el partido oriental del general Oribe. Si á alguien incumbía el cargo por este lado era al Imperio, ya por manifiestas pretensiones anteriores sobre ese Estado, ya porque obligado por el artículo 3º. de la convención de 1828 á sostener la independencia del mismo. había permanecido espectador indiferente de la intervención de la Francia en el Estado Oriental desde 1838 á 1840, y durante la intervención anglofrancesa que ocupaba con sus armas puertos de ese Estado sobre el océano, el Plata y el Uruguay, todo esto á pesar de

---

(¹) *El Comercio del Plata* del 30 de abril y de 3 y 5 de marzo de 1847.

(²) *El Comercio del Plata* del 13 de junio de 1847.

las reiteradas manifestaciones del gobierno argentino
que se oponía á tales agresiones sólo comparables á
las que simultáneamente habían alcanzado á la Confederación.

Tampoco podrá comprenderse en esa reconstrucción
al Paraguay, agregaba el ministro Guido. Ello no podía
ser un cargo para el gobierno de Rozas, ni para gobierno argentino alguno, pues subsistían las solemnes protestas de este gobernante respecto de la violenta segregación que trabajó el Imperio de esa provincia argentina
cuya independencia acababa de reconocer. Otro tanto
sucedía con Tarija. Esta provincia fué siempre argentina, aun después de haberse declarado independientes
las cuatro provincias del Alto Perú por las influencias
de Bolivar. Cuando en 1825 Bolivar hizo ocupar Tarija,
Alvear reclamó á Bolivar de ese acto que calificó de
anárquico y que traería un rompimiento con la República Argentina, y Bolivar mandó entregarla como parte
integrante de esta República. Alvear colocó en el gobierno
á don Ciriaco Díaz Vélez; éste convocó á elecciones de
diputados al Congreso argentino y fueron electos por la
provincia de Tarija tres diputados con arreglo á su
población. Disuelto el Congreso Constituyente, producida la anarquía que se inició el año de 1828, el gobierno
de Bolivia avanzó sus líneas injustificablemente y pre-
valido de los desórdenes de que era presa la República
Argentina, ocupó Tarija. En este estado se encontraba
Tarija en 1841 cuando el general Oribe, al mando de un
poderoso ejército argentino, solicitó del general Rozas
autorización para recuperar esa provincia. Pero Rozas
se opuso, declarándole á Oribe en carta de 12 de enero
de 1842, que ello debía ser la obra de medios pacíficos,
honorables y como cumplía á los gobiernos americanos
entre sí. Y que en tales vistas reposaba confiadamente

el gobierno de Bolivia, lo decía la carta que á fines de 1839 le dirigió el general Velazco, presidente de esta república, al general Rozas, en la que elogiaba «la política sabia, firme y circunspecta de este último». (¹)

La prensa ministerial de Río Janeiro siguió escribiendo, no obstante, sobre las eventualidades y probables ventajas de una guerra entre el Brasil y la Argentina; y desde entonces ya fué de creerse que el Imperio iría á esa guerra tan pronto como encontrase en la Confederación un auxiliar relativamente fuerte que le ofreciese probabilidades de éxito. Este auxiliar era en su sentir el general Urquiza; y á Urquiza veniale tendiendo sus redes desde el año de 1845. Pero sea que Urquiza no quisiese aventurarse á un fracaso en presencia de la intervención extranjera armada, que era rechazada por el sentimiento nacional; ó que las mismas negociaciones con los Madariaga lo hubiesen aproximado más á Rozas, en fuerza de las declaraciones y de los actos que tuvo que producir para desvanecer las sospechas de traición que lo acusaban y que podían serle fatales, el hecho es que se resistía á pronunciarse contra el gobierno de Rozas á pesar de cuanto esfuerzo se hizo para conseguirlo.

Y porque al Brasil no se le ocultaba esto era que estimulaba y trabajaba por todos los medios á su alcance la preponderancia de Urquiza sobre Corrientes, por cualquiera vía que éste la lograse, y de manera que se hiciese

---

(¹) Los hechos que sentaba el ministro Guido eran exactos y notorios; y si alguien estaba habilitado para conocerlos en todos los detalles era él mismo, que los había visto de cerca como coautor de la revolución de 1810 y en seguida como secretario y amigo del libertador San Martín en las campañas por la independencia. Véase en el apéndice la nota del cabildo de Tarija con motivo de la ocupación violenta, y la protesta de Alvear en virtud de la cual Bolivia mandó entregar Tarija como parte integrante de las provincias argentinas. (Manuscritos originales y testimoniales en mi archivo.) véase *Diario de sesiones del Congreso*, tomo II, sesiones del 3 de mayo de 1825. véase *La Gaceta Mercantil* del 3 de agosto de 1846.

de una base firme en el litoral, para poder entonces entrar de lleno y francamente á tratar de una nueva coalición contra Rozas. El Brasil no se había puesto todavia en contacto directo con Urquiza; pero en cambio sus [agentes se agitaban en ese sentido en Montevideo, y el hecho es que se jactaban de haber suscitado verdaderas desconfianzas entre Rozas, Oribe y Urquiza. Desde ese punto el Brasil se ponia en actitud, así de salir de la posición humillante en que lo habían colocado las potencias interventoras, como de salvaguardar sus intereses, cualquiera que fuese el resultado de la cuestión del Plata.

Si la intervención triunfaba por las armas de la Confederación Argentina y Rozas quedaba separado de los negocios públicos, ó pediría para sí ventajas presentes y garantías para lo futuro, desentendiéndose de Urquiza cuya alianza ya no le sería necesaria; ó, si nada de esto obtenía, intimaria más su alianza con Urquiza, para conservarse cuando menos al abrigo de ulterioridades que impunemente lo dañasen. Si las potencias interventoras aceptaban la paz y Rozas triunfaba al fin, entonces le era más que nunca indispensable la alianza de Urquiza, porque no se le ocultaba que el gobierno argentino le exigiría que definiese su conducta doble; y era casi seguro que esto daría margen á una contienda cuyos resultados serían para él más desastrosos que los de la de 1827, por cuanto en 1847 la Confederación estaba unida, fuerte y en condiciones de colocar en un mes y sin esfuerzo un ejército de 50.000 hombres en las fronteras de Río Grande.

Alrededor de este punto de mira maniobraba el Brasil. En cuanto á Corrientes, el Brasil pensaba, y con razón, que reincorporada esta provincia á la Confederación, fuese por la paz ó por la guérra, dominaría allí la influencia de Urquiza. Porque así pensaba es que no tomó participación principal en las negociaciones con los Madariaga, como la tomó cuando se trató del Paraguay, y á pesar de que Corrientes debía de servir de base al desenvolvimiento de sus propósitos. Lo esencial para el Brasil era que Urquiza se hiciese fuerte en ambas provincias. Su prescindencia relativa en estas negociaciones era cómoda, además, pues que le permitía no gastar en detalles el esfuerzo y las influencias que le convenía reservar para el momento decisivo en que se avocase resueltamente con Urquiza.

Por lo que á Urquiza hace, es evidente que así como acarició la idea de crearse una influencia nacional derrocando á Rozas, se convenció al fin de que nada serio podría hacer coexistiendo con la suya en Entre Rios la influencia decisiva de los Madariaga en Corrientes. Esta es la verdadera razón de su campaña que terminó en Vences, y no la vulgarísima de que quiso complacer ó desorientar á Rozas hasta encontrarse fuerte. Cierto es que Urquiza comenzó cediéndoles á los Madariaga más de lo que á su interés propio convenía, y que esto suscitóle sospechas que lo colocaron en situación difícil respecto de Rozas.

Pero reaccionó á tiempo y se puso en condiciones de destruir á los Madariaga para lograr su propósito. El rechazo que hizo Rozas del tratado de Alcaraz, fué, puede decirse, el comienzo de esta reacción. Las inauditas indiscreciones de los Madariaga que trascendieron en los diarios de Montevideo, y la falta de tino con que así en esta ciudad como en Corrientes se comenzó á exaltar á Urquiza, deprimiendo á Rozas y presentando el tratado de Alcaraz más como una arma contra el último que como medio de terminar la contienda. (¹) acabaron de

---

(¹) Véase *El Comercio del Plata* del 31 de agosto de 1846. Véase *El Federal Entrerriano* del 17 de septiembre de 1846.

demostrarle á Urquiza que se sacrificaría inútilmente como se habia sacrificado el general Paz por análogos motivos.

En efecto, como Rozas se negase á recibir el emisario de Urquiza, portador del tratado con los Madariaga, aquél le dirigió su carta de 15 de noviembre en la que abundaba en protestas de adhesión, declarando que «recién había caído la venda de sus ojos y que solicitaba le trasmitiese sus vistas sobre el particular». El ministro Arana se las dió manifestando que el gobierno rechazaba el tratado con los Madariaga, por cuanto en él se separaba á Corrientes de la guerra contra la intervención extranjera «dando á esa provincia argentina el carácter de Estado independiente, pretendiendo establecer un precedente para que en lo futuro cualquiera de las provincias argentinas asuma la misma posición, y venga á concluirse el pacto federal, la nacionalidad y la existencia misma de la República; y siendo así que el fundamento de toda unión nacional y de todo pacto federativo es lá cooperación común para la defensa contra los enemigos de la Nación, sean interiores ó exteriores».

En cuanto al tratado de Corrientes con el Paraguay, cuya validez y subsistencia exigían los Madariaga, y que como ya se ha explicado fué inspirado por el Brasil para sustraer la primera de estas provincias á la influencia y á los intereses argentinos, como había sustraído la segunda, el ministro Arana lo declara nulo porque ninguna provincia tiene el derecho de celebrar tratados; que el único encargado para celebrarlos por todas las provincias, inclusa la de Corrientes, es el funcionario que inviste las relaciones exteriores y de paz y guerra de la Confederación; y atentatorio, pues el gobernador Madariaga lo había celebrado sobre la base de que el Paraguay fuese un Estado independiente, siendo así que ésta es una provincia argentina ilegalmente separada de la Confederación.

En sustitución de tales pretensiones, el gobierno de Rozas remitióle á Urquiza, para que propusiese al gobernador Madariaga, un tratado que se reducía á establecer: 1º. y ante todo, que la provincia de Corrientes quedaba reincorporada á la Confederación Argentina en la forma y términos del *Pacto fundamental* de 4 de enero de 1831; que el gobierno de Buenos Aires continuaría encargado por parte de Corrientes de las relaciones exteriores, de paz y guerra de la Confederación, como lo estuvo anteriormente; que los emigrados federales volverían libremente á Corrientes; que el gobierno de Corrientes admitiría las reclamaciones que ante él dedujeran los individuos que hubiesen sido perjudicados con motivo del apresamiento de buques y cargamentos argentinos que tuvo lugar en el puerto de Corrientes en 1844. Urquiza le trasmitió á Madariaga estas proposiciones por medio del coronel José Miguel Galán, escribiéndole particularmente sobre los supremos deberes que lo llamaban á no mantener por más tiempo á la provincia de Corrientes segregada de la Confederación.

El hecho real es que los trabajos de los ministros interventores, de los unitarios emigrados en Montevideo, del gobierno de esta plaza y del Brasil, dirigidos de consuno á quebrar la integridad de la Confederación por el lado del litoral, persiguiendo miras ambiciosas los unos, con el ánimo de *debilitar el poder de Rozas* los otros, y buscando engrandecerse el Brasil á costa del fraccionamiento de su vecino, habían encontrado asidero en algunos hombres de Corrientes encastillados en el localismo estrecho. El gobernador Madariaga y su círculo procedían como si realmente gobernasen un Estado independiente. Bien que la segregación de esa provincia respondiese aparen-

temente á exigencias de la resistencia á Rozas, los actos
públicos de Madariaga, ni revelaban el sentimiento argentino, ni podrian paliarse con exigencias de niguna especie.
Hacía gala de presentar á Corrientes como entidad soberana, frente á las demás provincias argentinas cuyos
habitantes eran calificados extranjeros. Al poder legislativo
seguía llamándolo pomposamente *congreso correntino*, y
como á tal poder de nación independiente le daba cuenta
en su mensaje del año 1846 de las relaciones que entretenía con el gobierno de la provincia brasilera de Río
Grande, y de hallarse en comunicación directa con la Santa
Sede por medio del delegado de ésta ante la corte de Río
Janeiro. (¹) Y para imprimirle á Corrientes el carácter de
territorio independiente de otro gobierno ó cuerpo de nación, no sólo lo anunciaba así en todos los documentos
públicos que suscribía, sino que en las notas que cambiaba
con Urquiza le expresaba la conveniencia de que se unie-
sen «para labrar el porvenir venturoso de los dos pueblos
que representaban», prescindiendo completamente *de la
Nación* á que ambos pertenecían.

Con todo, el gobernador Madariaga no rechazó de plano
las proposiciones que le trasmitió Urquiza, con quien no
quería quebrar; antes bien le manifestó al enviado Galán
que las dificultades provenían de Rozas y que él estaba
seguro de arreglarse con el gobernador de Entre Ríos.
Evidentemente Madariaga quería ganar tiempo, fiado esta
vez en las seguridades que le daban desde Montevideo y
del Brasil, de que el Imperio entraba abiertamente en la
coalición contra Rozas, fuere cual fuere el resultado de la
intervención anglofrancesa. Así, en una de las cartas que

(¹) véase la nota del ministro Arana al general Urquiza, de
fecha 25 de febrero de 1847, en la que denuncia estos y otros actos
de soberano, ejercidos por el gobernador Madariaga.

á este respecto le dirigía su hermano don José Luis Madariaga, y que con toda su correspondencia cayó en poder de Urquiza después de la batalla de Vences, le decia: «Hoy estuvo á verme don Juan Andrés Gelly (enviado del gobierno de Montevideo ante el del Paraguay) de tránsito por esta provincia... Me recomienda muy repetidamente que te asegure que viene bien penetrado y cierto de la decisión del Brasil en sostener el Paraguay, y que podemos contar con que tanto el Paraguay como el Brasil sostendrán á Corrientes. Me dice que en todo diciembre está decidida la intervención por parte del Brasil, y que si nosotros nos sostenemos hasta este tiempo, podemos contar con certeza con la cooperación de uno y de otro.» (¹)

Rozas, que tenía motivos para estar al cabo de estos asuntos, como que jamás se engañó respecto de las seguridades que le daba el Brasil, apuró la terminación del arreglo, haciéndole notar á Urquiza que era por demás sospechosa la circunstancia de que tanto demorase Madariaga en suscribir un tratado que no tenía, por decirlo así, más que una cláusula fundamental: la de la reincorporación de la provincia de Corrientes. El enviado Galán manifestó á Madariaga que tenia orden de Urquiza de volverse á Entre Ríos si el tratado no se suscribía inmediatamente. Ante este ultimátum, Madariaga dió un paso como para desorientar por entonces á los que más de cerca presenciaban los sucesos, comunicándole á Urquiza que se le presentaban dificultades para aceptar el tratado; y que iba á representarle á Rozas á fin de que ellas se salvasen fraternalmente. (²)

(¹) véase estos documentos trascritos en *La Gaceta Mercantil* del 4 de febrero de 1848.

(²) Se trascribió en *La Gaceta Mercantil* de enero de 1848.

Este estado de cosas agitaba nuevamente la opinión de Corrientes, la cual se había desarmado bajo las promesas de la paz que hiciera solemnemente Madariaga, y á cuya sombra robusteció su autoridad. Los Virasoro, los Cabral, Pampín, Araujo, Fonseca, Vallejos, Vivar, Maciel, Gauna, Silva, Ojeda, Ocantos y demás jefes y hombres principales del partido federal de la Provincia, no pudieron abrigar duda ya de que habían sido engañados, cuando vieron que se renovaban contra ellos las hostilidades tratándolos como á enemigos. «Ya sabrá V. que el compañero Galán nada ha conseguido de estos hombres, le escribía el coronel Benjamín Virasoro al coronel Lagos, jefe de una de las divisiones del ejército de operaciones... Deseo que VV. se fijen en nuestra actual situación, después de haber sido desarmada y licenciada la división correntina que traje á mis órdenes de esa provincia... Muchos de los individuos que la componían han sido insultados y vejados de la manera más soez y grosera, sin que ninguno de los que cometían tales atentados haya sufrido la más leve reconvención de la autoridad; de manera que por momentos aguardamos que den con nosotros un paso escandaloso de traición. »(¹) «La política de este país, le escribía al mismo coronel Lagos, don Gregorio Araujo, está en un silencio profundo desde que los tratados de Alcaraz no han tenido efecto; y nosotros *los rosines*, según nos llaman, estamos mirados con el ojo izquierdo del que manda...» (₂) El coronel Silva se mostraba más radical todavía, escribiéndole á Lagos: «Ahora que V. S. me ha movido ese punto le diré que... con los ·Madariaga nada bueno, só-

---

(¹) Manuscrito en mi archivo. (véase el apéndice.)
(²) Manuscrito original en mi archivo. (véase el apéndice.)

lido ni honorífico podrán hacer los gobiernos de la
Confederación... La marcha gubernativa de ellos (que así
llaman esos enemigos irreconciliables de la patria) toda
ella está llena de intrigas, llevando solamente por norte
la anarquía...» (¹)

En este estado las cosas, el enviado Galán dió por
terminada su misión retirándose á Entre Ríos: tras él
emigraron para esta provincia muchos de los federales
comprometidos, en tanto que los Virasoro se ponían al
habla con el coronel Nicanor Cáceres y con otros jefes
de departamentos para estar á las resultas de lo que
sobrevenía. Urquiza, para no dejar la mínima duda
respecto de su actitud, le dirigió al gobernador Madariaga una enérgica carta en la que le manifestaba que
á su culpa y á su dolo se debía el que la provincia de
Corrientes no se reincorporase á la Confederación sino
á costa de nuevos sacrificios. (₂) Y consecuente con sus
declaraciones activó sus preparativos para su campaña
sobre esa provincia. Como se ve, el gobierno de Rozas,
á pesar de conocer las maquinaciones segregatistas del
gobernador Madariaga, se esforzó en traerlo por la paz
á la Confederación Argentina, y el general Urquiza cooperó á este resultado, fueren cuales fuesen las miras
ocultas que tenía para lo porvenir. El hecho es que si
el Brasil quiso cohonestarlo, suponiendo que procediese
en sentido inverso al en que queda explicado, sus tiros se
embotaron ante la resolución de aquél de acatar la
autoridad nacional de la Confederación comprometida
en la intervención anglofrancesa. El arreglo de esta
cuestión decidió de la actitud del general Urquiza. El

(¹) Manuscrito original en mi archivo. (véase el apéndice.)
(²) véase *La Gaceta Mercantil* del 13 de noviembre de 1847.

Brasil pudo enredarlo al fin entre sus redes, haciéndole firmar un tratado que, en el fondo, era el mismo que le presentó ese gobierno al argentino ratificado por el Emperador, y que Rozas se negó á ratificar en 1843.

CAPÍTULO LVI

MISIÓN HOWDEN-WALEWSKI

(1847)

Mientras el gobierno de Rozas provocaba al del Brasil á que definiese su posición respecto de la coalición que había contribuído á formar contra la Confederación Argentina, y fracasaban las negociaciones para reincorporar la provincia de Corrientes, la cuestión anglofrancesa entraba en una nueva evolució1 con la llegada á Buenos Aires de los mi1ístros de Francia y Gra1 Bretaña encargados de reanudar y concluir la negociación Hood. Eran éstos el conde Colona Walewski y el lord Howden, perso1ajes de alta disti1ción y avezados á las controversias europeas, las cuales ponen á contribución los talentos y cualidades sobresalientes de los hombres, y cuyo epílogo es el mismo, generalme1te, á saber: que el fuerte se traga al débil hasta que otro 1nás fuerte, siguiendo el curso de la evolució1 continua, se traga al que fuerte se creyó.

El conde Walewski, de quien se decía que era hijo de Napoleón I, y que tenía gran parecido fisionómico con este grande demoledor, era u1 diplomático cuadrado, si bien se amoldada á las exigencias de su carrera desde lo alto de una vañidad cuasi olímpica que arrostraba invariablemente en todas las relaciones de su vida. Pertenecía á esos hombres públicos como Guizot, á quienes los críticos del tiempo de Cormenin llamaban de la *escuela inglesa;* y había traído de Inglaterra, adonde residió muchos años, esa gravedad flemática, esa severa disciplina muscular que trasunta algo como el frío del mármol. En el conde Walewski solía palpitar la car1e sin embargo. Era cuando la sangre francesa lo llamaba al recuerdo. Su orgullo asumía entonces las proporciones del estallido, y para serenarse era necesario que las cosas se hiciese1 á medida de sus deseos. Aun en esto era 1nás leva1tado, más noble que el barón Deffaudis, ó más propiamente, Deffaudis era, como diplomático, la caricatura de Walewski.

Lord Howde1 ofrecía un verdadero contraste con su

colega el conde Walewski. Era el tipo del antiguo noble
inglés, cuya severa catadura y fiera arrogancia se habían
suavizado y aun hermoseado entre los vaivenes más ó
menos tempestuosos de una vida de aventuras caballe-
rescas y de romances perseguidos con el fervor de una
imaginación meridional. Joven todavia, rico, cultísimo
y apuesto, Juan Hobart Caradoc Howden era un personaje disputado en la alta aristocracia europea, en las
treguas galanas que se tomaba a su afición de batirse
como soldado de las causas que impulsaban sus sentimientos verdaderamente juveniles. Descendía de Caradoc y de los antiguos príncipes de Gales, y nació en
Dublin el 16 de octubre de 1799. Su abuelo, Juan Caradoc, fué arzobispo de esa ciudad, y su padre, el primer
lord Howden, fué creado barón de Irlanda en 1819 y
par del reino en 1831, tomando con real permiso en
este año el nombre de Caradoc. Muy joven todavía
Hobart Caradoc adoptó la carrera de las armas, distinguiéndose por su valor y su espíritu caballeresco. En
1830 se casó con Catalina Skavronsky, belleza clásica
y codiciada entre la alta sociedad á que ambos pertenecían. Las dotes de su inteligencia, sus raras prendas
y sus relaciones con los principales hombres de estado
le valieron la confianza de su soberano quien, entre
otras comisiones diplomáticas de importancia, le encomendó la misión de Oriente, la de Grecia en donde asistió á la batalla de Navarino, y la que desempeñó durante
el primer período de la insurrección carlista en España.
Entonces era más conocido en Europa con el nombre
de coronel Caradoc. Muerto su padre, tomó el título
de Lord Howden y demás que aquél disfrutaba. Ocupaba su asiento en el parlamento cuando fué nombrado
ministro residente de la Gran Bretaña en el Brasil, y

plenipotenciario para el ajuste de las negociaciones pendientes en el río de la Plata.

Es de advertir que en vísperas de embarcarse lord Howden y el conde Walewski para el río de la Plata, los gabinetes de Londres y París recibieron comunicaciones urgentes de los ministros Ouseley y Deffaudis, en las que anunciaban la defección del general Urquiza, y la seguridad de que el gobierno argentino se vería á consecuencia de esto en conflictos tales que no podría menos de aceptar la paz en las condiciones que impusiesen las potencias interventoras. El gabinete francés juzgó que esta vez obtendría lo que no había obtenido antes, y tal era el espíritu de que venía animado el conde Walewski. Así se apresuraron á comunicárselo al gobierno argentino sus ministros en Inglaterra y Francia, los señores Moreno y Sarratea. Sin embargo, los nuevos plenipotenciarios hicieron las declaraciones más francas y amistosas al reanudar la negociación, en seguida de desembarcar en Buenos Aires el 8 y el 10 de mayo de 1847 respectivamente.

Con fecha 11 de mayo le manifestaron oficialmente al ministro Arana que en consecuencia de la aceptación, por todas las partes interesadas, de los artículos que servían de base para la pacificación, presentados por el comisionado Mr. Hood, *sus respectivos gobiernos, habiendo considerado la sóla dificultad que impedía la completa y entera ejecución* [pleine et entiére] (the full and entire) *de este arreglo*, habían resuelto de común acuerdo acceder á la demanda hecha por los generales Rozas y Oribe; y en consecuencia decidían que el levantamiento del bloqueo tendría lugar en ambas orillas del Plata simultáneamente con el establecimiento del armisticio y la cesación *bona fide* de las hostilidades entre las partes beligerantes. Al hacer esta notificación, los ple-

nipotenciarios pedíanle al ministro Arana les indicase
el momento más próximo «para las comunicaciones personales que son necesarias *para la ejecución inmediata
de los artículos y para firmar el arreglo* definitivo. (¹)

En la conferencia que celebraron dos días después,
significáronle al ministro Arana que el proyecto de
convención que le enviarían no difería de las bases
Hood; y la conveniencia que habría en darle la forma
solemne de convención firmada por todos los interesados. Bajo tales seguridades el ministro Arana no
opuso inconveniente. Pero el proyecto que remitieron
con nota de 14 de mayo difería en el fondo y en la
forma de las bases Hood ya aceptadas, y discordaba
con las declaraciones de los gobiernos de Gran Bretaña
y Francia, y las reiteradas de los plenipotenciarios. En
síntesis este proyecto establecía el abandono de las
prerrogativas inherentes á la soberanía de las dos repúblicas del Plata; á los derechos de dominio sobre los
ríos interiores; y sancionaba la intervención europea
en la política, en la guerra y en los negocios de los
Estados americanos.

El ministro Arana les dirigió á los plenipotenciarios
su nota de 28 de mayo en la que refiriéndose á la
declaración que le hicieron en nota del 11, de que sus
respectivas gobiernos habían aceptado las bases Hood,
y accedido además á levantar el bloqueo simultáneamente con la cesación de hostilidades, les adjuntaba á
su vez un proyecto de convención y un *memorandum*
explicativos. Los ocho artículos del proyecto eran
literalmente iguales al de las bases Hood, con la sola

(¹) Colección de documentos oficiales núm. 2 y 3. Véase *Archivo Americano*, 2ª serie, núm. 5, pág. 36 y 39, y *La Gaceta Mercantil*
del 9 de agosto de 1847.

modificación aceptada respecto del bloqueo y de que
la convención sería ratificada en el término de ocho
meses. En el *memorandum*, el ministro Arana recopila
los antecedentes de la misión Hood; hace resaltar
las variaciones introducidas por los plenipotenciarios,
y pone en relieve á la luz del derecho los principios
trascendentales que compromete y vulnera el proyecto
de los plenipotenciarios. (¹)

Fundado en las propias declaraciones de los plenipotenciarios, el mismo Arana hace notar en su *memorandum* que en el nuevo proyecto se refieren al señor
don Joaquín Suárez, á quien titulan presidente de la República Oriental del Uruguay; siendo así que en las
bases Hood se le titulaba *gobierno de Montevideo*, y sólo
se le pedía su aceptación á las cláusulas convenidas entre
los ministros Ouseley y Deffaudis, el gobierno argentino y el general Oribe á quien se titulaba presidente de
la República Oriental. Hace notar, además, que inno-
vando el fin de la negociación, ya perfectamente establecido en las bases Hood, los plenipotenciarios declaran
que el objeto de la misma es poner término á las
hostilidades en el río de la Plata y *confirmar á la República Oriental* en el goce de su independencia. Lo
primero valía atribuirle á la Gran Bretaña y á la Francia
el derecho de decidir sobre la legitimidad ó ilegitimidad
de la autoridad que investía el gobernante de un Estado independiente. Y si por la fuerza de los sucesos que
habían creado la intromisión de esas potencias en el
Plata, ellos se creían en el caso de pronunciarse á ese
respecto, lo natural, lo lógico era que no desconociesen
al gobernante que como el general Oribe ejercía imperio

(¹) Colección de documentos citados núm. 5 y 6. véase *Archivo Americano* citado.

y jurisdicción en todo el territorio de la República
Oriental, con excepción de las tres plazas fuertes de Montevideo, Maldonado y la Colonia defendidas por las
armas y las naves de la Gran Bretaña y de la Francia.
Tal desconocimiento valía dejar sentado en una convención el principio de que: son gobiernos legales en
Sur América los que las grandes potencias europeas
reconocen como tales.

El agregado que introducían los plenipotenciarios al
objeto de la convención, importaba dejar sentado que
el gobierno argentino, contra quien tal declaración se
hacia valer, había atacado la independencia del Estado
Oriental. El hecho positivo es que el gobierno argentino tenía dadas, pruebas de su firme decisión de sostener esa independencia. El objeto de la convención era
poner término á la guerra en el Plata, que había suscitado el general Rivera. La Francia y la Gran Bretaña
no podían creerse llamadas á dar garantías en un negocio trascendental como aquel, respecto del cual ningún
derecho adquirido tenían. Tal declaración importaría
la sanción solemne de un derecho de intervención europea en los Estados suramericanos, como principio
de aplicación invariable; y reconocer para lo futuro el
de la Gran Bretaña y la Francia para intervenir en el
Estado Oriental cuando juzgasen atacada la independencia de esta república. Las únicas potencias garantes
de la independencia del Estado Oriental eran el Imperio del Brasil y la Confederación Argentina, según la
convención del año de 1828.

En los artículos 1º. y 3º. relativos á la suspensión de
hostilidades y retiro de las tropas argentinas, los plenipotenciarios suprimen «luego que el señor presidente
Oribe, aliado del gobierno argentino, haya firmado su
convención respectiva», que estaba aceptada en las bases

Hood. Esta supresión era sustancial, y hería derechos inherentes á todo gobierno soberano. El argentino era un beligerante en la guerra que le declaró el general Rivera. Como tal había celebrado una alianza con el gobierno que, en su sentir, representaba la legalidad en el Estado Oriental: tal era su rol y justo era que así constare en la convención, como la necesidad de proceder de acuerdo con su aliado, lo cual á nadie perjudicaba.

En el artículo 2º. libraban el desarme de los extranjeros que formaban la guarnición de Montevideo, á los comandantes de las fuerzas navales de las potencias interventoras; siendo así que en las bases Hood se había establecido que «los plenipotenciarios reclamaran del gobierno de Montevideo el inmediato desarme». El *memorandum* no encontraba motivo para esta variación, y mantenía la estipulación contenida en las bases Hood, del saludo de 21 cañonazos al pabellón argentino por las escuadras de Gran Bretaña y Francia; pero que suprimían los plenipotenciarios en el artículo 4.º el cual establecía que le serían devueltos al gobierno argentino los buques y cañones tomados, y restituída la isla de Martín García. Esa estipulación era esencial, porque á ese saludo circunscribía el gobierno argentino las satisfacciones debidas al honor nacional y á la soberanía de la Confederación, ultrajada por una intervención armada que capturó en plena paz la escuadra argentina, se posesionó por las fuerzas de los ríos interiores, invadió el territorio y destruyó vidas y propiedades en una serie de agresiones injustas.

La variación introducida en la base 5ª. era igualmente fundamental. El gobierno argentino, de acuerdo con las bases Hood, proponía que la navegación del río Paraná era interior de la Confederación Argentina, y sujeta solamente á sus leyes y reglamentos; lo mismo que la del río Uruguay en común con el Estado Oriental. Los plenipotenciarios proyectaban que la tal navegación « se halla sujeta á los derechos territoriales que según la ley general de las naciones, son aplicables á las aguas interiores ». Desde 1845 era este el punto que, sin motivo aparente, más preocupaba á los diplomáticos de la intervención, y por consiguiente el que con mayor prevención debería mirar el gobierno argentino. La admisión de los plenipotenciarios se subordinaba á una emergencia del futuro, cuando sólo se trataba de reconocer un derecho perfecto de la soberanía argentina. Era una generalidad sin mayor trascendencia, pues que la ley general de las naciones sobre las aguas interiores, no era uniforme. Referirse indeterminadamente á estos principios valía desconocer el derecho de la Confederación sobre sus ríos interiores.

El *memorandum* hacía notar la variación que los plenipotenciarios introducían en la base 6ª: « queda reconocido que la República Argentina se halla en el goce y ejercicio de todo derecho de paz ó guerra. Y si en el curso de los sucesos de la República Oriental, *se ha hecho necesario que las potencias aliadas interrumpan* por cierto tiempo el *ejercicio de los hechos beligerantes* de la República Argentina, queda plenamente admitido que los principios bajo los cuales han obrado, bajo iguales circunstancias habrían sido aplicables, ya á la Gran Bretaña, ya á la Francia.» En guarda de los principios que tal declaración hería, el gobierno reservó discutirla oportunamente, y así fué aceptada en las bases Hood. Los plenipotenciarios no sólo suprimían esta reserva sino que la modificaban en sentido más desfavorable para los derechos de la Confederación. Ella importaba que la Gran Bretaña y la Francia se consi-

deraban con el derecho para interrumpir el de la Con_
federación Argentina á hacer la guerra. Y á título de
una reciprocidad puramente ilusoria, por lo que hacia
á las repúblicas del Plata, no sólo eludia satisfacciones
condignas de la inmotivada intervención armada de la
Gran Bretaña y la Francia, sino que dejaba subsistente
para lo futuro la legitimidad de semegante intervención,
la cual violentaba el derecho de gentes y los tratados.

En cuanto á las bases 7ª. y 8ª. relativas á la nueva .
elección de presidente del Estado Oriental y á la completa amnistía general, el *memorandum* recordaba que el
gobierno argentino le había manifestado al comisionado
Hood que no siendo lo primero de su competencia y sí
del de la República Oriental, la remitía al general presi_
dente Oribe; y que así quedó acordado. El gobierno
argentino no podía obligar á la Confederación por un
acto privado de un gobierno soberano que era su aliado.
En sentido análogo procedió respecto de lo segundo por
lo que incumbía al presidente Oribe, y así quedó acordado. Recordaba igualmente que el gobierno argentino
le manifestó al comisionado Hood que espontáneamente
había concedido una amnistía amplia en favor de todos
los emigrados y enemigos de la Confederación; y que
había rechazado la segunda parte de esa 8ª. proposición
de los interventores que rezaba así: « Esta amnistía no
impedirá que aquellos emigrados de Buenos Aires cuya
residencia de Montevideo pudiese dar justos recelos al
gobierno argentino y comprometer la buena armonía entre
ambas repúblicas, sean trasportados á su elección, a
más próximo puerto extranjero ó á otro lugar que ellos
podrán designar.»

Por fin, el *memorandum* se preguntaba porqué los
plenipotenciarios suprimían la 9ª. proposición de los
gobiernos de Gran Bretaña y de Francia, ya ajustada en

la negociación Hood, y que rezaba que si el gobierno
de Montevideo rehusaba licenciar las fuerzas extranjeras
que guarnecían esta plaza, los plenipotenciarios se retirarían cesando toda intervención ulterior. Mediaba el
antecedente de que el gobierno de Montevideo era el
único que había rechazado esa proposición; y esto hacía
creer que efectivamente rehusaría verificar ese desarme.
En tal caso la convención quedaría de suyo nulificada,
y los plenipotenciarios, ó no tendrían rol á estar á las
reiteradas declaraciones que hacían en nombre de sus
soberanos; ó tendrían que salir completamente fuera de
su rol, empleando la vía coercitiva para reducir ese
gobierno, lo cual violentaría los principios que invariablemente sostenía el gobierno argentino en guarda de
la garantía que tenía dada en el tratado de 1828 de la
independencia del Estado Oriental del Uruguay. (¹)

Los plenipotenciarios Howden y Walewski contestaron
el *memorandum* del ministro Arana en su nota colectiva
de 3 de junio, la cual hacía resaltar el contraste entre
las declaraciones y las exigencias de los mismos. Á
estar de acuerdo los unos con los otros, la pacificación
del Plata estaba completamente arreglada, pues la única
diferencia que dejó pendiente la negociación Hood era
la relativa á la oportunidad de que el bloqueo se levan-
taria, y ésta quedaba allanada como se ha visto ya.
Así los plenipotenciarios califican las bases Hood de
piedra fundamental de la negociación y que contiene
todos los elementos de ésta; pero á renglón seguido

(¹) Se puede comparar el texto de las unas y las otras proposiciones de los gobiernos de Gran Bretaña y de Francia en el
libro de Bustamante, *Los errores de la intervención*, pág. 148 y
275; en el *Diario de sesiones* de la legislatura de Buenos Aires
correspondiente al año de 1846 y en el *Archivo Americano*, 2ª.
serie, núm. 5, pág. 40; en *La Gaceta Mercantil* del 28 de octubre
de 1846 y en la del 9 de agosto de 1847.

insisten en atribuirle á la que iniciaı, el objeto de confirmar y asegurar la independencia del Estado Oriental. Declaran que sus gobiernos piensan que en un objeto correlativo entre muchos interesados, y en que los unos hacen depender la ejecución de sus obligaciones del conseıtimiento de los otros, el solo modo que permite llegar á una solución es la de una conveıción en la que todos los interesados tomen parte; pero afirman que el general Oribe no es interesado y anticipan que «no pondrán jamás su firma en una convención subordiıada á la voluntad de un tercero extraño á ella». Declaran que desean «hallar una forma de coıvención regular y práctica que sea la ejecución más exacta de las bases Hood»; pero afirman que las que le presenta el gobierno argeıtino (literalmente iguales á éstas) no son ejecutables ni convenientes, porque tres de ellas pueden ser invalidades por la repulsa del general Oribe. Encuentran que la convención propuesta por el gobierno argentino sería en exclusivo provecho de éste, porque los gobiernos aliados se obligaban á levantar el bloqueo, gestionar el desarme de los extraıjeros, restituir los buques apresados en tiempo de paz, desalojar el territo‍rio argentino; y del otro lado «el gobierno argentino sólo ofrece retirar sus tropas del territorio oriental». (¹)

Ante inconsecuencias tan hirientes, era el caso de preguntarse porqué había luchado el gobierno argentino dos años consecutivos contra la Gran Bretaña y la Francia, si no era por no hacer las concesiones que estas poteıcias exigían, á costa de la soberaıía y de los derechos de la Coıfederación. Si el gobierno argentino admitía las nuevas proposiciones de pacificación que

---

(¹) Véase esta nota en el *Archivo Americano*, 2ª. serie, núm. 5, pág. 99 y en *La Gaceta Mercantil* del 12 de agosto de 1847.

presentaban los plenipotenciarios Howden y Walewski, no sólo nulificaba los grandes principios en virtud de los cuales había resistido á las exigencias de las dos potencias más fuertes de la Europa, y hacía resaltar la obcecación inaudita con que infructuosamente había llevado al sacrificio á la Confederación, sino que dejaba sancionados estos dos hechos amenazadores para el porvenir de la República: el de la intervención europea en los negocios de la Confederación, y el de que los derechos emanados de la soberanía de la Confederación quedaban á merced de una ó más intervenciones ulteriores.

El ministro Arana, renunciando á hacer resaltar la inconsecuencia de los plenipotenciarios, quizá porque ello habría impreso mayor tirantez á la negociación, se contrajo á demostrar en su contestación de 13 de junio cómo las cláusulas de su proyecto, siendo en un todo conformes á las bases Hood, eran la realización práctica de ésta. En cuanto á las tres cláusulas de la incumbencia del general Oribe, el gobierno argentino cumplía su deber de aliado en referirse á la aceptación de aquél; lo cual no importaba que la convención dependiese de la aceptación de dicho general quien, por otra parte, las había ya aceptado. El objeto de la convención era poner fin á las hostilidades de que habían sido teatro las repúblicas del Plata; que no el de confirmar á la República Oriental en el goce de su independencia. Por lo que hacía á la cláusula relativa á la navegación de los ríos, el ministro Arana les daba á elegir, ó el texto de las bases Hood con el agregado con que fué aceptado, ó el del proyecto de convención presentado por el gobierno argentino.

En las conferencias que recomenzaron el mismo día 13 los plenipotenciarios plantearon como cuestión previa la del carácter que se daría en la convención al general Oribe;

declarando que consideraban que el gobierno argentino
no podía dejar de titularlo presidente del Estado Oriental: pero que á ellos les era imposible reconocerlo en tal
carácter. Sobre esto y sobre el objeto de la convención se
siguieroı las conferencias, sin arribarse á resultado práctico. Cuando se encontraba la forma de dejar á salvo la
reserva de los plenipotenciarios, éstos la ampliaban en
términos verdaderamente inaceptables; y era necesaria
toda la habilidad del ministro Arana para no caer en las
redes finísimas del conde Walewski, que era el más empeñado en dejar de un modo ú otro establecido y legitimado
el hecho de la intervención europea. Sintiendo á pesar
suyo que se las había con un ministro que no perdía de
vista los derechos de su país, á través de las sinuosidades
escabrosas con que los más fuertes marcaban la negociación, el conde Walewski llegó á presentar confidencialmente un proyecto de arreglo, susceptible de ampliarse en
las próximas conferencias.

Después de una discusión que parecia interminable, los
plenipotenciarios quedaron de acuerdo respecto del objeto
de la convención, el cual rezaba así: «que no teniendo las
partes contratantes ninguna mira separada ni interesada
de presente ni de futuro, ni otro deseo que ver seguramente establecida la paz y la independencia de los Estados
del Plata, tal como es reconocida por los tratados...»
Esta declaración importaba colocar la cuestión en su verdadero quicio; y á ello contribuyó no poco la actitud
reservada de lord Howden para acompañar al conde Walewski más allá de donde él creía haberse conseguido los
propósitos de su gobierno, en razón de intereses y conveniencias tan ampliamente discutidas en la Gran Bretaña que no podían ser materia de problema para él,
á la altura á que habían llegado los sucesos.

Porque á través del natural acuerdo que debía existir

entre ambos plenipotenciarios, para resolver satisfactoriamente una cuestión en la que sus gobiernos se consideraban igualmente interesados, mediaba entre ellos una
especie de emulación egoísta, que se traslucía en cierta
frialdad para estrecharse y robustecerse contra el adversario común; y que si algo denotaba era que aunque
marchaban por el mismo camino, no estaban ambos deci-
didos á llegar al mismo fin. Si se recuerda lo dicho
respecto al estado de la opinión y de la diplomacia en
Inglaterra en los últimos meses del año de 1846, y de
las relaciones de esta nación con Francia, se encontrará
la razón de la divergencia que promediaba entre los plenipotenciarios Howden y Walewski. En el fondo era esta:
la Gran Bretaña, más práctica, había renunciado á crearse
por la fuerza derechos y posesiones en el río de la Plata
y territorios bañados por el Paraná y Uruguay; porque
estaba segura de desenvolver aquí su riqueza y sus influencias al favor de su potencia comercial y civilizadora.
La Francia, más orgullosa, no había renunciado á plantar
sus banderas y su imperio en el extremo sur y en otros
puntos de América, donde tenía un concurrente poderoso
en la Gran Bretaña sobre el cual sólo por la fuerza podía
en todo caso prevalecer; que nunca dispuso de los medios
y recursos fundados en el progreso humano, en la escala
en que los desenvolvió aquella nación, para sostener su
supremacía en el mundo. Ahí están una parte de la India,
Canadá, Jamaica y los populosos emporios de la Australia;
y ahí están los pueblos de China y Argel, en el mismo
estado de cuando fueron conquistados, para demostrar
esta verdad.

Por de contado que el conde Walewski había hecho
grandes esfuerzos para doblar á lord Howden y conseguir
de éste lo que el barón Deffaudis consiguió del caballero
Ouseley. Otro tanto había hecho el doctor Varela, quien

entretenía asidua correspondencia con Walewski, y le ayudaba á promover dificultades que condujesen á una ruptura para que la intervención armada prosiguiese sus objetos civilizadores en el Plata, retaseando la Confederación Argentina, apoderándose de los apostaderos comerciales, y colocando gobiernos que suscribiesen á todo lo que la intervención imponía, como el de Montevideo. El doctor Varela había llegado á comunicarle sus vistas á lord Howden sobre la cuestión del Plata; pero Howden se había limitado á agradecerle sus oficiosidades en términos urbanos, como se los merecía ese hombre distinguido, pero empujado por sus odios á los extremos del extravío político.

Verdad es que Walewski mantenía relación epistolar sobre motivos de su misión con los principales emigrados unitarios en Montevideo, lo que lo conducía más allá de las conveniencias. Era, además, muy fácil á la adulación quizá porque reputaba su valer desde lo alto de su orgullo desmedido; y hacía ostentación pueril de cualesquiera distinciones tributadas á él ó á su bellísima compañera. Lo singular era que la excelente acogida y las repetidas manifestaciones de aprecio que le dispensaban el gobierno, los hombres públicos y las principales familias de Buenos Aires, reputábalas apenas como homenajes que le eran debidos, y no las retribuía ni con los cumplimientos de la etiqueta. La condesa Walewski excusaba su presencia en los salones que frecuentaban, con los hombres de mejor alcurnia y más ventajosamente conocidos en la sociedad, damas como las de García Zúñiga, de Anchorena, de Saavedra, de Alsina, de Escalada, de Aguirre, de Peña, de Arana, de Obligado, de Beláustegui, de Lahitte, de Irigoyen, de Villanueva, de Riglos, de Piñeyro, de Azcuénaga, de Alvear, de Cárcova, de Cazón, de Ezcurra, de Villegas, de Carreras, de Arrotea, de Senillosa, de Luca, de Cárdenas, de Oromí, de Sáenz Peña, de Tórres, de Pinedo, de Quirno, de Vela, de García, de Peralta, etcétera, etcétera.

Walewski no disimulaba su ojeriza al gobierno de Rozas, quizá porque presentía que en el camino de sus pretensiones ultrajantes aquél le asignaría el mismo ridículo fracaso que á los anteriores ministros interventores. Un día que comía con lord Howden, éste le manifestó que en la mañana siguiente haría una escursión hípica con el objeto de conocer los *Santos Lugares*. « Lo siento por vos, Milord, si es día de cortar cabezas », le respondió. Y conversando de la situación de Montevideo y de los talentos de tal ó cual emigrado, y de los servicios que los emigrados prestaban á la *causa de la civilización*, como especulativa ó vanamente llamaba él también á la de la intervención de las *grandes potencias* en el uso y ejercicio que hiciese la Confederación Argentina de sus derechos soberanos, Walewski se mostró sumamente satisfecho de los versos que á la condesa acababa de dedicarle Mármol, á quien calificó por ello de uno de los ingenios del río de la Plata. Howden, que ante todo era galante caballero, le respondió, mirando á la bella condesa como si se creyese capaz de hacer cosas más grandes por ella:— «Poeta y desocupado ¿qué menos ha podido hacer por la condesa?»

Lord Howden, por el contrario, frecuentaba la buena sociedad de Buenos Aires, en los estrados donde mantenía dignamente su renombre de gentil y apuesto *nobleman,* y en bailes, teatros y paseos; sin pretender distinguirse por las exterioridades ó por el modo, ni imponerse á las gentes entre quienes se hallaba, y hasta familiarizándose con los usos y costumbres nacionales; que así como los virreyes y generales ingleses respetan y adoptan para sí cuanto de útil ó necesario encuentran en los paises adonde llevan su acción progresista; así como Napoleón calzaba el turbante en Egipto, lord Howden montaba briosos redomones aperados á la criolla, y llevaba el poncho y demás atavios que la juventud culta ha llevado en general en la República Argentina hasta que adoptó los preceptos de la *alta escuela*, la cual militariza el traje y las maneras del que cabalga, á fin de que el despedazado cuerpo siga, como el de un títere de goma, los movimientos acompasados del trote ó del galope del animal. Howden, que era juez en la materia, como que sobre ser soldado y con buenas campañas hechas, había tenido en Hungría, Rusia y Argelia la misma afición que en la Argentina, declaraba que nunca había montado á caballo más cómodamente y mejor que como lo hacía diariamente en Buenos Aires.

Muy de mañana, y á pesar del frío de la estación, con un poncho pampa de lo fino, sombrero blando y de alas cortas, rebenque criollo, y espolín acerado, montaba lord Howden uno de los soberbios pingos que el general Rozas guardaba en su quinta de Palermo y á los cuales se les hacía andar diariamente con un peso equivalente al del cuerpo de su dueño; y se dirigía por las quintas y chácaras que limitaban entonces la ciudad, cuyo plano muy extenso desde las delineaciones que se hicieron bajo el gobierno de Rivadavia y siguieron haciéndose bajo el de Rozas, presentaba sin embargo claros más ó menos grandes que han ido desapareciendo á medida que la población aumentaba, formando solución de continuidad en las calles de dos leguas. Una de esas mañanas se dirigió á los Santos Lugares, pero extraviado en el camino tuvo que regresar como pudo, muy á pesar suyo. Los diarios de los emigrados en Montevideo habían hecho de ese paraje el teatro de escenas tan horribles y sangrientas; su mismo colega se lo había pintado con colores tan negros, que el lord quiso verlo por sus ojos. Al efecto, una noche que se hallaba en la tertulia de la señorita Manuela de Rozas, manifestóle á ésta y á varios caballeros sus deseos de hacer esa escursión en la mañana siguiente. La señorita de Rozas dió sus órdenes, y á la hora fijada partieron á caballo los más de los invitados y algunas damas en carruaje.

Ya he conducido al lector á ese paraje, al ocuparme del año de 1840 y de la invasión del general Lavalle con el auxilio de los franceses. Urgido á reconcentrar fuerzas en punto conveniente para oponerlas á esa invasión, Rozas estableció su cuartel general en un punto intermedio entre la ciudad y la dirección que traía el general Lavalle, en los límites del partido de Morón, á poco más de ocho cuadras de la hoy estación San Martín del ferrocarril á Campana. Existía allí un arruinado caserío de fines del siglo pasado, que ocuparon unos conventuales hasta que se sancionó la ley de reforma eclesiástica bajo el ministerio de Rivadavia. Por esa circunstancia y la de poseer esos santos padres una virgen, que, según fama, operaba milagros y concedía beneficios á los que visitaban esos lugares para rendirla el culto de su fe, los paisanos designaban el paraje con el nombre de los Santos Lugares. Por tal era conocido, y por esto siguió llamándose Campamento de los Santos Lugares desde el 17 de agosto de 1840 en que llegaron allí el batallón Maza, el de Restauradores, las milicias de infantería de San Isidro, San Fernando y Las Conchas al mando del coronel Garay; el general Pinedo con el número 1 y el regimiento de abastecedores. Rechazada la invasión, el gobernador Rozas fijó allí un campamento permanente donde se reunían y disciplinaban las fuerzas de la Provincia y se elaboraban los materiales para el ejército; y nombró jefe de dicho campamento al sargento mayor don Antonino Reyes. Bien pronto quedó aquello transformado con las obras que se emprendieron. Sobre las ruinas de la antigua casa se levantaron grandes construcciones en razón de las necesidades actuales. Con frente al sur se levantó la capilla, y contigua á ésta se edificó la cárcel que formaba un gran cuadrado al cual convergían todas las dependencias. Del lado norte estaban las oficinas del despacho; en seguida el alojamiento del jefe, y como á cien varas de distancia se construyó algunas habitaciones para el gobernador. Este perímetro se circunvaló con tres líneas de árboles equidistantes entre sí; y al exterior de estas líneas se construyó las cuadras para los cuerpos de infantería, para la caballería y la artillería; y convenientemente repartidos, los talleres para la maestranza, para el parque, de sastrería, de carpintería y de herrería. Á costa de mucho trabajo y mucho empeño, formóse allí en poco tiempo un establecimiento el más completo que le era dado sostener al gobierno de la Provincia con los medios que por entonces había. Era, por decirlo así, el verdadero centro militar de Buenos Aires. Allí se sabía día á día cuántos fusiles, cuántos cañones, cuántos hombres listos para formar y cuántos caballos (¹) útiles tenía la Provincia, pues todo pasaba por las oficinas de Santos Lugares.

El jefe del campamento recibió á la comitiva conduciéndola á las habitaciones del gobernador, donde se

(¹) El *estado* de las caballadas del Estado se llevó con toda minuciosidad hasta 1852. El gobierno mantenía un inspector general radicado en el centro de la campaña, y encargado de velar por la conservación y aumento de los caballos con destino á las necesidades del ejército. Por eso Rozas dispuso siempre y en cualquier momento de miles de caballos gordos. El gobierno no tiene hoy de su propiedad más caballos que los que montan los soldados de caballería: cuando se inicia una campaña los compra á precio que eleva virtualmente la gruesa demanda.

había preparado un almuerzo cuyo menú se componía de piezas acreditadas por el arte culinario francés, y de algunas no menos apetitosas del gusto criollo, en obsequio del ilustre convidado. Á lord Howden no le sorprendía las cultas demostraciones de que era objeto de parte de la buena sociedad que lo rodeaba, que eran las mismas que se le dispensaba desde que arribó á Buenos Aires. Pero tampoco se le ocultaba que eran impuestas por la urbanidad, distanciándolas hasta en los detalles que pudieran imprimirlas carácter oficial, y esto á mérito de la conducta agresiva que la Gran Bretaña, por seguir á la Francia, observaba con la Confederación Argentina. Lord Howden quiso romper este hielo aprovechando la presencia allí del ministro Arana, de generales, de funcionarios y de la propia hija del general Rozas. Á los postres se puso de pie y saludando al ministro Arana con la copa en la mano, dijo: «La Gran Bretaña ha sido y será siempre amiga de la República Argentina: por el general Rozas, ilustre jefe de la Confederación!» Este brindis sorprendió á todos. El ministro Arana se levantó al punto y en respuesta dijo: «La República Argentina, desde que nació á la vida independiente, manifestó por la Gran Bretaña simpatías que el tiempo y el mantenimiento de sus intereses recíprocos fortificarán: por S. M. la reina Victoria, ilustre jefe de una de las naciones más poderosas de la tierra.»

Después de cumplimentar á la señorita de Rozas, lord Howden la ofreció su brazo y la comitiva se dirigió á visitar el establecimiento. Lord Howden salía de una sorpresa para entrar en otra, como que sus impresiones eran muy distintas de las que le habían suscitado las descripciones horroríficas de los enemigos de Rozas. No creyó que ese establecimiento militar

estuviese montado bajo el pie de orden, de buena administración y de progreso que se desenvolvía ante sus
ojos; ni mucho menos que las artes mecánicas y las
industrias á que se prestaban las materias primas
del pais y en manos de artesanos hijos del país también, y al mismo tiempo soldados, estuviesen desarro-
lladas en las proporciones que acusaban los vastos
talleres, fundiciones y maquinarias que minuciosamente
iba inspeccionando.

Los mismos diarios de los emigrados unitarios en
Montevideo, á los cuales llegaron los ecos de esa escursión
de lord Howden, no pudieron menos que concordar en el
fondo con las impresiones de éste. *El Comercio del
Plata,* refiriéndose á sus datos, escribía: «Llegaron al
campamento de Santos Lugares á las 12 y después de
inspeccionar las obras que lo defienden, fueron á ver el
ejercicio de las tropas de las diferentes armas. Lord
Howden que manifiesta los gustos de un verdadero
touriste (montaba en recado, con poncho, y quedó encantado de ver cómo los soldados domaron en su presencia seis potros), se mostró muy satisfecho. El campamento, se nos dice, es una verdadera población de campo:
los ranchos colocados en línea forman calles espaciosas,
con jardines y puertas pequeñas: todo parecía esmerada-
mente aseado. Hay también algunas casas de ladrillo.
Los varios campamentos ocupan como una legua. Hay
actualmente allí como unos dos mil hombres.» (¹)

(¹) Véase *El Comercio del Plata* del 5 de julio de 1847. No era
extraño en modo alguno que lord Howden, como muchas gentes, se
formase las ideas más siniestras de lo que era Santos Lugares. La
propaganda continua y bien dirigida de Rivera Indarte y demás diaristas unitarios, había llevado lejos los ecos de que Santos Lugares
era el antro elegido por Rozas para levantar hecatombes con los cadáveres de los enemigos á quienes vencia en la guerra que sin cuartel le declararon. En el año de 1885 fui una vez más á Santos Lu-

El conde Walewski miraba con marcado despecho la relación cordial que entretenía lord Howden con las personas más conspicuas de Buenos Aires y allegadas á Rozas. No se le ocultaba, dadas las diferencias que promediaban entre los gabinetes de París y Londres, y la manera cómo la prensa devota de lord Palmerston (el *Dayly Newys*) encaraba la cuestión del Plata, en oposición á lo que respecto de la misma escribía la prensa *intervencionista* francesa, que la Gran Bretaña acabaría por deshacerse de un modo ú otro del compromiso de acompañar á la Francia en una intervención armada que arruinaba sus intereses comerciales, y sublevaba resistencias y enconos que resentirían y restringirían las relaciones que ella había sabido crearse por otros medios, y que por conveniencia debía conservar en el río de la Plata. Sin embargo, el conde Walewski medraba, y medraba con éxito, á fin de que lord Howden marchase de acuerdo con él. En lo que el conde no podía asumir personería, la asumían por él los principales emigrados argentinos en Montevideo, ventilando los grandes detalles de la negociación que se mantenían naturalmente reservados en Buenos Aires.

---

gares, en compañía del coronel Antonino Reyes, el antiguo jefe de ese campamento, para recojer datos y noticias que sólo éste podía suministrarme. Desde la estación San Martin nos conducía en su carruaje un mocetón criollo como de veinte años, ilustrándonos con noticias que para él eran exactas y ciertas como que luz había. Al llegar al antiguo campamento cuyo caserío había sido utilizado hasta poco antes por una fábrica de cola, descendió con nosotros, se aproximó á un gran pozo de balde frente á la casa solitaria, y nos dijo con todo aplomo: «En este pozo, señor, era donde se echaban las cabezas y los cuerpos de los que degollaban allí»; y nos indicaba con el dedo el patio de la cárcel inundado de la maleza que acompaña á la soledad. «Hombre, hombre, le decía Reyes, que fué quien hizo cavar ese pozo, y de cuya excelente agua todos tomaban hasta el año 1852, ¿y de dónde sacaban el agua para beber?» El cicerone nos contestó sin turbarse, como el Rebolledo de los Diamantes de la Corona: «Lo cegaron, señor, al pozo grande, después que cayó Rozas.»

Walewski quería, ó una completa victoria diplomática á costa de los derechos de la Confederación, ó un rompimiento ruidoso que provocase la intervención con medios más poderosos que hasta entonces. Para llegar á este extremo se entretenían, con las exigencias de la negociación, intrigas que encontraban asidero obligado en Montevideo, y que se dirigían á mantener desconfianzas entre las partes llamadas á arreglarse. El mismo lord Howden tuvo que desmentir oficialmente las especies que se vertían en lo que á él hacían referencia. En Montevideo propalóse estudiadamente, y se comentó en Buenos Aires del modo más desfavorable, que el gobierno inglés exigía la devolución de todas las banderas inglesas tomadas en las jornadas de la Reconquista y de la Defensa en 1806 y 1807; y que el gobierno argentino estaba pronto á concederlo con tal que se arreglase la cuestión. Lo singular era que los argentinos que pretendían herir de esa manera la fibra del patriotismo argentino, eran los que habían traicionado ese sentimiento, los aliados de la intervención anglofrancesa, la cual había agredido á cañonazos la Conderación Argentina, ocupado su territorio y que pugnaba por agredirla en sus derechos soberanos. Lord Howden le comunicó al ministro Arana en nota oficial de 23 de junio que tenía conocimiento de que muchas personas, sin objeto alguno conciliatorio, propalaban que el gobierno británico pretendía incluir las banderas inglesas conquistadas en 1806 y 1807 en el canje de banderas y cañones recíprocamente tomados en las acciones de armas de la intervención; y que le cumplía declarar que ni había entrado en la mente de su gobierno hacer esa inclusión, ni tenía instrucciones en este sentido, ni por consiguiente se había tratado de esto en el curso de la negociación.

Y cuando en las conferencias sucesivas de los plenipotenciarios se resolvió sobre el título y carácter que debía darse al general Oribe en la convención, pudo colegirse fácilmente que era este motivo, y muy principalmente el relativo á la navegación interior, de lo que el plenipotenciario francés quería sacar el mejor prove cho. El ministro Arana resolvió el punto así: «la denominación y título que se da en las copias para los gobiernos británico y francés, no altera en manera alguna la posición respectiva de los tres gobiernos en cuanto al general Oribe, á quien el gobierno argentino reconoce en el carácter de presidente de la República del Uruguay, y los gobiernos de Gran Bretaña y Francia en el de general Manuel Oribe.» Los plenipotenciarios propusieron se declarase «que dicha denominación no cambiaba la posición de sus gobiernos atento á que éstos, después de la abdicación del general Oribe, jamás lo han reconocido y no lo reconocerán como presidente legal de la República Oriental»; y este agregado: «los contratantes se obligan á reconocer como presidente legal de la República Oriental al candidato debidamente electo en la próxima elección que tendrá lugar en el Estado Oriental.» (¹)

El ministro Arana les manifestó que su gobierno no podía admitir semejante declaración y agregado en la forma propuesta: que para discutir lo primero había que remontarse á examinar las causas impulsivas de la renuncia del general Oribe de la presidencia del Estado Oriental el año de 1838; y que esto era desagradable en circunstancias en que debía allanarse con buena voluntad los obstáculos que se oponían á la pacificación:

(¹) Véase documentos oficiales legalizados por el oficial de relaciones exteriores, en el *Archivo Americano*, 2ª serie, núm. 5, pág. 144 á 152.

que respecto de lo segundo, mediaba el hecho de haber
el agente confidencial de Gran Bretaña y Francia titulado en las bases de pacificación al general Oribe, presidente de la República Oriental, y dádole tal carácter
en la convención proyectada: que la forma por él propuesta salvaba todos los escrúpulos de los plenipotenciarios.

Éstos no insistieron; pero, como los abogados de
malas causas que se aferran especulativamente á ciertas
particularidades respecto de las cuales ceden luego, en
cambio de que se les ceda algo de las ventajas que
vienen realmente persiguiendo, le manifestaron al ministro Arana el deseo de oir su opinión sobre la cláusula que trataba de la navegación de los ríos interiores.
Arana les respondió que el gobierno argentino no saldría
de la redacción que propuso en su nota de 28 de mayo
ó de la base que presentó el comisionado Hood con la
modificación con que éste la aceptó. Los plenipotenciarios manifestaron á su vez que sólo admitirían la propuesta por ellos; y no tuvieron embarazo en declarar
que tal cláusula sobre los ríos había sido objeto de
larga correspondencia entre los gobiernos de Gran Bretaña y Francia, los cuales habían consultado sobre el
particular á varios juristas.

Y como el ministro Arana insistiese á su vez, le
preguntaron si era esto de tal importancia que por no
ponerse de acuerdo se rompería la negociación; y si no
se podía estipular como ellos lo proponían, reservándose el gobierno argentino discutir el punto por la vía
diplomática. Tan claro era el propósito de los gobiernos interventores, del de Francia principalmente, de
subordinar la navegación de los ríos interiores de la
Confederación á las contingencias que ellos crearían,
por medios análogos á los que venían empleando para

retacearla por el lado del litoral; como hiriente la pretensión de que el gobierno argentino había de discutir diplomáticamente derechos imprescriptibles, emanados de la propia soberanía. El ministro Arana les respondió que el gobierno argentino enteıdía consignar en esa cláusula lo que todas las naciones no podían menos que reconocer: que la propuesta por los plenipotenciarios era una denegación positiva del derecho perfecto de la Confederación sobre sus ríos interiores: que discutir estos derechos valía ponerlos en duda.

Todavía el plenipotenciario de Francia propuso que se redactase un protocolo en el que las partes se comprometiesen á practicar lo que fuere ejecutable de las bases Hood, sin perjuicio de tratar después los puntos pendientes, y sin que «el gobierno argentino perdiese entretanto sus derechos sobre los rios». Ante esta proposisión, semejante á la anterior é injuriosa por la persistencia con que era presentada, el ministro Arana poniéndose de pie les dijo en tono tranquilo pero digno: «Señores, es inútil hablar de derechos cuando los más claros, los más importantes del gobierno argentino se desconocen: esos mismos derechos que os negáis á declarar hoy de un modo inequívoco, están expresamente consignados en el tratado del gobierno argentino con S. M. B. del año 1825, y expresamente los reconoció también S. M. el rey de los franceses en su convención del año de 1840». Como la cruz de la espada presentada á la faz de Mefistófeles fué este oportuno recuerdo para los plenipotenciarios, quienes se retiraron dando por terminado el asunto y por rota la negociación. (¹)

(¹) Véase *Archivo Americano*, 2ª. serie, núm. 5, pág. 152 á 161. véase *El Comercio del Plata* del 15 de agosto de 1847 donde el escritor argentino pretende demostrar que el artículo relativo á los ríos interiores presentado por los plenipotenciarios es igual en el fondo al propuesto y aceptado por el gobierno argentino.

La ruptura de la negociación se debía, pues, á las exigencias de todo punto inadmisibles del plenipotenciario francés, principalmente. El británico no había podido menos que seguirlo y acompañarlo, á virtud de los compromisos que creara la acción conjunta de ambas potencias en el Plata desde el año de 1845. Y al sentir del conde Walewski habían terminado ya todas las tentativas de arreglo con el gobierno argentino, y no quedaba más que emplear la acción de la intervención armada más enérgica y eficaz que hasta entonces. Pero no pensaba así lord Howden, quien debía desempeñar en el caso ocurrente todo el lleno de sus instrucciones. En estas instrucciones de lord Palmerston, datadas á 22 de marzo de 1847, se le decía: «Podéis si fuere necesario, dar á los arreglos el carácter de simple convención militar, que no envuelva idea de reconocimiento de derecho, sino conteniendo simplemente la admisión de un hecho existente que ciertas personas están á la cabeza de ciertas tropas. (¹)

Lord Howden promovió una suspensión de hostilidades en el Estado Oriental, hasta que los gobiernos interventores resolviesen sobre su actitud definitiva; y haciéndole valer al conde Walewski razones tan buenas como las que éste habíale invocado para conducir la negociación por el camino de las exigencias, consiguió de él que juntos propusiesen un armisticio al general Oribe en nota de 7 de julio. Al efecto, se trasladaron dos días después al campo de este último los plenipotenciarios y los almirantes de las escuadras interventoras. El conde Walewski suscitó la dificultad del título que se daría á Oribe, y propuso esta redacción: «Armisti-

---

(¹) Se conoció este texto cuando se publicó la nota de lord Howden al comodoro Herbert.

cio concluído entre las partes contendientes de dentro y fuera de la ciudad de Montevideo, bajo la mediación de Gran Bretaña y Francia»; y que sería firmado así: Howden, Walewski, Oribe. Oribe declaró que en el interés de que se arribase á un arreglo decoroso, no haría de ello cuestión; y la convención quedó concluída sobre las bases siguientes: 1ª. El armisticio durará seis meses; 2ª. Los beligerantes mantendrán sus actuales posiciones; 3ª. Se facilitaría á Montevideo 1.500 cabezas de ganado en pie al precio de cuatro pesos una; 4ª. Inmediatamente sería levantado el bloqueo en ambos lados del río de la Plata por las fuerzas navales de Gran Bretaña y Francia. (¹) Los plenipotenciarios se retiraron aparentemente muy satisfechos de este resultado á presentarle el armisticio celebrado al gobierno de Montevideo para su aprobación.

En este interin, el conde Brossard, secretario del conde Walewski, le manifestó al general Oribe que el plenipotenciario francés deseaba entrar en negociaciones para la pacificación del país. Oribe respondió que oiría las proposiciones que se le hiciesen desde el momento que empezase á regir el armisticio convenido. Pero contra lo que era de esperarse, y aun con asombro de los que de lejos dudaban que el plenipotenciario y el almirante francés gobernaban y dirigían las cosas en Montevideo, el gobierno de esta plaza rechazó el armisticio, porque abriendo «el mar para Oribe no abría para el gobierno el interior del país: y porque *el levantamiento del bloqueo tendría por efecto reducir á nada nuestras rentas,* hacer pasar el comercio al Buceo, crearle á Oribe nuevos recursos, quitándolos á nosotros todo lo que podíamos

---

(¹) Véase documentos oficiales en el *Archivo Americano,* 2ª serie, núm. 5, pág. 161 á 165. Véase *La Gaceta Mercantil* del 18 de agosto de 1847.

tener». (¹) Lord Howden pudo ver entonces cuáles eran las miras y los intereses que se perseguían y defendían en Montevideo. Eran los mismos que denunciaban pública y reiteradamente órganos acreditados en la opinión en la Gran Bretaña, miembros del parlamento, de la prensa y del alto comercio; los mismos que denunciaba Mr. de Lamartine cuando en una de sus cartas de esos días dirigida á *La Presse* de París sobre la cuestión del Plata, decía que «la guerra que hace el gobierno es por medio de letras de cambio giradas contra el tesoro *por los empresarios de guerra civil de Montevideo*, y aceptadas por el gobierno francés; y que pediría á éste cuentas del empleo de los cuatro millones de fondos secretos diplomáticos».

Porque muy claramente alcanzó todo esto, el ministro británico le dirigió al comodoro sir Thomas Herbert la nota de 15 de julio, en la que al comunicarle los motivos que lo impulsaron á proponer el armisticio aceptado por Oribe, le dice: «el gobierno de Montevideo, ha rehusado este armisticio que, no necesito decir, *era ventajoso á sus intereses*, como que está sin dinero, sin crédito y sin tropas de naturales.» Y como para ratificar con toda la autoridad de su elevado carácter el hecho que presentaba la plaza de Montevideo, completamente divorciada del sentimiento nacional de la República Oriental y presa de los intereses varios que cooperaban á esa reacción atentatoria de la soberanía de los paises suramericanos, el ministro plenipotenciario de S. M. B. prosigue así: «Como considero, en primer lugar, que los *orientales de Montevideo no son en este momento agentes libres, sino enteramente dominados por una guarnición extranjera;* en segundo, que

_____

(¹) Esta nota, suscrita por el ministro Barreiro, se publicó en *El Constitucional* de Montevideo de fecha 28 de julio de 1847.

este bloqueo, habiendo perdido enteramente su carácter original de una medida coercitiva coitra el general Rozas, *ha venido á ser exclusivamente un modo de proveer con dinero, parte al gobierno de Montevideo, y parte á ciertos individuos extranjeros, con detrimento continuo del extenso y valioso comercio de la Inglaterra en estas aguas*, os ruego, señor, por la preseite, levantéis el bloqueo en ambos lados del río de la Plata y toméis las medidas necesarias para hacer cesar toda ulterior intervención en estas aguas.»

En la misma fecha el ministro británico le comunicó al geieral Oribe esta su resolución, en consecuencia de haber «el gobierno provisional de Montevideo rehusado asentir al armisticio que yo considero razonable, justo y muy de desear en el sentido de la humanidad»; y que esperaba le diese la satisfacción de coifirmar el empeño de una amiistía en los mismos términos que había sido acordada con el comisionado Mr. Hood, si por la suerte de las armas entraba en la plaza de Montevideo. El geieral Oribe le respondió que coifirmaba en efecto la promesa de amplia amnistía otorgada en el artículo 9º. de la expresada conveición (¹); y lord Howdei ordenó inmediatamente que se embarcasen los soldados de infantería de marina inglesa que formabai en la líiea de trincheras de Montevideo como igualmente la guarniciói inglesa que ocupaba la isla de Ratas; se sacase la artillería inglesa colocada en la batería «Comodoro», y se trasportase á bordo de los buques de S. M. B. todo el material de guerra perteneciente á esta naciói y que hasta este momento, se había utilizado en la defensa de aquella ciudad.

(¹) Estas notas del ministro lord Howden y la respuesta de Oribe se publicaron en *El Defensor de la Independencia* (Miguelete) del 18 de julio de 1847. véase *La Gaceta Mercantil* del 18 de agosto y *Archivo Americano*, 2ª serie, núm. 5, pág. 166.

APÉNDICE

COMPLEMENTO AL CAPÍTULO XLVI

Señor general don Fructuoso Rivera.

Montevideo, octubre 7 de 1835.

Estimado amigo y señor:

Recibí la apreciable de usted por mano del señor don Carlos Anaya, con quien he hablado largamente y estamos en todo de absoluta conformidad: no habrá novedad y todo se arreglará como usted juiciosamente desea.

Carta de Buenos Aires de persona fidedigna, dice que el portugués Fontaura, luego que llegó á aquel destino, manifestó á Lavalleja el arresto que había sufrido, concluyendo su relación con la entrevista que tuvo después con el señor presidente Oribe, y suponiendo que éste le dió mil y mil satisfacciones, y le declaró que las cartas y avisos del joven Rivera Indarte suponiéndole agente de Bentos González y Lavalleja, mezclado en combinaciones políticas, había ocasionado las sospechas y arresto que había sufrido, etcétera, etcétera. Que esta relación trasmitida por Lavalleja al señor Rozas dió mérito á que Rivera Indarte fuese conducido á la cárcel, puesto incomunicado y examinados sus papeles: añade la carta que como entre ellos nada se encontrase relativo á ese negocio, ni perjudicial á Rivera, éste, á quien no se había tomado declaración, ni abierto causa, sería prontamente puesto en libertad, aunque el señor Rozas decía que le estaba bien esta corrección porque era travieso. Yo no creo que el señor Oribe se condujese de este modo, sino que el portugués lo habrá supuesto, como también se lisonjeaba de que había desvanecido sus sospechas.

Otras cartas de Buenos Aires aseguran que Lavalleja antes de ahora había detenido su viaje á Entre Ríos porque el señor Rozas se lo había aconsejado, proponiéndole que esperase el desenlace de los sucesos de Córdoba, que sería pronto, y que entonces le auxiliaría eficazmente con los recursos é influencia para llevar á cabo su reunión en Entre Ríos y todo el plan con los constitucionales; y añaden que ahora iba ya Lavalleja á emprender su viaje urgido por los últimos acontecimientos. Dicen igualmente que se había comprado en Buenos Aires porción de monturas y hecho algunos enganchamientos, y finalmente que Atanasio Sierra se ocupaba tiempo hace en comprar caballos en Entre Ríos. Todo esto tiene su analogía con los movimientos que han empezado á sentirse en el Continente: pero la prudencia de usted sabrá avalorar tales noticias, que yo cumplo en trasmitirle.

Usted puede hallarse verdaderamente en una posición delicada; porque si por una parte un ataque al orden legal entre nuestros vecinos es un amago para el nuestro, y el triunfo de los anarquistas brasileros sería el preliminar de las hostilidades de los de acá, no es menos cierto que la circunspección y la prudencia deben evitar todo compromiso anticipado sobre futuras contingencias, y sólo un tacto delicado puede conocer las oportunidades y saber apreciar el valor de los momentos: por allá parece se temía que usted se avanzase, pero yo me entrego con confianza á los talentos y buen tino de usted.

San Vicente se propone enviar á usted por medio del señor Bejar algunos ejemplares de su periódico, porque supone que de este modo logrará algunas subscripciones en la campaña, donde se notará la mejora que en efecto ha tenido su papel.

Estos señores me encargan mil afectuosos recuerdos para usted, misia Bernardina (c. p. b.) y las señoritas, á quienes será ya preciso tratar con mucho respeto por lo que irán avanzando con el tiempo, mientras nosotros, señor general, es preciso nos conformemos en caminar para atrás: pero supongo que gozará usted de buena salud y esto es un consuelo muy necesario: tenga usted la bondad de presentar también mis respetos á las señoras y créame siempre su muy agradecido amigo y servidor q. b. s. m.

SANTIAGO VÁSQUEZ.

COMPLEMENTO AL CAPÍTULO XLVII

Mi amada Bernardina: Ayer tuve el gusto de recibir por Doroteo, despues de más de un mes y medio que nada sabia de tí y de nuestra familia, todas tus cartas desde el 7 hasta el 23 del ppdo. abril; por todas ellas sé que estás sin novedad y pasando como deben pasar todas, llenas de sobresaltos y escaces como es natural. Yo no he dejado de darte noticias por cuantas veces ha sido posible, pero el trastorno de la fuga de Bengochea á ocasionado la demora de ellas, en fin, en adelante (Dios lo quiera) havrá mejores y seguras proporciones para la correspondencia.

Yo he permanecido á las inmediaciones del Durazno 16 dias; me fué preciso demorarme más de lo que yo pensaba á fin de hacer marchar al coronel Baez con una fuerte division al norte del rio Negro á asegurar aquel punto del Durazno y colocar fuerzas sobre Mercedes y Cerro Largo, para ponerme á la par con franqueza sobre el ejército de Oribe; á pesar de que las lluvias se han adelantado y estos rios están ya sumamente crecidos. Sin embargo yo voi marchando y pronto estaré sobre el enemigo con 3.000 hombres superiores.

Ayer tuve parte de Baez. Ya habia pasado el rio Negro como lo verás por su carta original que mostrarás á su señora y demás de su familia para su satisfaccion.

Como soy impuesto de todo el contenido de tus citadas cartas, de ellas nada puedo decirte porque sería aflijirme más cuando pienso en la suerte del pueblo de nuestro nacimiento y mejor que nadie puedo valorar los sucesos de la guerra actual y á pesar de que tengo mucha confianza en que la cuestion no la ganará Rozas: pero me aflije el estado de las familias desgraciadas de la campaña que fueron á ganarse Montevideo contra mi opinion, contra mis órdenes, todo devido á lo que quiso el alocado de Chilaver y las nulidades de nuestro Aguiar en el ministerio de la guerra; en fin ojalá que el maldecimiento de esas desgraciadas gentes recaiga solamente en los autores de su estado actual. Yo me considero capaz y lo realizo como se á visto de salvar el convoi y todo cuanto puede colocar bajo mi direccion en tres dias que estuve en la quinta de doña Ana, en todo: en fin para que hablar de esto porque si lo continuase tendría que ponderarme yo mismo, y aun que esto es solamente entre los dos no quiero aparecerte de pedante, porque me afearias; sin embargo está con justicia orgullosa, todos creyeron perdida la república despues que Oribe se colocó al sur de Santa Lucía, pero yo he trabajado, lo han hecho los hombres que coloqué al frente de la administracion segundando con vigor mis medidas y resoluciones, y á esta altura aun que haya en Montevideo poca carne fresca y poca plata la república ya no se pierde; un mes más un mes menos havrá que sufrir sin duda pero yo considero á Oribe mal, muy mal desde que él con sus fuerzas no puede obrar, le será más difícil en defenderse; la estacion lo va á hacer morir y puede ser que sea de hambre; el está mal colocado con su ejército y si se vate lo efectuará desventajosamente. Oribe ya no busca batallas como cuando recien vino: que savía bien que nosotros no teníamos soldados todavía, pero á el presente el sabe á no dudarlo que ni puede tomar la ciudad ni la campaña, que no puede evitar que vaya carne para Maldonado y otros puntos y que está espuesto á perderse si sufre un pequeño contraste en su caballada.

A mi Paulito tantas cosas dile que su cuerpo está fuerte que aquí está la 1ª compañia que la manda el alferes Jose, que el sargento Marsano se porta bien y que todos desean tener ocacion de mostrarle á su gefe que son valientes.

A toda nuestra familia tantas cosas y tu recive el verdadero cariño de tu amante esposo que desea verte y abrazarte en esa.

FRUCTUOSO RIVERA.

1843.

P. D.—Esta la despacharé de Santa Lucía. Ha estado lloviendo y me é ocupado de escribirte ésta en casa de don Antonio Masangano. Le escribo á don Pascual Costa respecto á tu carta al ejército. Ha se lebrado un contrato con una comision que la preside D. Agustin Almeida; la componen D. Carlos Vidal, D. Martín Martinez y D. Eugenio Martinez y otros negociantes estrangeros.

El ejército les entrega los cueros, sebo, etc., á un precio módico, y ellos se han comprometido á entregar su valor en efectos para el ejército. Yo les he mandado la carta de don Pascual para que la prefieran en su propuesta. Hoy van marchando para Maldonado 40 carretas de víveres y por estos ocho dias irán 500 segun me dijo Oneto ayer que pasó por aquí con el primer convoy. Creo pues que esta comision para llenar sus compromisos se podrá entender con Costa y haran negocio.

Estos dias me vi muy apurado, me vinieron á pedir rropa unas 50 mujeres que las mas de ellas estaban llorando, yo no tenia ni una vara de picota para darles, era ya cerca de la noche. Ay en el Ejército unos oficiales que son mui musicos entre estos un ijo de Munilla Argentino, un joven Cavia de la Colonia y otros que cantan mui vien particularmente Munilla que canta divinamente arias ytalianas etc. Yo en aquel momento nesesitaba tiempo para pensar en algo que pudiese satisfacer á las madres y esposas de nuestros valientes y en aquel momento se me ocurre decirles: miren Vds. yo no tengo nada que darles pero esta noche vendran unos cantores oirán Vds. una agradable mucica y mañana veré qué podré darles para que se retiren; el Yi estaba inmensamente crecido las povres mujeres aceptaron el partido y cite á los cantores que se lucieron, se armo un baile cuyo bastonero era Estivao que duro hasta el amanecer mientras tanto yo no savia como salir del compromiso; en fin se buscaron 300 pesos que hice distribuir entre todas las que fueron al convoi á contar de la musica y del vaile de modo que acada momento me veo en aquellos apuros, el dia que no hay plata les doy maiz con gusto.

Montevideo, junio 7 de 1840.

La Comisión Argentina tiene el honor de dirigirse al señor Buchet Martigny, Cónsul general encargado de negocios de Francia, para manifestarle: que el señor general Lavalle, en comunicaciones que se ha recibido últimamente, hace saber á la Comisión la necesidad en que se ha visto de dar una paga á su ejército después del glorioso triunfo de Don Cristóbal; como también de comprar algunos artículos de indispensable necesidad, lo que había consumido los fondos que tenía á su disposición.

Al mismo tiempo encarga á la Comisión que se hagan y envíen dos mil vestuarios de invierno para el ejército, cuya desnudez actual no puede resistir al rigor de la estación; y por último, pide víveres secos y buques de transporte, para efectuar el paso del Paraná, tan luego como haya concluído con los enemigos de Entre Ríos.

La Comisión conoce la imperiosa necesidad de satisfacer estas demandas; está cierta de que el Sr. Buchet Martigny la conoce como ella; y no ha vacilado, por lo mismo, en recurrir nuevamente á su generosidad suplicándole que se digne facilitar cien mil pesos fuertes para los expresados objetos, en los mismos términos que las otras sumas que ha tenido la bondad de suplir antes de ahora.

Excusa la Comisión entrar en mayores explicaciones, tanto porque todo lo que pudiera ella decir está al alcance del Sr. Buchet Martigny, cuanto porque habiendo recibido dicho señor comunicaciones directas del · señor general Lavalle, se halla impuesto de todas las circunstancias y necesidades del Ejército Libertador.

La Comisión espera confiadamente que sus deseos serán satisfechos, y renueva al Sr. Buchet Martigny la expresión sincera de su respeto y de su aprecio.

JUAN J. CERNADAS. GREGORIO GÓMEZ.
VALENTÍN ALSINA. IRENEO PORTELA.

¡Mueran los salvajes unitarios!

Señor coronel don Hilario Lagos.

Línea del Cerro, marzo 30 de 1844.

Mi estimado confederal amigo:

El 28, á las 8 de la mañana, tuvimos un fuerte encuentro con los salvajes del Cerro, reforzados con la guarnición de la plaza: ellos en número de más de 2.000 infantes, 3 piezas de artillería y 450 caballos nos trajeron el ataque. Se sostuvo un fuerte escopeteo en el Horno de Peralta y fueron rechazados: en esta situación el general Núñez, jefe de esta linea, recibió una herida mortal y encargó al coronel Ramos del mando de las fuerzas: nuestras municiones se nos concluían, y recibí la orden de retirada: empezamos este difícil movimiento, bajo los fuegos de la infantería enemiga que estaba de nosotros como media cuadra; ellos nos siguieron el espacio de 30 cuadras; á media distancia se nos concluyeron completamente las municiones y sin un solo tiro seguimos nuestra retirada muy despacio y escopeteados por toda su fuerza. Qué soldados, mi amigo! éramos sólo 500 y así llegamos al Arroyo por la picada de Peis; yo con 300 hombres de mi batallón ocupaba la derecha y fuí flanqueado por más de seiscientos, y un cambio de frente por la compañía del valiente Galván, fué suficiente para contenerlos en la intención que tuvieron de envolverme. Á pesar de todo esto, de sus fuegos encontrados y de su caballería, gané la picada que dejo dicho sin que lograran lanzarme un solo hom-

bre: qué soldados, mi amigo! no puedo recordar sin lle-
narme de un noble orgullo en mandarlos: su denuedo
es admirable en medio de este conflicto en que todo estaba
perdido, pues nuestra caballería se había retirado á más
de una legua, sin un cartucho y casi rodeados de tan
desproporcionadas fuerzas: no se oía otra cosa que «¡viva el
Restaurador!» y me decían: *mi coronel: carguemos á estos carcamanes; no necesitamos cartuchos para estas porquerías;* pero era imposible: no estaba la caballería, no había un cartucho y no
había otro medio de salvar esa fuerza que tomar el arroyo,
conteniéndolos sólo con la firmeza y orden. Por la izquierda se retiraba del mismo modo el mayor Fontes,
pero al último lo hizo á paso de carrera (no tuvo él la
culpa): lo cargaron y le lancearon como 12 ó 14 valientes.
Se quiso que yo hiciera lo mismo, pero me resistí y salvé
mi tropa y el honor.

Nuestra pérdida que debió ser del todo, consiste en
el bravo teniente Arancibia de mi batallón, los subte-
nientes Morales y Suárez de Libres, 24 individuos de
tropa de ambos cuerpos, y siete que se llevaron prisioneros.

Por una persona fidedigna venida de Montevideo, sabemos que fueron mal heridos los titulados salvajes, co-
coroneles Estivao, Calengo y Tajes: desembarcaron en
Montevideo ciento y tantos heridos, éste los avistó: resulta
pues que estas canallas han sufrido más que nosotros,
debiendo ser á la inversa, y nuestros soldados se han
persuadido más y más de lo miserables que son cuando
sin un cartucho y en una retirada tan larga sin ninguna
protección, no les han podido entrar, siendo solo 500 y
ellos más de 2.000 infantes y 450 hombres de caballería:
aun cuando no se ha obtenido un completo triunfo debido á cosas que no lo menciono, lo felicito por la heroica
bravura de los soldados de la Confederación, pues les hará
eterno honor esta retirada más difícil que ganar una
batalla.

La campaña está casi limpia: el Pardejón se hallaba

desecho por el Arapey, lo seguía el general Gómez: con él va Dominguez.

El salvaje Fortunato Silva ya estaba en el Brasil y don Ignacio Oribe en el Cerro Largo.

Quiera dar mis recuerdos á los amigos federales, y V. ordene sin límites á la fina solicitud de su confederal y amigo

JERÓNIMO COSTA.

¡Viva la Confederación Argentina!
¡Mueran los salvajes unitarios!

Buenos Aires, abril 8 de 1844.

Al señor coronel don Hilario Lagos.

Mi estimado amigo:

Nada de particular tengo que comunicarle, más que el 28 del mes ppdo. sostuvieron nuestros bravos de la línea del Cerro una fuerte guerrilla con los salvajes unitarios que en número de tres mil hombres salieron; pero sólo quinientos hombres de infanteria al mando de los coroneles don Pedro Ramos y don Jerónimo Costa, muy particularmente de éste que ha sabido sostener con orgullo la retirada de su cuerpo, sólo valido al valor de sus soldados que habiéndoles faltado los cartuchos, pues dispararon ese día treinta mil tiros, sostuvieron la retirada sólo con los fusiles, pues no se atrevieron los salvajes embestir un solo paso, no obstante que estaban favorecidos del número y cubiertos con caballería, cuando la nuestra estaba á larga distancia que no entró en pelea. Así es que puedo decirle á usted, que si no hubiera habido la desgracia de perderse en ese día al general don Angel Maria Núñez, que fiado en su bravura y habiéndose interpuesto en las primeras filas de nuestros valientes recibió una herida mortal, rindiendo su vida el 30 del mismo mes, habría sido un triunfo para nuestras armas, pues los salvajes han demostrado su cobardía y han llevado una lección, que los hará convencer que más

tarde ó más temprano han de sucumbir cuando al gran
Rozas le sobran pechos federales para cubrir las vidas de
los que por sostener su libertad é independencia las rinden con heroicidad.

Incluyo los boletines del Ejército que impondrán á
usted de los sucesos de armas.

En el primer buque que salga después de este que le
lleva esta carta, les remitiré las banderas y la ropa, pues
están concluyendo aquéllas.

S. E. continúa muy adelantado en el restablecimiento
de su salud, que esperamos la restablecerá del todo con
el método que le ha prefijado el doctor que le asiste.

Sin más objeto y deseándole felicidades, no tenga ociosa
la fina voluntad con que siempre soy su amigo y confederal que lo saluda afectuosamente

PEDRO XIMENO.

¡Viva la Confederación Argentina!
¡Mueran los salvajes unitarios!

Señor coronel don Vicente González.

Campamento en el Cerrito, abril 25 de 1844.

Tengo el gusto de acusar recibo á su carta del nueve
del corriente, y agradeciendo sus patrióticas y amigables
felicitaciones, espero lo haga en mi nombre á los amigos
Reyes y Montes de Oca.

Ayer 24 ha tenido lugar un suceso bien fatal para los
salvajes. Por la plaza salieron en número como de 2.000
infantes y pasaron por la barra de Miguelete incorporándose con la guarnición del Cerro, y hacían un total de
dos mil doscientos infantes y 400 caballos con dos piezas
de artillería. El general Pacheco, con el batallón Libres
y su caballería se retiró y fué seguido tres cuartos de
legua de esta parte del Pantanoso hacia fuera, de donde
se volvieron seguramente habiendo sentido el movimiento de fuerzas del cuartel general.   .

En efecto, marchamos con el señor presidente los batallones Lasala, Rincón y el mío. El general Pacheco los perseguía y nosotros llegamos en circunstancias que ya llegaban al arroyo. El presidente hizo cargar con sus asistentes y algunos más á una guerrilla de infantería enemiga de 40 hombres, y fué lanceada dejando en el campo 33 muertos y nosotros 7 prisioneros. Los salvajes pasaron por el paso de la Boyada apoyados por 500 infantes que ocuparon la fuerte casa de Machado que está en el mismo paso.

Allí se les echaron 4 compañías de Rincón y Lasala y Libres de Cazadores y fueron escopeteados hasta que abandonaron la casa y siguieron su retirada. Pero el señor presidente no quiso que pasáramos el arroyo. El resultado es haber dejado muertos 61, entre ellos algunos oficiales, y no dudo que llevaron más de 200 heridos y muchos muertos á más de los ya dichos: casi todos los muertos eran gringos.

Los hijos de la Bella Francia, los nuevos ciudadanos en las Tres Cruces se estrenaron bien. Maza con tres compañias de su batallón y 3 de vascos y una de Guardia Nacional cargó á unos 200 Musiures que se le avanzaron mas acá de las Tres Cruces. Se encerraron en la casa del Inglés y se dejaron matar del modo más cobarde y decían no maten á garrotazos, á bayoneta; los vascos con las navajas que usan para comer mataron á 55 gabachos, entre ellos dos jefes y cinco oficiales.

Nuestras pérdidas en los dos encuentros es de doce muertos, como 60 heridos, y levemente herido Rincón y Lamela, el mayor Pisar y cuatro oficiales.

Démele un abrazo á Reyes y demás amigos por este suceso importante que creo influirá en esos carcamanes. Adiós amigo, que sea feliz son los votos de su muy amigo

JERÓNIMO COSTA.

COMPLEMENTO DEL CAPÍTULO XLVIII

¡Viva la Confederación Argentina!
¡Mueran los salvajes unitarios!

Al señor coronel comandante en jefe de la división á sus órdenes. don Hilario Lagos.

Buenos Aires, agosto 6 de 1844.

Mi estimado amigo y confederal:

Sin ninguna suya á que contestar, aprovecho esta oportunidad para saludarlo é incluirle los periódicos que hay hasta ahora publicados, tanto en esta ciudad como los que han venido del ejército de Montevideo.

Sobre novedades no hay ningunas de particular consideracion, sólo sí los salvajes van de capa caída y me persuado á que más tardar en todo el mes entrante quedará rendida la plaza de Montevideo, pues las categorías salvajes todas van huyendo á ganar el refugio del Brasil en donde todos se amparan; pero de esos mismos hoy estan aquí, pues no ha buques que vengan que no traigan algunos.

La salud de nuestro querido Restaurador, va cada día aumentando en mejoria, que la considero del todo restablecida, si como está en proyecto de irse á su estancia del Pino, lo efectúa; pues como usted sabe precisa por algún tiempo S. E. el traqueo del caballo y respirar el aire libre del campo, porque demasiado se ha quitado su salud entregado sin reserva á los asuntas gubernativos.

Dígame algo sobre las operaciones que por ese destino hubiera, y de las que tuviese noticias sobre el Estado Oriental, que creo empezarán ya, desde que dirige ya sus marchas hacia la frontera del Brasil el ejército de operaciones al mando del Excmo. señor gobernador y capitán general de la provincia de Entre Ríos, brigadier don Justo José de Urquiza.

Debo anunciarle que con fecha 3 del presente mes S. E. ha permitido que los buques de la carrera del cabotaje argentino puedan salir con dirección á los puertos del Paraguay, llevando carga y trayéndolas, bajo fianza de tocar en Corrientes, de ida ni vuelta, inter lo ocupan los salvajes unitarios, y con la misma fecha también ha otorgado licencia para que las harinas, bolsas y fanegas de trigo extranjeras que estaban en depósito puedan salir para los mismos puertos y demás de la Confederación Argentina, con fianza de no ser introducidas á Corrientes, ni á los puertos que estén ocupados en el Estado Oriental por los salvajes unitarios.

Con dichas medidas ha reportado esta capital un vasto comercio y entradas al tesoro incalculables, que le proporcionarán á nuestro superior gobierno recursos para marchar, pagar todo lo que se deude y aun emprender algunas obras que hermoseen nuestra querida patria, pues ya estamos con el empedrado de las calles y muy pronto se harán otras.

El puente de Barracas se ha hecho nuevo: se han hecho ya tres pagos á los ingleses, por cuenta de la deuda que nos dejaron los malvados salvajes en el préstamo que tomaron de Londres, que todo se lo robaron y guardaron para sus bolsillos.

Mi amigo: conservándonos la Divina Providencia á nuestro querido Restaurador, éste nos dará nuestra patria, libre, libre y nos guiará al rango de Nación; que sólo él á fuerza de su constancia y desvelos podria conseguirlo; así es que no obstante la justicia que le asiste para descansar, los federales todos y demás habitantes de la Confederación Argentina debemos en público y privado aclamar para siempre por único gobernante de ella al que ha sabido con tan gran tino manejar la nave del timón y guiarnos á la gloria de Nación libre é independiente.

Quiera usted trasmitir mis obsecuentes recuerdos á su apreciable señora y familia, no teniendo ociosa la fina voluntad que profesa su siempre amigo y servidor

PEDRO XIMENO.

Señor coronel don Hilario Lagos.

Cuartel general, Arroyo Grande, agosto 30 de 1844.

Mi estimado coronel y amigo. Los informes que se reciben por todas partes y los conocimientos que reune el Excmo. Gobierno provisorio, manifiestan que los salvajes Madariagas y Mascarilla disponen de tropas y elementos en Corrientos, para invadir segunda vez esta provincia: con este motivo las órdenes que recibo del Superior Gobierno son para aprontar el Ejército, y que esté listo para resistir la invasión. Entre sus prevenciones existe la que V. con la división de su mando debe marchar á incorporarse al Ejército de Reserva, cuando yo lo crea conveniente; y antes que llegue ese caso, voy á hacer á V. algunas indicaciones del servicio que tienen por objeto el que las tropas de su mando se pongan bajo el mismo sistema en que están éstas.

1º. Al Ejército no seguirá ni un solo carruaje: su parque está arreglado en un arria de mulas, y es en la que se conduce cargado todo lo que él necesita de otros materiales: á este arreglo dí principio antes de la campaña pasada.

2º. Á las 4 piezas de artillería con los artilleros de su servicio que V. tiene, se les dará colocación en la capital del Paraná: de ellas no pienso separar ningún artillero, pues donde quiera que existan, para que sean útiles, deben siempre estar dotadas con el personal que ahora tienen.

3º. Para arreglar la movilidad de la división de su mando á la que tiene el ejército, se hace necesario el que V. proceda á disponer la construcción de cangallas y demás útiles que se necesiten, para aparejar los cargueros en que V. debe conducir las municiones de fusil, tercerola, piedras de chispa, etcétera.

4º. No teniendo V. tiempo ya para el amanse de mulas. debe V. apartar de las caballadas con que el gobierno le provea, los más gordos, corpulentos y mansos, en el concepto de tres caballos por carga; pues cuidándoles bien los lomos (para lo que cada cangalla tendrá dos caronillas de cuero de carnero) se conseguirá su conservación y que hagan el servicio de las mulas. En la campaña anterior el parque fué conducido á lomo de caballo, los cuales hasta ahora existen en buen estado.

5º. Es entendido que V. debe ocurrir al Superior Gobierno por todos los elementos que necesite para completar sus aprestos; y entre ellos debe no olvidar que cada soldado de caballería debe ser provisto de una caronilla de cuero de carnero, para conseguir así la conservación de los caballos.

6º. Siendo el parque el ramo más importante del Ejército, á él es preciso prestar nuestra atención: para conseguir su conservación se hace necesario que V. disponga se forren en cuero de vaca los cajones de cartuchos de fusil y tercerola, y que cada carguero sea cubierto por un buen hijar.

7º. Con el capitán Gómez, conductor del presente correo, remito á V. un bozalejo, un cabestro, una cangalla, dos caronillas, un lacillo, una reata y un hijar, que son todas las piezas que tiene cada carguero del parque en el Ejército, para que le sirvan de modelo. En las tropas de la división que V. manda, es muy posible que se encuentren algunos hombres mendocinos, sanjuaninos, riojanos, catamarqueños, etcétera, etcétera, que hayan sido arrieros, los que le servirán de mucho por su práctica y será mucho más ventajoso si encuentra algún oficial ó sargento que entienda este trabajo.

8º. Como se le ván á agolpar á V. muchos quehaceres me parece que convendría para abreviar, dividir los trabajos de este modo: en la capital que se construyan las cangallas; y V. en su campo lonjear los cueros para la construcción de los demás útiles.

9º. Si marcha V. á incorporarse al Ejército antes de la

invasión puede traer las cuatro carretas que tiene; pues no entrando aún en operaciones no hay motivos para privar á esas tropas que conduzcan las comodidades que les sean necesarias: ellas y los equipajes más pesados, cuando fuere preciso, se destinarán á la ciudad fortificada del Uruguay, como el lugar destinado donde irán todas las carretas y materiales que no deben seguir al Ejército.

10º. Los cargueros de los jefes y oficiales serán determinados por la orden general del 3 del corriente: lo que en ella se disponga á este respecto le será trasmitido para arreglar del mismo modo las tropas de esa división.

11º. Como la infantería que V. manda debe hacer la campaña á pie, conviene que haga continuados ejercicios, y cada 8 ó 10 días hacerles practicar una marcha de 3 ó 4 leguas de ida y de regreso al campo: así los soldados están siempre fortalecidos y prontos; pues cuando se apoltronan y no se les hace ejercitar este trabajo, en las primeras marchas se cansan unos, se enferman otros, y se puede asegurar que hasta que no pasan muchos dias no se cuenta con soldados. Con este motivo será bueno que V. pida la venia al Excmo. Sr. Gobernador para trasladar á su campo la parte de infanteria que está acuartelada en la capital, para que toda reunida empiece á practicar esta clase de ejercicios.

Palpables serán las ventajas que reportaremos con un sistema de guerra como el que se va á adoptar, y el que V. penetra muy bien, por lo que omito hacer explicaciones sobre ellas.

Soy de V. su afectísimo servidor

EUGENIO GARZÓN.

¡Viva la Confederación Argentina!
¡Mueran los salvajes unitarios!

Al señor coronel comandante en jefe de la división á sus órdenes, don Hilario Lagos.

Buenos Aires, julio 2 de 1844.

Mi apreciado amigo y compatriota federal: tengo el placer de contestarle á sus apreciables, 2 de junio y 8 ppdo., una del 10 del mismo y la última del 19 del propio mes.

La comunicación que me remitió V. en la del 19 fué entregada inmediatamente á su título.

Los boletines del Ejército y papeles públicos que le incluyo darán á V. una completa idea sobre todos los sucesos que deseare imponerse, porque debo anunciarle con satisfacción, que los expirantes salvajes encerrados en Montevideo están en la postrera agonia, sin recursos ni aun para conservarse; pues no les queda otro remedio que huir de las fuerzas federales que por todas partes aparecen enristradas para tomar venganza de las inauditas crueldades cometidas por esos antropófagos que son peores que los mismos salvajes, porque no hay como compararlos, á la vista de lo que ha pasado desde que sus maldades están patentes ante todo el mundo: pero demos gracias á Dios que hemos tenido ese poder fuerte del incomparable Gran Rozas, que ha sabido anonadarlos, y que sean maldecidos para siempre, arrastrados como las culebras, sin que encuentren quien les pueda alargar un pedazo de pan. Justa es esta venganza y que se perpetúe ese odio, recordando á nuestros hijos á la posteridad, que semejante raza no vuelva á perturbar á lo que tantos sacrificios nos ha costado, que es sostener nuestra libertad é independencia.

Todo va muy bien, y muy cercano el día en que podamos reunirnos en cordiales abrazos, dando gracias á la Divina Providencia por los triunfos obtenidos bajo la sabia dirección del poderoso Gran Rozas, único americano que se ha sacrificado por nuestra patria, para darle espectabilidad, desde que tuvimos la fortuna de romper nuestras cadenas que por trescientos años nos habían puesto los conquistadores españoles.

Por tan prósperos sucesos me anticipo en darle mil abrazos, como á todos los amigos de esa benemérita división á sus órdenes.

Debo anunciarle que el 19 del corriente salió de este

puerto para Mercedes un convoy compuesto del pailebot mercante *Ferrolano* y dos buques de guerra, llevando para los cuerpos de ejército á las órdenes del general Servando Gómez, vestuarios, armamentos, municiones, yerba, tabaco y papel, que todo lo creo llegado á aquel punto hoy, con lo que quedarán aquellos compatriotas bien provistos, como ya lo está el ejército á las órdenes del Excmo. señor gobernador y capitán general de la provincia de Entre Rios, brigadier don Justo José de Urquiza, y en actitud de que todas las masas se dirijan á buscar las hordas del salvaje incendiario Pardejón Rivera, para concluirlo para siempre, si se atreve por última vez á presentarse ante nuestros bravos, ó para echarlo al continente del Brasil, única guarida que le queda para esconder su cobardía.

El salvaje unitario manco castrador Paz, se embarcó el 6 del presente mes con cuarenta titulados jefes y oficiales, yendo éstos en una polacra brasilera mercante que va acompañada por un bergantín · de guerra de la misma nación, en donde va aquel malvado. Unos dicen que su viaje es dirigido para el Río Janeiro, cuando otros afirman que lo es para el Río Grande, habiendo llevado dos cañones y municiones, con la intención de recibirse del titulado ejército de Corrientes. Sin embargo sé que las autoridades brasileras en Montevideo han asegurado al Excmo. Sr. Presidente, que aquel farsante no irá al continente; pero, mi amigo, no debemos fiarnos de semejantes hombres, estando alerta para darles en la cabeza inmediatamente que asomen por cualquier punto con sus inmundas plantas.

Ya el salvaje comodoro inglés Purvis se ha ausentado para el Río Janeiro, por órdenes de su soberana, y esperamos que ésta sabrá dar las satisfacciones que le pide nuestro ilustrado Restaurador, que sabe V. sostiene con firmeza sus pretensiones justas.

También los salvajes de más nombradía van dejando el nido de Montevideo, huyendo con sus familias para el Brasil, cuando otros más cautos las remiten á la generosidad del Gran Rozas, que las tolera en nuestra patria, como á esos viles, sin decirles cosa alguna: antes al contrario, les entrega todos sus bienes según se ván presentando pidiendo misericordia.

Ven esos malvados, que el que apellidan como tirano, les perdona y les vuelve sus bienes, para que vivan al amparo de las leyes que ha sabido restaurar con su sabia administración.

Cierro ésta con desearle toda felicidad; y que no tenga ociosa la fina voluntad de quien siempre es su amigo y confederal

PEDRO XIMENO.

¡Viva la Confederación Argentina!
¡Mueran los salvajes unitarios!

Señor coronel don Hilario Lagos.

Campto. en el Saladillo del Rosario, octubre 10 de 1844.

Mi querido amigo

Son en mi poder sus dos estimadas fecha 5 y 12 del próximo pasado septiembre y de ellas quedo enterado. No le habia avisado á V. antes el recibo de ellas porque siempre que le mando impresos trato sólo de hacerlos llegar lo más pronto posible á manos de los amigos federales é interesados como V. en el bien de nuestrapatria: por esto es que las más ocasiones sólo los cierro sin escribirle, así es que no lo extrañará.

En esta ocasión le adjunto tres números de la *Gaceta,* una copia de carta del amigo Costa que original tengo en mis manos y otra de la del salvaje Flores, á que él hace relación. Hágase cargo por esta última del estado de los salvajes en Montevideo.

Con mis sinceros deseos por su felicidad. me repito de V. atento confederal y amigo

VICENTE GONZÁLEZ.

Señor don Andrés Lamas.

Señor mío:

Me es imposible mirar con indiferencia las desgracias del país: un enemigo fuerte y poderoso que tenemos al frente no me horroriza ni me infunde terror, pero me lo infunde su conducta presente; V. se ha constituido el árbitro de la fortuna de este honrado pueblo: lo roba, lo insulta, lo humilla y se complace en abatirlo, y por desgracia se cree el único hombre á quien los demás deben rendirle homenaje; por puro patriotismo se le ha sufrido hasta hoy y no se ha querido dar un paso violento, porque el enemigo no tuviese motivos para alucinarse y mejorar de situación; pero hoy que sin embargo cansado este heroico pueblo de hacer sacrificios infructuosos y verter á torrentes la sangre de sus hijos y que todo se mira con indiferencia, estoy resuelto si necesario fuese á que llegue el día de clavar un puñal en el monstruo que todo lo devora y éste es V. Vea cómo marcha de hoy en adelante. El pueblo pide satisfacción y es preciso dársela. V. se ha considerado árbitro de la fortuna de este benemérito pueblo, ha dispuesto de ella á su antojo, la ha prodigado entre media docena de hombres. No ha dado al pueblo un manifiesto de la inversión de este caudal; hoy llegó el momento que debe darlo, y de no, ha de estar alerta. Ya basta de sufrimientos, no crea que el pueblo que ha insultado es un rebaño de ovejas. Es un pueblo compuesto de patriotas y éste patriotismo lo ha hecho callar hasta este momento en que uno de sus hijos no ha podido soportar su atrevimiento sin límites.

Á esta contestación será satisfacer al pueblo y cambiar de marcha.

De V. S. S. S.

VENANCIO FLORES.

vanguardia, septiembre 16 de 1844.

Señor don Martiniano Chilavert.

Montevideo, 1º. de enero de 1845.

Querido amigo: Recibí sus cartas de 8 de noviembre del Chuy y 10 de diciembre de Río Grande. Las inclusas, fueron entregadas: remito ahora las contestaciones.

Esto no está bueno. Quitaron á Pacheco y pusieron á Flores: han quitado á éste y puesto al general Martínez; antes de ayer quitaron á Martínez y pusieron á Bauz, que es hoy el general, pero que como es fácil prever, no durará mucho.

Á Correa no le parece factible la exigencia de V. Todo el ramo de artilleria depende hoy del Estado Mayor donde hay una mesa de artillería dirigida por Julián Martínez, otra de infanteria por Guerra, y otra de caballería por Lavandera. Estos jefes se llaman ayudantes comandantes generales y depende de ellos todo lo concerniente á su arma. La brigada de artillería es mandada por Fomartin.

Sin embargo, hay cuatro fuertes exteriores, en la Aguada, en lo de Bejar, en lo de Lasota y en lo de Ramírez, que no tienen jefe. Correa desearia aprovechar sus servicios para mandar esta linea; y la artillería en cualquier operación sobre el enemigo por su cuenta.

Aquí nos dicen que en enero tomará parte el Brasil.

Tres balleneras nuestras que salieron de aquí con el Griego, destruyeron un buque enemigo en Martín Garcia: subieron el Paraná y echaron á pique una goleta de guerra que estaba de guardia en San Nicolás. Probablemente harán el corso en ese río y subirán con las presas á Corrientes.

Expresiones de Zufriátegui y la familia.

Siempre suyo.

Pico.

P. D. — Nada sabemos aqui de don Frutos.

COMPLEMENTO AL CAPÍTULO XLIX

Mi idolatrada Bernardina: Te escribí el 5 desde el Paso de las Piedras noticiándose el suceso malhadado del 27, desgraciadamente volví á sufrir otro pequeño contraste que nos obligó el 7 á pasar el Yaguaron un poco apurados. No se perdieron sinó 4 hombres, pero perdimos hasta los recados. Yo perdi tamvien parte de la montura pero salvé bien, desde aquel dia estamos bajo la proteccion de las autoridades ymperiales que nos protejen y nos respetan en todo aquello que puede ser. El general Medina, Silva, Viñas, Baes y otros jefes con mil y tantos hombres están por la frontera del Río Grande tambien emigrados, se conservan rreunidos y armados segun aviso que tuve ayer, veremos si conseguimos reunirnos y ver lo que pueda hacerse para salir de aqui y irnos al territorio de Entrerríos donde ya está Paz, esto será lo menos que podremos como es la voluntad general de estos habitantes. Nada puedo indicarte á tu respecto, ni indicarte cosa alguna porque ignoro el estado de esa Capital la que á todo tranze es menester sostener para conservar la esperanza de salvar la República.

Ya sabes pues que existo y donde me hallo, costantemente te daré noticias: intertanto saluda en mi nombre á toda la familia y tu está cierta del cariño de tu amante esposo que verte y abrazarte desea.

FRUCTUOSO RIVERA.

villa de Yaguaron, abril 9 de 1845.

Excmo. señor general don Fructuoso Rivera.

Rio Grande, mayo 4 de 1845.

Mi estimado general y amigo: Ayer llegó de Río Janeiro el vapor paquete y por él recibí la carta adjunta del señor Magariños, por la que se instruirá V. E. del estado en que se halla el negocio de la intervención europea y de las probabilidades que tenemos de que la plaza de Montevideo pueda conservarse dos ó tres meses, en cuyo tiempo se terminará de un modo ó de otro aquel negocio.

Según noticias de Vásquez al señor Magariños, la guarnición tenía víveres hasta el 23 del pasado, y no había medio de encontrar con quien hacer un nuevo contrato después del desastre del 27. Este peligro se encontrará indudablemente si no mejora nuestra actual posición en esta provincia, y que V. E. tenga la fortuna de datar pronto sus primeras comunicaciones del territorio de la República; única esperanza que puede conservarlos y alentarlos en estos momentos tan críticos.

En la misma barca llegó don Melchor Pacheco procedente de Río Janeiro: trae cartas del señor Magariños para V. E. y el encargo especial de instruirle verbalmente del estado de la política en aquella corte y de los efectos que ha producido alli en el gabinete la noticia del suceso del 27.

Entre tanto le diré á V. E. lo que me confió ayer de parte del señor Magariños para que lo trasmitiese á V. E. en el caso de que él no pudiera escribir.

La noticia del desastre del 27 llegó á la corte de un modo aterrante: se aseguró por todas las cartas que allí llegaron, que todo se había perdido: que los jefes principales del ejército se hallaban aqui emigrados y V. E. con 8 hombres había escapado milagrosamente: que la mayor parte del ejército y todo el gran convoy estaba emigrado en este territorio: y sin embargo de no saberse todavia en la corte el suceso del Paso de las Piedras de Yaguarón, el gabinete cambió de politica inmediatamente volviendo á tomar un aspecto de la más severa neutralidad. Comenzó por publicar un articulo en el *Jornal del Comercio* fuertísimo, refiriendo aquel acontecimiento que nos coloca en la más triste situación, é inmediatamente mandó desembarcar cien hombres y una gran cantidad de bombas de incendios y otros articulos de guerra que por aquellos dias debian salir para Montevideo.

El gabinete en aquellos momentos consultó al Consejo

de Estado sobre la política que debía seguir después del suceso del 27. El Consejo contestó que debía guardarse la más estricta neutralidad. Muy luego después de estos incidentes se despachó un buque á Montevideo, con ñuevas instrucciones, y el vapor las trae también para el Conde de Caxias.

El gobierno inglés y el gobierno francés se han separado del gobierno imperial en el importante negocio de la intervención por motivos y razones de la politica inglesa. Este incidente muy grave para el Brasil y cuyos pormenores poseo, ha hecho resfriar completamente al gabinete brasilero, á términos según lo afirma el señor Magariños que hay mucho que temer y poco que esperar.

El señor Magariños teme mucho que si la guerra que se hace hoy en la República no se puede hacer sentir á los enemigos y á los ministros extranjeros, la intervención se convierta contra nosotros haciendo entregar la plaza de Montevideo. Conviene desde luego en que el remedio único que pueda conjurar este peligro es el que V. E. volviese á pisar el territorio de la República, poniéndose al frente de la guerra como representante del gobierno, pues que los jefes que hoy la hacen nada representan por sí ni tienen más autorización que la que les dan sus circunstancias especiales.

Hay más: El gobierno de la capital en medio del conflicto en que se halla, ha pedido al gabinete imperial por medio del señor Magariños. una contestación terminante sobre la politica que se propone guardar en estos momentos, pidiéndole que declare el partido que tomará en el caso extremo de *entregarse la República á un poder extranjero antes que sucumbir bajo la cuchilla de Rozas; porque en aquel extremado apuro el gobierno de la República se echaría con preferencia en los brazos de un poder americano.*

De todo estos hechos resulta la necesidad de aplicar pronto remedio á nuestra situación, salir de ella prontamente y que la presencia de V. E. en la República vuelva á reanimar la guerra y á dar esperanzas á la capital.

El partido de oposición al ministerio en la corte, enemigo formidable de la guerra contra Rozas, se pronunció hoy con audacia en aquella capital. Ha dicho públicamente, que si V. E. emigraba á esta provincia sería conveniente hacerlo ir á la corte.

Hasta aqui lo que dejo referido es exactamente cuanto me ha comunicado Pacheco por encargo del señor Magariños para trasmitirlo á V. E.

El vapor debe regresar á Río Janeiro dentra de breves días y yo no puedo aprovechar la oportunidad sin saber el resultado de la entrevista de V. E. con el Conde que espero por momentos con sus órdenes para saber la resolución que debo adoptar.

Ningún buque se he presentado hasta ahora para Montevideo, ni ha llegado ninguno de aquel puerto que nos adelante noticias de su situación, después de la que tenemos y que V. E. sabe hasta el 7 del pasado.

De la frontera de Santa Teresa nada hay de nuevo: los enemigos continúan ocupándola.

Nuestro convoy viene en marcha á la laguna de Cuyuvá, siete leguas de este punto.

Vuelvo á repetirle á V. E. que la situación de Montevideo es muy crítica y que sólo la presencia de V. E. en la República puede salvarla.

Con este motivo tengo el gusto de saludarle como su muy atento servidor y amigo que B. S. M.

JOSÉ LUIS BUSTAMANTE.

Señor don Luis José Bustamante.

Rio de Janeiro, abril 22 de 1845.

Muy señor mío:

Como no ha llegado el vapor de esa, no sé aún si recibió V. la que le escribi en 30 de marzo, acompañando una carta para el señor general Rivera. Ahora se dice tanta cosa acerca de la acción de la India Muerta que nos

hace desear noticias verdaderas. Entretanto se despacha
este vapor con pliegos y prevenciones para el conde de
Caxias, y yo no puedo decir otra cosa, sino que anoche
apresuró su salida para Montevideo y Buenos Aires el ministro inglés Mr. Ouseley, que procurará traer á Rozas á
un acomodamiento, y si se niega á dar la paz por medios
razonables, los poderes combinados declararán la intervención armada y procederán con arreglo á las circunstancias.

Por las órdenes que fueron el 7 del corriente en el
bergantín de guerra francés *Pandour* y por las que se
repitieron el 17, por el paquete inglés *Dolphin,* creemos
que el bloqueo habrá sido suspendido, si es que fué reconocido, lo que no habia tenido lugar hasta el 7, que
son las últimas noticias que tenemos de Montevideo.

Quiera V. en primera segura ocasión, mandar esta
misma carta al señor general Rivera y no descuide de hacerme saber cuanto de él adquiera, y del estado de nuestra campaña, no sólo por los vapores, sino aprovechando
toda ocasión que se le presente por lo importante que
es en estos momentos que nuestra comunicación sea rápida y estar al pormenor de los sucesos que deben servir para el desenvolvimiento de los trabajos que se agitan·

Deseo á V. la mejor salud, y que disponga de este su
muy atento servidor Q. B. S. M.

Francisco Magariños.

Excmo. señor general don Fructuoso Rivera.

Montevideo, agosto 12 de 1845.

Mi estimado general y amigo:

Con ocho días de un viaje muy feliz, llegué á este
puerto donde fuí detenido por el almirante inglés y los
ministros interventores, por la misma razón de ser secretario de V. E., ínterin, decian consultaban al gobierno sobre si tenia algún inconveniente en dejarme desembarcar·
El señor ministro de gobierno, tan luego como tuvo co-

nocimiento de este incidente, dió los pasos convenientes
reclamando ante los ministros extranjeros, y la orden para
mi desembarco fué inmediatamente expedida.

Los ministros interventores han expuesto lo critico de
las circunstancias en que se halla la capital, para tomar
medidas de precaución de todo género á fin de evitar
que el menor incidente, descomponga el estado delicado en
que se halla la capital por consecuencia del desastre de
la India Muerta. Ellos saben perfectamente cuanto ha
ocurrido desde noviembre pasado, y las diferentes situaciones en que se ha hallado el gobierno, bien afligentes
á la verdad; luchando á la vez con los enemigos que
asedian la capital, con la miseria, y lo que es peor,
con las pasiones de partido que se agitaban con rapidez
y violencia á proporción que la situación de la República
se hacia más dificil y peligrosa; y este conocimiento y los
importantes objetos de su misión, de asegurar la existencia de la capital y la independencia de la República,
les da, como es natural, derecho á ciertas exigencias que
ni el gobierno puede rechazar, ni sería político intentarlo
en estos momentos tan especiales y solemnes.

En las conferencias que he tenido con el señor ministro de gobierno, he comprendido perfectamente la verdadera situación de las cosas, positivamente muy delica-
das; y la necesidad que el gobierno tiene de marchar con
suma prudencia y circunspección en estos momentos.
Principiamos una nueva situación y el gobierno después
de mucho tiempo comienza á asumir su verdadero carácter; principia á restablecer la moral, apoyado por los poderes extranjeros que nos han levantado de la tumba, y
no puede sino muy lentamente y con grande previsión,
traer las cosas al camino regular y conveniente que deben tener. No es posible ni positivo precipitar los sucesos; pues estoy seguro, y V. E. debe estarlo también, de
que todos vendrán al punto que se desea con un poco
más de prudencia. El señor ministro de gobierno trabaja
con grande actividad en estos momentos, y como puede

hacerlo para sacarlo á V. E. de la situación en que se
halla, pero con honor y como corresponde á los intereses de la República, que entiendo, señor general, que V.
E. no debe precipitarse á dar un paso irregular que com-
pliquemos la situación. Los sucesos vendrán y la falta de
V. E. se hará notar muy pronto: se le llamará y entonces
será muy diferente el papel que vendrá á representar nuevamente en el pais. V. E. debe esperar las órdenes del
gobierno, y estoy seguro que ellas serán oportunas y convenientes. V. E. esté tranquilo y por más que por otros
conductos le escriben otra cosa, puedo asegurarle que no
hay más que lo que dejo manifestado.

Al gobierno le he instruido de cuanto V. E. me ordenó. Nada sabía del contenido de las comunicaciones que
trajo el coronel Olavarria, y que fueron en efecto arrojadas
al agua.

El nombramiento del general Medina, es provisorio,
porque fué necesario, dice el gobierno, que alguno mandase; tanto más cuanto que no habiendo llegado las comunicaciones del coronel Olavarría, no sabía el gobierno
nada de lo que allí se habia arreglado. Todo esto se aco-
modará bien muy pronto.

Por lo que el gobierno le escribe y los impresos que
le remite, será instruido V. E. de que nada se arregló con
Rozas, que los ministros interventores están aquí, que se
tomó la escuadra de Brown, habiendo mandado á éste á
Buenos Aires con los pocos que lo quisieron seguir, cus-
todiado por un vapor. Pronto se bloquearán todos los puntos del litoral ocupados por los enemigos y se principia-
rá á desenvolver un plan de operaciones contra Oribe.
Se dice que se retirará al Durazno y que mandará con-
centrar alli todas sus fuerzas y las familias de los pueblos.

El general López entró en Santa Fe después de haber
batido á Santa Coloma y corrido á Echagüe. No sabemos
hasta hoy qué impresiones habrá producido en Buenos Aires
la noticia de la toma de la escuadra de Rozas. Todo
aquello estaba en grande agitación.

En fin, la cuestión está resuelta; la independencia de la República completamente asegurada.

Sírvase V. ponerme á los pies de la señora de Magariños y mis recuerdos á este señor muy amistosos, ordenando V. E. lo que guste á su muy affmo. amigo

Q. B. S. M.

José Luis Bustamante.

Señor don Agustín Garrigós.

Río Janeiro, 1º. del mes de América de 1845.

Mi apreciado compatriota:

No me fué posible contestar á V. en el paquete anterior. Mi correspondencia de oficio absorbió casi todo mi tiempo.

Poco seria cuanto V. dijese para vituperar la coalición de este gobierno con cualquier poder europeo en agravio de los derechos de nuestro pais, si tal cosa llegase á suceder. Por ahora el ministerio está representando el mismo papel que Adán, cuando delinquió comiendo de la fruta vedada: se ha escondido detrás de la fuente, como si tuviera vergüenza de presentarse.

De lo que haya en el fondo de este irritante negociado, maldito si sé más de lo que he comunicado á nuestro gobierno con la honradez y decisión con que le sirvo. Lo que haya hecho en Europa el vizconde de Abrantes lo sabrán mejor que yo los señores Sarratea y Moreno. Solamente me he apercibido bien de lo que él ha comunicado á este gabinete y de lo que observo de cerca, y de todo he dado cuenta al señor general Rozas: infeliz del Brasil si el gobierno fuese tan insensato y depravado que buscase alianzas en Europa contra sus coterráneos. Muy amargo seria el fruto de tal estupidez y desvario.

Tenemos ya aquí al barón Delfaudis, ministro nombrado para entenderse con nuestro gobierno, y supongo también con el entremés de Montevideo. Por las declaraciones hechas por los gobiernos de Inglaterra y Francia, el

objeto del barón, como el de Mr. Ouseley, es la pacificación de la Banda Oriental. Ellos sabrán cómo la entienden.

Ese voto filantrópico sería de agradecerse, si los nego-
ciadores empezasen por decir: «conocemos que el bandido
Fructuoso Rivera, sin fe y sin pudor, es un gérmen permanente de querellas sangrientas en el río de la Plata, y que
el club inmoral que domina en Montevideo es un contagio
agudo que por el bien de todos es preciso alejar. Inter-
pondremos un océano entre la América y tales piezas, y
organícense los dos Estados con arreglo á sus leyes.»

Así podríamos ver algo que se pareciese á un sentimiento
caritativo. Cualquiera otra cosa no diría sino uno de esos
episodios de que por desgracia de la humanidad está pla-
gada la historia de las naciones fuertes. Dios alumbre el
camino como lo alumbra hasta ahora al hábil porteño, á
quien entregamos nuestro destino! El señor general Rozas,
cuyo nombre está ocupando ahora la atención de Europa,
se cubrirá de gloria si sale con aire como yo lo espero entre
los intereses de la Inglaterra y de la Francia, radicalmente contrarios en el río de la Plata, por más que apa-
rentan estar unidos.

He estado bastante enfermo: ya voy bien. Le saluda su
afectísimo servidor

Tomás Guido.

COMPLEMENTO AL CAPÍTULO LI

¡Viva la Confederación Argentina!
¡Mueran los salvajes unitarios!

Señor coronel don Hilario Lagos.

Paraná, julio 8 de 1845.

Mi querido amigo: Son las 7 de la noche y he recibido
su estimable de ayer, hoy por la tarde, y adjunta la de
Ojeda. He hablado con el hijo de éste, y me he cercio-
rado de la retirada de los salvajes unitarios correntinos.

Debemos estar convencidos que toda operación sobre

Alcaraz se redujo á sorprender á Berón con el objeto de impedir se auxiliase de aquí á Santa Fe. Todo habría sido excusado si el manco pudiese haber calculado que el general Echagüe se había de dejar sorprender del modo que ha sucedido. Hablarle á V. sobre esto, da pena. V. sabe que con anticipación le había hecho yo al general Echagüe dar avisos sobre la incursión de Mascarilla: pues amigo, si Máscara quiere, entra á las diez del día y los degüella á todos. De aquí resulta que ha perecido mucha parte de la división del coronel Santa Coloma, degollada en su mismo campamento á dos leguas de la ciudad; en fin, todo se ha perdido allí, y no es chica la brecha que nos han abierto.

Nada puedo saber del general Echagüe y coronel Santa Coloma: ellos salvaron por las islas, nada más sé. He mandado ayer dos chalanas aguas abajo para si habían salido á la costa del Paraná los pasasen á este lado. Tengo aquí al coronel Diaz, comandante del Rincón, y una porcion de emigrados.

Ahora es de temer desenvuelva el manco su plan sobre esta provincia, pues debe considerarnos flanqueados Hoy mismo he escrito al Restaurador haciéndole las reflexiones que he creido de mi deber. Si á Máscara no lo aflige por aquella banda nos ha de dar que hacer por aqui.

Nada más ocurre, y me repito su affmo. amigo y servidor Q. B. S. M.

ANTONIO CRESPO.

¡Viva la Confederación Argentina!
¡Mueran los salvajes unitarios!

Al señor coronel don Hilario Lagos.

Paraná, julio 7 de 1845.

Mi querido amigo: Su apreciable de anoche me ha disgustado mucho al saber por ella que no ha recibido segundo parte del comandante Berón. Por esta razón mando al teniente Moreno con dos soldados hasta Alcaraz, ó hasta adonde pueda instruirse de lo que ocurre por allí. Creo necesaria esta operación aun cuando V. haya recibido segundo parte de Berón: á menos que sea de que alguna fuerza enemiga se dirija abajo, pues entonces seria excusado.

Me encuentro afligido por la situación de Santa Fe. No he podido auxiliar al general Echagüe más que con 8.000 tiros de tercerola, pero con gente del batallón que me pide no me atrevo. Consultando la seguridad de la Provincia, á menos que supiera que la sorpresa á Berón no trajese invasión sobre nosotros, y esto es lo que procuro saber por la operación del teniente Moreno.

También le doy carta para el comandante Thorne ordenándole baje á este puerto. Cualquiera que sea el resultado de Santa Fe conviene que la escuadrilla esté aquí.

Ha sido una lástima que el general Echagüe, estando tan prevenido por mí de la invasión de Mascarilla, se haya dejado sorprender. Cuando los han visto sobre la ciudad entonces han sabido que había pasado al Paraná. Así es que se han tomado, y tal vez muerto, ciento y más soldados del coronel Santa Coloma, caballada, y cuanto tenían al norte de la ciudad á distancia de 4 ó 6 cuadras. ¡Vea V. qué situación!

Don José María Echagüe me dice que el general tiene como 800 hombres, y Mascarilla 1500. Si esto último es cierto, Máscara ha engrosado su fuerza con la que ha tomado en los cantones y montes.

Lo que ocurra comunicaré á V. Me repito su siempre affmo. amigo.

Antonio Crespo.

¡Viva la Confederación Argentina!
¡Mueran los salvajes unitarios!

Señor coronel don Hilario Lagos.

Cuartel general de Arroyo Grande, julio 9 de 1845.

Mi querido coronel y amigo: Acabo de recibir dos cartas de V. datadas el 6 y 7: la última, á las cuatro de la mañana. Por ellas y por la que me incluye del comandante general Loza, quedo instruido de que el salvaje Mascarilla invadió á Santa Fe; y que el capitán Berón se ha dejado sorprender, con desprecio de mis órdenes y abandono del servicio. Es preciso que este oficial sea severamente castigado. Así lo manifiesto al señor gobernador.

El conductor de esta correspondencia, es el capitán Maidana, que con un oficial y cuatro soldados pongo á las órdenes de V., para que destine al primero á tomar el mando de su compañia, que está en Alcaraz á las órdenes de Berón.

Soy de opinión que, reunidas las fuerzas de su mando, destaque sobre Alcaraz al mayor Dominguez con los escuadrones de la Victoria, á descubrir el verdadero intento del enemigo, pues si son sólo 300 hombres, es preciso adoptar medidas convenientes para escarmentarlos dándoles una sableada. Esta operación, como otras de este orden, debe V. siempre ejecutar con el consentimiento del señor gobernador, pues aun no ha llegado el caso de emprender sus maniobras generales el Ejército de Reserva.

No creo que el salvaje Paz abra campaña sobre Entre Rios antes de esperar los resultados de la invasión sobre Santa Fe, porque además de que el Ejercito de Reserva se hace respetar, seria un fuerte golpe para él, el que al ser rechazado Mascarilla, se encontrarse entre nuestras manos: por lo mismo, creo que el golpe sobre Alcaraz es de pura diversión; y el Manco, como es vano, ha creído que yo me movería con todo el ejército á consumir mis caballadas: lo que él no verá: nosotros estamos sobre una base, y debemos siempre ver, esperar y meditar con prudencia para resolver con energía y fuerza nuestras maniobras.

Claro es que don Vicente González marchará en protección de Santa Fe, y que el general Echagüe triunfará de los salvajes que tiene á su frente, si ya no ha sucedido esto.

Reunidas, como van á estar, todas las tropas que V.

manda, le recomiendo aproveche los dias en metodizar su disciplina, establecer la subordinación, y prestar una formal atención al cuidado de la caballada.

Con motivo del día, el ejército está todo reunido y no hay un licenciado fuera. Hoy debió haber gran parada á caballo. Amaneció lloviendo, y nada tuvo efecto: de manera que aqui estamos prontos.

Algunas partidas del coronel don Crispin, deben penetrar por el monte, y se les previene, que si hay alguna ocurrencia, lo avisen á V.

Espero la repetición de sus avisos para tomar otras medidas.

Soy siempre su afecto general y amigo

EUGENIO GARZÓN.

¡Viva la Confederación Argentina!
¡Mueran los salvajes unitarios!

Señor coronel don Hilario Lagos.

Paraná, julio 9 de 1845.

Mi querido amigo: Esta noche he recibido sus dos apreciables, una del 9 y la otra sin fecha. Por la primera veo ha ordenado al comandante Basaldúa componga cada partida del número de seis hombres para celar la costa: me ha agradado mucho esta su nueva disposición, porque 18 hombres más ó menos no es mayor la falta que pueden hacer.

He hablado esta noche con el comandante Thorne. Venia decidido á ocupar la boca del río de Santa Fe. Mi opinión es que la escuadra no tenga residencia fija. Es muy conveniente cuidar la boca de Santa Fe para atajar la entrada y salida de aquel pueblo; pero no conviene á mi modo de ver, que los enemigos de Santa Fe puedan asegurar á los de Corrientes el lugar fijo en que reside la escuadra. Le he dicho que mi opinión es que se vaya á la boca de Santa Fe, y si á los tres ó cuatro días le sopla norte se venga frente á este puerto. Si aqui le sopla sur suba hasta la boca de arriba del Colastiné: que esté un dia ó dos por alli y luego baje hasta la boca de Santa Fe otra vez. De este modo los volvemos locos, y de ningún modo tienen como asegurarles á los salvajes de Corrientes el punto fijo donde se halla la escuadra, y los embromamos. Si á V. le parece bien este modo de maniobrar dígamelo mañana, que he quedado en darle temprano mi determinación á Thorne.

Ahora mismo escribo al comisionado de la Manga algo fuerte sobre el poco cuidado en la guardia de la Manga. Mañana pienso mandar una chalana á que me traigan toda canoa que encuentren en la costa desde la boca de Las Conchas para abajo.

Debe ordenar á las guardias de la costa arriba de Las Conchas que toda canoa que venga de la isla la varen en tierra y remitan asegurados los individuos que vengan en ella, sin que les valga el ser leñeteros: todo bicho sin distinción de persona, á su campamento, y Vd. me los remite aqui del mismo modo.

Se me asegura que el general Echagüe debe estar en el Rosario. Del señor Santa Coloma nada sé.

Ninguna novedad tiene V. por acá. Me repito su verdadero amigo y servidor

Antonio Crespo.

¡Viva la Confederación Argentina!
¡Mueran los salvajes unitarios!

Señor Coronel don Hilario Lagos.

Paraná, julio 9 de 1845.

Mi querido amigo: Por su estimable de ayer que he recibido hoy por la mañana quedo instruido de los tiros que se han oído en la isla frente á Las Conchas, de lo que V. deduce que había federales en las islas. No hay que equivocarnos, mi amigo. No crea V. que á ningún federal de Santa Fe lo atajo el Paraná; á más que los rinconeros tienen buques para venir si quisiesen hacerlo.

Ayer me vió el coronel Díaz, comandante del Rincón.

diciéndome que tenia aviso que en la isla frente al paso de la Manga había mucha gente rinconera de la de él, y precisaba buques para pasarla á este lado. Inmediatamente le mandé dos chalanas, las que llegadas alli no han encontrado ni un perro.

No crea V. que gente de Santa Coloma haya en las islas, porque la gente que tenía licenciada se hallaba en el pueblo, y la que estaba en el campamento ha sido muerta sin piedad por los salvajes unitarios.

Sin embargo el Comandante Díaz me ha vuelto á pedir una chalana para mandar á la isla de Rastrillo á levantar los que hayan venido. He ordenado vayan dos buques, y que después de hacer su registro en dicha isla se pongan á disposición de V. para el objeto que me indica.

V. de ningún modo se embarque: tiene esa operación bastante riesgo, porque puede haber cualquiera clase de traición, y V. no debe exponerse.

Acabo de recibir su apreciable de ayer y adjunta del comandante Thorne. No sé cómo no ha recibido él mi comunicación que le dirigí por el oficial que mandé hasta Alcaraz. Hoy le vuelvo á ordenar que baje hasta este puerto cuya carta la lleva el hijo de Ojeda.

Todo buque de la escuadrilla separado á mucha distancia de ella corre riesgo. Santa Fe tiene muchos buques en los que puede emprender cualquiera operación. Mi opinión es que la escuadrilla se sitúe en este puerto, y esperemos el rumbo de los sucesos. Aseguremos la capital que es la base de todas las operaciones.

Me repito de V. su affmo. amigo y servidor

Antonio Crespo.

¡Viva la Confederacion Argentina!
¡Mueran los salvajes unitarios!

Excmo. señor gobernador don Antonio Crespo.

Campamento, julio 13 de 1845.

Respetable señor:

Remito adjunto á V. E., el parte que da el encargado de

la guardia de Hernandarias, sobre unos cuatro lanchones que por alli aparecieron ayer tarde y luego han vuelto aguas arriba.

Igualmente acompaño el segundo parte del encargado de las guardias del Cerrito para abajo hasta el puerto del Duro; por esta verá V. E. que no ha ocurrido novedad.

Sin duda los salvajes intentan introducir esos lanchones por el Colastiné, y por esto han andado en las noches anteriores apareciendo chalanas y botes por la bajada Grande, y por el Diamante según me han dicho, y su objeto será llamar la atención de la escuadrilla nuestra para tener el paso libre en la parte de arriba.

Los tales lanchones vendrán sin duda á levantar el botín que los enemigos habrán extraído de Santa Fe.

Soy de V. E. affmo. y obediente servidor

HILARIO LAGOS.

!Viva la Confederación Argentina!
¡Mueran los salvajes unitarios!

Señor coronel don Juan Thorne.

Paraná, julio 17 de 1845.

Mi apreciado amigo: Habiendo recibido del coronel don Vicente González la comunicación que adjunto, me apresuro á remitírsela para su satisfacción; la que espero me devuelva.

Mucho me temo que los que están en el Calcarañá se vuelvan á asomar y les vuelva á pegar nuevo golpe Mascarilla. Me dicen que éste ha salido de Santa Fe; me temo se dirija á sorprenderlos, lo que le es muy fácil si toma el oeste de Santa Fe bien afuera: tomando después al sur puede cargarlos por el lado que ellos no deben esperarlo. Mañana temprano hago regresar el chasque con el interés de prevenirlos de lo que puede suceder.

Me repito de V. affmo. amigo

ANTONIO CRESPO.

Al señor comandante en jefe de la escuadrilla sobre el Paraná, teniente coronel don Juan B. Thorne.

Buenos Aires, julio 24 de 1845.

Mi estimado amigo:

Llegó el momento oportuno de poner todo en defensa para resistir á las villanas pretensiones de los indignos franceses é ingleses, que quieren hacer retirar nuestro ejército y escuadras al frente de Montevideo; lo que no conseguirán jamás. Es pues por lo mismo que entre las determinaciones que se han de tomar para la defensa, es una de ella obstruirles todos los pasos de los rios Paraná y Uruguay; y debes estar muy prevenido tomando todas las medidas de tener buques buenos como para echarlos á pique en los pasos más precisos de los canales, valiéndote también de tener buques de vigor que te avisen con anticipación de cuando vayan los buques de guerra franceses é ingleses para hacer tu operación, pues yo por tierra cuidaré de mandarte un chasque pronto.

Por último, no te digo más porque estoy ocupado en este momento; en otra seré más extenso.

Tuyo siempre amigo affmo.

PEDRO XIMENO.

Señor coronel don Hilario Lagos.

Querido amigo: lo verá V. por la carta arriba expresada las últimas noticias de Buenos Aires que yo tengo y es bien moderno; con respecto á Santa Fe, según dicen todos, particularmente el Cura del Rincón con quien he estado el día de ayer dice lo siguiente: Santa Fe está en un completo estado de abandono y que el salvaje unitario Mascarilla, ha llevado y arriado toda clase de bicho en clase de hombre, abandonando la artillería que quedó en Santa Fe para fuera y la mayor parte de robos y saqueo que Santa Fe. Lleva según dicen como dos mil armas y según aviso de hoy nos van quedando la mayor parte de la gente de los montes; igualmente va dejando tirada en su precipitada fuga toda clase de bagaje que habia robado: en el Rincón no hay hombre de ninguna clase, solo el Cura y mujeres y familias, y según dicen los volvedores, que el señor general Echagüe va picando la retaguardia de Máscara, y se cree dentro de mañana ó pasado lo ha de acuchillar al grupo que lleva el infame traidor salvaje unitario, Mascarilla. Esta tarde han ido mis embarcaciones á restituir el orden en el Rincón y pasar las familias que se hallan en la isla y los que quierén ir á el Paraná

. . . .

Dicen los de mis botes que han estado hoy tarde en el Rincón con el señor Cura, que Mascarilla se halla en San Pedro y el señor general Echagüe de Santa Fe al norte.

Con este motivo tengo el gusto de saludar á V. muy amigo y compatriota Q. S. M. B.

Juan B. Thorne.

¡Viva la Confederación Argentina!
¡Mueran los salvajes unitarios!

Señor coronel don Hilario Lagos.

Paraná, agosto 5 de 1845.

Mi querido amigo: Al contestar la apreciable de V. de ayer, tengo la satisfacción de incluirle las que recibí anoche del señor general Echagüe y del comandante Febre, por las que se impondrá que el golpe dado á la vanguardia de Mascarilla no ha sido muy liviano, y de él debemos deducir que hombres lleven ya el escarmiento por delante, y un gran rollo á la guampa, no harán diligencia sino para escapar á la venganza de nuestros bravos·

Muy justas son las observaciones que me hace V. sobre la conveniencia de adelantar algunos escuadrones en observación de los movimientos del manco Paz, pero anoche he recibido el correo del Arroyo Grande, y tanto por lo que me dice el general en jefe cuanto por lo que me escribe el comandante Berón, no hay absolutamente ninguna novedad por la frontera; de manera que tanto por esta circunstancia, cuanto porque no entra en mi plan inutilizar nuestros escasos medios de movilidad sin una urgente necesidad, considero oportuno ver mejor las cosas antes de ponernos en movimiento, mucho más cuando creo que las fuerzas que hemos desprendido á Santa Fe no demorarán allí más tiempo que el absolutamente necesario para organizar las del país, que deben formar luego su guarnición.

Sin otro asunto me reitero su affmo. amigo

ANTONIO CRESPO.

¡Viva la Confederación Argentina!
¡Mueran los salvajes unitarios!

Señor general don Hilario Lagos.

Cuartel general, Arroyo Grande, agosto 6 de 1845.

Mi estimado general y amigo: El 19 del pasado el salvaje Juan Madariaga y el traidor Olmos salieron del campo de Villa-Nueva con 700 hombres, á reforzar la columna que fué rechazada en Alcaraz, y descubierta que era una fuerza sola y aislada. Todo este grupo estaba acampado por el Sauce, y es la fuerza que descubrieron los vichadores del capitán Berón.

Por supuesto que el enemigo tiene el otro objeto de amagar á la capital para prestar el imaginario apoyo que el Manco creé dar á la empresa de Mascarilla.

. . . .

V. tome todas las providencias que crea conveniente, y ordene á Berón que vigile mucho y no vuelva á descuidarse como antes; pues ahora es más fuerza la de los salvajes, y aun cuando destaquen una de 400, siempre vale más por la proximidad de la reserva que tendría en su apoyo y que les faltó el día 6.

Por aqui estamos sin novedad y todo en el mayo orden.

Soy de V. atento servidor y amigo

EUGENIO GARZÓN.

¡Viva la Confederación Argentina!
¡Mueran los salvajes unitarios!

Cuartel general en los Caches, agosto 17 de 1845.

Señor coronel don Hilario Lagos.

Querido amigo: Me es grato y de la mayor satisfacción anunciar á V. que á inmediaciones del antiguo Pueblo del Rey ha sido completamente derrotado y exterminado el salvaje unitario Mascarilla, quedando en nuestro poder todo cuanto llevaba, nuestros prisioneros rescatados, muerta toda su infanteria; asegurándole á V. que no alcanzarán á cincuenta los salvajes de caballería que habrán salvado la vida: entre éstos se ha escapado el salvaje Mascarilla por haber estado á más de una legua del campo de batalla.

Sírvase V. poner ésta en conocimiento de nuestro común amigo el señor comandante Loza, á quien no le escribo por serme muy pocos los momentos, mas después lo haré.

Reciba V. mis felicitaciones y un fuerte abrazo federal, por este expléndido triunfo, y sírvase V. trasmitirlo á nuestros compatriotas y amigos, contando V. como siempre con su verdadero amigo

PASCUAL ECHAGÜE.

Excmo. señor general don Fructuoso Rivera.

Montevideo, septiembre 30 de 1845.

Mi estimado general y amigo:

Sólo una carta he recibido de V. E. fecha 16 del pasado, por la que me manifiesta su resolución de venir á ésta en el paquete. Supongo en poder de V. E. mis anteriores por el *Resar* y *Spaider.*

Posteriormente fué declarado el bloqueo á Rozas y cortada la comunicación con la tierra. Garibaldi con una escuadrilla de 12 buques ocupó el Uruguay, después de haber tomado la Colonia donde se ha dejado una guarnición.

El coronel Flores vino del Río Grande y ha sido nombrado comandante general de armas. Bauzá y César Díaz no están contentos con ese nombramiento. El segundo mandó formar las tropas en la línea para resistir con las armas aquel nombramiento. Los franceses y el 5º. de linea apoyaron al gobierno, vinieron á la plaza y todo quedó arreglado.

Es probable que Bauzá salga del ministerio y que á Diaz lo arrojen fuera del pais. El gobierno principia á tener poder.

Aun estamos en la duda si el Brasil entrará en la cuestión. Las discusiones de la cámara sobre las interpelaciones no me gustan, porque manifiestan todo el fondo de su mala fe y versatilidad.

Rozas continúa haciendo sus preparativos sin ceder nada absolutamente. Oribe continúa á nuestro frente. Casi todos los dias tenemos pasados; éstos dicen que los enemigos están muy descontentos, muy pobres y escasos de todo. Han retirado todas las familias de los pueblos de la costa, sin dejar á nadie absolutamente.

Tenemos noticias del Río Grande: todo alli está malo: la reunión se disuelve rápidamente. La representación de los jefes dirigida al gobierno motivó algunos nuevos disgustos con el general Medina. De todos estos pormenores lo considero instruido por otros conductos. El gobierno se halla perplejo sin saber qué hacer, por cuanto no tenemos noticia alguna que nos demuestre lo que hará ese pais.

Entretanto tengo el gusto de saludarle y repetirme su affmo. amigo Q. B. S. M.

JOSÉ LUIS BUSTAMANTE.

¡Viva la Confederación Argentina!
¡Mueran los salvajes unitarios!

Señor coronel don Hilario Lagos.

Cuartel general, Arroyo Grande, septiembre 27 de 1845.

Mi estimado coronel y amigo: Particular complacencia he tenido en recibir su carta datada el 19 del que luce; con ella me trasmite V. afectuoso saludo, en correspondencia al recuerdo de estimación que le hice por conducto de mi amigo Araujo.

La estación de la primavera, que ya entra; el amago hostil que nos hace por el río Uruguay el pirata Garibaldi, protegido por los alevosos franceses é ingleses, son un indicante que debemos disponernos para emprender y recibir operaciones de guerra: en esta virtud es preciso que V. sea infatigable en ordenar que las divisiones de su mando estén siempre prontas á marchar á primera orden, y dispuestas militarmente, porque además de ser de nuestro deber el hacerlo así, hoy visiblemente lo exigen las circunstancias que presentan las cosas.

Á pesar del último desastre que recibió en el paso del Rey el manco Paz, puede ser que alucinado por las complicaciones extranjeras, y por el dominio que han tomado en las aguas del Uruguay, quiera invadirnos sobre este departamento: y en previsión de que llegue este caso, he tomado medidas muy convenientes para quedar dispuesto á operar y hostilizar con actividad á la horda salvaje de Corrientes, cualquiera que sea su número, hasta que V. se me incorpore para dar una muy segura batalla, que sirva de último escarmiento á los traidores salvajes unitarios descaradamente unidos á los extranjeros.

. . . .

Hasta hoy la escuadrilla salvaje del pirata Garibaldi no ha pasado de Fray Bentos; pero ha hecho un asalto al territorio entrerriano, en el que ha cometido el bárbaro atentado de saquear un pueblo indefenso que no ofreció ninguna resistencia: con este motivo fije su atención, y vea si desde que ha salido de Montevideo la ponderada expedición de aquel salteador unida á la marina militar francesa é inglesa, han ido á atacar ningún punto donde aquellos foragidos sepan que haya quien les tire un tiro. ·

El coronel Galán tiene una buena columna en la ciudad del Uruguay, con que escarmentarlos, si quieren los salvajes visitarlo.

Acepte la singular estimación con que lo distingue su seguro servidor y general

Eugenio Garzón.

Buenos Aires, 10 de septiembre de 1845.

Señor coronel don Vicente González.

Tenia escrita otra esperando la oportunidad de su remisión, pero habiendo ocurrido algo que comunicar, le he sustituído ésta. Los infames anglosfranceses cada día consuman una atroz hostilidad, una perfidia, una infamia. Después de la alevosa ocupación de nuestra escuadra y bloqueo de los puertos orientales, han entregado al malvado pirata Garibaldi dos buques de nuestra escuadra, el *Echagüe* y el *Maipú,* y asociados con ese facineroso primero tomaron la Colonia que habia sido abandonada; entregando al saqueo el pueblo sin respetar los depósitos de cueros de propiedad inglesa que han vendido y dispuesto de su valor. Después han tomado á Martin García que sólo tenía doce inválidos, los que han remitido á ésta. Ahora han entrado á los rios interiores, según dicen, para ocupar el Rincón de las Gallinas; allí los espera don Servando con 2.500 hombres. Seria de desear que don Servando les ocultase su fuerza, y los dejase pisar tierra, y después les arrimase lanza sin caridad. En Paysandú también los esperan, y el general Mansilla en el Tonelero. En cualquier punto sería de desear que los dejasen desembarcar, porque es preciso escarmentarlos coheteando á cuantos caigan.

Ya V. sabrá que el infame traidor Rivera Indarte concluyó su criminal vida el 16 de agosto en Santa Catalina adonde había ido á curarse.

NICOLÁS ANCHORENA.

Es copia del original.

GONZÁLEZ.

Excmo. señor general don Fructuoso Rivera.

Montevideo, agosto 29 de 1845.

Mi estimado general y amigo:

Después de la salida del bergantín inglés que condujo mis últimas comunicaciones, el gobierno ha publicado su acuerdo del 4, que V. E. verá en los diarios que van al señor Magariños. No sé el objeto que se ha propuesto en esa publicación ni los motivos que ha tenido para hacerlo. Sin embargo, no perdemos un momento de trabajar en sentido convenido con los ministros extranjeros, para que comprenda bien los hombres y las cosas y lo que conviene hacer en estos momentos.

Lo que más importa por ahora es que V. E. venga al Río Grande, que oportunamente le instruiré de mis trabajos practicados aqui.

Oribe aun permanece á nuestro frente, y no veo cómo pueda luchar por ahora.

Rozas por nada entra: ha reunido su Sala y han discutido públicamente estos negocios con tanta exaltación, que por momentos esperamos un fuerte rompimiento por su parte. En Buenos Aires han celebrado públicamente la derrota de López y toma de Santa Fe. No sabemos lo que hay en esto.

Garibaldi ha salido para el Uruguay con una escuadrilla y con 600 hombres; van también algunos ingleses y franceses.

Por momentos esperamos el pronunciamiento de los brasileros.

Me repito de V. E. muy obediente servidor Q. B. S. M.

JOSÉ LUIS BUSTAMANTE.

Excmo. señor general don Fructuoso Rivera.

Montevideo, agosto 17 de 1845.

Mi estimado general y amigo:

La nota que recibirá V. E. por este buque y la que va para el señor Magariños, le mostrará cuánto se ha hecho en estos pocos dias para mejorar la situación de las cosas á fin de que V. E. pueda venir de Río Grande y continuar en el mando del ejército.

El Nacional que le incluyo ha publicado un trozo de la historia de la República relativamente á V. E. y por sí sólo basta á contestar á todas las maquinaciones de sus miserables enemigos. Es el documento más notable que puede presentarse en estos momentos. Esos apuntes son escritos por Lamas y se publicarán en un cuaderno separado. Seria muy bueno que lo viesen algunos de los hombres de esa corte que ignoran la historia de este país y la de sus hombres públicos.

Acaba de llegar el vapor de Buenos Aires. Rozas aun está muy manso á pesar de la pérdida de su escuadra y bloqueo de todos sus puertos.

Una expedición naval ha salido para el Paraná compuesta de un vapor francés, la corbeta *Expeditive*, una goleta y un bergantín.

Garibaldi sale también de un momento á otro para el Uruguay, llevando alguna tropa de los departamentos de Soriano y Paysandú. Nada más hay de particular.

Deseo á V. E. felicidad y que disponga como siempre de su affmo. amigo Q. B. S. M.

JOSÉ LUIS BUSTAMANTE.

Excmo. señor general don Fructuoso Rivera.

Montevideo, noviembre 2 de 1845.

Mi estimado general y amigo:

Escribo esta en la incertidumbre de hallarlo aún en esa corte: por eso no seré muy extenso, remitiéndome en todo á lo que le dirá el señor Magariños (don Bernabé), con quien continuamos nuestros trabajos activamente y como lo permiten las circunstancias.

Después que recibí la estimable de V. E. de primero de diciembre por la Perla, me puse en contacto con el señor don Lorenzo J. Pérez, como V. E. me lo indicó. Algunos artículos he principiado á publicar por la prensa que se hallará, el primero, en *El Constitucional* de 30 de octubre: voy á tratar este negocio muy formalmente de un modo digno, identificando la causa de V. E. con la de la República.

Voy á probar con hechos que la violencia que el gobierno brasilero le hace sufrir es personalísima, ingrata y ofensiva á los derechos de la República; que el gobierno tiene el deber de defender la reputación de sus grandes hombres, de los campeones de la Independencia; y comprometerlo de este modo á abrazar la defensa como la suya propia.

Bueno es que la opinión pública conozca los hechos para que pueda juzgar con acierto. Ningún temor nos puede detener; los poderes extranjeros nos garanten.

Aqui hay entre los antiguos amigos de V. E. mucha apatía, no poca desunión y bastante miedo. Sin embargo de los esfuerzos que hemos hecho para obrar activamente no podemos conseguir que salgan del tardío paso del buey. El señor don Bernabé Magariños es un amigo muy activo: no descansa un momento. Sus trabajos son muy estimables.

Aqui está Pacheco y Flores: el gobierno en una verdadera crisis: á todos teme: cada día se le presenta una tempestad; sin embargo las conjura y domina.

Nada teme más que la llegada de V. E. Fuí á entregarle al Sr. Presidente la carta que V. E. me entregó para él. Parece que no le gustó: manifestó mucha repugnancia á su venida. Muy luego pasó una nota al Senado, firmada por sólo el ministro de gobierno, pidiendo autorización para mandarlo á V. E. al Paraguay á formar un tratado ofensivo y defensivo con el gobierno de aquella república. V. E. comprenderá bien la importancia de esta intriga. Creo que el Senado no se prestará á ella.

El convencimiento es hoy general en toda la capital, de la necesidad de que V. E. venga á tomar la dirección de la guerra. Los candidatos del gobierno, Medina y Flores, han tenido fatales resultados. El primero desquició el ejército emigrado en Río Grande, introduciendo en él la anarquía, hasta hacer una representación al mismo gobierno: el segundo quiso hacer rodar ahora pocos dias, las cabezas del presidente y del ministro, de cuyas resultas ha sido depuesto, preso y desterrado.

Ahora el gobierno no tiene á quien confiar una operación: no hay un jefe del país capaz de ponerse al frente y promover la deserción de los enemigos, despertando simpatia.

Garibaldi saqueó la Colonia y Gualeguaychú escandalosamente: no puede contener la gente que lleva. Esta marcha nos desacreditará mucho, y mientras no se vean al frente de esas operaciones jefes del pais, nada adelantaremos, la guerra será interminable.

Yo procuro por todos medios hacer sentir la verdad á los ministros mediadores y parece que ya comienzan á convencerse de ello.

Es preciso que V. E. no se demore en esa corte: que acelere su venida cuanto pueda. Esta es la opinión de todos los amigos que conocen las circunstancias y saben valorarlas.

Como según su misma carta V. E. debia partir pronto, no me extiendo más. Supongo que mi amigo Magariños remite un diario muy curioso de todo lo ocurrido aquí, por el que se instruirá de otros pormenores.

Entretanto tengo el gusto de verlo, me repito de V. E. muy obediente servidor y amigo Q. B. S. M.

José Luis Bustamante.

COMPLEMENTO AL CAPÍTULO LII

¡Viva la Confederación Argentina!
¡Mueran los salvajes unitarios!

PROCLAMA

Milicianos del departamento del norte! Valientes soldados federales, defensores denodados de la independencia
de la República y de la América!

Los insignificantes restos de los salvajes traidores unitarios que han podido salvar de la persecución de los victo-
riosos ejércitos de la Confederación y orientales libres, en
las memorables batallas del Arroyo Grande, India Muerta
y otras; que pudieron asilarse de las murallas de la desgraciada ciudad de Montevideo, vienen hoy sostenidos por
los codiciosos marinos de Francia é Inglaterra, navegando
las aguas del gran Paraná, sobre cuya costa estamos para
privar su navegación bajo de otra bandera que no sea la
nacional... ¡Vedlos, camaradas, allí los tenéis!... Considerad el tamaño del insulto que vienen haciendo á la
soberanía de nuestra patria, al navegar las aguas de un
río que corre por el territorio de nuestra República, sin
más título que la fuerza con que se creen poderosos. ¡¡Pero
se engañan esos miserables: aquí no lo serán!!... ¿No es
verdad, camaradas? ¡Vamos á probarlo!... ¡suena ya el
cañón! Ya no hay paz con la Francia ni con la Inglaterra. ¡¡¡Mueran los enemigos!!!... Tremole en el río Paraná y en sus costas del pabellón azul y blanco, y mura-
mos todos antes que verlo bajar de donde flamea.

Sea esta vuestra resolución, á ejemplo del heroico y gran
porteño, nuestro querido gobernador brigadier don Juan
Manuel de Rozas, y para llenarla contad con ver en donde
sea mayor el peligro á vuestro jefe y compatriota el
general

LUCIO MANSILLA.

¡Viva la patria —¡Viva la independencia'—¡Viva su heroico defensor don Juan Manuel
de Rozas!—¡Mueran los salvajes unitarios y sus viles aliados los anglofran-

¡Viva la Confederación Argentina!
¡Mueran los salvajes unitarios'

Del comandante en jefe accidental del departamento del norte de la provincia de Buenos Aires.

Estacion de Cateura, noviembre 22 de 1845. Año 36 de la libertad, 30 de la independencia y 16 de la Confederación Argentina.

Al comandante militar del Rosario en la provincia de Santa Fe. sargento mayor don Agustín Fernández.

El día 20 del corriente nuestras armas se han colmado de gloria, sosteniendo por ocho horas consecutivas el fuego de ciento cincuenta bocas de cañón de los infames anglofranceses con sólo 20 cañones de menos calibre, estas baterías de la Vuelta de Obligado. Apagados nuestros fuegos, concluidas nuestras municiones, disputábamos el punto con la infantería cuando un golpe de metralla sobre el estómago me dejó privado de acción y de voz. Esta circunstancia me ha privado todavia y aun me impide de contraerme á todas las atenciones indispensables: pero á pesar de que la excesiva ventaja de los cañones de los inicuos extranjeros hayan conseguido desmontar y despedazar las baterias de Obligado, no por eso osarán á invadir en tierra. Las caballerías cubren los alrededores de aquel punto, y no ocupan nuestros cobardes agresores más terreno que el que alcanza su metralla.

Tengo unidos mil hombres en el campo del Tonelero: con éstos y con las fuerzas que los observan seguiré sus movimientos siempre á la mira de ellos, dando aviso de lo que ocurra, hasta reunirme con las fuerzas de esa benemérita provincia para impedir que pisen el suelo que tan atrozmente han ofendido.

El mal estado de mi salud me impide dirigirme por ahora al Excmo. señor gobernador de esa provincia, brigadier don Pascual Echagüe, á quien se servirá V. trasmitir esto mismo.

Dios guarde á V. muchos años.

LUCIO MANSILLA.

Es copia del original.

ARANA.

¡Viva la Confederacion Argentina!
¡Mueran los salvajes unitarios!

Señor coronel don Hilario Lagos.

Estancia de Gómez, noviembre 27 de 1845.

Querido amigo:

Estos renglones no llevan otro objeto que comunicar á V. el desagradable y fatal encuentro que tuvimos el día 20 del presente con las escuadras anglofrancesas, en el punto de Obligado, á las 10 de la mañana. Rompieron los infames sus fuegos sobre nuestras baterías las cuales contestaron con todo el ánimo federal, y duró un fuego duro y mortífero hasta las 4 de la tarde, á cuya hora cesaron los fuegos de las baterías «Restaurador», «General Brown» y «General Mansilla» por su falta de municiones y mal estado de las piezas; sosteniendo todavía á la batería «Manuelita» que tuve el honor de mandar hasta las 6 de la tarde á cuya hora me ví obligado de abandonar por falta de municiones. Como cuatro horas batieron los enemigos nuestras baterias á tiro de pistola con 125 piezas de calibre de 24 hasta de 80. Las escuadras se componían de 12 buques, tres vapores, dos corbetas, cinco bergantines y dos bergantines-goletas, contra nuestras baterías que se componían de lo siguiente: la derecha, «Restaurador», 6 piezas; centro, «General Brown» y «Mansilla», 8 piezas; izquierda, «Manuelita», 7 piezas y dos de tren volante. Nuestras pérdidas han sido considerables y las de los enemigos han sido mucho más porque hasta la fecha están en compostura y todavía no pueden moverse; pero tal vez dentro de poco dias los ha de tener por aquellos destinos á estos malvados.

Es cuanto tengo que decirle á V. sobre el particular deseando que V. y su muy estimada familia se halle buena, disfrutando de salud. Dígnese dar mis sinceros recuerdos á su señora esposa y familia y al señor don Antonio Crespo, y V. á medida de sus deseos disponga del afecto de su invariable amigo Q. B. S. M.

JUAN B. THORNE.

CERTIFICADO

Certifico que el siguiente documento es copia fiel y exacta de su original que se halla protocolizado en este Consulado General á folios 133 á 135 inclusive, donde sigue inmediatamente de una declaración hecha por la señora Teresa Rousean y la señorita Rousean.

« Habiéndose recibido hoy dia 26 de octubre de 1883 por « mí, Alberto A. de Guerrico, cónsul general de la República « Argentina en Inglaterra, Irlanda y sus colonias, el siguiente « documento, y para que conste, lo inserto en este protocolo « siendo copia fiel y exacta de su original que queda en el « archivo de este Consulado General.»

En la batalla de Obligado en el Paraná, el 20 de noviembre de 1845, un oficial que mandaba la batería principal, causó la admiración de los oficiales ingleses que nos hallábamos más cerca de él por la manera con que animaba á sus hombres y los mantenía en su puesto al pie de los cañones durante un fuerte fuego cruzado bajo el cual esa batería estaba más especialmente expuesta.

Por más de seis horas se paseó por el parapeto de la bateria exponiendo su cuerpo entero sin otra interrupción que cuando de tiempo en tiempo ponía él mismo la puntería de un cañón.

Por prisioneros heridos de su regimiento, supimos después que era el coronel Rodríguez, del Regimiento de Patricios de Buenos Aires. Cuando todos los artilleros fueron muertos ó heridos hizo maniobrar los cañones con soldados de su regimiento de infantería hasta que el combate estuvo casi terminado, perdiendo 500 muertos y heridos, de 800 que lo componían.

Cuando los marineros y soldados ingleses desembarcaron á la tarde y tomaron esa batería, él con los restos de su regimiento solamente, y sin otro concurso de las fuerzas defensoras, mantuvo su posición en retaguardia á pesar del fuerte fuego cruzado de todos los buques por entre los bosques que se hallaban detrás de la batería y fué el último en retirarse.

La bandera de la batería que había defendido tan noblemente fué arriada por uno de los hombres de mi mando y
me fué dada por el oficial inglés de mayor rango, capitán
Hotham. Al ser arriada la bandera cayó sobre algunos de
los cuerpos de los caídos y fué manchada con su sangre.
He visto últimamente que la bandera de un regimiento inglés que se hallaba en poder de una familia argentina desde
la guerra de 1807, había sido restituída al regimiento por esa
familia.

Deseoso de seguir ese ejemplo, quiero restituir al coronel
Rodríguez si vive, ó sino al Regimiento de Patricios de Buenos Aires si aun existe, la bandera bajo la cual y en la noble
defensa de su patria, cayeron tantos de los que en aquella
época lo componían.

Si el coronel Rodríguez ha muerto y si el regimiento no
existe ya, yo pediría á cualquiera de los miembros sobrevi-
vientes de su familia que la acepten en recuerdo suyo y de
la muy brava conducta de él, de sus oficiales y de sus soldados en Obligado.

Los que nos habíamos batido contra él y habíamos presenciado su abnegación y bravura, tuvimos grande y sincero
placer al saber después que había salido ileso hasta el fin de
la acción.

B. J. SULIVAN
Almirante.

ACTA DEL RECIBO

Certifico que el día 26 de octubre de 1883, en las oficinas de
este Consulado General de la República Argentina, se recibió la bandera á que hace referencia la nota que precede,
enviada por Sir B. J. Sullivan, almirante de la Escuadra de
S. M. B. y que dicha bandera fué nuevamente empaquetada
para ser conducida á Buenos Aires (por el infrascripto) en
presencia del señor canciller de este Consulado General y
de los señores doctor don Fernando López de Lara y don
Román Salcedo, que firman al pie, en fe de lo cual así lo
firmo y sello en Londres fecha ut supra.—ALBERTO A. DE

Guerrico. Cónsul general en Inglaterra.—W. *Wills*, canciller —*Fernando L. de Lara*—*Román Salcedo*.

Es traducción fiel de su original. que queda archivado en este Consulado General.—*Francisco W. Wills*, canciller.

Londres, Noviembre 5 de 1883.

Señor don Juan A. Thorne.

Mi estimado señor:

En contestación á su muy apreciable del 20 del presente mes, en la que me pide que como combatiente y testigo ocular en el memorable combate de Obligado le certifique á la vez que le adelante algunos antecedentes sobre la conducta que observó su finado padre el coronel Thorne, durante la acción, como también si fué el coronel Ramón Rodríguez jefe de algunas de las baterías que se formaron para resistir al poderoso enemigo que nos asaltó; le diré á usted:

Que el coronel Thorne, fué ocupado por el general Mansilla en la construcción y dirección de las fortificaciones. como también se le dió el mando de la batería «Manuelita», de donde se retiró después que las demás baterías habían quemado su último cartucho.

Diré á usted además: la brava y serena conducta de su padre mereció del general en jefe y de todos sus compañeros, la aprobación y el aplauso, por el hecho de que él no abandonó el merlón de su batería, y si lo hacía, era cuando veía que sus artilleros no daban en completo y certero blanco.

Cónstame también que se le intimó por dos veces la orden de que suspendiera el fuego y se retirara de la batería, pero él contestó: «*que sus cañones le imponían hacer fuego hasta vencer ó morir*»; mereciendo por este desacato el que fuera arrestado en el convento de San Lorenzo adonde fué trasportado herido y sordo. Allí mismo el general Mansilla fué á visitarlo y felicitarlo por su conducta, dejando al retirarse la orden de que quedaba levantado su arresto.

En lo que se refiere al coronel Ramón Rodríguez, le diré que este jefe no tuvo otro rol durante el combate que permanecer á la entrada del monte, de donde salió, cuando ya no habia defensores en las baterías y el enemigo desembarcó dándoles la más franca y soberbia carga á la bayoneta, al frente de su batallón Milicianos de Buenos Aires.

Deseando que le satisfaga esta exposición verídica, lo saluda muy atentamente S. S. S.

VICTOR J. ELIZALDE.

Buenos Aires, abril 21 de 1891.
  S'C. Laprida 1357.

¡Viva la Confederación Argentina!
¡Mueran los salvajes unitarios!

Señor coronel don Hilario Lagos.

Santa Fe, noviembre 24 de 1845.

Estimado amigo y compañero:

Dispénseme sea tan lacónico: sale el portador. Con el mayor gusto recibí su apreciable del 21: contento estoy con verlo conforme. Ya sabrá V. que después de un vivo fuego de los infames extranjeros mediadores con nuestras baterias, lograron pasar el 20. El señor general Mansilla está herido y el coronel Cortina es el que manda: los piratas han sufrido descalabros; después seré más extenso; al señor gobernador le escribo, y le incluyo una carta de nuestro amigo Reyes, para que déspués de leída se la entregue á V. y después me la devuelva. Le incluyo las noticias de Buenos Aires con más conocimientos y con tiempo para ello le escribiré todo. Á nuestro amigo Baso, que tenga esta por suya, que me dispense en esta ocasión de contestarle: á su señora C. P. B. mis civilidades. cariño á nuestro lindo ayudante. Á Losa, nuestro buen amigo una visita á mi nombre. Dispense la prisa y letra.

Sin límites de V. affmo. amigo y compatriota

Q. B. S. M.

JOSÉ JOAQUÍN ARANA.

Señor don Esteban Echeverría.

Mi querido Esteban:

Hace algún tiempo que me propuse explorar y aun úni-
formar la opinión de la emigración argentina en ésta, para
conseguir la publicación de un periódico que no sea la
expresión de un partido viejo y exclusivo, como lo son hoy
los que se publican en esa; y cuando esto no sea posible,
hacerlo en artículos insertos en los mismos periódicos.

Las cuestiones que hoy se agitan á cañonazos en el
Plata envuelven nuestros mayores intereses de localidad, é
infieren grandes ofensas á nuestra nacionalidad, para dejar-
las pasar como justas y decorosas por nuestros escritores.

La intervención, sosteniendo sólo la independencia del
Estado Oriental, salta del Uruguay al Paraná y vá á asesinar calculadamente argentinos en la Vuelta de Obligado.
La prensa todo lo alaba: nada ve el partido unitario en esta
lucha que sea contrario á su nacionalidad, á sus intereses:
no sale del eterno tema «muera Rozas», y de la menguada
alabanza de todo cuanto emana de la intervención: y no
admite ni la discusión de los hechos, cuando aun estamos
ignorando qué puntos de contacto hay entre la independencia del Estado Oriental y la Vuelta de Obligado.

Para la prensa de Montevideo, la Francia y la Inglaterra tienen todos los derechos, toda la justicia! aun más:
pueden dar una puñalada de atrás, un tajo de pillo, arrebatar una escuadra, quemar buques mercantes, entrar en
los ríos, asesinar á cañonazos, destruir nuestro cabotaje:
todo eso y mucho más que aun falta, es permitido á los
civilizadores.

Para esta prensa el francés maquinista que cae atravesado por una bala, es digno de su compasión y duelo:
lo llama desgraciado; y ve rodar 400 cabezas argentinas,
y no derrama una lágrima, no muestra el menor sentimiento por su propia sangre: no hay un pensamiento de

nacionalidad, una palabra de dolor sobre la tumba de 400 hermanos.

La prensa de Montevideo es completamente francoinglesa, y el pueblo argentino quiere y siente la necesidad de una que sea suya, teniendo elementos americanos que bastan ellos solos, sin mezcla extranjera, para triunfar de Rozas: pero al poder material que avance contra él debe asociarse el poder moral, porque esa empresa no es sólo del sable: éste, sólo ha conseguido la mitad del triunfo, y más de una vez ha sido nuestra ruina el empleo de un solo medio. Queremos, pues, un escritor que llene este deber, que ilustre las masas sobre todo punto político: que dispuesto siempre á decir la verdad. no se reduzca á elogiarlo toda. Un escritor que eche sobre su alma grave responsabilidad de ser el órgano fiel de la exigencia del pueblo argentino, y colocado en la altura de su misión, desnudo de las influencias de un partido ciego. Que no deprima á Rozas sin motivo, ni alabe á Paz sin merecerlo: que esté constantemente en la libertad de decir lo justo y lo bueno, y armado de la palabra de Dios enseñe al pueblo cuál es su dignidad y conveniencia: que tienda en fin á uniformar la opinión sobre los puntos en que debe haber completo acuerdo para remover obstáculos al nuevo orden.

Este escritor, esta cabeza, este hombre, eres tú, Esteban. Yo he trabajado aquí para darte á nombre de todos tus compatriotas este encargo: y lo he conseguido sin más esfuerzo que la sola indicación de tu nombre. Dime, pues, si lo aceptas, y si puedes consagrarte á este fin.

Después de la venida de Gurmendez he tenido un doble motivo para esto. Sabemos por él que vives tristemente, y queremos pagarte lo que nos pidas. Levantaré como ya lo he indicado una suscripción para compensar tus trabajos.

Aquí no hay entre nosotros quien sea capaz de dar el programa de los principios que debe desarrollar nuestra prensa; lo dejamos á tu conciencia, y yo muy particularmente, que quiero verlo ya en mis manos para mostrarles que hemos acertado en la elección.

Esta carta la repetiré hasta obtener la contestación. De José María recibí una carta el mes pasado: está bueno y contento: no me habla de sus negocios y se reduce á darme noticias que yo le he pedido de José Matías.

Te desea salud tu amigo

MANUEL EGUÍA.

San Lorenzo, abril 15 de 1846.

Excmo. señor:

Don Martiniano Chilavert, de nacionalidad argentino, coronel de artillería de la República, ante V. E. con el mayor respeto expone: que ha servido nueve años á la República sin que ni los más amargos sinsabores, ni las más atroces calumnias, ni injustas proscripciones hayan disminuído su ardiente celo, y su constante adhesión á la causa que sostenía, porque consideraba en ella envuelta la dicha de su patria; objeto de todos sus conatos y el más enérgico sentimiento de su corazón. Mas ahora, E. S., esa misma querida patria á quien sirvo desde la edad de quince años, se ve hostilizada por dos formidables potencias y, á su juicio, amenazada en sus más altos intereses, en su dignidad, en su gloria y en su futura prosperidad. Estas razones, y ser opuesto á sus principios combatir contra su país unido á fuerzas extranjeras, sea cual sea la naturaleza del gobierno que lo rige, lo han decidido á retirarse á la vida privada, á cuyo efecto á V. E. suplica se digne concederle su absoluta separación del servicio.

MARTINIANO CHILAVERT.

Excmo. señor Presidente de la República Oriental del Uruguay.

San Lorenzo (Río Grande del Sur), mayo 11 de 1846.

Mi general: En otras ocasiones V. E. se dignó ofrecerme todas las garantías necesarias para volver á mi país. Sobre si debía ó no admitir esta oferta, apelo al fallo de V. E. Abrazado había un partido á quien el infortunio oprimía: forzoso era serle consecuente y leal; pero esta consecuencia y esta lealtad no podian ser indefinidas.

En todas las posiciones en que el destino me ha colocado, el amor á mi país ha sido siempre el sentimiento más enérgico de mi corazón. Su honor y su dignidad me merecen un religioso respeto. Considero el más espantoso crimen llevar contra él las armas del extranjero. Vergüenza y oprobio recogerá el que así proceda; y en su conciencia llevará eternamente un acusador implacable que sin cesar le repetirá: traidor! traidor! traidor!

Conducido por estas convicciones, me reputé desligado del partido á quien servia, tan luego como la intervención binaria de la Inglaterra y de la Francia se realizó en los negocios del Plata; y decidí retirarme á la vida privada, á cuyo efecto pedí al gobierno de Montevideo mi absoluta separación del servicio, como se impondrá V. E. por la copia de la solicitud que tengo el honor de acompañar. Esta era mi intención cuando llegaron á mis manos en el retiro en que me hallo, algunos periódicos que me impusieron de las ultrajantes condiciones á que pretenden sujetar á mi país los poderes interventores; del modo inicuo como se habia tomado su escuadra, hecho digno de registrarse en los anales de Borgia. Ví también propagadas doctrinas que tienden á convertir el interés mercantil de la Inglaterra en un centro de atracción, al que deben subordinarse los más caros de mi país, y al que deben sacrificar su honor y su porvenir. La disolución misma de su nacionalidad se establece como principio.

El cañón de Obligado contestó á tan insolentes provocaciones. Su estruendo resonó en mi corazón. Desde ese instante un sólo deseo me anima: el de servir á mi patria en esta lucha de justicia y de gloria para ella.

Todos los recuerdos gloriosos de nuestra inmortal revolución en que fuí formado, se agolpan. Sus cánticos sagrados vibran en mi oído. Sí, es mi patria grande y majestuosa, dominando al Aconcagua y Pichincha, anunciándose al mundo por esta sublime verdad: existo por mi propia fuerza.

Irritada ahora por injustas ofensas, pero generosa, acredita que podrá quizás ser vencida, pero que dejará por trofeos una tumba flotando en un océano de sangre, alumbrada por las llamas de sus lares incendiados.

La felicito por su heroica resolución, y oro por la conservación del gobierno que tan dignamente la representa, y para que lo colme del espíritu de sabiduría.

Al ofrecer al gobierno de mi país mis débiles servicios por la benévola mediación de V. E., nada me reservo.

Lo único que pido es que se me conceda el más completo y silencioso olvido sobre lo pasado. No porque encuentre en mi conducta algo que me pueda reprochar. ¿Podrá un hombre deprimir al partido á quien sirvió con el mayor celo y ardor sin deprimirse á sí mismo?

En el templo de Delfos se leía la siguiente inscripción: «que nadie se aproxime aquí si no trae las manos puras». Mí única ambición es la de presentarme siempre digno de pertenecer á mi esclarecida patria, y del aprecio de los hombres de bien.

Ruego á V. E. se digne elevar al conocimiento del superior gobierno de la Confederación Argentina mis ardientes deseos de servirlo en la lucha santa en que se halla empeñado; y mis sinceros votos por su dicha, seguro de que nunca tendrá V. E. de qué arrepentirse de haber dado este paso.

MARTINIANO CHILAVERT.

Excmo. señor general don Manuel Oribe.

¡Vivan los defensores de las leyes!

Diciembre 19 de 1846.

Señor don Martiniano Chilavert.

Mi muy estimado amigo: después de la exposición que ha hecho V. y que he recibido, creo que no debe permanecer en ese punto con seguridad: véngase V. pues al Cerro Largo adonde he dirigido ya mis órdenes para que sea V. recibido y servido en lo que desee.

Ese paso tan elevado, tan noble, tan americano, que ha dado V., lo ha colocado en una posición brillante para el porvenir. No habrá un americano digno de este nombre, que no lea con placer aquel documento y que no haga el justo elogio de su firmeza, energia y patriotismo.

Yo seré uno de los primeros, como lo soy, en asegurar á V. que he de probarle la amistad con que tengo el gusto de ser su afectísimo amigo Q. B. S. M.

MANUEL ORIBE.

COMPLEMENTO AL CAPÍTULO LIII

¡Viva la Confederación Argentina!
¡Mueran los salvajes unitarios!

Señor coronel don Hilario Lagos.

Cuartel general, Concordia, noviembre 26 de 1845.

Mi estimado coronel y amigo:—Por el correo de esa capital que llegó á la una de la tarde, he tenido la satisfacción de recibir su muy apreciable carta datada el 15 del presente con los adjuntos periódicos, cuya remisión he agradecido tanto, cuanto que de la *Gaceta* eran los números que no he conseguido aún de Buenos Aires, por la obstrucción de nuestros rios de breve comunicación con aquella plaza, por las fuerzas coaligadas salvaje-anglofrancesas, que usted tuvo presente para hacerme su envío.

Como el Excmo. señor general Urquiza está en marcha para esta provincia, y dentro de dos ó tres días debo escribirle, voy á hacerle inclusión original de la carta de usted al hablarle del mal estado del vestuario de esa benemérita división para que él adelante alguna insinuación al Excmo. señor Restaurador.

Por la nota oficial que con esta fecha le dirijo, verá usted llegado el tiempo de ponernos en movimiento. La orden de marcha que ella contiene sólo debe esperar el beneplácito y confirmación del Excmo. señor gobernador provisorio, para efectuarla con las divisiones que el mismo señor le determine.

Cuando haya usted llegado á este lado del río Gualeguay con las divisiones de su mando, podrá tomar despacio noticia y conocimiento del comandante de Villaguay don Eduardo Dominguez, ó el coronel don Crispín Velásquez, para hacer la elección de un lugar adecuado para el campamento de toda su fuerza, que encontrará usted muy hermosos sobre la costa del Villaguay ó la del mismo Gualeguay.

Ayer ha sufrido un pequeño contraste el señor coronel Lavalleja, que fué atacado en el mismo punto donde conservaba el convoy de las familias é intereses del Salto, siete leguas afuera de este pueblo, por 80 infantes piratas y otros tantos salvajes de caballería que salieron anteayer á las 6 de la tarde. Éstos consiguieron dispersarle la fuerza y tomarle el convoy, pero sin que hubiese ninguna pérdida de consideración de su fuerza. Este suceso es de tan poca importancia, que todo quedará reparado á la llegada del Excmo. señor general Urquiza por estas alturas. Pero no lo es así en cuanto á los efectos morales que produce en el corazón americano contra los únicos autores de nuestras desgracias, los alevosos agentes de las dos Dantas de Europa, que han alimentada al agonizante bando de salvajes unitarios para prolongar nuestra presente guerra. Pero ellos y éstos van pronto á palpar los efectos de nuestra justa irritación, y el terrible desengaño de su impotencia para uncir estos pueblos al yugo de la servidumbre que pretenden imponernos.

Soy con los mejores sentimientos su fino amigo y general

EUGENIO GARZÓN.

¡Viva la Confederación Argentina!
¡Mueran los salvajes unitarios!

Señor coronel don Hilario Lagos.

Campamento en el Saladillo, mayo 11 de 1846.

Mi distinguido compatriota y buen amigo:

Tengo el mayor placer en remitirle esas importantes

gacetas que acaban de llegar á mis manos, y cuya lectura es importante aun en los mismos asuntos de Corrientes.

En esta hora que estoy escribiendo se están oyendo los cañonazos en el Quebracho: no sé si serán dos vapores que pasaron por este punto ayer, aguas arriba, ó la escuadra de los bárbaros piratas anglofranceses que están efectuando su pasaje.

Que usted y su amable esposa se conserven con una buena salud, son los deseos de este su siempre amigo Q. B. S. M.

VICENTE GONZÁLEZ.

¡Viva la Confederación Argentina!
¡Mueran los salvajes unitarios!

Señor coronel don Vicente González.

Catamarca, mayo 16 de 1846.

Mi distinguido compatriota y fino amigo:

Con íntimo placer respondo á su favorecida de 20 del ppdo. que recibí ayer; agradezco como corresponde la fineza con que V. se manifiesta en la remisión oportuna de documentos que contienen noticias importantes á nuestra causa, como son las cartas en copia del general Mansilla y gobernador de Entre Ríos, y varios números de la *Gaceta* de marzo y abril.

La reconquista del pailebot hecha para la valiente división que manda el ilustre general Mansilla, es una acción brillante, y que ha precedido á las muchas igualmente gloriosas que esperamos obtenga en lo sucesivo, mediante el favor que el cielo jamás negó á los fieles defensores de la Confederación Argentina.

La carta del señor Crespo y los periódicos contienen también sucesos favorables, cuyo conocimiento me lisonjea mucho.

El 1º. del corriente dató en Belén el coronel Balboa una comunicación en que me avisa que había tenido partes uniformes de los comandantes de Tinogasta, diciéndole que los salvajes unitarios asilados en Chile proyectaban en Copiapó, donde se habían reunido á invadir esta provincia y la de La Rioja por las vías de Tiambala y Binchina. Consecuente á esta noticia comuniqué las órdenes que consideré convenientes, á los jefes militares, y me preparaba para hacer oposición á una débil y miserable vandálica agresión que se amenazaba; sin embargo de no haber podido dar crédito á semejante noticia. En este sentido las comuniqué á los Excmos. gobernadores de las provincias limítrofes. Con fecha 7, el mismo Balboa me dice que los expresados salvajes no han podido realizar su criminal antiamericana empresa, y se han quedado sin más que con sus nefastos deseos. El día mismo que he recibido este aviso he tenido noticia que en Tucumán se preparaba una revolución contra el digno gobernador que preside aquel país, y por un favor especial de la Divina Providencia, que no abandona á los buenos federales, obtuvo aviso oportunamente y felizmente capturó á los principales ejecutores de ese plan parricida, los que se conservan encarcelados hasta que salieron dos viajeros que han llegado últimamente á esta ciudad. Es visto que los tenaces salvajes se están ya á ahogarse, y quieren dar las últimas manotadas.

Con este motivo aprovecho la ocasión de ofrecer á V. las consideraciones de mi mejor aprecio, y repitiendo su afecto S. S. Q. B. S. M.

MANUEL NAVARRO.

Es copia del original.

GONZÁLEZ.

¡Viva la Confederación Argentina!
¡Mueran los salvajes unitarios!

Al coronel don Vicente González.

Quebracho, junio 4 de 1846.

Mi estimado amigo:

Me es altamente grato comunicar á V. el suceso de

hoy, pues él ha sido honroso á nuestras armas, y ha agregado un timbre más á las glorias de la Confederación.

Los bárbaros alevosos anglofranceses y el convoy de piratas que hace días esperaban un viento favorable para pasar por nuestro frente, se presentaron hoy en este punto y empezó un reñido combate cerca de las 11, el cual ha durado hasta más de las dos de la tarde.

La valiente división de mi mando ha sostenido con digno valor é inteligencia los fuegos desproporcionados del enemigo, haciéndole presentar el denuedo y bizarría de los verdaderos hijos de la patria. Los anglofranceses tan soberbios en los mares, se han cubierto hoy de ignominia. No han conseguido ni la más ligera ventaja. Algunos de sus buques de guerra fueron tan maltratados por nuestra artillería, que se pusieron luego fuera de combate, y han arrojado al agua más de 30 cadáveres.

El convoy de piratas llevó su merecido. Están aún ardiendo á nuestra vista una barca, dos goletas y un pailebot con todo su cargamento. En medio de la confusión producida por nuestros pequeños cañones, estos buques vararon en la costa de enfrente, y los *protectores del comercio del Paraná*, los que ha poco aseguraban á los salvajes unitarios de Montevideo, y á los ministros Ouseley y Deffaudis que el Paraná estaba franco, no encontraron mejor medio que incendiar los buques de sus protegidos por no arrostrar un rato más el fuego de nuestras piezas. Esa vez se han mostrado muy cobardes los fanfarrones Hotham y Trehouart. No tendrán que hacer sin duda tantas recomendaciones al almirantazgo.

Preciso será que ellos y sus mandatarios se persuadan que el pecho de los argentinos es una muralla invencible, cuando se trata de defender su cara independencia y sus sagrados derechos.

Por tan honrosa jornada, en la que no tengo más pérdida que la de un solo hombre y cuatro heridos, por la visible protección de la Divina Providencia y por los bienes que reportará á la Confederación Argentina tan dig-

namente presidida por nuestro tan querido Rozas, felicita
á V. su amigo y confederal

Lucio Mansilla.

¡Viva la Confederación Argentina!
¡Mueran los salvajes unitarios!

Señor coronel don Vicente González.

Mendoza, julio 13 de 1846.

Mi muy querido amigo y compatriota:

Con la mayor complacencia he recibido sus apreciables
de fecha 31 de mayo, 5, 16, 18 y 21 de junio últimos.

Las importantes noticias que todas ellas contienen, me
imponen el agradable deber de felicitar á usted con la más
acendrada y sincera amistad, y en su benemérita persona
á los valientes que lo acompañan á sostener incólume los
sagrados derechos de nuestra patria. Es visible la protección con que la Divina Providencia favorece á los argentinos que oponen sus leales pechos á la arrogancia extranjera
despreciando de ésta el poder de sus cañones. El brillante
triunfo obtenido nuevamente por el denodado y hábil general Mansilla en las posiciones del Quebracho, sobre la
escuadra anglofrancesa acabará por convencer á los que
intentaran arrebatar nuestra querida libertad, que en la
patria del gran Rozas no se les tolera tronos, no hay
esclavos, sino fieles hijos que han resuelto mil veces morir
antes que someterse al fatal yugo europeo.

Cuando llegue al viejo mundo la noticia de los últimos sucesos en las aguas del Paraná donde el cañón de
la Inglaterra y la Francia no ha podido contrarrestar á la
resolución heroica de un número harto diminuto de argentinos, ocasionará sin duda una revolucion general de ideas
que vendrán por fin á hacer cambiar la política perversa
de aquellas dos grandes naciones que se precian de ser
ilustradas, que se precian de respetar los principios del
derecho de gentes que invocaron para ocultar sus pér-
fidas maquinaciones.

Ciertamente que la invitación de su pariente y nuestro común amigo el ilustre general Urquiza, para ejercer un acto de religión dando debidas gracias al Señor Eterno que coronará pronto los esfuerzos de aquel héroe argentino, invocando al mismo tiempo por todas las clases de este pueblo á nuestra madre y señora la Pura y Limpia Concepción de María Santísima, es un acto al que yo me presto desde ahora con el más íntimo placer, en la firme persuasión de que los frágiles trabajos del hombre nada valen si ellos no son dirigidos por aquella que vela incesantemente sobre nuestros pasos, que ilumina al jefe supremo de la Nación, y que le da resistencia para sobrellevar el peso de sus inmensas tareas administrativas.

Mientras tanto, deseándole á usted la mejor salud y felicidad me repito de usted su mejor amigo y afectísimo servidor Q. B. S. M.

PEDRO P. SEGURA.

Señor don Fructuoso Rivera.

Montevideo, diciembre 10 de 1845.

Respetable señor y amigo:

Por segunda vez quiero dedicarle unas líneas, sin esperar su contestación.

Como verá usted por los diarios que remito á mi padre, esto es un *embolismo,* ó mejor dicho, una embrolla.

Antes dije á usted que convenía su pronto arribo, y aunque hoy no me hallo dispuesto á retractarme, ni hay nada que me haga mudar de opinión, conozco sin embargo, que ha valido su demora para hacer comprender á los *malos,* cuán necesario es poner en juego la influencia de treinta y cinco años para derribar las que quieren levantarse hoy por suplantaria, y que por su número no pueden producir otra cosa que anarquía. Cada día que pasa da más importancia á su persona, y estoy persuadido que no se ha ocultado á su penetración; pero no lo mandarán llamar porque así conviene á los que no cuidan de otros intereses que los personales: es de temer, sin embargo, que los interventores se aperciban de nuestra desunión y poca capacidad, y tenga mal resultado lo que ha empezado tan cristianamente, pues ya uno de ellos nos compara con un muchacho que no ha llegado á la mayor edad y quiere emanciparse sin tener la experiencia suficiente.

Este modo de ajuiciarnos, trasmitido á sus cortes, puede influir en nuestro perjuicio en los consejos de las testas coronadas.

Entre las cosas feas que se han hecho estos días, hay un hecho que ha llenado de indignación á todos los amantes de la libertad y progreso de la patria: Á consecuencia de un artículo publicado el 3 del que corre, con la efijie de «la verdad», fué llamado y reprendido severamente el señor Demaria por el ministro de la guerra, y recibió una orden escrita para no volver en su vida á recibir en sus columnas escritos de aquella naturaleza. Acto contínuo recibió en su casa un recado en que se le ofrecía *fusilar* si no media sus palabras cuando escribiese para la prensa.

Sin más, reciba finos afectos de Mariquita y la más cordial amistad con que retribuyo la que tuvo á bien conceder á su affmo. y S. S.

Q. S. M. B.

F. MAGARIÑOS.

Señor don Fructuoso Rivera.

Montevideo, 22 de noviembre de 1845.

Compadre y señor:

Desde que llegué he tenido ardientes deseos de escribirle, pero mis muchas ocupaciones para arreglarme, y más que todo, el poco conocimiento de los sucesos, me impedían que lo hiciese dé modo á satisfacerlo.

Esto es un caos, y aunque el país está completamente sustraído de las garras de Oribe y su amo, no es posible dejarse de lamentar tantas y tan immundas miserias, que nos ponen en un punto de vista ridículo para con los hombres que han abrazado nuestra causa, que está fraccionada hoy en varios círculos que sólo se ocupan de personalidades, en los que figuran, en jefe, hombres que no debían por ningún título ocupar un puesto en la escena política, pues ni tienen honor ni patriotismo.

Cuanto pueda decirle sobre este punto no será otra cosa que una repetición de lo que todos sus amigos, estoy cierto, le han expuesto: añadiré solamente que todas las políticas del mundo y en todas las formas de gobierno es indispensable un antemural en que se estrellen las aspiraciones de cabezas desorganizadas que, so pretexto de la felicidad del país, quieren engrandecerse: en este, ese antemural es don F. Rivera.

Ordeñana fué en misión al Paraguay y se le habilitó como á un personaje de distinción, en tanto que una letra de don Francisco Magariños, de 200 patacones, fué desatendida... ¡Qué muestra para los paraguayos!

Los partes de Corrientes titulan al general Paz de director de la guerra, y los periódicos de esta capital lo reproducen.

Vásquez no quiere reponer á don José Maria Magariños en la capitanía del puerto porque no conviene á sus miras ulteriores.

Vásquez ha consentido que un hijo de don Francisco Magariños fuese agarrado y conducido á la línea, donde seducido, juró bandera y se le puso en un cuerpo de línea contra la voluntad de su padre que tiene tantos títulos á ser complacido.

Vásquez forma parte de la sociedad compradora de la cuarta parte de los derechos de aduana del año 48; á los que el gobierno promete un premio de diez mil duros si las entradas de dicho año pasan de dos millones... y no solamente consiente en negociación tan leonina, sino que compone parte de esa asociación de sanguijuelas.

Vásquez pasó un proyecto al Senado para mandar al

general Rivera al Paraguay con carácter diplomático, proyecto pendiente aun por no estar en la forma regular: misión que tiene por objeto, á no caber la menor duda, alejar al general de la capital, persuadido el menguado caduco que deslumbrará á éste con el dorado barniz de ministro plenipotenciario.

Comentar todo lo que ha pasado en el asunto de Flores, Sayago, etcétera, y las miserias que circundan al gobierno, seria poner en transparencia los absurdos más crasos, las vergüenzas más inauditas.

Mi plan de conducta es estar encerrado en mi casa donde sólo me ocupo de los asuntos de mi padre y de mis estudios tanto tiempo ha descuidados.

Nada tengo que decirle sobre mi dedicación, la que una vez pronunciada nada la hace alterar.

Su señora la veo con frecuencia y está muy buena: en estos momentos se encuentra con la comadre, ahijada y chiquitín lo mismo y siempre á su disposición.

En todo cuanto juzgue útil puede ocuparme en la persuasión de que seré muy feliz en ello, teniendo presente el aprecio que de usted hago, y que retribuyo con amistad sincera y profunda, la que ha tenido á bien dispensar á su compadre y afectísimo servidor Q. S. M. B.

MATEO (MAGARIÑOS.)

Excmo. señor general don Fructuoso Rivera.

Montevideo, diciembre 19 de 1845.

Mi respetable compadre y señor:

La falta de noticias de esa corte nos tiene ansiosos, pues no quiere aparecer el paquete, que ya demora demasiado. Su llegada nos pondrá al corriente de lo que debemos esperar para obrar conforme corresponda.

Los cambios ocurridos aquí no es otra cosa que una consecuencia forzosa del estado de incertidumbre que marcan estos hombres, sin plan en cabeza que dirija los negocios de la guerra, á cuya influencia se subordina todo. Así hemos visto caducar todas las disposiciones gubernativas y suceder contraórdenes unas en pos de otras. No han encontrado en este desquicio, (que ellos mismos se han formado), ni hombres, ni sistema que los haya hecho marchar adelante; y al fin, Vásquez, prototipo de todos los incidentes ocurridos, ha tenido que capitular con Pacheco para no venir abajo de la poltrona que dirige contra el torrente de la opinión general. Dejó el ministerio de gobierno para encargarlo á Muñoz que lo largó á los pocos días para esperarlo en Bejar que lo mantiene al paladar de Vásquez. Á Bauzá le dieron un puntapié y transformaron á Muñoz en ministro de la guerra. Esta farsa, que no es otra cosa, no ha hecho sino cambiar los trajes porque todo sigue el mismo orden de desacierto y desunión. Suárez no deja de su devoción á Vásquez, Muñoz se resiente de que se consulte á éste para todo, y ha tenido peloteras tan fuertes con el presidente, que la última le ha costado un vómito de sangre que lo tiene cuatro días postrado en cama: por otra parte, su edad y achaques se resienten del bufete y no puede atarearse sin exponerse á accidentes como los que sufre en el momento.

Mucho se ha hablado estos dias de V. E. con motivo de haber solicitado Muñoz el que se mandasen fondos á Río Janeiro para que no pereciese, supuesto que no podía venir; haciendo valer el que era oposición de parte de los ministros interventores, y que éstos esperaban instrucciones de su cortes que removerían el obstáculo en estos dos meses próximos. Esto es lo que se ha hecho valer; pero lo real y verdadero no es tal cosa, sino que el gobierno es el único que se opone, de un modo poco decoroso, porque arroja la piedra por mano ajena.

. . . .

Las precauciones que le he anticipado tome, no han sido sino, porque, en el estado de incertidumbre en que aquí se marcha, no habiendo estabilidad en las cosas, y tan pronto poniendo como quitando ministro y comandante general, era bueno precaver todos los incidentes é inconvenientes y estar al verdadero estado de las cosas, para que su llegada tuviese el resultado que corresponde. Épocas ha habido que su aparición habría sido considerada como bienhechora aun de los mismos que lo temen hoy, por ejemplo, era á propósito. Muñoz y aun el mismo Pacheco lo apoyarían; pues no estan bien sentados: tal verdad es esta, que el primero nada puede hacer con Suárez, y el segundo ha tenido que apoyarse en el mismo partido de V. E. para centralizar los jefes de la línea que estaban divididos, y el coronel Lavandera ha ocupado el puesto de jefe del E. M. G. una vez declarado el ejército de la capital primer cuerpo del nacional.

. . . .

De cualquier modo, como el término de Suárez se acerca convendría sobremanera la aparición de V. E. en estas circunstancias para promover el nombramiento del presidente del Senado, que aunque todos designan á Pereira, éste es tenaz y quizá se malogre como la vez pasada. Si pues no se decide V. E. á venir á pesar de mis instigaciones, convendrá que escriba sobre esto, pues es preciso que Suárez salga para febrero, y que, sino quiere entrar Pereira, entre cualquiera, pues será mejor que Suárez. Si perdemos esta coyuntura y sobre lo que yo temo mucho, pues Vásquez ha de buscar motivos para embrollar y que permanezca Suárez, entonces todo se pierde. Con tiempo conviene preparar las cosas; lo mismo le dije cuando la Comisión Permanente se arremangó, y á pesar de todo, no han hecho nada y todo lo que hoy intenten es fuera de lugar é intempestivo: se perderá tiempo y nada más.

Lo sé que Francisco se viene como lo dice, para enero: V. E. no debe perder tan buena coyuntura, sino es que se ha proporcionado otra, pues de ningún modo debe quedarse V. E. en esa corte, no estando el ministro de su nación, porque se expondría á ser el juguete de la polí-

tica infame que ha desplegado el ministro Llimpo de Abreu.
Sobre esto, V. E. lo conocerá mejor que yo.

Como sé que mi señora comadre escribe, lo mismo
Bustamante y otros amigos, é instruyen de todos los periódicos, se impondrá V. E. de todo cuanto ocurre por
ellos. Me resta sólo desearle la mejor salud y un feliz
viaje para que nos lo traiga cuanto antes la Divina Providencia, para que unido á sus buenos amigos levante la
República triunfante como lo ha hecho tantas veces.

Soy de V. E. compadre muy affmo.

Q. B. S. M.

BERNABÉ MAGARIÑOS.

Excmo. señor general don Fructuoso Rivera.

Montevideo, noviembre 8 de 1845.

Mi estimado general y amigo:

Luego que recibí la carta de usted de 1º. de noviembre,
pasé á entregar al vicepresidente don Joaquín Suárez la
que venía dirigida para él: la leyó tranquilo y con reserva.
y luego se la pasó al ministro de gobierno que se hallaba
presente. Luego que éste se informó de la resolución
que usted comunicara, de venir á esta capital luego que
usted tenga pasaporte, manifestó completa y abierta oposición á su venida: dijo que primero se le secaría la
mano antes que firmarla.

Como su opinión es dominante en el ministerio adonde no hay quien pueda decirle *no,* y donde el mismo
Bejar se muestra ingrato y hostil á V. E., sus opiniones
prevalecen en todo y á su antojo dirige la política y la
guerra, y la hacienda y todo.

Sus opiniones públicamente manifestadas últimamente
contra usted, no dan lugar á esperar nada por ahora.
Sus relaciones son íntimas con los ministros extranjeros,
y parece que no hay duda que no lo dejarán desembarcar si viene á este puerto.

Vistos hechos de esta naturaleza, pasé á ponerme de

acuerdo con el Sr. D. Lorenzo J. Pérez, como V. me lo previene, y le manifesté cuanto había ocurrido con Vásquez y el convencimiento en que debíamos estar de que habia efectivamente una combinación para reunirse á V. y no dejarle desembarcar. Le hice sentir la necesidad inmediata de acercarse á los ministros extranjeros y hablarles primeramente en nombre de las cámaras, para allanar toda dificultad antes de que V. E. llegase. Le manifesté lo conveniente que sería que el presidente del Senado, el de la Cámara de Representantes y el de la Comisión Permanente, que lo es don Gabriel Pereira, acompañados de algunos otros miembros notables de las cámaras, fuesen á ver á los ministros extranjeros, y exponerles la resolucion en que se hallaban de hacer una reclamación enérgica siempre que se cometiese la injusta tropelía de detener á un general de la República que vuelve á su patria después de haberle prestado importantes servicios.

Este paso, habría puesto en conflictos á esos mismos ministros, y se habrían mirado mucho antes de resolverse á tomar una medida contra V. Era urgente darlo, y de un modo serio, haciendo sentir la necesidad de evitar incidentes desagradables en presencia de los enemigos, y probar al mismo tiempo la injusticia y personalidad con que procedía el gobierno, la impolitica y torpe indiscreción, de querer alejar del país al único general capaz de poner en armas nuevamente la campaña, sin lo cual la guerra no terminará jamás.

No obstante la exactitud de estas observaciones, he tenido el sentimiento de ver que nada se ha hecho.

. . . .

Convencido de esta triste verdad, hemos dispuesto trabajar de un otro modo con el señor don Bernabé Magariños, colaborador famoso y activo.

Reconocida la necesidad de ilustrar la opinión pública y prepararla para su llegada, estoy escribiendo los artículos editoriales que hallará V. E. en *El Constitucional* desde el 30 del pasado. Mi objeto es, identificar la causa de V. E. con la de la República, en la detención arbitraria que le hace sufrir el gabinete imperial: probar que es á la vez un ataque á la República, una infracción del derecho de gentes, y un acto personal de venganza y de negra ingratitud. De este modo defiendo á V. defendiendo á la República con energía, y el gobierno, á quien se le debe tratar con respeto en la prensa, se vé frecuentemente compelido á adoptar la causa de V. E. Si no lo hace, recaerá sobre él la nota de injusto é ingrato, y la opinión pública lo condenará.

. . . .

Hago publicar en el mismo diario la importantísima carta que dirigió á V. E. el general O'Brien, por los conceptos honorables que contiene, acompañada de algunas cortas observaciones, y haré lo mismo con todo lo que encuentra en mi archivo capaz de honrar á V. E. y de ilustrar el juicio público; especialmente de los ministros extranjeros.

Escribí un Apéndice, que hice mostrar á Deffaudis y Ouseley, explicando los hechos que han venido á comprobar cuanto dijimos en nuestros anteriores apuntes; le mando á V. E. una copia.

En cuanto á Pacheco y Flores, el gobierno cada vez más inesperto y versátil. El primero está en tierra y se dice que lo nombrarán comandante general de armas, que Bauzá sale del ministerio para expedicionar al Uruguay: no sé quien le sucederá en el ministerio.

Don Gabriel Munilla llegó ayer y nos ha impuesto de todo menudamente.

El ministro español ya está en posesión de su destino: le visitaré mañana: bueno sería que V. E. le escribiese una carta y me la mandase; puede aquí sernos muy útil.

Tengo en mi poder parte de los documentos que acreditan los efectos que don Martín Martínez dió de orden de V. E. á los republicanos: podía V. E. escribir sobre esto á Bentos González y al mismo Martín Martínez que

algo puede cobrarse ahora. Los efectos importan veinti-
cuatro mil quinientos pesos, y Martínez podia presentar
la cuenta como fiador á Bentos González, para que de este
modo pudiese fácilmente cobrarlos. Además, hay el armamento y municiones que también llevó Pereyra Faguindes.
y los auxilios que se dieron en Sandú á Bentos González,
Sobre esto, es preciso andar con prudencia.

Nadie mejor que Martín Martínez está en estado de
cobrar esta cuenta: V. E. dispondrá lo que guste.

Luego que recibí la carta de V. de 14 del pasado, fuí á
ver á Lafón sobre los dos mil patacones, y me contestó, que
probablemente nos arreglaríamos. La precipitación con
que sale este buque no nos permite concluir este negocio
porque ya sabe V. lo que Lafón es: hoy es domingo, día
en que aquel judío no tiene más que rezar, y aun no sé las
condiciones que exigirá y seguridades. Pero el paquete
Spayder que saldrá muy pronto, llevará á V. el resultado.

Voy á emprender la refutación formal del folleto publicado en esa corte sobre el tratado de 24 de marzo, en
defensa del honor de V. E. cruelmente ultrajado, y de la
República también. Esta cuestión se ha hecho ya nacional,
y los mismos autores del tratado nos han provocado á tra-
tarla libremente y sin ningún género de consideración.

Seremos pues un poco severos con el ministerio que lo
firmó y con el que lo defiende.

Yo desearía que esta refutación no alcanzase á V. E. en
esa corte: aquí hace mucha falta, y sería muy conveniente
llegar y desembarcar, antes que el buque fuese visitado.

Continua el bloqueo vigoroso de Buenos Aires y costas
orientales. Garibaldi nada envía por el Uruguay: no saben
á quien mandar, ni hay quien se encargue de una empresa
formal sobre aquellas costas.

Dos vapores y otros buques de guerra han subido el Paraná. Se sabe que se hallaban frente á San Pedro, donde
Rozas ha establecido fuertes baterías. Aquellos buques
franquearon el Paraná para que pueda subir la expedición
mercantil que estará marchando de hoy á mañana.

El encargado de negocios del Brasil ha prohibido hacer aquel comercio á los buques de su pabellón. Unamos este nuevo rasgo de la politica del Brasil á los hechos que conocemos desde el tratado de 24 de marzo, y poco habrá que fatigarse para probar las miras de aquel gabinete.

Sírvase V. E. hacer presente mis respetos al señor Magariños y su apreciable familia, lo mismo que al señor capellán. V. disponga de su afectísimo amigo y obediente servidor Q. B. S. M.

José Luis Bustamante.

Excmo. señor general don Fructuoso Rivera.

Montevideo, noviembre 22 de 1845.

Mi amigo y señor general:

Después de la anterior, nada ha ocurrido de particular. Nada he podido arreglar hasta hoy con Lafón. Él espera la conclusión del contrato de venta de los derechos de aduana del año de 1848, y me ha ofrecido que entonces hará algo en su favor.

Hay pendiente en este momento una acusación de Flores al gobierno, ante las cámaras, sobre la orden que se le ha dado de salir del país. La mayoría se prepara á pronunciarse contra el ministro hasta formalizar una acusación y arrojarlo del puesto: veremos lo que hacen.

Hoy se dice que Muñoz entrará al ministerio de la guerra, y saldrá Bauzá

Por los diarios que le incluyo verá V. E. la refutación rápida que he hecho á la exposición del folleto publicado en esa corte sobre el tratado de 24 de marzo. No he tenido tiempo de escribir con más detención, y ni las columnas del diario ofrecen el espacio necesario para hacerlo. Aun no he concluído.

Sin embargo, todos tienen un miedo cerval del ministerio, y no obstante esto, yo escribí una serie de artículos en la semana anterior sobre su detención, y se han callado la boca.

Yo creo que una vez que el gabinete le niega el pasaporte y V. E. no ha cometido crimen en ese territorio
que le dé derecho á su detención, V. E. no debe permanecer un momento más. Aquí es donde hoy hace V. E.
mucha y mucha falta. Sin embargo, V. hará lo mejor; lo
que puedo asegurarle es que aqui todos lo desean.

Deseo á V. completa felicidad y que disponga de su
atento servidor y amigo Q. B. S. M. -

José Luis Bustamante.

Les considérations politiques qui empéchent en ce mo-
ment de descendre á terre monsieur l'Envoyé extraordinaire et ministre plénipotentiaire de la République de
l'Uruguay, s'opposent á ce qu'il puisse y avoir une conférence entre son Excellence et le Ministre de France. Le
soussigné le regrette trés vivement: il eut été hereux d'a-
voir dés aujourd'hui des relations personnelles avec monsieur le général Rivera.

Si d'ailleurs les points qu'il s'agissait d'éclaircir dans
la conférence projetée *quant á la personne* de monsieur le ministre oriental prés la république du Paraguay, se ratta-
chent, comme il est probable, á la question pendante entre
son gouvernement et lui, le soussigné déclare que cette
question est au nombre des affaires d'administration in-
térieure, dont ses instructions ne lui permettent de se mê-
ler en aucune maniére. Il doit se borner sur un tel sujet
á former des voeux pour que les difficultés existantes se
résolvent d'une maniere prompte et conforme aux intéréts
actuels du pays, aussi bien qu'au patriotisme connue de
monsieur le général Rivera.

En attendant, il profite avec plaisir de l'occasion pour pré-
senter á Son Excellence les assurances de sa haute considé-
ration.

Baron Deffaudis.

Son Excellence Monsieur le général Rivera, Envoyé
extraordinaire et Ministre plénipotentiaire de l'Uruguay.

Montevideo, 23 mars 1846.

Señor don Fructuoso Rivera.

Montevideo, septiembre 22 de 1842.

Mi particular amigo: Con mucho gusto recibí sus estimadas del 16 en el Durazno por las que veo se ponía V. en marcha y según el buen tiempo que ha corrido lo supongo en este día pasando el río Negro. Tengo á la vista también la del señor general Paz y Aguiar, y nos es muy satisfactorio el buen estado de nuestro ejército, y reunión de los correntinos. Estoy contento con que el señor Ferrer, al llegar V. al Uruguay, lo esté ya esperando, porque supongo que el señor gobernador habrá venido al Entre Ríos con el resto de su ejército que estaba en Abalos, y que V. que no se duerme en las pajas, sabrá aprovechar de estos momentos para reunir todos los elementos que deba hoy ponerse á su alrededor, y presentar en la guerra un poder que á lo menos, si no es invencible, sea difícil de vencer.

. . . .

Tengo á la vista las comunicaciones del coronel Garibaldi á que nada hay que decir, sino contestarle de oficio á este coronel la satisfacción que al gobierno le causa la derrota que ha sufrido, porque ella nada importa, cuando sostuvieron él y sus tripulaciones con honor y bravura las armas de la República. El coronel Garibaldi merece un premio por haber sido vencido; V. á su tiempo sabrá acordarlo.

. . . .

Estoy satisfecho de cuanto V. me dice en la suya respecto á elecciones; yo estoy bien creído, que V. me conoce bien, y que sabe que quien nunca le ha engañado, no puede quererlo hacer hoy, porque no es fácil perderse en un día la buena fe de muchos años. No es mi objeto el no dar á V. ninguna clase de recelo, en la franqueza con que quiero proceder en el artículo elecciones: es que quiero no dar pretexto alguno á majaderos, que cuando no tienen de qué hablar, hablan mal de sí mismos, como el difunto Melo: á éstos es á quienes quiero mostrar, que los candidatos para diputados son todos de V. y para V.

....

La adjunta lista es la de los señores diputados y sus suplentes que actualmente componen la Cámara de Representantes. Ella va bien explicada, y V. de entre ellos formará la nueva lista de diputados y suplentes para la nueva legislatura, quitando los que estime por convenientes, y poniendo en lugar de los que quite aquellos que sean de su agrado. Esta lista, pues, que V. me remita, vale tanto como hacer lo que quedó acordado en esta; pero importa mucho que V. me la envíe para enseñarla á los amigos, y que vean que es V. el que ha arreglado, y me la ha enviado para ponerla en ejecución. De ese modo todos quedaremos contentos: yo, y otros amigos suyos, porque de cualquier modo lo estamos; y otros que también lo sean, pero que tengan sus tentaciones para que se subordinen, pues V. lo ha hecho.

Siento distraerlo á V. en este asunto que no importa lo que la guerra, pero que dedicando V. á ello un par de horas habrá quedado concluído este negocio. De Buenos Aires nada sé que interese comunicarle: continúan las conferencias de los ministros extranjeros con el ministro de Rozas con referencia á la mediación, pero yo hasta este momento ninguna otra cosa puedo decirle, que lo que he dicho á V en la que le remiti por conducto del general Medina en la que le incluía la conferencia del señor Mandeville, que V. ya habrá leído. No tengo nada más de interés que comunicarle. Deseo se mantenga V. sin novedad y que mande á su amigo Q. S. M. B.

Francisco Antonino Vidal.

Representantes y suplentes de la 4.ª Legislatura de la República Oriental del Uruguay.

Diputados existentes—Suplentes

Por Montevideo: don Julián Álvarez, Joaquin Sagra,

Manuel Otero, Salvador Ford, Manuel Herrera, Juan Zu-
friátegui, Hermeregildo Solsona, Pablo Nín, suplentes: Lorenzo Batlle, Carlos Navia, Vicente Lomba, Domingo Vásquez, Diego Espinosa, Joaquín Requena, Diego Novoa; por
Canelones: don Roque Erarcias, José A. Vidal, Eugenio
Fernández; suplentes: Antolín Vidal, Juan Gallardo, Ilde-
fonso Champañe; por San José: don Faustino López, José
I. Raiz, Felipe Campos, suplentes: José Eustaquio Ruíz,
Antonio Silva, Juan Fernández; por la Colonia: don Matías
Ford, Pedro Antonio Serna, suplentes: José Pallares, Este-
ban Nín, José Rovira; por Soriano: don José M. Castellanos;
suplentes: Manuel Chopitea, Luis Peña; por Paysandú:
don Agustín Guarch, Juan M. Martínez; suplentes: Bernardo
Suárez, A. Jáuregui, José Canto; por Cerro Largo: don Esta-
nislao Vega, José E. Zás; suplente: Antonio Abad; por
Maldonado: don Román Cortés, Manuel Losada, Pedro
Ávila, José M. Plá; suplentes: Felipe Vásquez, Rafael
Araujo, Manuel Durán, Manuel Pérez, Justo Camino; por
el Durazno: don Francisco Araucho, Daniel Vidal; suplente: Joaquín Gómez.

Nota—Por el departamento de Montevideo fué electo di-
putado don José Bejar, en lugar del cual, por haber entrado
al ministerio de hacienda, se recibió el primer suplente don
Pablo Nín; por el de la Colonia: no se ha recibido don Antonio Blanco ni se llamó al suplente; por el de Soriano: don
Eustaquio Dubroca no aceptó; por Paysandú: don Juan M.
Almagro no se ha presentado; por Cerro Largo: don Juan
Pedro Ramírez presentó sus poderes: fueron aprobados; pero
no entró á ejercer; por Maldonado: murió el diputado don
Ramón Bustamante; por el Durazno: no pudo ser recibido
el diputado don José Augusto Pozolo por ser comisario
general de guerra, y entró en su lugar el primer suplente
don Francisco Araucho (digo) don Daniel Vidal.

Mi amada Bernardina:

Hoy te escribí cuando fué la canoa á buscar al comandan-te que acaba de llegar y me ha notificado ya lo dispuesto por el gobierno para que me lleven á Europa, pero como ayer vino el compadre Magariños y regresó con una carta para el compadre don Joaquin todavía yo no he contestado al ministro de España respecto á la resolucion que tomaré pero como el gobierno no promete esperas talvez que no me den tiempo ni para despedirme.

Sinembargo Magariños ofreció volver: si lo hace sabre-mos el resultado en el gobierno.

Yo creo que tu no debes exponerte más porque ya se me ha dicho que intentan privarte el que vuelvas á desen-barcar.

Te saluda afectuosamente tu amante esposo que verte desea y abrazarte,

F. RIVERA.

Mi amada Bernardina.

23 de marzo.

Estoy sin novedad y deseoso te encuentres mejorada, te remito los borradores para entregarlos á su autor: no me pa-resen malos es verdad que devian estar con un poco de más energía, sinembargo podrá publicarse.

Acaba de llegar don Manuel Baez y don Bernardino por quien he recibido tu cartita y quedo instruido en ella, vere-mos pues lo que resulta en lo que quieren unos y dicen otros: yo espero el resultado de mis notas á los interventores: su resolucion me abrirá el camino que ha de adotarse en estas difíciles circunstancias, así es que no me atrevo á dar toda-vía mi opinión respeto á la petición á que se quiere hacer sin embargo me parece un buen medio para hacer ver á los interventores el interes en la opinion pública en favor de sus derechos contra la arbitrariedad en un gobierno que ya no está sugeto á las formas constitucionales, desde que aquellas han caducado por haber cumplido su tiempo; y como el gobierno se ha erigido en legislador separándose de la órbita en que le habian colocado las instituciones de la República, por lo tanto yo creo que puedes decir á los amigos que será bueno reunirse y meditar bien este negocio á fin que discutido con madures de un paso digno de lo que es capaz el pueblo oriental y los hombres que aman sus derechos.

Como tú vendrás mañana tendrá el gusto de abrazarte tu amante esposo que verte desea.

F. RIVERA.

Señor don Fructuoso Rivera.

Mi querido amigo y señor:

Lo primero que hice hoy para facilitar los tres mil patacones, fué ver á los ministros interventores, de quienes nada he podido sacar á pesar de muchísimos esfuerzos y muchas razones. Me fué preciso, vista esta negativa, hacer diligencias por otro lado, y encargar á dos ó tres personas el que lo busquen, como lo van á hacer y lo están haciendo con todo empeño. Pero á pesar de él, como la plaza está tan escasa de plata, ha de costar muchos pasos, que se darán sin omitir ninguno, y no será posible que sea hoy; y lo peor es que mañana es domingo y habrá que esperar al lúnes, si hoy no se consigue, como me temo mucho. Yo no descansaré hasta conseguir esa plata que se necesita tan urgentemente, y le avisaré á V. inmediatamente de cualquiera cantidad que para esa obtenga.

Queda de V. su affmo. amigo y seguro servidor Q. S. M. B.

José de Bejar.

Despacho, abril 25 de 1843.

¡Viva la Confederación Argentina!
¡Mueran los salvajes unitarios!

Señor coronel don Vicente González.

Arroyo Negro, marzo 12 de 1846.

Mi estimado y querido compatriota: Con placer he visto algunas cartas de V. insertadas en *La Gaceta*, y por ellas

estoy impuesto de su regreso de los desiertos del Chaco
à su antiguo campo el Arroyo del Medio. Là campaña
feliz que V. ha hecho en el rincón de la República, ha
sido fecunda en sucesos gloriosos, y yo me lleno de complacencia al saber que nuestro querido regimiento ha tenido una parte muy principal en el terrible escarmiento
que sufrieron los hordas salvajes. Con la misma satisfacción
leo la bravura y actividad con que se ha conducido mi
amigo el capitán don Prudencio Arnold; jamàs dudé de
sus buenas aptitudes, y estoy persuadido que reune las
mejores cualidades para un buen jefe. Por todo lo dicho
le dirijo á V. las más sinceras felicitaciones rogándole las
trasmita á todos los amigos en mi nombre, asegurándoles
que me son tan apreciables sus triunfos cuanto que los
reputo como míos.

Su querido batallón, siempre entusiasta, ansía por
cubrirse de gloria, y su mayor orgullo consiste en ser de
los primeros que se distinguen en los combates sin que
pueda arredrarlos el mayor número de enemigos; una
prueba de ello ha sido el combate del 8 del pasado en
el Rincón de San Antonio.

De los detalles de este importante triunfo, ya lo creo
á V. impuesto por el parte que se ha publicado en los
periódicos; nada tiene de exagerado, bien al contrario,
nosotros le hemos calculado á los enemigos mayor pérdida. En ese día glorioso se presentaron los salvajes que
guarnecían el Salto, con una fuerza compuesta de más de
cien hombres de caballería capitaneada por el salvaje
Baez; tan luego que nos acercamos á ellos tomaron posesión de una casa de material que había allí, compuesta
de dos piezas y un galpón: allí formaron echando pie á
tierra la caballada; fué preciso á pesar de la fuerte posición, llevarles el ataque y lo hice sólo con ciento setenta
hombres del batallón, que con una serenidad admirable
despreciaban la muerte por la gloria del triunfo. En efecto,
éste coronó nuestros esfuerzos y tuvimos la satisfacción
de ver morder la tierra á más de cien salvajes. Por la

lista que habrá V. visto en el parte detallado se impondrá del número de muertos y heridos que he tenido, y por ello juzgará el valor con que se han conducido sus valientes soldados; son sin duda dignos del aprecio con que V. los distingue, y yo me lleno de un noble orgullo en tener el honor de mandarlos.

Los heridos están todos restablecidos (á excepción del trompa Vivas que falleció) y deseosos de dar un nuevo día de gloria á la patria.

Sensible es, mi querido compadre, la pérdida que he tenido; esos beneméritos que descendieron á la tumba, cubiertos de inmarcesible gloria, manifestaron su valor digno de los americanos hijos de la libertad, muy particularmente los que sobrevivieron algunas horas después del triunfo, sufrieron los dolores de la muerte con una imperturbable serenidad: entre éstos se distinguió mi querido ayudante, mayor don José Benito Argerich, que exhortaba á todos á que prefiriesen la muerte á la ignominia de doblar la cerviz al yugo ignominioso de infames extranjeros.

Por tan brillante suceso de armas dirijo á V. mis más cordiales é íntimas felicitaciones, y por su conducto á la valiente división de su mando.

El señor comandante Peredo, y mayores Angulo y Suárez, se congratulan en felicitarlo también: sírvase dar mis recuerdos afectuosos á Arnold, Urquiola y demás amigos, disponiendo V. del afecto con que se repite de V. su atento servidor y compatriota Q. S. M. B.

CESÁREO DOMINGUEZ.

¡Vivan los defensores de las leyes!
¡Mueran los salvajes unitarios!

Cuartel general en el Cerrito de la victoria, febrero 23 de 1846

Señor comandante don Cesáreo Dominguez.

Mi querido comandante y amigo: No puedo dejar de poner á V. cuatro letras y manifestarle que su conducta en el día del combate de San Antonio, ha sido heroica y ha dado un nuevo brillo á su bien establecida reputa_ ción cubriéndolo de gloria. Reciba V. mis sinceras é íntimas felicitaciones, y le ruego˜ lo haga en mi nombre con sus valientes oficiales y soldados á quienes tanto los debe la patria, por su bella comportación.

Deploro lo que ha sufrido ese batallón que tan querido me es, y es lo único que ha podido amargar el placer de tan brillante hecho de armas. Reciba V. mi pésame por ello tan sincero como lo son mis felicitaciones.

He encargado muy especialmente al señor general Gómez me haga cuidar mucho los heridos de V. y los trate con la comodidad que ellos merecen.

V. sabe que soy su amigo y lo aprecio mucho; sólo repito que no lo dude, y vea de ocuparme en lo que guste.

Soy de V. su affmo. servidor Q. B. S. M.

MANUEL ORIBE.

¡Vivan los defensores de las leyes!
¡Mueran los salvajes unitarios!

Señor teniente coronel don José M. Caballero.

Mercedes, mayo 12 de 1845, á la2 5 de la tarde.

Mi estimado amigo:

Transcribo á V. el siguiente parte:—«Señor Coronel don J. Montoro.—Asedio de la Colonia, mayo 11 de 1846.—Mi estimado Coronel: á las doce y media de la noche ha salido para arriba la escuadrilla de Garibaldi llevando á su bordo la expedición de los salvajes unitarios.—Firmado: J. A. Álvarez.»—Por este parte se ve de un modo claro que el pardejón Rivera tiene un nuevo plan de desembarque para efectuarlo desde San Salvador hasta las Conchillas, lo que hace creer que los salvajes que desembarcaron en la Agraciada deben tener órdenes para esperarlo en algún punto de la costa que le indico, debiendo atentar sin duda ninguna sobre los mancarrones que he dejado en invernada del otro lado de Vívoras; creo que con estos conocimientos no dejará V. de dar con ellos, previniéndole que el número de que se compone no alcanzan á 200 hombres.

No deje V. pues de comunicarme con frecuencia cuanto ocurra, y le vuelvo á repetir que en la distancia en que estoy no puedo de un modo acertado dictar medidas sino de precaución, para lo que debe V. maniobrar según su experiencia del modo que las circunstancias lo exijan, fijándose muy particularmente en evitar que los salvajes que están en tierra consigan darse la mano con el pardejón Rivera.

De V. atento servidor y amigo

J. Montoro.

Confidentielle.

Montevideo, le 4 juin 1846.

Monsieur le général:

Je prends la liberté de recommander á la bienveillante attention de V. E. le porteur-mon compatriote le Col. Mundelle. V. E. trouvera en lui l'homme dé courage, de perseverance et de devouement qui saura apprecier tous les avantages qu'il y a esperer pour la cause de cette Republique, en servant sous un chéf comme le gen. Rivera.

V. E. peut en toute sureté se fier á la discretion du Col. Mundelle s'il lui plait de lui confier un plan ou combinaison quelconque pour la campagne, et pourra se servir de lui pour ses communications confidentielles avec le Col. Garibaldi ou autres.

Permettez moi de prófiter de cette ocasion pour offrir á V. E. mes felicitations sincéres au sujet des recentes affaires brillants qui peuvent ouvrir les plus hereux resultats pour l'affranchisement du pay du joug etranger, des ennemies de son independence. Si V. E. est secon dée par la prudence et l'autorité de ses amis, je n'en doute pas.

Veuillez Mr. le général agreer l'espresion de ma haute consideration.

Ouseley.

Montevideo, 8 de julio de 1846.

Mi apreciado señor general:

Habiéndome hecho presente don Bartolomé Seide, del comercio de Mercedes, que á la entrada de las tropas de aquel pueblo fué arrebatada su casa, y presos el representante de ella y un español llamado Marcelino López' tomando algunas partidas de cueros que existían en dicho pueblo y San Salvadar, me tomo la libertad de suplicarle tenga á bien de hacer cuanto pueda en su favor, por ser persona que me ha sido recomendada muy particularmente, y espero de su acreditada bondad lo verificará así á fin de que pueda conseguir la libertad de los presos y la devolución de los efectos tomados pertenecientes á la expresada casa.

Con este motivo reitero al señor general las veras de mi más distinguida consideración y aprecio.

CARLOS CREUS.

Señor don Fructuoso Rivera.

Montevideo, junio 5 de 1846.

Mi apreciable compadre y señor:

Aprovecho la salida de don Pedro Gascogne, que lleva efectos y puede convenir á V. que trate sobre ellos, y añado á lo dicho en mi anterior que ha hablado á los ministros sobre el armamento que se harán cargo de pagarlo, tomando para su embolso ganado del que V. tiene, y les servirá á las estaciones marítimas.

También nos darán estos días 20 quintales de pólvora, y ya pusieron en batería dos de los cañones tomados en Obligado: los otros fueron á Londres como trofeo.

Estamos por fortificar Martín García, y que V. pueda disponer de dos vapores tan pronto como se hallen en oportunidad de dar la orden.

Hemos acordado vestir al ejército todo, contando con cueros de los que V. tenga, y otros recursos que dará el convoy que se espera todos los días.

Esperamos con confianza los resultados que V. habrá obtenido de la derrota de Montoro, y del estado en qué se halla la campaña, pues por la frontera del Brasil y por todas partes comenzará á desplomarse la invasión desde que V. tenga un punto más fuerte del modo que me había indicado tantas veces.

Sobre todo, pues, es preciso que V. nos dé sus ideas.

Todavía no estamos en una posición homogénea, pero eso no consiste sino en las terribles circunstancias en que me ha cabido este penoso destino, que no sé si podré sostener mucho tiempo. Yo quisiera ver á V. ya en el centro de la campaña y de la capital. Vea V. cuánto imposible, y por este deseo se penetrará de cómo está su muy afectísimo compadre, amigo y servidor Q. S. M. B.

FRANCISCO MAGARIÑOS.

Señor don Fructuoso Rivera.

Montevideo, junio 24 de 1846.

Muy apreciado compadre y señor:

Como dije en mi anterior sale don Agustín Almeida para que asociado con la persona que V. elija en esa, se hagan cargo de conducir lo que quiera mandar á ésta de lo tomado al enemigo; y según los contratos que fuere conveniente hacer, porque eso ha parecido más arreglado y expeditivo para ir en armonía. V. juzgará si puede servir mi hijo Mateo y lo destinará á esa comisión, ó hará lo que fuere mejor, pues todo queda á discreción de V.

. . . .

Supongo á V. en posesión de Paysandú, y también del Rincón de las Gallinas, comunicando con el Salto y teniendo atrasado á Servando, y aunque vayan los auxilios de Oribe, ya no los temo: tal es la confianza que V. inspira por hechos que es lo que vale en el estado de nuestras cosas.

Ha llegado Chain, y en virtud de la comunicación de V. desde las Vacas fecha del 7. el gobierno se propone acordar con los ministros y los almirantes alguna disposición que satisfaga la justa exigencia de sus avisos, aunque sea opinión de los primeros aguardar á conocer las miras de Urquiza que todavía se consideran misteriosas.

También se piensa en regularizar la legion francesa, de manera que se la pueda colocar en un poco de subordinación, porque al fin es preciso con prudencia y tesón que todo vaya entrando en el orden de las cosas regulares.

. . . .

Su comadre está muy molestada de la pierna, y temo que los fríos la postren según lo que sufre. Encarga sus recuerdos lo mismo que todos mis hijos, y soy como siempre su muy afectísimo amigo y servidor Q. S. M. B.

FRANCISCO MAGARIÑOS.

Excmo. señor general don Fructuoso Rivera.

Montevideo, junio 24 de 1846.

Mi particular amigo:

Nuevamente felicito á V. por la importantísima victoria que ha logrado el 14 en Mercedes, precursora á mi juicio de la pronta terminación de la guerra que hace tanto tiempo está asolando nuestro país. Digo que terminará pronto la guerra, porque en la situación de los enemigos los golpes que V. consecutivamente les ha dado los ha de haber desconcertado hasta el último punto, y el espíritu de la campaña los ha de rechazar muy pronto por todas partes. Ellos están ya abatidos, y sufriendo escaseces y miseria; y se ve claramente por todas partes que la Providencia está cansada de las atrocidades que han cometido, y que los va á castigar: Dios quiera que sea cuanto antes.

. . . .

Anteriormente he dicho á V. que la compra del armamento que V. contrató en el Río Janeiro estaba arreglada con los ministros interventores, los cuales me habían dicho el modo de arreglar ese negocio; pero el caso es que ahora no lo está á pesar de que yo trato de él con frecuencia. Últimamente han dicho que tomarían ganado para cobrarse su importe, porque ellos consumen mucho en sus tropas y buques. Estoy á la mira siempre, como que en esto considero comprometido el crédito de V. y el del gobierno por consiguiente.

Mañana hablaré con el señor Guimaráens para el arreglo del asunto del señor Aranaya y ver el modo de que quede satisfecho lo más pronto posible, y avisaré á V. el resultado.

En atención á lo que V. dice en sus últimas comunicaciones para el mejor desempeño en la remisión de cueros, ganado y demás frutos tomados en el territorio que ocupaba el enemigo, el gobierno ha nombrado un comisionado, que lo es don Agustín Almeida, quien procederá en unión con otro que V. nombre para el mismo efecto. Creo que el señor Almeida tiene la confianza de V. y como es hombre de buenas prendas, ha merecido, por ambas razones, la del gobierno; de este modo nos ha parecido más conveniente y que más pronto vendrán á disposición del gobierno esos recursos que V. le ha proporcionado con sus continuas victorias, y que servirá de muchísimo en esta extrema falta de recursos. Mejor es fletar ahí los buques que no mandarlos de aquí, porque han ido tantos que llevarán menos por el flete, mucho menos de lo que se pudieran ajustar aquí, indudablemente, y el señor Almeida procederá también con toda actividad, y hará todo con conocimiento de V. que así va encargado de hacerlo.

. . . .

Del Entre Rios no sabemos nada de particular; pero parece indudable que Corrientes no se ha separado de hacer la guerra al tirano Rozas, lo que bastará para que no temamos por aquel lado por ahora.

Queda de V. afectísimo amigo y seguro servidor Q. S. M. B.

José de Bejar.

Señor don Fructuoso Rivera.

Montevideo, junio 5 de 1846.

Muy apreciable señor compadre y amigo:

He impuesto á V. de todo lo que he creido conveniente. Ahora escribo ésta á petición del capitán Ansaldo, que será conductor. Él lleva una pacotilla de efectos que podrán ser útiles á las fuerzas y al pueblo, y se entenderá con quien V. disponga para tomar en cambio cueros, etcétera, de manera que puedan combinarse en provecho común.

Anteayer salió Manzanares en el transporte de guerra imperial la *Payuma,* y lo he recomendado á Castro para que regrese lo más pronto posible. De consiguiente creo que él quedará bien servido.

Estamos á espera de don José y de Mateo, y creo que por ambos me impondré de cuanto V. haya juzgado conveniente prevenir, antes de que se determine á venir.

Ayer se acordó avisar á V. que para cubrir el contrato de armamento se debe entregar su valor en cueros y ganado á orden de los ministros y almirantes. Hoy debe eso quedar arreglado para tratar que se despache en la próxima semana, á fin de que esté todo pronto cuando V. venga.

También podrá disponer como de 300 vascos españoles que ofrecen enrolarse para salir con V. á campaña.

En pocos dias quedará despachado el coronel Baez. Los ministros desean que V. trate bien á Garibaldi, que dicen servirá contento á sus órdenes. Les he dicho que si así lo hace V. lo ha de considerar mucho, y por lo mismo conviene que encargue á Baez que se lleven como corresponde y evite las cuestiones que tuvieran lugar con Medina, etcétera.

Quisiéramos saber la verdad de la intención de Urquiza, para poder tomar medidas de precaución en tiempo; si V. ha indagado algo por la persona que iba á comisionar es bueno que me diga su parecer para trasmitirlo á los ministros, y que se descubra, pues temen que llegue á engañar á los correntinos.

Siempre de V. muy afectísimo Q. B. S. M.

Francisco Magariños.

Excmo. señor general don Fructuoso Rivera.

Montevideo, 11 de junio de 1846.

Mi particular amigo y señor:

Supongo ya en esa al señor don Agustín Almeida, y que con él le ha ido un descanso en los asuntos que podrá poner á su cargo, y que le harían á V. perder el tiempo que tanto necesita para ocuparse de muchos otros de la mayor importancia. Yo me alegraré que se desempeñe en su comisión á gusto de V., lo cual se ha tenido presente en su nombramiento, así como la confianza que merece por sus buenas cualidades, que V. conoce.

Llegó el señor coronel Viñas con la remesa de cueros que V. ha hecho con él, y que son un recurso pronto y eficaz, y de mucha utilidad para el gobierno en circunstancias tan apuradas como las presentes, en que hay tantas necesidades que llenar; y en que se cuenta con tan pocos recursos.

La demora de la conclusión en el contrato del armamento que V. mandó venir del Janeiro ha sido más de lo que yo pensaba, debido solamente á aquella falta de recursos, que nos hizo acudir á los ministros interventores. Pero todo está allanado ya, y sin la cooperación de esos señores, y el armamento se entregará desde mañana, según el ajuste que tengo concluído con el encargado de él. Y este negocio puede V. tenerlo ya por concluído, lo cual viene ahora perfectamente, porque ha de necesitar V. armamento de esa clase para las operaciones sucesivas. Estoy muy contento de haber podido dar fin á este asunto que he mirado con el más grande interés, como debia.

El señor Almeida llevó quinientos pares de zapatos de muy buena calidad, que creo habrán llegado á buen tiempo, y que los he considerado propios para lo que son, porque son fuertes y de buena calidad.

Estará V. enterado de la llegada de un vapor inglés á Buenos Aires conduciendo un agente de esa nación, que es M. Hood, hombre muy conocido en esta é indicado por un amigo de nuestra causa. Sin embargo de que hasta ahora nada se sabe de positivo acerca de esa misión, nos ha hecho ya un mal efectivo, porque todo está paralizado, y creo que seguirá así hasta que no se sepa eficazmente su objeto. Parece probable que no nos sea perjudicial, juzgando por todos los antecedentes. Sobre este particular algunos periódicos del Janeiro dan noticias, de que supongo á V. instruido; pero que parece no tienen otro origen que el del mismo Guido, que las esparció, sin haberlas por otro ningún conducto. Estos señores ministros dicen que nada saben, y así es de creer.

Si pudiéramos regularizar la venida de ganado para las raciones de la guarnición, sería muy conveniente, mejor mantenida, y tal vez una economía. Pero esto dependerá del estado de ese artículo por esos destinos.

Hasta ahora no se ha presentado ningún especulador para establecer saladero en esa costa, á pesar de que lo he propuesto á varias personas; esto será más bien obra del tiempo, ó tal vez alguno se presente por ahí que quiera emprender ese negocio á la vista de las conveniencias que resultarían de él. Yo no pierdo esto de vista.

Lo importante que será la venida de cueros no tengo necesidad de ponderarla, porque V. sabe bien nuestro estado, y el señor Almeida le habrá también informado de ello, porque así fué encargado por mí especialmente, así como del de evitar inconvenientes que pueden presentarse en este asunto, de que fué muy enterado.

Aquí todo marcha con regularidad, y todos trabajamos porque así sigan para bien de la República; que es lo que debemos tener siempre por objeto de nuestros desvelos.

Saluda á V. con la mayor consideración su afectísimo amigo y atento servidor Q. B. S. M.

José de Bejar.

Excmo. señor general don Fructuoso Rivera.

Mi particular amigo y señor:

El señor don Pascual Costa me aseguró esta mañana que

hoy mismo quedaría en poder de V. el dinero que se le ha ordenado que le entregue; y en este momento me asegura que ya le ha entregado una parte y va á llevarle el resto, sin que haya falta en la entrega de todo el día. Para mí esto está concluído el sábado, porque quedó en ponerlo á disposición de V. en ese día, como le dije ayer; y como no lo verificó, estoy con cuidado para que no pase hoy sin que ese negocio quede concluído, pues tanto importa el que V. pueda marcharse cuanto antes. Deseo saber lo que ha hecho ya.

Hoy ha ido la nota pidiendo á V. el informe sobre cueros que será conveniente venga con extensión y con los documentos que puedan ilustrar bien sobre el particular.

Queda de V. afectísimo amigo y seguro servidor Q. B. S. M.

JOSÉ DE BEJAR.

Departamento, agosto 31 de 1846.

COMPLEMENTO AL CAPÍTULO LIV

¡Viva la Confederación Argentina!
¡Mueran los salvajes unitarios!

Buenos Aires, julio 3 de 1846.

Mi querido hermano Joaquín:

Hoy ha llegado un vapor inglés conduciendo á Mr. Hood de Inglaterra; viene nombrado ministro para tratar con entera independencia de Mr. Ouseley, y esto lo prueba el que no ha tocado en Montevideo y ha venido directamente aquí. El ministro que ha llegado hoy es uno que ha sido cónsul en Montevideo y muy amigo del señor presidente Oribe; su hijo que se ha desembarcado ya, conduciendo la correspondencia oficial de los ministros Sarratea y Moreno, ha dicho que su padre viene á concluir la cuestión: la persona no puede ser mejor, porque ha estado viviendo en Montevideo nueve años de cónsul y conoce mejor que nadie al Pardejón.

Se anuncia por parte de la Francia á Mr. Mareuill: esto último necesita confirmación, pero es muy probable que así sea, pues no se anuncia que venga otra persona de allí.

Lo felicito porque sin duda estas noticias no pueden ser mejores, y reciba expresiones de Arana, etcétera.

Le desea felicidad su afectisima hermana

Pascuala Beláustegui de Arana.

Es copia.

Joaquín Arana.

¡Viva la Confederación Argentina!
¡Mueran los salvajes unitarios!

Señor coronel don Hilario Lagos.

Campamento en el Saladero del Rosario, febrero 7 de 1846

Mi estimado amigo:

Ya lo considero muy próximo á los salvajes unitarios y de los nuevos aliados del sombrero grande, y muy pronto creo tendrán nuestros milicianos el gusto de probar mandioca de la que traen en ellos. Yo marcho para Santa Fe á consecuencia de un desembarco que están haciendo los salvajes de Corrientes en el Chaco, según avisos que le dan al general Echagüe unos caciques amigos. Si se presentan en pelea, pienso con el auxilio de mi patrona, la Pura y Limpia, sacudirles el polvo y que jueguen el pato los milicianos de Rozas.

Tengo el gusto de adjuntarle esos impresos, y deseándole toda felicidad me repito su fino amigo ·

Q. B. S. M.

Vicente González.

¡Viva la Confederación Argentina!
¡Mueran los salvajes unitarios!

Señor coronel don Hilario Lagos.

Campamento en el Saladero del Rosario, mayo 27 de 1846.

Mi apreciado amigo:

Tengo el placer de saludarlo, y por la de V. he sabido

que se ha repuesto de sus males. Adjunto á V. esas interesantes gacetas: en la del 16 verá V. la salida del torito, el Pardejón lobuno; pero que ande gambeteando y verá como le largamos al héroe entrerriano, que tal vez ahora no pueda escapársele yendo á ganar entre los brasileros; pero para acodillar á ese bruto indomable sólo basta cualquier piquete de orientales y porteños que aun viven por allá. En *La Gaceta* del 20 encontrará V. una sesión de los lores del parlamento muy importante á nuestra causa; por falta de tiempo para despachar no he separado las demás que siempre lo hago dos ó tres veces para imponerme en realidad de todo, como debe ser. Las cartas que V. mandó pasaron á sus títulos. El sargento Luciano con motivo de anuncios de indios, se halla de partida por Melincué, pero pronto vendrá, porque todas las noticias de que los indios han de invadir á esta provincia salen falsas y se dirigen á la de Buenos Aires.

Con los mejores afectos de sinceridad á su señora esposa, me repito su siempre amigo

VICENTE GONZÁLEZ.

¡Viva la Confederación Argentina!
¡Mueran los salvajes unitarios!

Señor coronel don Hilario Lagos.

Campamento en el Saladero del Rosario, julio 20 de 1846.

Mi estimado amigo:

Acompaño á V. esos números de la *Gaceta* en los que verá la reyerta que ha tenido el apologista de los salvajes unitarios, Mr. Thiers, con otros honorables miembros, y lo revolcado que ha salido este fanático.

Nada se adelanta por acá todavía, de los resultados de los trabajos de nuestro gobierno con el nuevo ministro inglés, pero muy pronto se sabrá algo y lo que llegue á mis noticias, se lo comunicará su siempre amigo

VICENTE GONZÁLEZ.

¡Viva la Confederación Argentina!
¡Mueran los salvajes unitarios!

Señor coronel don Vicente González.

Córdoba, septiembre 7 de 1846.

Mi apreciado compatriota y amigo:

Con íntima satisfacción he recibido su apreciable carta con los diarios que tiene la bondad de acompañarme, quedando enterado por ello de la importante comunicación que me transcribe del señor edecán don Antonino Reyes, referente al arreglo que ha hecho con el excmo señor presidente Oribe el ministro especial de los gabinetes de Francia é Inglaterra, señor Hood, de un modo satisfactorio en la cuestión pendiente, que dará por resultado la paz general de la República con inmensa gloria de la Confederación Argentina y del jefe supremo que lleva las R. E. de ella.

Publicada la paz que entre mil beneficios que pródigamente nos ha dispensado el Dios de las misericordias y la que fué concebida sin pecado original, éste será un otro bien que debemos de suprema magnitud, al mismo señor que abatió el orgullo y empecinamiento de Faraon al libertar su pueblo cautivo en poder de éste. No sé, mi amigo, con qué complacencia festejaré tal noticia, ni cómo podré encarecer y encomiar sin defraudar su mérito á nuestro grande amigo el ilustre Restaurador de las leyes en el desenlace de sucesos de tanta importancia y trascendencia al bien del país: con razón dice V. que aquella divina pastora al fin hace aparecer la paloma que salió del Arca del Testamento con el olivo de la Paz, porque después de un naufragio general que por tantos años ha sufrido la patria por los malvados salvajes unitarios, apareció un argentino firme y resuelto á salvar la nave de la libertad é independencia del continente americano. ¡Eterno honor á este ilustre magistrado!

Nada más puede decir á V. su afectísimo amigo y servidor

MANUEL LÓPEZ.

¡Viva la Confederación Argentina!
¡Mueran los salvajes unitarios!

Señor coronel don Vicente González.

Salta, octubre 3 de 1846.

Mi estimado amigo:

Me es altamente grato acusar recibo á tres comunicaciones de V. que han llegado juntas. La última en que me acompaña los artículos que sirven de base para los tratados de paz definitiva sacados de *El Comercio del Plata*, que es por demás interesante. He enviado muchas copias á varios de nuestros corresponsales de Bolivia; con los periódicos que me ha remitido he hecho tanto y no faltará uno que otro devoto en aquellos paises que bendiga con nosotros á la Pura y Limpia que invoca V. como piadoso cristiano.

Por aquí no hay novedad mientras por alli andan las cosas como Dios quiere; pero tenga V. entendido que si fuera de otro modo, los refugiados argentinos en Bolivia, y otra gente de la misma calidad, que están en espectación de los sucesos, nos habrían atropellado, aunque saben que han de salir descalabrados porque tienen que chocar con el patriotismo y ardimiento de los salteños.

El 13 del corriente termina el período de mi gobierno y saldrá á danzar otro que sea más feliz que yo, que entre á disfrutar de la paz general que ya se anuncia. Le deseo días tranquilos y serenos. Entretanto cualquiera que sea mi posición social seré siempre su afectísimo amigo y S. S.

Q. B. S. M.

MANUEL ANTONIO SARAVIA.

¡Viva la Confederación Argentina!
¡Mueran los salvajes unitarios!

Señor coronel don Vicente González.

Santiago, octubre 10 de 1846.

Mi apreciado fino amigo:

Gratamente me contraigo por esta ocasión á contestar

sus muy distinguidas de 27 y 28 de agosto último, y 4, 9, 18 de septiembre ppdo. cuya lectura, así como la de las interesantes notas que me transcribe y diarios que adjunta, me ha sido altamente satisfactorio.

Me hallo hasta la fecha por los citados documentos al corriente de todos los incidentes ocurridos en el curso del grave é importante negocio de paz que se trata con las naciones interventoras, á consecuencia de la misión del señor Hood. Los procedimientos de éste en el lleno de su deber y demás circunstancias provenientes del cambio de ministerio en Londres y convencimiento general en la misma Europa sobre la agresión injusta hecha á los derechos de nuestra independencia, son pruebas nada equívocas de un feliz anuncio al arribo que se pretende por medio de una terminación honrosa y laudable de la cuestión existente con ambas potencias. Nada parece habrá que dudar sobre la verdad de un hecho cuya realización se funda en testimonios que decididamente conduce nuestra creencia á ver cumplidos y satisfechos plenamente los días espléndidos de nuestro engrandecimiento con el triunfo de la sagrada causa que defendemos.

Con sumo placer he visto el caso que V. se digna detallarme, relativamente á la mutación del almirante inglés, con el conjunto de circunstancias posibles que marcan este incidente, y comprendo son los medios infalibles que la mano poderosa del cielo, así como la augusta reina concebida sin pecado proponen, para demostrar su protección decidida sobre la justicia de nuestra causa, siendo de esperar por tanto, que nuestros anhelantes esfuerzos por el sostén de lo más sagrado que es nuestra cara independencia y la muy esclarecida y magnánima resolución del héroe que dirige los negocios de la República obtendrán por premio la excelsa gloria que promete el término que se aguarda y llama nuestra atención.

. . . .

Con grande sentimiento voy á faltar á la promesa que hice á usted en mi anterior, de que hallándome en la obra de la reedificación del templo del convento de San Francisco, debería concluir para el día de la patrona, que es la Purísima, y que la misa celebrada en la colocación de dicha iglesia, debería ser en nombre de usted.

Este plan se me ha frustrado por un acontecimiento que no estuvo á mi alcance prevenirlo; pues, construyendo las partes demolidas del antiguo templo sobre mucha parte de los cimientos, ha experimentado, que al colocar el techo, las paredes han sentido un grande desquicio: á fin de precaver desgracias que pueden originarse si se continuaba en la obra, he tenido á bien desarmarlo todo para la edificación de otro nuevo, como ya lo estoy haciendo. No olvidaré lo prometido para cumplir en cualquier tiempo el que el citado templo se concluya.

Incluyo copia de la nota que me dirige un nuevo corresponsal de Bolivia, coronel don Pedro Cueto, gobernador de Chichas, y también el mensaje del presidente de aquella república que se refiere en dicha nota.

. . . .

Sin más por ahora, me repito de usted como siempre su amigo y affmo. servidor Q. B. S. M.

Felipe Ibarra.

¡Viva la Confederación Argentina!
¡Mueran los salvajes unitarios!

Señor coronel don Hilario Lagos.

Campamento en el Saladillo, octubre 13 de 1846.

Mi distinguido compañero y amigo:

Tengo el placer de saludarlo y adjuntarle unos periódicos que lo pondrán al corriente de los sucesos que se están desenvolviendo en política y los que se están por desenvolver. Los salvajes unitarios en Montevideo, esos obcecados que han perdido la razón y son de aquellos que dice la escritura tienen ojos y no ven, tienen lengua y no hablan y tienen oidos y no oyen; éstos, con la sed del oro extranjero y el americano robado, ese deseo de mandar que los ciega y los hace perder los estribos por elevarse al mando, no quieren ser más que entidades ante las aras sagradas de la patria, á recibir los destinos, que por suerte les dé ó les quite, que todo lo puede hacer ella: para ellos nadie es nada, todos son ellos; y esa su opinión degradada que han de acabar como han acabado los otros caudillos que han seguido esa misma doctrina; por fin, mi amigo querido, tenemos á la cabeza de la República á ese genio de la América que toda la maledicencia de sus enemigos y de estos judios errantes desparramados por todo el mundo no hacen más que hacer conocer, que el ciudadano don Juan Manuel de Rozas está lleno de capacidades con que el Altísimo lo ha agraciado.

Que usted goce de completa salud en compañia de su amable familia y demás personas de su agrado, son los deseos de este su apasionado Q. B. S. M.

Vicente González.

Córdoba, octubre 21 de 1846.

¡Viva la Confederación Argentina!
¡Mueran los salvajes unitarios!

Señor coronel don Vicente González.

Mi distinguido compatriota y amigo:

Con la más grata complacencia me ocupo de acusar el recibo de su apreciable carta fecha 13 del ppdo. y de los papeles impresos que se sirve remitirme de los cuales me hallo enterado, habiéndome contraído, con el interés que inspiran, á su lectura por contener asuntos de vital importancia á nuestra querida patria, aunque tantas veces cuantas leo las piraterías é injusticias de los piratas gringos siento hervir mi sangre y exaltarme en la más profunda indignación como generalmente me sucede, cuando á la vez leo la obra intitulada la *Libertad de los mares ó el gobierno inglés* obra que revela la atroz perfidia de aquel ga-

binete ambicioso y avariento que para saciar su codicia le
parece poco las cuatro partes del mundo descubiertas,
sin pararse en medios por reprobados que sean, porque
aseguran la impunidad con el desmesurado poder y preponderancia marítima que por desgracia de la humanidad
poseen: pero nada importa cuando tenemos á la cabeza
de las masas populares al nuevo Wásingthon de América, el magnánimo señor Rozas, querido de todos los
federales y cuando la justicia está de nuestra parte con
las simpatías de las repúblicas hermanas y de naciones
poderosas.

Los gringos y los salvajes unitarios han puesto á prueba
nuestra moderación y sufrimiento, y no sacarán de eso
más que el convencimiento de que los federales saben
sostener la independencia del país sin contar para ello
el número de los enemigos, ni arredrarnos por los brus-
cos ataques de dos naciones poderosas que aun no saben
hasta hoy lo que importan los pueblos argentinos.

Son muy interesantes los últimos papeles que recibí
ayer con su última carta, por contener algunas publicaciones de impresos de Europa que hacen justicia á la
santa causa que sostiene la Confederación Argentina y
su digno encargado de los negocios generales, á quienes
deseo todo acierto, salud y prosperidad, como á V. siendo
su afectísimo y decidido amigo y confederal Q. B. S. M.

CARLOS AMÉZAGA.

¡Viva la Confederación Argentina!
¡Mueran los salvajes unitarios!

Señor coronel don Vicente González.

Córdoba, octubre 21 de 1840.

Mi estimado amigo y compatriota:

He recibido sus apreciables fechas 8. 13 y 14 del corriente
con los impresos que ha tenido la dignación de adjuntarme
á ellas, por los cuales me hallo enterado de lo que hay
en política con respecto á la maldita intervención anglo-

francesa que ha traído á nuestro país males de inmensa trascendencia de que sólo los salvajes unitarios son responsables ante Dios y los hombres, porque ellos la llamaron y dieron al ambicioso extranjero el tono altanero, y audaz con que hoy se presenta á hollar nuestros sagrados derechos, sin otro título que el de la fuerza y el poder marítimo que tienen. Pero no saldrán con la suya estos viles aventureros. porque la divina justicia protege nuestra santa causa: ella nos proporcionará todos los medios necesarios para repeler tan injusta y bárbara agresión dando al encargado de los negocios generales del país, nuestro grande amigo el señor general Rozas, toda fuerza y vigor que necesite.

. . . .

Amigo: cuando llego á este punto de la intervención, sin poderlo remediar me exalto y me enciendo en tal fuego que quisiera que todos los gringos se hicieran una sola cabeza para de un golpe cortarla. Ahora, qué le diré de los salvajes unitarios esclavos de nuestros fieros conquistadores! Á estos desnaturalizados, indignos del nombre americano, seres que el Infierno abortó, son los que exclusivamente han causado tamaños males, que ni ellos mismos pueden graduar su magnitud: ellos, los que siembran la zizaña y la discordia y los que tanto en Europa, Brasil y Montevideo y demás repúblicas han puesto un taller de patrañas, embustes y maquinaciones para llevar adelante su plan de sangre, ruina y desolación.

Le incluyo la adjunta carta del señor general Gutiérrez para el señor general Urquiza: V. me hará el gusto de remitirla; disponiendo como guste de la invariable voluntad de su afectísimo compatriota y amigo Q. S. M. B.

MANUEL LÓPEZ.

¡Viva la Confederación Argentina!
¡Mueran los salvajes unitarios!

Señor coronel don Vicente González.

Salta, noviembre 4 de 1845.

Mi querido compatriota y amigo:

Al acusar recibo de su última apreciable, mi primer objeto es participar á V. que, vencido el período de mi gobierno, he dejado de ser por el ministerio de la ley un hombre público y me hallo restablecido á la vida privada y á la condición de ciudadano: como tal persuádase V., mi amigo, que no dejaré de elevar mis votos al cielo por la prosperidad de la causa y porque continúe dispensando al héroe argentino ese acierto y profundo tino que forma la gloria de la patria y el orgullo de sus hijos.

Me ha tranquilizado V. mucho asegurándome que á pesar de los inmensos obstáculos á la paz que ha opuesto el ministro francés con infame alevosía, ella se realizará. La opinión de V. es conforme con la justicia y con lo que lícitamente debe esperarse de la civilización de los gabinetes europeos, aunque tantas veces, mi amigo, esta civilización se ha convertido en el abuso de la fuerza y nada más. Dios no ha de dejar sin premio nuestros sacrificios.

Me despido de V. hasta otra vez, protestándole que desde los días de vida pública conservaré el recuerdo de haber adquirido la amistad de V: con tales sentimientos me repito de Vd. affmo. amigo y compatriota Q. S. M. B.

Manuel Antonio Saravia.

¡Viva la Confederación Argentina!
¡Mueran los salvajes unitarios!

Mendoza, noviembre 10 de 1846.

Señor coronel don Vicente González.

Mi querido coronel y amigo:

Tengo á la vista la apreciable carta de V. fecha 13 del

ppdo. octubre, dirigida á nuestro común amigo el señor gobernador don Pedro P. Segura: repito á V. que por especial encargo de éste, tengo el placer de avisar á V. el recibo de aquella, con los siete números de *La Gaceta Mercantil* de Buenos Aires, que V. se sirviera adjuntar.

Son también en mi poder los tres números del *Comercio* de Lafón, que V. se sirviera remitirme. El maldecido, el asesino decenviro, el traidor de aquel bastardo periódico, es bien conocido en los pueblos: sus sarcasmos y calumnias jamás podrán sorprender la opinión federal harto pronunciada en todos los ángulos de la República. Vendido al oro extranjero como hijo adoptivo del sapo Rivadavia, todo lo que salga de su inmunda boca, no puede ser sino blasfemias, corrupción y maldades. Ya tendremos ocasión de arrimarle fuerte en la revista de Mendoza.

Por ahora le remito el número 11 de aquel periódico. La causa federal es inconmovible en los pueblos de Cuyo: reposa en el sentimiento general y profundo de sus habitantes, de adhesión al orden y odio al infame y parricida bando de rebeldes salvajes unitarios. El genio americano, el ilustre general Rozas, adquiere cada día nuevos derechos sobre el corazón de los argentinos fieles al sagrado juramento de la independencia nacional, y muy particularmente en el de su afectísimo amigo

Celedonio de la Cuesta.

¡Viva la Confederación Argentina!
¡Mueran los salvajes unitarios!

Señor coronel don Vicente González.

Santiago, noviembre 14 de 1846.

Mi apreciado compatriota y amigo:

Me lisonjeo en tener á la vista y contestar las estimables de 28 de septiembre último y 8, 13, 18 y 20 de octubre ppdo. Todas ellas, así como los impresos adjuntos, me han instruido del resultado que ha obtenido la negociación de paz que las potencias interventoras por medio de su digno agente señor S. Hood, debieron celebrar con los excmos. gobiernos del Plata y demás ocurrencias consiguientes al desenlace de ese importante asunto.

Me es grato asegurarle que este acontecimiento muy distante de menguar en manera alguna la disposición de los habitantes de esta provincia para la defensa de los derechos nacionales, ha excitado doblemente la susceptibilidad de todos para animarlos en un deseo más ardiente de consagrar sus sacrificios y esfuerzos en favor de la causa que victoriosamente sostienen los pueblos de la Confederación bajo la dirección del ínclito argentino que preside los negocios de la República.

Soy de V. como siempre su fino amigo y afectísimo

Q. B. S. M.

FELIPE IBARRA.

Señor don Fructuoso Rivera.

Montevideo, julio 9 de 1846.

Muy apreciable compadre y señor:

Por el capitán Ansaldo, que salió antes de ayer, avisé á V. lo que ocurría. Ayer llegó mi hijo Mateo, y por él su muy estimada de 1º. del corriente.

Comienzo por repetir á V. mi agradecimiento al auxilio de cueros, que aprecio en doble grado, por la oportunidad y por el modo de atender á ella, tan conforme con mi sentimiento. Así es que V. evita un compromiso, y yo quedo muy satisfecho en todos sentidos.

Aquí comienzan á agitarse reclamaciones por los neutrales, y luego que estén en disposición se mandarán á informe de V., lo que le prevengo anticipadamente.

Nada más se adelanta de la misión de Mr. Hood, sino que según noticias que tuvieron los almirantes, hizo sentir en Buenos Aires la intención de comunicar con Oribe, pero se han dado órdenes para no consentirlo sin que reciban instrucción los referidos almirantes por el conducto regular.

Eso, y el inesperado sigilo de esa misión, ha alarmado á los ministros: Mr. Ouseley se considera desairado. No creen que los gobiernos de las civilizadas naciones de que dependen puedan ceder en sus compromisos, pero temen la intriga de Rozas. El medio más efectivo, en las circunstancias, es, sin duda, que nosotros aprovechemos el tiempo, y que, á pesar de la estación, V. saque las ventajas que pueda de su posición, á que ellos auxiliarán con cuanto puedan. Á ese efecto el gobierno ha determinado el regreso del coronel Baez, que ha escuchado al señor Ouseley, y con quien he entrado en largos detalles que trasmitirá á V. En efecto, cuanto más fuerte sea la actitud que V. tome; cuanto más domine la campaña, tanto más se imposibilitan las patrañas con que alucina Rozas y sus agentes á los gobiernos de Europa. Desgraciadamente no hemos tenido quienes en Londres y París hayan contrarrestado las maniobras de Sarratea, Moreno, Mandeville, Pages, Parish y otros bien asistidos y con recursos para hacer sentir su influencia; de consiguiente no es extraño que aquellos gabinetes vacilen y se dejen persuadir.

Nosotros necesitamos paz. No es materia de cuestión que aceptaremos la que asegure la independencia perfecta de la República, retirando las fuerzas argentinas y desarmando las extranjeras, para que la elección sea libre; pero tantas serán las tranquillas que podrian pretenderse, que debemos colocarnos en actitud de rechazar toda pretensión que menoscabe nuestros derechos.

Por tanto, pues, calcule V. si es posible una operación en estos momentos; cual la que podría ofrecer más ventaja; y entonces, para entrar en ella, diga V. lo que habrá que hacer por acá, ó venga á concertarla de viva voz, si juzga que con su venida no se expone cosa ninguna. Esto es hoy lo esencial, y pronto, lo demás se irá arreglando de conformidad. La tengo completa en la referencia de mandar persona al Río Janeiro; aunque no sea sino un encargado de negocios; pero dado el caso de haber con que costearla, ¿cuál ha de ser esa persona? yo no la encuentro entre aquellas en quienes puede haber confianza. Para el Paraguay y Corrientes supongo á don José habilitado, con Bolivia y Venezuela nos entenderemos, y ya he escrito lo conveniente. Además, podemos entendernos con Guilarte, y también con los señores Jovellano y González; pero para el Brasil es preciso pensar y decidir pronto. Quiero que V. me indique algo.

Por el ministerio de hacienda se va á auxiliar al doctor Ellauri, y al señor O'Brien lo ha despachado favorablemente la asamblea de notables. Éste pasará á Europa.

En cuanto el tiempo me dé para ocuparme del proyecto de premios lo redactaré en forma y se presentará. En cuanto á la medalla con la inscripción de las batallas ganadas, me parece más propio de un cuadro que se coloque en la sala de sesiones. Eso es más duradero y digno, porque el capitán general tendrá también su medalla de oro como jefe del ejército. La espada es una promesa que debe cumplirse, mucho más destinada como está. Los ascensos deben darse previa la propuesta oficial que le ha de hacer en vista de lo ordenado por el gobierno.

El señor Bejar está autorizado para terminar el contrato de armamento, sea con cueros ó ganado en pie.

. . . .

Don Joaquín le manda una comunicación de Garibaldi á quien también es de necesidad hacer que se subordine á la razón, y esa es la confianza de Mr. Lainé que lo favorece y abona. Yo no lo conozco, pero creo que servirá más para la mar, en donde puede hacer buenos servicios, presentando el pabellón oriental en las aguas del río de la Plata.

Desconfianza grande inspiran todos los actos de Urquiza. Los almirantes participan de este sentimiento, y es bueno estar de prevención con él.

Si se realiza la reunión de Hornos y del coronel Blanco, es fácil que de aquí á septiembre pueda V. tener cuatro mil hombres, contando con 300 que se enganchen aquí; pero es indispensable proveernos de armas y de pertrechos.

Nada más por hoy. Reciba V. los recuerdos de toda esta familia, y la sincera amistad de su muy affmo.

Q. S. M. B.

FRANCISCO MAGARIÑOS.

Señor don Fructuoso Rivera:

Montevideo, julio 21 de 1846.

Mi apreciado compadre.

El impreso adjunto impondrá á V. de todo lo que sabemos hasta el momento. Los ministros nada han recibido directamente de Mr. Hood, pero éste ha escrito á su hijo, que todavia no puede saber del resultado de su misión, porque encuentra más dificultades de las que creia á su salida de Londres.

Las noticias de Maldonado y del campo enemigo que refiere el señor Costa, así como las que V. tendrá, son los nortes para dirigir sus operaciones. Hoy lo que nos importa es que V. esté fuerte, capaz de resistir todo el poder que tiene Oribe, porque de eso pende nuestra salvación; de consiguiente es preciso ser prudente y no aventurar nada en momentos de crítica decisión.

Podrá también influir mucho la disposición de Urquiza, y esa es, tal vez, la clave de las entretenidas de Rozas, que quiere ofuscar con sus mañas. Por todo, pues, importa estar sobre aviso y aprovechar los momentos.

Procuro que salga un vapor para Maldonado y que lleve algunos pertrechos que ha de necesitar Brígido Silveyra y nuestra gente que ande por allí, que es regular hayan ya ocupado lo que han abandonado los enemigos.

Con mil recuerdos de la S. y familia me renuevo su afectísimo amigo y servidor
Q. S. M. B.

F. MAGARIÑOS.

Señor don Fructuoso Rivera.

Montevideo, julio 21 de 1846.

Mi querido compadre:

Diferentes ocasiones he recordado que V. me dijo en Río Janeiro lo conveniente que sería nombrar vicecónsul en Puerto Alegre á Maciel—que le habia escrito diciendo que admitiría—y aunque he querido escribirle sobre eso, otras atenciones me han hecho olvidar preguntar á V. no sólo si cree que eso importe hoy, sino también que me indique á quien podría nombrarse en el Río Grande, persona que tomase con calor nuestros intereses, y que fuese, además de oriental, activo y diligente para estos cargos, en. circunstancias que debemos por todas partes rodearnos de gente que sea útil y sirva con entusiasmo. Espero, pues, su contestación, sin perjuicio de tomar razón de las personas que alli podrían servir para ese cargo.

El dador ha de ser don Pedro Esteves que de mucho servirá á V. en la comisaría, y que dará noticias de algunas cosas que por aquí pasan, así como del estado de la plaza con las noticias que ocupan hoy la atención pública

Por conducto del ministerio de guerra, he escrito hoy otra carta, y quedo ansioso de noticias. De V. muy affmo. amigo y servidor Q. S. M. B.

F. MAGARIÑOS.

Señor general don Fructuoso Rivera.

Carmelo, agosto 22 de 1846.

Mi estimado general: Es en mi poder su apreciable del 28 del corriente, con la nota oficial de la misma fecha, á la que se le ha dado el debido cumplimiento: ninguna novedad ocurre por acá; estamos, sí, algo atrasados con la faena de los cueros, á causa del mal estado de los caballos y los malos tiempos que han hecho; sin embargo vamos paladiando como se puede: no he ido aún á Mercedes porque según las comunicaciones del comandante Cano no lo he creido tan necesario; pero en esta semana entrante pienso dar un galopito: las piezas de Mercedes ya están aquí, y Pirán sigue con su obra, que probablemente será la mejor de las baterías y la de menor costo; he tenido parte que el 23 de este entró una partida enemiga mandada por el Corrales que se escapó de Martín García y sorprendió á un oficial y seis individuos de tropa pertenecientes al comandante Paunero que iban de este punto y se habían puesto á tomar unos potros en las Conchillas donde fueron tomados prisioneros y llevados inmediatamente. Hoy me ha asegurado el comandante del vapor francés estacionado en este punto, que la paz se realizará muy pronto, según se lo escriben de Montevideo y la Colonia, y que V. E. irá á Francia de ministro, y Oribe á Inglaterra con la misma representación; esto me ha hecho reir á carcajadas, porque según lo que he oído á V. E. és esta proposición una locura rematada: estamos sin embargo con ansiedad de saber algo: á Ocampo lo espero pronto y por él espero se sirva comunicarme algo y determinarme sus órdenes. Mil recuerdos á mi señora comadre de su atento que B. S. M. de V. E.

Bernardino Baez.

Señora doña Bernardina Fragoso.

Montevideo, noviembre 30 de 1846.

Mi apreciable comadre y señora:

Me he visto favorecido con sus noticias, y satisfecho de que gana la salud en ese punto. Espero que con la buena estación lo pasará mejor.

Ahora le mandamos un enfermo que necesita un poco de campo. Es un muchacho de confianza y capaz de servir á la mano; procure restablecerse, si lo consigue. Como no hay otra persona le damos ese petardo.

La adjunta para mi compadre, le impondrá de la resolución que he tomado por no poder ya pasar por otra casa. Es imposible que pueda seguir con los hombres que han quedado, y las cosas que pasan de diario. Estoy enfermo, y mi sacrificio es inútil con tales elementos. Quiera V. cerrarla y mandarla en ocasión segura, y con expresiones á las personas que estén esa, incluso el padre doctor Vidal, si aun permanece en la vita bona; disponga siempre de un affmo. compadre y servidor

Q. S. M. B.

F. MAGARIÑOS.

¡ Viva la Confederacion Argentina !
¡Mueran los salvajes unitarios!

Señor coronel don Vicente Gonzále s.

Mendoza, junio 1º. de 1846.

Mi muy querido amigo y compatriota:

Con la más grata satisfacción he recibido sus apreciables de 26 de abril, 8 y 12 de mayo último con todos los periódicos y documentos importantes que en ellas se sirve adjuntarme, que precisamente han llegado en los días que celebrábamos el glorioso aniversario de nuestra libertad, los triunfos de los ejércitos de la Confederación y elevábamos sinceros votos al ser eterno por la felicidad y prosperidad del gran argentino y nuestro común amigo el ilustre general Rozas.

No me es posible pintar á V. el vivo entusiasmo y sentimiento nacional con que se han pronunciado todas las masas, y la primera clase de este pueblo, haciendo las más vivas demostraciones de patriotismo y virtud que los anima. En todas partes no se oían más que vivas entusiastas en favor del excmo. encargado de las R. E. de los gobiernos de la Confederación y de los beneméritos jefes oficiales y tropa que con tanto heroísmo defienden nuestra soberanía é independencia. Puedo asegurarle que los salvajes unitarios han visto en tal gloria americana confundidas sus negras esperanzas, que agobiadas bajo el duro peso de sus enormes delitos vivirán eternamente recibiendo el desprecio y baldón de sus compatriotas.

Aguardo con la mayor ansiedad que V. tenga la bondad de avisarme la nueva y terrible lección que deben haber recibido en su regreso los piratas anglofranceses, pues según se me ha hecho entender el general Mansilla los aguarda en San Lorenzo con 16 piezas de distintos calibres. Hoy verán otra vez los conquistadores que el poder de sus cañones nada vale contra un pueblo decidido á sostener su libertad y sus más sagrados derechos.

Concluyo esta carta, mi querido coronel, dándole las más cordiales felicitaciones, y repitiéndome como siempre su mejor amigo y compatriota

Q. B. S. M.

PEDRO P. SEGURA.

¡Viva la Confederación Argentina!
¡Mueran los salvajes unitarios!

Señor coronel don Vicente Gonzáles.

Jujuy, julio 30 de 1846.

Mi estimado amigo y distinguido compatriota:

He recibido por el presente correo su muy apreciable de 7 del que expira con la copia de carta que se ha servido remitirme.

Yo dejo más bien á su consideración la magnitud del júbilo y regocijo que ha causado en mi corazón la noticia nada mejor que de la coronación de la grande obra de la Confederación Argentina, la prueba evidente de la irrevocabilidad de nuestra independencia, el fruto óptimo y pingüe de la constancia y sabia política de nuestro eminente Rozas, el colmo de glorias á que se han elevado por la protección divina los sacrificios heróicos de nuestros amigos y compatriotas federales, de esos guerreros de inmortal fama, á quienes V. dignamente pertenece: ni el tiempo, ni poder alguno humano destruirá sus obras. ni borrará sus ilustres nombres. Esta misma oportunidad esperaba para contestar sus anteriores comunicaciones, retribuyéndole mi grato conocimiento á los patriotas federales comedimientos con que V. me favorece, participándome prontamente las noticias propicias á nuestra causa, honrándome en recomendar mis sentimientos y mi corazón ante todos los jefes del ejército confederado.

Á esta hora lo considero á V. nadando en alegría y recibiendo infinitos abrazos de recíproca felicitación entre los que dígnese admitir el fuerte con que yo le congratulo. asegurándole que no le olvidaré jamás de recordar con tiernos afectos la intersección de la Pura y Limpia, cuyo misterio tan consolador al género humano le celebramos aquí con mucha piedad y devoción.

En su nombre haré doblar este año su solemnidad.

Soy siempre su obsecuente y atento amigo y seguro servidor

Q. B. S. M.

José María Iturbe.

¡ Viva la Confederación Argentina !
¡Mueran los salvajes unitarios!

Señor coronel don Vicente Gonzáles.

Salta, agosto 1º. de 1846.

Mi estimado compatriota y amigo:

Son en mi poder sus dos estimables del 1º. y 7 del que expira juntamente con las copias de las grandes y gloriosas noticias que contienen.

No es permitido dudar de la bondad de dichas noticias, pues son ratificadas por multitud de cartas de Corrientes, dirigidas á estos pueblos del norte por medio de chasques del comercio, avisando á sus corresponsales la gran mudanza que dice experimentar el comercio, á consecuencia de la paz, que creen será celebrada con los gabinetes de Inglaterra y de Francia.

Se han trasmitido á Bolivia á nuestros corresponsales' porción de copias de tan célebres y gloriosas noticias para la Confederación.

. . . .

Los gobiernos y pueblos del interior, querido amigo, ya se preparan con la efusión más ardiente de gratitud para dirigir sus votos al Ser Supremo por la visible protección á nuestra justa causa de libertad é independencia nacional que juramos sostener á costa de los más costosos y valiosos sacrificios, como son la vida y la fama. Los argentinos al lado del hombre grande llevaremos nuestro renombre de virtuosos y valientes republicanos á la posteridad, y seremos la envidia y emulación de las demás secciones de Sud América.

Vaya un abrazo de felicitación y mi gratitud por sus comedimientos.—S. S. Q. B. S. M.

Manuel Antonio Saravia.

¡Viva la Confederación Argentina!
¡Mueran los salvajes unitarios!

Señor coronel don Vicente Gonzáles.

Santiago, agosto 10 de 1846.

Mi distinguido amigo:

Con el acostumbrado placer me honro en contestar sus muy plausibles notas de 7, 9, 14 y 22 de julio ppdo., que han sido recibidas con las respectivas copias é impresos adjuntos, que acreditan los mejores antecedentes para creer por un hecho indudable el arreglo de paz con las dos potencias interventoras.

Este acontecimiento de gloria inmortal para el Excmo. señor gobernador, digno encargado de los negocios de la República, y para la Confederación Argentina, será el motivo más satisfactorio de nuestro grande regocijo.

Asistido del más intenso placer acepto las felicitacio-

nes y federal abrazo que me dirige, siéndome grato re-
tribuirlo con la expresión significativa de mi más cordial
aprecio y deseando llegue el anhelado día que los favorables antecedentes nos anuncian, para el colmo del in-
menso júbilo que nos prepara la brillante y enérgica
decisión de los valientes defensores de nuestros sacro-
santos derechos.

Sin otra cosa que decir á V., me complazco en saludarlo y repetirme su fino amigo affmo. Q. B. S. M.

Felipe Ibarra.

¡Viva la Confederación Argentina!
¡Mueran los salvajes unitarios!

Señor coronel don Vicente Gonzáles.

Mendoza, agosto 18 de 1846.

Mi muy querido amigo y compañero:

Sus distinguidas é importantes cartas del mes de julio
ppdo., cuyas fechas no tengo á la vista por haber mandado aquellos originales al comandante general de la frontera, me ha instruido á mí como á todos los de este pueblo,
de los felices resultados que se aguardan con la llegada
del nuevo ministro Hood, á concluir con nuestras diferencias existentes con la Francia y la Inglaterra.

. . . .

Los nobles eminentes designios del ilustre general Rozas, van á quedar cumplidos: defender en las dos márgenes la soberanía del Plata é independencia de los pueblos
americanos, y demostrar al mundo entero la constancia
y valor del pueblo argentino.

Reciba, mi querido amigo, mil felicitaciones, déselas de
mi parte á sus fieles y dignos compañeros, disponiendo V.
como guste de la voluntad de su affmo. compañero.

Q. B. S. M.

Pedro P. Segura.

¡Viva la Confederación Argentina!
¡Mueran los salvajes unitarios!

Señor don Vicente Gonzáles.

San Luis, agosto 23 de 1846.

Mi distinguido compatriota y amigo:

Consecuente á las fraternales demostraciones con que siempre V. se digna favorecer á la persona del que habla, me es altamente 'satisfactorio en esta contraerme á avisar á V. el recibo de todas sus apreciadas notas (con remisión de ejemplares impresos) fechas 7, 9, 10, 14, 22] y dos de 25 y la última del 29 del pasado, de las que me he instruido de sus contenidos con el mayor júbilo y aplauso, quedando satisfecho con gran asombro de la eminencia con que aun defienden las mismas prensas europeas la dignidad y heroicos procedimientos del ilustre encargado de las R. E. y de todos los negocios de paz y guerra de la Confederación Argentina, brigadier general don Juan Manuel de Rozas; viéndose asimismo rebatidos en todas sus partes los embustes de los miserables anglofranceses por lo que siempre han pretendido y pretenden empañar la brillantez de la antorcha reluciente que pronto cubrirá con la paz y la victoria todo el continente americano, por todo lo que me es debido y grato felicitarlo con toda la emoción de mi decidido patriotismo y entusiasmo, diciendo: Salud y gloria eterna á nuestro amado general don Juan Manuel de Rozas y á todos los demás campeones que secundan su heroica marcha en la defensa del suelo americano, y porque en breve disfrutemos ya mediante sus grandes fatigas del sosiego de la paz que nos producirá grandes días de gloria para la patria y para la Confederación Argentina,

. . . .

Sin nada más que ocurra, me repito de V. como siempre su fiel y obsecuente amigo Q. B. S. M.

PABLO LUCERO.

Señor coronel don Vicente Gonzáles.

Mendoza, diciembre 9 de 1846.

Mi distinguido amigo y compañero:

Ya me tiene V. de regreso en esta ciudad y dispuesto á continuar en nuestra agradable y grata correspondencia. Considero á V. instruido por nuestro amigo el doctor Cuesta de los objetos públicos que me movieron á salir á la frontera del sur: por eso, y porque todos ellos están indicados en varios números de la revista que le adjunto, me excuso de manifestárselo en esta carta, reduciéndome á contestar á su muy apreciable fecha 11 de noviembre último.

En *La Gaceta Mercantil* de Buenos Aires he leído con sumo placer que nuestra sagrada causa federal se presenta triunfante en todas partes, así como el ilustre general Rozas cada día se hace tanto más acreedor de la estimación de los argentinos y americanos. La gloria de haber resistido á las desmesuradas pretensiones de la Francia y de la Inglaterra, solo corresponde al general Rozas y á la Confederación Argentina: ningún gobierno de las secciones americanas manifestára tanta resolución, tanto denuedo y tanto patriotísmo. Si alguna vez dichos gobiernos fuerón insultados en sus derechos de soberanía cedieron á las injusticias del poder, y dejaron que se mancillara al nombre americano.

El gobierno argentino presidido por el ilustre general Rozas no ha permitido que le larguen la piedra como el perro Pechon, y se cuidarán los extranjeros de largarla donde haya algún argentino fiel al juramento sagrado de la independencia nacional. Mientras tanto me repito como siempre de V. afectísimo amigo y seguro servidor Q. B. S. M.

PEDRO P. SEGURA.

!Viva la Confederación Argentina!
¡Mueran los salvajes unitarios!

Señor coronel don Hilario Lagos.

Cuartel general, Calá, enero 30 de 1847.

Mi querido amigo: Con el gusto de costumbre he recibido su muy apreciable de 22 del corriente en la que me pide conocimiento del finado don Eugenio Aberastury y su familia. El señor Aberastury después de haber tenido la suerte de salvar en el reñido combate que sostuvo la heroica, pero desgraciada Paysandú, y cuando ya estaba completamente rendida esta ciudad, fué asesinado á sangre fria, á vista de su hijo (que salvó) sin valerle los ruegos y lágrimas de doña Manuela Marote y toda su familia. Este crimen fué perpetrado por los alevosos asesinos, los vascos, que trajo el salvaje unitario Pardejón Rivera, para concluir con la existencia de aquella infortunada ciudad. La familia del señor Aberastury y el joven Federico se encuentran hoy en la Concepción del Uruguay: con esta fecha le escribo ofreciéndole mis servicios y al mismo tiempo lo hago recomendándola al comandante general para que la asista.

Tengo la ocasión de saludarlo y repetirle que soy su más verdadero amigo, y como á tal atenderé su recomendación.

JUSTO J. URQUIZA.

¡Vivan los defensores de las leyes!
¡Mueran los salvajes unitarios!

Cuartel general, enero 17 de 1847.

Señor comandante don Cesáreo Dominguez.

Querido comandante: Siempre V. en la punta de los valientes, y donde el peligro es mayor. Reciba V. un abrazo y mil parabienes por el espléndido triunfo obtenido el día 8, y en el que tanta parte ha tenido V. y los valientes de su mando.

Felicítelos en mi nombre, y crea que lo quiere y distingue mucho su afectísimo amigo y S. S. Q. B. S. M.

MANUEL ORIBE.

¡Viva la Confederación Argentina!
¡Mueran los salvajes unitarios!

Salto, enero 11 de 1847.

Señor coronel don Hilario Lagos.

Mi querido coronel y amigo: Sin otro objeto que saludarlo y saber de su salud, aprovecho esta oportunidad.

El día 8 del corriente se dió el ataque á este pueblo, y entramos á él después de diez y seis horas de pelear sin cesar; el batallón de infantería de la división de su mando, y que tanto me honra con tenerme á su cabeza, se ha portado con un valor extraordinario, peleando contra los 'salvajes unitarios de un modo que han acreditado públicamente en el ejército que son federales y pertenecen á la división Lagos: ellos, á pesar de la desventaja con que atacaban al enemigo guarecido en un muy fuerte reducto, y despreciando con la mayor serenidad una lluvia de metralla, y el fuego de quinientos fusiles, triunfaron al fin á costa de su valor. La adjunta relación que va por separado, es una prueba evidente por la cual V. podrá sacar en consecuencia el aserto de lo que dejo dicho.

De los cincuenta heridos que se relacionan, tengo el pesar de decir á .V. que me ha asegurado el médico que solo quince ó veinte podrán salvar, pues los demás están heridos malamente, y entre éstos hay algunos lanceados y sableados en una guerrilla que estaba á la izquierda.

Todos los oficiales son acreedores á su mayor aprecio, y la tropa digna de los elogios de su coronel Lagos.

Cuando tenga el gusto de ver á V. le hablaré sobre esto muy circunstanciadamente, pues es un asunto muy largo.

Recomiendo mucho á V. le dé una segura dirección á la carta que adjunto para mi esposa, pues la considero afligida por saber de mí; en esto, como en la remisión de las cartas que puedan venir para mí, le intereso con todo el afecto que sé me profesa V.

Haga V. presente mis recuerdos á toda su apreciable familia y disponga de su siempre amigo.

P. D.—Las listas de revista las remitiré tan luego como pueda ocuparme en ello, pues tanta nota como deben llevar requieren contracción.

J. Bazo.

¡Viva la Confederación Argentina!
¡Mueran los salvajes unitarios!

Lista nominal de jefes, oficiales y tropa que han sido muertos y heridos en el ataque que se dió el día 8 del corriente al pueblo del Salto.

Sargento mayor don Juan Bazo, contuso.

1.ª COMPAÑÍA—HERIDOS: *Capitán*, don Juan Manuel Rolón.—*Subteniente*, don Juan Márques.—*Sargentos*, Casimiro Rivamar, Francisco Martines.—*Cabos*, Pantaleón Luna, Silvestre Quiñones, Luciano Rodriguez.—*Soldados*, Claudio Machado, Gregorio Fernández, Ciriaco Mendoza, José Juárez, Manuel Amarillo, José Ruiz, Pedro Sáenz Valiente, Andrés Castro, Bernabé Correa, José Sánchez, Silverio Justado, Francisco Garay, Felipe Olivera, Lucas Vega, Matías Lómes.—2.ª COMPAÑÍA—HERIDOS: *Sargento*, Gervasio Carrasquero.—*Cabos*, Ramón Salas.—*Soldados*, Blás Ábalos, Joaquín Ojeda, Martin Mingueles, Ceferino Pajón, Justo Rodríguez, Francisco Piñero, Manuel Lómes, José Ortiz.—3.ª COMPAÑIA—HERIDOS: *Sargentos*, Mariano San Martín, Mariano Arias.—*Cabos*, Agustin Rodriguez, Ramón Terrada, Servando Banzás, Domingo López.—*Soldados*, Manuel Martínez, Victorio Pavón, Casimiro Delgado, Antonio Alfaro, Joaquin Bauzà, Benito del Valle, Mariano Cuello, Jerónimo Arenas, Ignacio González.—BANDA—HERIDOS: *Trompa*, Marco Ballesteros, Juan Chupitea—1.ª COMPAÑIA—MUERTOS: *Sargento* 1º, Ezequiel Ferrer.—*Soldados*, Rudecindo Paez, José Rodríguez, Nicolás Pintos, Francisco Gutiérrez—2.ª COMPAÑIA—MUERTOS: *Sargento*, Juan Arce.—*Cabo*, Pedro Adriel.—*Soldados*, José Palacio, Juan Altamirano, Dionisio Medina, Faustino Bargas, Faustino Fúnes, Saturnino Invé, Hilario Parra, Gregorio Ramos.—3.ª COMPAÑIA—MUERTOS: *Soldados*, Aurelio la Patria, Antonio Salas, Joaquín Masa, J. Otarola, P. Tórres.

J. Bazo.

Salto. enero 10 de 1847.

COMPLEMENTO AL CAPÍTULO LV

Jujuy, 16 de abril de 1813.

Mi estimado amigo:

Ya lo supongo á V. regañón con la vejez, y no le hago caso aunque se queje.

Estamos para marchar al alto Perú, porque hasta ahora no hemos podido salir de aquí. Ya V. habrá visto cómo quedó nuestro ejército de resultas de la acción del 20, y nosotros sólo sabemos cómo ha quedado después por la multitud inmensa de enfermos de terciana que cayeron en seguida de la acción, á causa de las continuas mojaduras, malas noches y demás trabajos que sufrieron las tropas hasta el mismo momento del ataque en una estación la más penosa en estos parajes. Los recursos de estos pueblos están agotados y es menester auxiliarse de Tucumán y la frontera: la arriería está destruida: todo el tránsito del Perú asolado y desierto: los ríos crecidos y la gente sólo puede ir á pie: el invierno está encima y los soldados se hallan escasos de ropa que rompen muchísima en campaña. Debemos llevar todos los víveres desde aquí, y éstos ni están prontos ni han podido estarlo para más de tres mil hombres que deben caminar. Todo es preciso allanar para ir como corresponde, á fin de que no sea sorprendido por el enemigo, y que en un contraste de que jamás se debe prescindir, no se renueve la confusión de Babel; y .eso no se hace con gritos de *viva la patria* y soplarse una copa de Rhom, como creen algunos patriotas, que hablan muy bien desde el café, pero no quieren tomar un fusil.

Temo la entrada y ocupación de aquellas provincias, no por lo que son sus pueblos, sino porque no es sola la patria la que tiene fijos los ojos sobre nosotros, ni su voz prevalece siempre especialmente en las épocas de felicidad con respecto á los enemigos exteriores; aunque su nombre resuena por todas partes sirviendo unas veces de máscara á los perversos. Con el favor del cielo lograremos el acierto si tuviésemos quien nos ayude, pues nada se puede hacer sin manos auxiliares; pero, amigo, muchos quieren ser libres sin dejar las pasiones de esclavos, y eso no puede ser: sin profesar ninguna virtud se creen adornados del más ardiente patriotismo, que es un complejo de todas las virtudes, sólo porque tienen volcanizadas las cabezas, y este es el mayor disparate y el más perjudicial.

Si la asamblea continúa con juicio y el gobierno obra del mismo modo en los diferentes objetos á su general atención y con especialidad en el de la elección de gobernadores y demás jefes, todo se vencería, pues nada es imposible para el pueblo que prácticamente desea su libertad; pero decía Phocion que los hombres son más propios para sentir las adversidades que las prosperidades, lo que me hace recelar que nuestras victorias ocasionen algunos males.

¡Quiera Dios que sea todo lo contrario y que la memoria de nuestras desgracias anteriores nos haga detestar los errores que hemos cometido y las pasiones que nos arrastraron á cometerlos!

Sé que se ha criticado la concesión del armisticio que pidió el enemigo, ¡tal es la ignorancia ó la malicia de algunos envidiosos charlatanes! mas nosotros los despreciamos, y tratamos tan solamente de llenar nuestro deber según nos dicta nuestra conciencia; V. bien conocerá los males que ha podido y aun puede causar el enemigo en las cuatro provincias hasta que nosotros las pongamos en seguridad, y esto se podía evitar por un tratado que preparase el armisticio, que en nada nos perjudicaba, pues en los cuarenta días que comprendía no podíamos, como lo ha demostrado la experiencia, llegar á Tupiza y mucho menos á los confines de Chichas. Nadie puede ignorar la situación de Goyeneche y sus secuaces con respecto á sus amigos y protectores de Lima y Cádiz, y á sus enemigos de todas partes, y que sólo por el armisticio se sacarían todas las ventajas á favor de nuestra causa que proporcionaba esta situación.

En el día ya no tendrá ejército, porque habiendo oficia-
do desde Oruro con fecha de 20 y tantos del pasado pidiendo que se extendiese á sesenta ó setenta días desde
esta fecha, después de haber sustraído los fondos públicos de Potosí y hecho otras cosas contrarias á las condiciones con que se le concedía el armisticio; y después
de haber aquella villa y la de Chuquisaca, viéndose des-
amparadas, por estar á la obediencia de nuestro gobierno,
implorado la protección de las armas de la patria, se ha
consultado al S. P. E. permaneciendo en una hacienda de
campo el oficial parlamentario con dos atláteres que lo celan
de toda comunicación hasta recibir la contestación á la consulta, y según ella responden con el mismo á Goyeneche. Va
por otro parlamentario que le hemos dirigido; se le ha avisado el motivo de la demora del suyo para que no extrañe, y que
nuestras tropas continúan su marcha hasta encontrar con
las suyas, respecto de que aun no ha tenido efecto dicho
armisticio por no haber convenido en las condiciones. Si
la contestación del gobierno viene antes de que nos enfren-
temos, obraremos según sus órdenes, y sino, nos veremos
las caras, á menos que se retire hasta el otro lado del
Desaguadero. Entretanto se va aprovechando el tiempo
que no se ha perdido ni por un momento: nuestras divisiones acabarán de salir en estos días de aquí, y él no sabrá
nuestros movimientos. Cuando su oficial vuelva ya tendremos como proteger las provincias libres, sin que le pueda
dar idea de nuestra fuerza ni de los puntos que ocupemos,
para cuyo efecto se tomarán las precauciones convenientes.

Pásenlo ustedes bien y manden á su apasionado primo
y amigo

TOMÁS MANUEL DE ANCHORENA.

Señor doctor don Vicente Anastasio de Echevarría.

República Boliviana—Ministerio de Relaciones Exteriores.

Cochabamba, enero de 1838.

El infrascripto, oficial mayor del Ministerio de Relaciones Exteriores de Bolivia, encargado accidentalmente de

su despacho, tiene la honra de dirigirse al Excmo. señor ministro de igual departamento de la Confederación Argentina, para informarle de la linea de política que su gobierno ha declarado seguir; y de las medidas que en consecuencia tiene acordadas con los de Chile y el Perú, para oponer una firme y enérgica resistencia á la invasión que contra la libertad é independencia de estas repúblicas, se hallaban preparando en España los generales don Juan José Flores y don Andrés Santa Cruz, contando con los auxilios y protección del gabinete de Madrid. Justamente alarmados los gobiernos de Chile y el Perú con la noticia indudable ya de esta tentativa, que sin la intervención de una ó más potencias europeas, y librada sólo á los esfuerzos de aquellos generales, sería un acontecimiento del todo insignificante, y aun ridícula, invitaron al de Bolivia para el acuerdo y adopción de un plan de operaciones, combinación de sus fuerzas, uniformidad de miras y demás recursos que deben emplearse en rechazar la agresión y sostener la independencia común de estos Estados.

El gobierno del infrascripto acogió las que le habían sido propuestas, con todo el entusiasmo y decisión que merecen los sagrados derechos de la América independiente; así es que se apuró á nombrar un ministro plenipotenciario al Congreso Americano; y á proponer al gobierno del Perú las bases de un tratado de alianza defensiva, indicándole al mismo tiempo sus ideas relativas á la defensa del territorio. Con semejante motivo el gobierno del infrascripto ha librado las órdenes más terminantes para levantar su ejército y ponerlo en un pie respetable, y en actitud de rechazar la audaz amenaza que se hace á la independencia é inviolabilidad del suelo americano.

Cualquiera que sea el fin que se propone el gabinete de Madrid, al auxiliar y proteger esta expedición, ya sea el de beneficiar en las democracias del Pacífico una revolución en sus instituciones y forma de gobierno, estableciendo una monarquía á favor de algún príncipe español, ó sea que los generales Flores y Santa Cruz, vuelvan al mando que usurparon y no supieron conservar; de todos modos, el actual ministro de España será responsable ante las naciones del mundo, ante el mismo pueblo español, de los infinitos males que su política pérfida y desacordada, ocasionase en ambos hemisferios.

Este acontecimiento tan súbito como inesperado, por parte de un gobierno que se decía amigo, revela el carácter y tendencias de esas intervenciones europeas, tan frecuentes y tan oficiosas, en los negocios domésticos de las repúblicas americanas; y hacen sentir la necesidad en que se hallan éstas de ponerse en guardia, estrechando los lazos de confraternidad contra toda mira que tienda á menoscabar su independencia y dignidad. El movimiento militar de la República no tiene pues otro objeto que el ya indicado, y el infrascripto cumple con las órdenes de su gobierno, al informar al Excmo. señor don Felipe Arana de esta como de las demás medidas expresadas, para que se sirva ponerlo todo en conocimiento de su gobierno, quien debe estar persuadido de que el de Bolivia, anhela prestar su cooperación y ayuda, á cualquiera de los Estados limítrofes que la necesidad exija, contra toda agresión europea.

Con este motivo le es muy grato al infrascrito ofrecer al señor Arana el testimonio de la alta y distinguida consideración con que tiene la honra de ser, su atento, obediente servidor

Domingo Delgadillo.

Al Excmo. señor don Felipe Arana. ministro de relaciones exteriores de la Confederación Argentina.

El Cabildo de Tarija al señor general mariscal capitán general y supremo delegado de las Provincias del Rio de la Plata. don Juan Antonio Álvarez de Arenales.

Esta provincia por su voto general está agregada al alto Perú, ya en uso de la plena libertad que el mismo Congreso General Constituyente de las Provincias del Rio de la Plata ha sancionado que disfruten las del alto Perú, para disponer

de su suerte según mejor les convenga á sus intereses y felicidad; y si éstas tienen esta regalía no obstante haber pertenecido siempre á la capital de Buenos Aires, con igual ó
mayor derecho debe gozarla Tarija que sólo perteneció á
Salta desde la erección de su obispado, de cuya orden se
suplicó oportunamente por lo político; ya porque quiere
reasumir las augustas funciones de soberanía que el supremo libertador se ha dignado prodigar á los pueblos americanos para que decidan libremente de su suerte en orden
á sus intereses y gobierno, conforme al deseo del poder ejecutivo de las Provincias Unidas del Río de la Plata, y de
las mismas dichas provincias del alto Perú; y ya finalmente (omitiendo otros poderosos motivos), en demostración de los brotes sinceros de gratitud y reconocimiento
á los libertadores que tanto se han sacrificado hasta romper las cadenas que á Tarija y demás pueblos del Perú
oprimían.

De todo se ha dado cuenta á las superioridades: se
espera la contestación y del mismo modo la resolución
de la asamblea general que se ha congregado para esta
decisión; y mientras tanto, no se puede hacer innovación
alguna sin hollar los altos respetos que tan justamente
son debidos.

Dios guarde á V. E. muchos años.

Tarija, julio 16 de 1825.

*Ignacio Meallo—Manuel de Leaplaza—Bernardo
Trigo—Manuel José Araoz—Agustín Mendieta —
Francisco Javier de Arze—M. Sacarías Zaracho—
Pedro Zebracos,* Procurador.

Impuesta la honorable junta de la nota del gobierno
de 8 del corriente; de la original adjunta del Cabildo de
Tarija, en que se continúe la agregación de aquella villa
á las provincias del alto Perú; y de las contestaciones oficiales tenidas anteriormente á este mismo respecto con el
Excmo. señor gran mariscal de Ayacucho, libertador del

Perú, Antonio José de Sucre; en sesión de hoy ha considerado:

1º. Que la villa en Tarija estuvo bajo la dependencia de Salta y del Estado argentino, cuando éste en el año 10, proclamando á la faz del mundo la *libertad*, hizo pedazos los eslabones con que gemian en esclavitud los pueblos del alto Perú.

2º. Que con este conocimiento el Excmo. señor gran mariscal de Ayacucho, libertádor del Perú, Antonio José de Sucre, previno expresamente al señor coronel Francisco B. O'Connor, que prescindiera y no se mezclara enlos negocios de la villa de Tarija.

3º. Que á consecuencia del pronto obedecimiento del señor coronel O'Connor, la villa de Tarija ratificó su dependencia de esa provincia por actos solemnes comunicados oficialmente á este gobierno.

4º. Que esta villa, aun sin ratificar su asociación con la provincia de Salta, no ha podido legalmente separarse de ella ni del Estado á que siempre ha correspondido.

5º. Que el poder y facultades de los Cabildos no alcanzan á la de resolver sobre el negocio más importante á la suerte de los pueblos, cual es el presente.

6º. Que siendo conformes en todo los artículos antecedentes á los conceptos que en la materia se ha dignado manifestar el Excmo. señor libertador del Perú, no considera esta provincia ó su representacion, faltar en la sancíon que ha hecho, al respeto que le debe: y en su virtud, conciliando su deber con la liberalidad quo la anima, ha acordado y decretado los artículos siguientes:

«1º. La provincia de Salta no reconoce legal y bastante la resolución acordada por el Cabildo en Tarija y comunicada á este gobierno en nota de 15 de julio último, por la que se separa de esta provincia y se agrega á las del alto Perú aquel territorio.

«2º. Si el expresado Cabildo pretendiese sostener este acto con el pronunciamiento de una asamblea popular, el Poder Ejecutivo de la Provincia en virtud de sus atribucio-

nes. tomando las medidas más eficaces al efecto. garantirá
la libre y legal instalación de una junta general de representantes de aquel departamento, que delibere sobre éste
negocio.

«3º. En el caso de que por esta asamblea resulte confir-
mada la declaración del Cabildo, ella deberá quedar en
suspenso, hasta la resolución del Congreso General de las
Provincias Unidas, á quien se dará cuenta inmediatamente
por medio del Poder Ejecutivo Nacional con los documentos
correspondientes.»

«4º. Comuníquese al Poder Ejecutivo á los fines consiguientes.»

En debido cumpl miento tengo la honra de transcribir-
los á ustedes.   Dios guarde á ustedes muchos años.

Sala de sesiones en Salta, agosto 12 de 1825.

Antonio Castellanos, presidente.—*Doctor Pedro Buitrago*, secretario interino.—*Señor gencral gobernador intendente de la Provincia.*

Reservada.

Después de sancionados los artículos transcriptos en la
nota adjunta, la honorable Sala no ha podido prescindir de
manifestar sus deseos al señor gobernador, de que se digne
personalmente encargarse de lo contenido en el artículo 2º.
Ella ha considerado, que á sólo suceso, acompañado siempre del espíritu público que le anima en grande, igualmente que á su probado tino y pulso remarcable en la
dirección de los negocios políticos, es dable el cumplimiento
de la sanción de la sala: y clasificando en consecuencia,
por necesaria su marcha á la villa de Tarija, ha acordado
se haga al señor general gobernador esta insinuación oficial, depositando en él, como siempre, el lleno de su confianza.

De orden de la misma honorable Sala, tengo la honra de
dirigir á V. por la vía reservada esta comunicación.

Dios guarde á V. muchos años.

Sala de sesiones de Salta, agosto 14 de 1825.

Antonio Castellanos, presidente.—*Dr. Pedro Buitrago*, secretario interino.—*Señor general gobernador intendente de la Provincia.*

Potosí, 25 de octubre de 1825.

Los que suscriben tienen el honor de hacer saber á S. E. el libertador de Colombia, encargado del mando supremo del Perú, que se hallan con órdenes de su gobierno para reclamar de S. E. la devolución del territorio de Tarija, ocupado por una división del ejército unido libertador. Los que suscriben han manifestado ya á S. E. esto mismo antes de ahora en las conferencias privadas que se han tenido sobre la materia y llenos de satisfacción por la uniformidad de sentimientos de S. E. hacen ahora la reclamación formal y expresa en que ha convencido S. E. y que creen los que suscriben necesaria para evitar en lo sucesivo cualquier motivo de divergencia que pudiera ocurrir en un negocio terminado definitiva y solemnemente entre autoridades competentes. Á mas de esto, los que suscriben creen que en materias de esta naturaleza que con el trascurso del tiempo pueden dar origen á desavenencias entre Estados destinados, por otra parte, á ser sinceros amigos, no hay precaución que sea supérflua para evitarlo, y es esta la razón que los impulsa á suplicar á S. E. se digne dictar oficialmente:

1º. Que reconoce anárquico el principio de que un territorio, pueblo ó provincia tenga el derecho de separarse por su propia y exclusiva voluntad de la asociación política á que pertenece, para agregarse á otra, sin el consentimiento de la primera.

2º. Que en vista de los documentos presentados á S. E. resultando justificado que antes de los acontecimientos de la revolución el territorio de Tarija pertenecía á la provincia de Salta, reconoce como parte integrante de aquella provincia y por consiguiente de la República de las Provincias Unidas del Río de la Plata, dicho territorio.

Los que suscriben cumplen con su más grato deber ofreciendo á S. E. sus sentimientos de respeto y consideración particular.

(Firmados): *Carlos de Alvear—José Miguel Díaz Vélez—Excmo· señor libertador, presidente de la República de Colombia, encargado del mando supremo de la del Perú.*

Es copia, *Oro.*—Está conforme.

DOMINGO OLIVERA.

Corrientes, abril 22 de 1847.

Señor don Hilario Lagos.

Distinguido compatriota y amigo: Luego que recibí su última comunicación dirigí á Maciel y Ballejos sus dos cartas conservando en mi poder la que venía para Silva que se la dirigí en estos días en el destino en que hoy se halla.

He recibido los periódicos que se ha dignado remitirme, y por ello rindo á V. como acostumbro mi más íntimo agradecimiento.

Hasta aquí se conservaron nuestros negocios de transacción paralizados; pero no pierdo la esperanza de ver pronto su feliz terminación.

Si algo oyese V. hablar sobre el particular, que no sea conforme á nuestros deseos, suspenda su juicio, hasta que yo le avise, pues no me descuidaré en hacerlo oportunamente.

Celebro su restablecimiento, saludándole con el placer que acostumbra su afectísimo confederal y servidor

TEODORO GAUNA.

Señor coronel don Hilario Lagos.

Corrientes, abril 21 de 1847.

Mi distinguido señor y amigo:

He recibido por el correo los diarios de Buenos Aires que

V. se ha dignado enviarme. Los he agradecido íntimamente, porque aquí son, como dije á V., antes de ahora, el único barómetro capaz de dar alguna luz sobre los grandes intereses nacionales, en cuya defensa y vigilancia se halla tan digna y heroicamente empeñado nuestro bello país.

El papel de esta capital no se lo adjunto á V. porque desde que tomó un nuevo título, se ha desnudado absolutamente de todo color é interés político; y aun ha anunciado la suspensión de su carrera regular.

Dígnese V. hacer presente mis afectuosos acuerdos á mi señora doña Toribia y demás familia; disponiendo entretanto, sin reserva, de la pura voluntad con que será su obsecuente amigo Q. B. S. M.

TIBURCIO FONSECA.

¡Vivan los defensores de las leyes!
¡Mueran los salvajes unitarios!

Señor coronel don Hilario Lagos.

Corrientes, abril 4 de 1846·

Mi querido amigo: He recibido su apreciable carta con fecha 8 del mes de marzo, en donde veo que goza de una perfecta salud.

Querido amigo, he llegado en mi país con mucha felicidad, pero después he sentido de haber venido de la provincia de Entre Rios porque aquí nos consideran como enemigos por haber defendido la causa federal.

De asuntos políticos nada está bueno por acá, porque á según vamos, más seguro es que va á declararse la guerra otra vez.

Soy su afectísimo amigo Q. B. S. M.

TEODORO MACIEL.

¡Viva la Confederación Argentina!
¡Mueran los salvajes unitarios!

Corrientes, abril 2 de 1847.

Señor coronel don Hilario Lagos.

Mi apreciable compatriota y amigo:

Desde que llegamos á esta provincia no he tenido el

gusto de dirigirme á V. como siempre he deseado hacerlo,
muy particularmente cuando fué nuestro amigo el comandante Silva á quien recomendé me disculpase con V., dándole mis agradecimientos por el envío que me hizo de
periódicos que, por aquí, como V. debe suponer, son de
muchísima importancia porque no se consiguen con ninguna diligencia.

Ya sabrá V. que el compañero Galán no ha conseguido
nada de estos hombres. de manera que ha tenido que sus-
pender la negociación de paz de que vino encargado y ha
pedido órdenes á ese gobierno para que resuelva en el crítico actual estado en que se halla este grave asunto, suponiendo como es de presumir se las dará para que se retire;
y en tal caso fácil es calcular cuáles serán las medidas
que tomará el señor gobernador Urquiza. ¿Quién creería
esto, mi amigo? Pero deseo que V. y demás compañeros
se fijen en nuestra actual situación, que después de haber
sido desarmada y licenciada la división correntina, que
trage á mis órdenes de esa provincia, fué ignominiosa-
mente despojada de la divisa nacional federal que usaba,
y consiguientemente muchos de los individuos que la componían han sido insultados y vejados de la manera más
soez y grosera, sin que ninguno de los que cometían tales
atentados hayan sufrido la más leve reconvención de la
autoridad; de manera que por momentos aguardamos que
den con nosotros un paso escandaloso de traición porque
estoy convencidísimo que aquí todo es maldad é infamia.
Excuso adelantar más sobre este punto desde que el señor
Vivar, portador de esta, hablará con V. y le relacionará
del estado actual de mi desgraciado país.

El Paraguay se halla en una suma escasez de todo en
general, tanto que habiéndose notado de algún tiempo á
esta parte una considerable falta de dinero, el gobierno
ha hecho emitir 200.000 $ en papel, que tan luego que lo
hizo circular tuvo un gran desmérito, por la razón muy
sencilla de que tampoco tiene ningún crédito, que la opinión pública de todo el país está en oposición á su marcha

gubernativa. El señor López continúa comprometiendo al Paraguay en guerra con la Confederación, pero no será así algunos días después, porque sabemos positivamente que el Brasil, que era toda su esperanza, ha empezado á serle indiferente en su anterior estrecha relación de amistad, por lo cual creemos que en poco tiempo pasará por lo que con justicia exige el Excmo. general Rozas; y si no sucediera así, el Paraguay es una Ovia enteramente insignificante que con poca diligencia quedará allanado.

No preciso repetir á V. lo que otra vez le he dicho, que me considere en esta provincia por su primer amigo y que me honre con sus órdenes cualquiera que sean, que en cumplirlas tendré mucha satisfacción.

Mis respetos á su amable señora y familia, quedando de V. fino apreciable amigo y servidor Q. B. S. M.

Benjamín Virasoro

Señor coronel don Hilario Lagos.

Goya, mes de América 13 de 1847.

Mi respetado amigo y señor:

Con sumo placer me he impuesto de su muy favorecida fecha 7 del que corre: en ella veo la demasiada bondad de V. hacia mí, pues me dice, que desde mi separación de esa no haber recibido ninguna mía, y que aun así continúa con sus favorecidas, á lo que contesto diciendo: que tan luego que llegué á ésta escribí á V. muy extensamente, incluyéndole otra para el señor Arana: escribí otra por conducto del señor Merney, y otra por el correo; siento, mi querido coronel, que hubiese estado en ese descubierto con V., tanto porque mi comunicación primera puede serme fatal, cuanto porque siempre he querido acreditar con V. mi particular aprecio así al mérito de su persona, y espero que V. me tendrá por salvado del justo cargo, puesto que las mías fueron extraviadas.

La política de este país está en un silencio profundo.

desde que los tratados de Alcaraz no han tenido efecto;
y nosotros *los rosines,* según nos llama, estamos mirados
con el ojo izquierdo del que manda: como ha de ser, sea
lo que fuere, no podré renunciar de las personas que aprecio y respeto.

Deseo que V. en compañía de su señora y niños sean
felices, y que si de algún modo les puede ser útil lo hon-
ren con sus órdenes, à este su atento amigo y seguro servidor Q. B. S. M.

GREGORIO ARAUJO.

¡Viva la Confederación Argentina!
¡Mueran los salvajes unitarios!

Señor coronel don Hilario Lagos.

victoria, julio 21 de 1847.

Muy señor mío y amigo:

Su apreciable carta de 13 del corriente me instruye que
las comunicaciones recomendadas por mí fueron encamina-
das á su destino por el favor de ustedes.

Nada extraño ha sido para mí el contenido del párrafo
de la carta de don Teodoro Gauna que se dignó usted trans-
cribirme en la suya.

Jamás había querido yo hablarle una sola palabra de las
negociaciones de paz con Corrientes, tanto por la delicada
posición que antes ocupaba, cuanto por no fiar à la pluma
los objetos de tanta magnitud que encierran en sí dichos
asuntos de los que me he estado, y me parece que estoy
muy bien impuesto de todo lo versado en el particular.
Mas, ahora, ya que usted me ha movido ese punto, diré
compendiosamente, que desde muy antes de ahora ha sido
mi opinión, la que fué robustecida firmísimamente después
que las cosas pude palpar en mi infortunado país, que con
los Madariaga nada bueno, sólido ni honorífico podrían hacer los gobiernos de la Confederación, en razón que en
aquella imbécil administración los hombres de más influencia son unos verdaderos infames aventureros, ó salvajes

unitarios de lo más corrompido que tiene ese bando rebelde. En ningún caso, no es posible unir el vicio con la virtud.

La marcha gubernativa de ellos (que así llaman esos enemigos irreconciliables de la patria) toda ella está llena de inexactitudes, intrigas y todo género de impureza, llevando solamente por norte en calidad de sistema la anarquía y ninguna otra cosa que la anarquía: ¡senda reprobada por donde entraron á figurar, como á nadie se le oculta, esos hombres ingratos que la excesiva generosidad de los gobiernos federales los ha hecho reconocer como miembros legítimos del mando y dirección de la provincia de Corrientes, la que, siendo acreedora de suerte menos desgraciada, siempre la vemos sumergida en el lamentable caos de insurrección, miseria y dislocación.

Señor coronel, porque yo soy nacido en el país y en él tengo mis más caras afecciones que están sacrificadas. y porque también son positivos mis asertos que los ulteriores sucesos así los justificarán; no he trepidado en expresarme con este lenguaje de la verdad ante un amigo federal respetable, por lo que espero que la prudencia de usted disimulará: protestándole por último, que en todo lo que llevo dicho he hablado con imparcialidad, absolutamente desprendido de innobles animosidades, espíritu de partido ó pasiones personales.

Y deseando salud, felicidad y prosperidad para V. S.. le reproduzco que soy su leal amigo y deseoso servidor

Q. B. S. M.

ANTONIO EZEQUIEL SILVA.

ÍNDICE DEL TOMO IV

CAPÍTULO XLVI.—*La prensa propagandista del Plata* (1843-1844).

I. La prensa de propaganda de los unitarios: *El Nacional* de Montevideo.—II. Transformación política de don José Rivera Indarte.—III. La primera juventud de Rivera Indarte.—IV. Circunstancias que influyen sobre su carácter.—V. Sus primeras armas en *La Gaceta Mercantil*, en *El Investigador* y en *La Revista* de Montevideo.—VI. De regreso á Buenos Aires se afilian en el partido federal: su propaganda en *El Imparcial*.—VII. Generalización de su propaganda: resumen crítico de sus trabajos políticos y literarios.—VIII. Su propaganda en el *Diario de anuncios*: sus fervores por el gobierno con la *suma del poder público*, y la represión radical.—IX. Asocia su poética para exaltar á su héroe y propagar el odio.—X. Apojeo de Rivera Indarte.—XI. Sus relaciones con don Santiago Vásquez y los emigrados unitarios: sus esfuerzos para desvanecer las desconfianzas que provoca.—XII. Cómo le explica Vásquez á Rivera la prisión de Rivera Indarte.—XIII. Rivera Indarte en Montevideo: móviles que lo empujan: como lo juzga Echeverria.—XIV. La propaganda de odio y de venganza de *El Nacional*.—XV. Perfil de esta propaganda.—XVI. El competidor de Rivera Indarte: quien era don Nicolás Mariño.—XVII. Paralelo entre Rivera Indarte y Mariño: fisonomía periodística de ambos.—XVIII. Idea de la lucha entre *El Nacional* y *La Gaceta Mercantil*: el gran monstruo de Rivera Indarte.—XIX. Forma bajo la cual es presentado para que el lector juzgue por su propio criterio.—XX. Cómo rebate Mariño las *efemérides* de Rivera Indarte.—XXI. Las *tablas alfabéticas* de Rivera Indarte: las matanzas de 1810 y 1812.—XXII. El canibalismo argentino de Rivera Indarte en las batallas de la guerra civil.—XXIII. Los libelos de Rivera Indarte contra la vida privada de las personas.—XXIV. Las *ilusiones* de Rivera Indarte sobre la influencia de Rozas, y el modo cómo las glosa Mariño.—XXV. Cómo resume Mariño los antecedentes de la lucha entre unitarios y federales á partir del 1.º de diciembre de 1828.—XXVI. Contraste que presenta Rivera Indarte entre la civilización y la barbarie: sus apólogos á Rivera.—XXVII.—Cómo resume Mariño la vida de este último.—XXIII. La réplica de Rivera Indarte, y lo que autoriza á llamarle *pardejon* á Rivera.—XXIX. Cómo funda Mariño el apodo de *pardejón*.—XXX. Cómo explica Mariño el mote de *mueran los salvajes unitarios*.—XXXI. Cómo

CAPÍTULO XLIX. — *Intervención de la Gran Bretaña y de la
Francia* (1844-1845)

I. Idea de la intervención armada en 1845. — II. El plan de los coaligados:
la misión Varela: las reservas de lord Aberdeen. — III. Porqué la Gran
Bretaña no quería intervenir conjuntamente con el Brasil. — IV. Fracaso
de la misión Varela: la Gran Bretaña procede según su conveniencia. —
V. La misión Abrantes y la negativa de Rozas á ratificar el tratado de
alianza con el Imperio: protestas que aquélla provoca en el Brasil. — VI.
Términos de la misión Abrantes: fracaso de la misma. — VII. Cómo se
mira en el Brasil la renuncia que ofrece Abrantes á las pretensiones del
Imperio sobre el Estado Oriental. — VIII. Rozas y la misión Abrantes: la
prensa de Buenos Aires pone en transparencia los propósitos de aquélla. —
IX. Impresión de Varela al respecto: Varela y Aguero pretenden aquietar

CAPÍTULO L.—*La misión Ouseley-Deffaudis* (1845).

CAPÍTULO LI.—*La intervención anglofrancesa* (1845).

I. Los emigrados y el general Paz. — II. Invasión de López á Santa Fe: simultáneo avance de fuerzas de Paz sobre Entre Rios. — III. Echagüe se

rehace y retoma Santa Fe : persigue á López y lo destruye en San Jerónimo. — IV. Hostilidades de la intervención : las escuadras de Gran Bretaña
y Francia capturan la escuadra argentina : vejámenes á los argentinos prisioneros : libertad de Brown á condicion de que deje el servicio. — V. Rozas
comunica lo ocurrido á la legislatura : ésta lo autoriza para que proceda
en sostén de la dignidad nacional. — VI. Los interventores se reparten la
escuadra argentina y se proponen apoderarse de los puntos dominantes
del litoral. — VII. Ponen bajo el mando de Garibaldi los buques argentinos
apresados, y las escuadras combinadas se internan en las aguas del Uruguay y Paraná : declaración de bloqueo. — VIII. Las escuadras combinadas intiman rendición á la Colonia : bombardeo y toma de esta plaza. —
IX. Los almirantes aliados fortifican la Colonia y se dirigen á tomar la
isla de Martin Garcia : aparato para rendir diez soldados inútiles. — X.
Mandan á Garibaldi asaltar á Gualeguaychú : saqueo á este pueblo : impresión que dejó tal saqueo. — XI. Curiosos fundamentos de los interventores para declarar bloqueados los puertos y costas de Buenos Aires :
alardes de sus agresiones. — XII. Protesta del gobierno argentino : desmentido del cuerpo diplomático en Buenos Aires á las imputaciones de
los interventores.—XIII. Los aliados atacan á Paysandú y no se atreven á
desembarcar : empresa frustrada de Garibaldi sobre Concordia : ocupa el
Hervidero. — XIV. Diaz apresa una goleta con la correspondencia de los
aliados : botin de Garibaldi en el Salto. — XV. Proposiciones de paz que á
solicitud del residente de Francia presenta el gobierno argentino : los
interventores las rechazan y se preparan á forzar los pasos del río Paraná.
— XVI. El país entero acompaña á Rozas á repeler la guerra que le traen
los aliados. — XVII. La prensa del mundo acompaña con sus simpatías á la
Confederación Argentina y á Rozas : la prensa del Brasil. — XVIII. La
prensa de Chile: la de Estados Unidos. — XIX. Rozas conceptuado por el
consenso universal, el representante armado del principio republicano y

CAPÍTULO LII.—*La intervención anglofrancesa y la guerra:
Obligado* (1845-1846)

I. La *Vuelta de Obligado* y la situación del general Mansilla. — II. Colocación y dotación de las baterías de Obligado.—III. Distribución de las
fuerzas argentinas: el bergantin *Republicano* interceptando el pasaje del
río. — IV. Cálculo de probabilidades de Mansilla. — V. Reconocimiento
que ordena de los buques aliados: proclama de Mansilla antes del combate. — VI. Número y dotación de los buques ingleses y franceses que llevan
el ataque sobre las baterias argentinas — VII. Heroísmo y estragos: falta
de municiones: Graig hace volar el bergantin *Republicano*: los aliados
llegan á la línea de atajo: el momento crítico del combate: ventajas parciales de los argentinos: Hope corta la línea de atajo: la batería de Thorne: Thorne queda fuera de combate: el cuadro final: desembarco de los
aliados: Mansilla fuera de combate al conducir una carga á la bayoneta.—IX. Último esfuerzo del coronel Rodriguez: testimonio póstumo del almirante Sullivan. las pérdidas de ambas partes. — X. Victoria problemática de

CAPÍTULO LIII.—*La guerra con Gran Bretaña y Francia* (1846).

I. Urquiza regresa á Entre Ríos que amenazan los aliados por los ríos y Paz desde Corrientes. — II. Operaciones de Urquiza contra Paz.—III. Paz rehuye el combate y levanta su campo de Villanueva. — IV. Combate de *Laguna Limpia:* derrota de la vanguardia de Paz. — V. Éste toma posiciones en *Ibahai:* retirada de Urquiza: resultado de su campaña. — VI. Negociación entre Urquiza y los Madariaga sobre la base de la separación de Paz: Madariaga le da de ello conocimiento á Paz. — VII. Paz se propone desbaratar estos arreglos y depone al gobernador Madariaga: éste se sobrepone y Paz destituido se retira al Brasil. — VIII. Rozas estimula el arreglo con los Madariaga: la prensa de Montevideo ante las declaraciones del gobernador de Corrientes. — IX. Lo que Rozas descubre á través de esto. — X. La negociación entre la Comisión Argentina de Montevideo y los interventores con Urquiza sobre la base de la segregación de Entre Ríos y Corrientes. — XI. Urquiza le trasmite á Rozas los antecedentes de este asunto: cómo lo glosa *La Gaceta Mercantil.* — XII. El gobierno y las facciones de Montevideo. — XIII. Elaboración de un gobierno híbrido en Montevideo con el apoyo de los interventores. — XIV. Rivera recurre ante ese gobierno y los interventores de las medidas contra su persona: la prevención á su esposa. — XV. La revolución riverista del 1º de abril: los interventores reasumen el gobierno de Montevideo.— XVI. Estivao y los legionarios. — XVII. Ataque á la legión argentina: los interventores se resuelven en favor de Rivera que recobra el poder. — XVIII. Nuevos rumbos en que entra Rivera respecto de Oribe: éste reproduce sus declaraciones anteriores. — XIX. Los interventores continúan su protectorado y sufragan los gastos de la guerra. — XX. El combate de San Antonio. — XXI. Thorne rechaza á los aliados que desembarcan en la costa de Obli-

CAPÍTULO LIV.—*La misión Hood y la guerra* (1846).

CAPÍTULO LV. — *Rozas y el Brasil* (1846-1847).

I. Divulgación universal de la cuestión argentino-anglofrancesa. — II. Cómo
se destacaba la figura política de Rozas: principio en nombre del cual resistió á la coalición. — III. Rozas absorbido por los negocios públicos. — IV.
Su asiduidad en el trabajo: su género de vida. — V. Quiénes compartían
con él las tareas del gobierno: el doctor Anchorena: boceto de don Nicolás
de Anchorena. — VI. El doctor Arana. — VII. Dificultades económicas y
financieras que creó el bloqueo y la guerra anglofrancesa: los recursos y la
deuda. — VIII. Cómo á no haber mediado el bloqueo y la guerra, esa
deuda habría sido saldada en el año de 1852. — IX. Lo que constituía el
grueso de esta deuda: fenómeno económico de la valorización paulatina
de la *moneda de papel*. — X. Causa de este fenómeno: la grande confianza en la rectitud administrativa de Rozas. — XI. Tentativa del general
Flores para recuperar posiciones en América con auxilio de España: invitación de los gobiernos de América al de la Confederación Argentina. —
XII. Iniciativa de Chile y el Perú. — XIII. Invitación del Perú para un
congreso americano: fracaso de la expedición Flores. — XIV. Tirantez de
relaciones entre la Confederación Argentina y el Imperio del Brasil: rol
que éste desempeñaba durante la intervención anglofrancesa. — XV. El
ministro Guido reclama del Imperio el cumplimiento de la convención de
1828: nueva reclamación sobre jefes riveristas armados en el Imperio. —

CAPÍTULO LVI. — *Misión Howden — Walewski* (1847).

amplia. — XV. Supresión de la cláusula sobre el retiro de los plenipotenciarios si el gobierno de Montevideo rehusaba desarmar los extranjeros: nulificación implícita de la convención. — XVI. Contestación de los plenipotenciarios: contraste entre las declaraciones y las exigencias de los mismos. — XVII. Lo que el gobierno de Rozas habria sentado admitiendo las nuevas proposiciones de los plenipotenciarios. — XVIII. Arreglo confidencial que presenta el conde Walewski. — XIX. Acuerdo respecto del objeto de la convención: actitud de lord Howden. — XX. Emulación entre ambos plenipotenciarios, derivada del espíritu de sus gobiernos respectivos. — XXI. Esfuerzos del conde Walewski y del doctor Varela para doblar á lord Howden. — XXII. Relaciones del conde Walewski con los emigrados unitarios: su reserva repulsiva respecto de la sociedad de Buenos Aires, y su ojeriza contra el gobierno de Rozas. — XXIII. Cómo lord Howden cultiva la alta sociedad de Buenos Aires: cómo se familiariza con las costumbres del pais. — XXIV. Su afición al caballo: su escursión á Santos Lugares. — XXV. Noticia sobre este campamento militar. — XXVI. Recibimiento que se le hace allí al ministro británico. brindis de éste y del ministro Arana. — XXVII. Sorpresas que recibe lord Howden en su visita á Santos Lugares: ecos de *El Comercio del Plata.* — XXVIII. Cómo medra el conde Walewski para que lord Howden coadyuve á sus miras. — XXIX. Lo que queria Walewski: entrega de la pretendida devolución de las banderas tomadas á los ingleses. — XXX. Dificultades que promueven los plenipotenciarios sobre el título que se daria á Oribe en la convención: fórmula que presenta el ministro Arana: declaración y agregado que proponen aquéllos. — XXXI. El ministro Arana se niega á admitirla. — XXXII. La cláusula sobre navegación de los rios interiores: los plenipotenciarios insisten en hacer predominar sus ideas. — XXXIII. Los plenipotenciarios proponen discutir por la vía diplomática los derechos de la Confederación á los ríos interiores. — XXXIV. Nueva forma que dan á esta misma proposición: digna respuesta del ministro Arana. — XXXV. Ruptura de la negociación. — XXXVI. Resolución de lord Howden ante sus instrucciones. — XXXVII. Armisticio que celebran los plenipotenciarios con Oribe. — XXXVIII. El gobierno de Montevideo lo rechaza. — XXXIX. Motivos notorios de este rechazo. — XL. Motivo que aduce el plenipotenciario británico para levantar el bloqueo por parte de la Gran Bretaña. — XLI. El ministro británico solicita y obtiene de Oribe una amnistía para el caso